2019

中国农村贫困监测报告

POVERTY MONITORING REPORT OF RURAL CHINA

国家统计局住户调查办公室

COMPILED BY
Department of Household Surveys
National Bureau of Statistics of China

中国统计出版社
China Statistics Press

图书在版编目（C I P）数据

中国农村贫困监测报告. 2019 / 国家统计局住户调查办公室编. -- 北京 : 中国统计出版社, 2019.12
ISBN 978-7-5037-9032-4

Ⅰ. ①中… Ⅱ. ①国… Ⅲ. ①农村－贫困－调查报告－中国－2019 Ⅳ. ①F323.8

中国版本图书馆 CIP 数据核字（2019）第 212771 号

中国农村贫困监测报告-2019

作　　者 / 国家统计局住户调查办公室
责任编辑 / 冯燕玲　杜珞维
装帧设计 / 黄　晨　李雪燕
出版发行 / 中国统计出版社
通信地址 / 北京市丰台区西三环南路甲 6 号　邮政编码 /100073
电　　话 / 邮购（010）63376909　书店（010）68783171
网　　址 /http://www.zgtjcbs.com/
印　　刷 / 河北鑫兆源印刷有限责任公司
经　　销 / 新华书店
开　　本 /880mm×1230mm　1/16
字　　数 /850 千字
印　　张 /23.25
版　　别 /2019 年 12 月第 1 版
版　　次 /2019 年 12 月第 1 次印刷
定　　价 /198.00 元

如有印装差错，由本社发行部调换。

《中国农村贫困监测报告—2019》
编委会成员

前　言

新中国成立70年来，党中央、国务院高度重视减贫扶贫，出台实施了一系列中长期扶贫规划，从救济式扶贫到开发式扶贫再到精准扶贫，探索出一条符合中国国情的农村扶贫开发道路，为全面建成小康社会奠定了坚实基础。特别是党的十八大以来，以习近平同志为核心的党中央把扶贫开发工作纳入“五位一体”总体布局和“四个全面”战略布局，全面打响了脱贫攻坚战，农村贫困人口大幅减少，区域性整体减贫成效明显，贫困群众生活水平大幅提高，贫困地区面貌明显改善，脱贫攻坚取得历史性重大成就，为全球减贫事业作出了重要贡献。国家统计局按照《中共中央国务院关于打赢脱贫攻坚战的决定》要求，围绕脱贫攻坚总目标完善贫困监测调查制度，不断提高监测能力和数据质量，加强数据共享，切实加强农村贫困监测体系建设，努力为制定相关政策、打赢脱贫攻坚战提供真实可靠的统计依据。

《中国农村贫困监测报告》以农村贫困监测调查统计和各部门扶贫实践为基础，目的是如实记录脱贫攻坚总体目标实现进程、客观评价农村减贫成效、全面反映各地区各部门实施精准扶贫工作实际及成果。报告分四篇，全国篇主要包括新中国成立70年来农业和农村经济运行综述及农村减贫情况，2018年度全国农村及贫困地区、连片特困地区和扶贫开发重点县农村减贫情况；部门篇包括国家相关部委扶贫工作开展情况；地区篇包括中西部22个省份2018年减贫情况；统计资料篇主要包括国家统计局贫困监测调查主要结果等数据。

本报告编写过程中得到了国务院扶贫开发领导小组各成员单位的大力支持，在此，特别感谢国务院扶贫办、国家发展和改革委员会、教育部、科技部、工业和信息化部、国家民族事务委员会、民政部、财政部、自然资源部、交通运输部、水利部、农业农村部、国家卫生健康委员会、审计署、国家林业和草原局、国家铁路局、全国妇联、中国国家铁路集团有限公司、中国农业银行等有关部门为本报告提供相关稿件，也衷心感谢国家统计局相关司局及各调查总队的积极参与。

限于水平和经验，本报告难免有不足之处，真诚欢迎大家提出批评和建议。

编　者

2019年9月

目录

Contents

全国篇

部门篇

地区篇

统计资料篇

目录

Contents

目录

Contents

全国篇

新中国成立 70 年农村减贫情况

新中国成立 70 年来，党中央、国务院高度重视减贫扶贫，出台实施了一系列中长期扶贫规划，从救济式扶贫到开发式扶贫再到精准扶贫，探索出一条符合中国国情的农村扶贫开发道路，为全面建成小康社会奠定了坚实基础。特别是党的十八大以来，以习近平同志为核心的党中央把扶贫开发工作纳入“五位一体”总体布局和“四个全面”战略布局，全面打响了脱贫攻坚战，农村贫困人口大幅减少，区域性整体减贫成效明显，贫困群众生活水平大幅提高，贫困地区面貌明显改善，脱贫攻坚取得历史性重大成就，为全球减贫事业作出了重要贡献。

一、农村贫困人口大幅度减少，精准扶贫精准脱贫取得举世瞩目成就

新中国成立时，国家一穷二白，人民生活处于极端贫困状态。社会主义基本制度的确立，以及农村基础设施的建设、农业技术的推广、农村合作医疗体系的建立等为减缓贫困奠定了基础。改革开放以后，农村率先进行了经济制度改革，实行了家庭联产承包经营责任制，生产力得到极大解放，农民收入大幅提高，农民温饱问题逐步得以解决。以当时的农村贫困标准[①]衡量，我国农村贫困人口从 1978 年末的 2.5 亿人减少到 1985 年末的 1.25 亿人；农村贫困发生率从 1978 年末的 30.7% 下降到 1985 年末的 14.8%。若以现行农村贫困标准[②]衡量，农村贫困人口从 1978 年末的

①指按 1984 年价格确定的每人每年 200 元的贫困标准，是较低水平的生存标准。
②指按 2010 年价格确定的每人每年 2300 元的贫困标准，是与小康社会相适应的稳定温饱标准。

7.7 亿人减少到 1985 年末的 6.6 亿人，农村贫困发生率从 1978 年末的 97.5% 下降到 1985 年末的 78.3%。

上世纪 80 年代中期开始，我国针对区域发展不均衡问题，确立以贫困地区为重点，实施有计划有针对性的扶贫开发政策，先后实施了“八七扶贫攻坚计划”和两个为期 10 年的“中国农村扶贫开发纲要”，农村贫困程度进一步减轻，贫困人口继续大幅减少。以现行农村贫困标准衡量，2012 年末我国农村贫困人口 9899 万人，比 1985 年末减少 5.6 亿多人，下降了 85.0%；农村贫困发生率下降到 10.2%，比 1985 年末下降了 68.1 个百分点。

党的十八大以来，我国实施精准扶贫精准脱贫，全面打响了脱贫攻坚战，扶贫工作取得了决定性进展。按现行农村贫困标准，2013-2018 年我国农村减贫人数分别为 1650 万人、1232 万人、1442 万人、1240 万人、1289 万人、1386 万人，每年减贫人数均保持在 1000 万以上。六年来，农村已累计减贫 8239 万人，年均减贫 1373 万人，六年累计减贫幅度达到 83.2%，农村贫困发生率也从 2012 年末的 10.2% 下降到 2018 年末的 1.7%，其中，10 个省份的农村贫困发生率已降至 1.0% 以下，中华民族千百年来的绝对贫困问题有望得到历史性解决。

二、区域扶贫力度持续加大，整体减贫成效明显

新中国成立 70 年来，各地区社会经济不断发展，民生逐步改善。受自然、历史等诸多因素影响，我国贫困具有区域性特征，中西部地区整体性贫困相对突出。上世纪 80 年代中期，我国聚焦贫困区域，实施减贫战略，党的十八大以来，党中央、国务院加大对贫困地区尤其是深度贫困地区政策力度，推进东西部地区协作扶贫，区域性整体减贫成效明显。

从东中西地区①看，东部地区已基本率先脱贫，中西部地区农村贫困人口明显减少。2018 年末，东部地区农村贫困人口 147 万人，比 2012 年末减少 1220 万人，六年累计下降 89.2%；农村贫困发生率由 2012 年末的 3.9% 下降到 2018 年末的 0.4%，累计下降 3.5 个百分点，已基本率先实现脱贫。中部地区农村贫困人口由 2012 年末的 3446 万人减少到 2018 年末的 597 万人，累计减少 2849 万人，下降幅度为 82.7%；农村贫困发生率由 2012 年末的 10.5% 下降到 2018 年末的 1.8%，累计下降 8.7 个百分点。西部地区农村贫困人口由 2012 年末的 5086 万人减少到 2018 年末的 916 万人，累计减少 4170 万人，下降幅度为 82.0%；农村贫困发生率由 2012 年末的 17.6% 下降到 2018 年末的 3.2%，累计下降 14.4 个百分点。

①东部地区：包括北京、天津、河北、辽宁、上海、江苏、浙江、福建、山东、广东、海南等 11 个省份。
中部地区：包括山西、吉林、黑龙江、安徽、江西、河南、湖北、湖南等 8 个省份。
西部地区：包括内蒙古、广西、重庆、四川、贵州、云南、西藏、陕西、甘肃、青海、宁夏、新疆等 12 个省份。

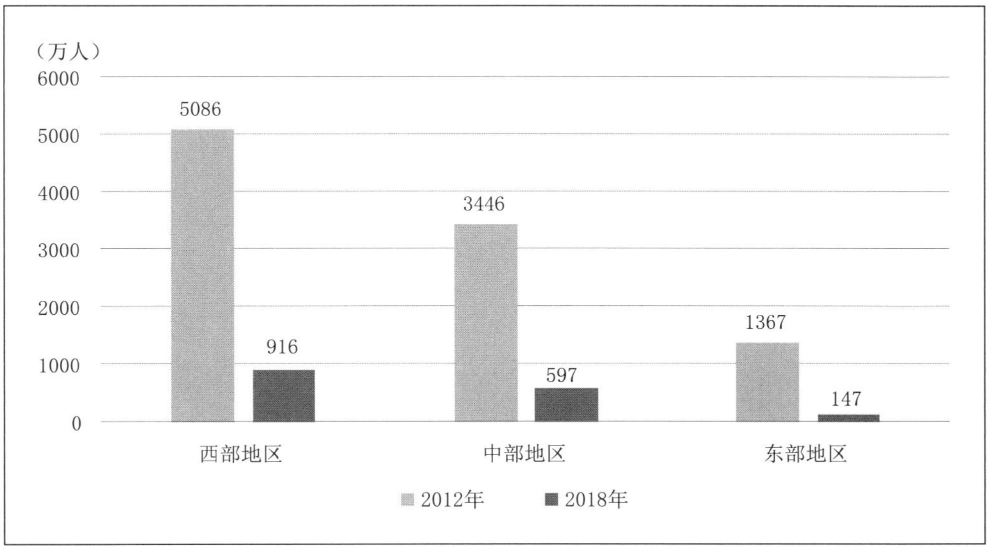

图 1　2012 年末和 2018 年末东中西部地区农村贫困人口状况

分贫困区域看，贫困地区、集中连片特困地区、国家扶贫开发工作重点县、民族八省区减贫成效明显。2018 年末，贫困地区[①]农村贫困人口 1115 万人，比 2012 年末减少了 4924 万人，六年累计减少 81.5%，减贫规模占全国农村减贫总规模的 59.8%；农村贫困发生率从 2012 年末的 23.2% 下降至 2018 年末的 4.2%，六年累计下降 19.0 个百分点，年均下降 3.2 个百分点。集中连片特困地区[②]农村贫困人口 935 万人，比 2012 年末减少 4132 万人，六年累计减少 81.5%；农村贫困发生率从 2012 年末的 24.4% 下降至 2018 年末的 4.5%，累计下降 19.9 个百分点，年均下降 3.3 个百分点。592 个国家扶贫开发工作重点县农村贫困人口 915 万人，比 2012 年末减少 4190 万人，六年累计减少 82.1%；农村贫困发生率从 2012 年末的 24.4% 下降到 2018 年末的 4.3%，累计下降 20.1 个百分点，年均下降 3.4 个百分点。民族八省区[③]农村贫困人口 602 万人，比 2012 年末减少 2519 万人，六年累计减少 80.7%；农村贫困发生率从 2012 年末的 21.1% 下降至 2018 年末的 4.0%，累计下降 17.1 个百分点，年均下降 2.8 个百分点。

①贫困地区，包括集中连片特困地区和片区外的国家扶贫开发工作重点县，原共 832 个县。2017 年将享受片区政策的新疆阿克苏地区 1 市 6 县也纳入了贫困监测范围。下同。

②2011 年，按照集中连片、突出重点、全国统筹、区划完整的原则，在全国共划出 11 个连片特困地区，加上已经实施特殊扶贫政策的西藏、四省藏区、新疆南疆三地州，共 14 个片区 680 个县。2016 年起，新疆阿克苏地区 1 市 6 县享受片区政策。

③民族八省区包括内蒙古、广西、贵州、云南、西藏、青海、宁夏、新疆等八个省区。

图 2 2012 年末和 2018 年末不同区域农村贫困人口情况

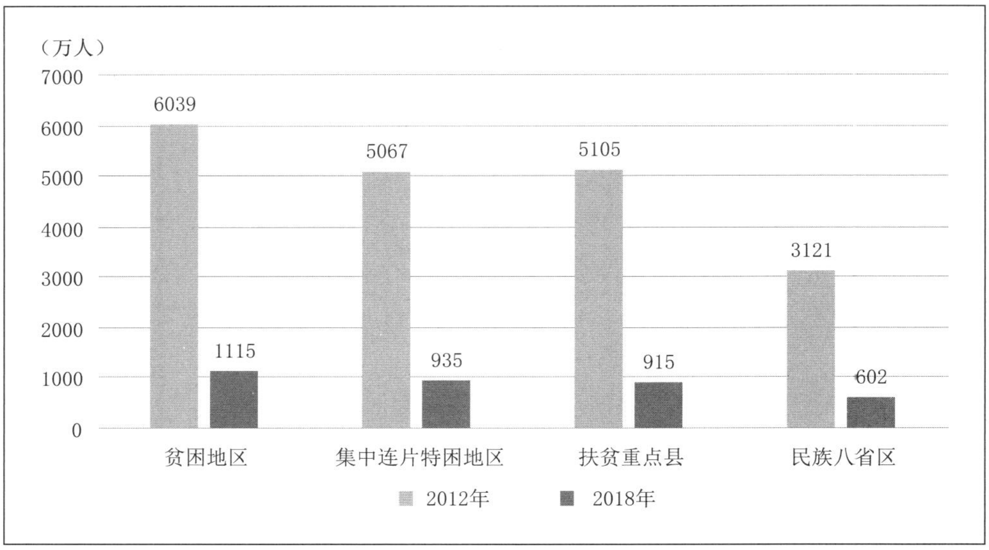

三、贫困地区农村居民收入保持快速增长，消费水平大幅提高

新中国成立初期，农村居民生活困苦，收入消费水平低下。改革开放以来，农村居民收入消费进入快速增长期，2012 年全国农村居民人均收入和消费水平分别比 1978 年实际增长了 11.5 倍和 9.3 倍。党的十八大以来，农村居民收入消费继续保持较快增长，尤其是贫困地区农村居民收入消费实现快速增长，与全国农村平均水平差距缩小，贫困人口发展能力持续提升。

贫困地区农村居民收入实现快速增长。2018 年，贫困地区农村居民人均可支配收入 10371 元，是 2012 年的 1.99 倍，年均增长 12.1%；扣除价格因素，年均实际增长 10.0%，比全国农村平均增速快 2.3 个百分点。其中，集中连片特困地区 2018 年农村居民人均可支配收入 10260 元，扣除价格因素，实际水平达到 2012 年的 1.77 倍，年均实际增长 10.0%，比全国农村平均增速快 2.3 个百分点。扶贫开发工作重点县 2018 年农村居民人均可支配收入 10284 元，扣除价格因素，实际水平是 2012 年

图 3 2013-2018 年贫困地区农村居民收入增长情况

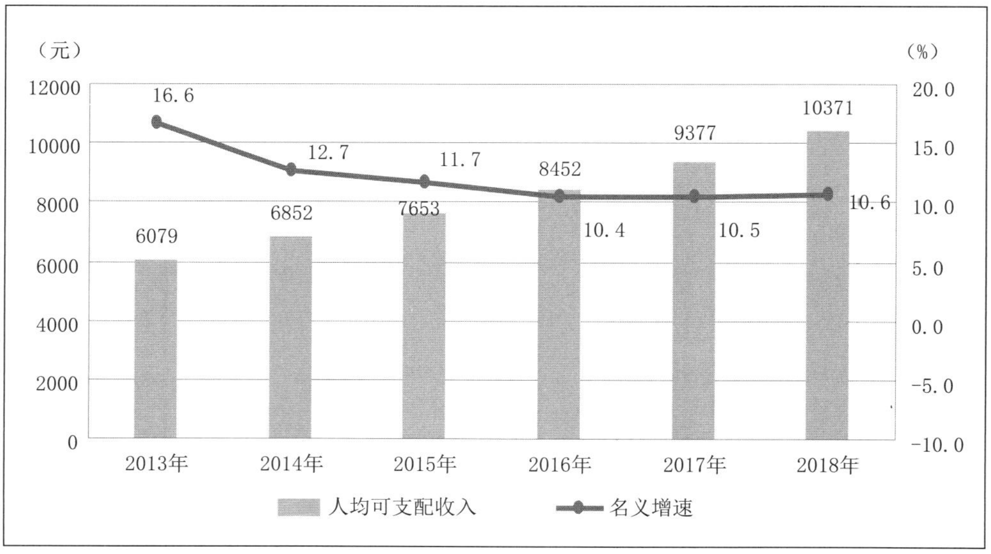

的 1.81 倍，年均实际增长 10.4%，比全国农村平均增速快 2.7 个百分点。2018 年贫困地区农村居民人均可支配收入是全国农村平均水平的 71.0%，比 2012 年提高了 8.8 个百分点，与全国农村平均水平的差距进一步缩小。

贫困地区农村居民消费水平不断提升。2018 年贫困地区农村居民人均消费支出 8956 元，与 2012 年相比，年均增长 11.4%，扣除价格因素，年均实际增长 9.3%。其中，集中连片特困地区农村居民人均消费支出 8854 元，年均增长 11.3%，扣除价格因素，年均实际增长 9.3%；扶贫开发工作重点县农村居民人均消费支出 8935 元，年均增长 11.6%，扣除价格因素，年均实际增长 9.5%。2018 年贫困地区农村居民人均消费支出是全国农村平均水平的 73.9%，比 2012 年提高了 3.4 个百分点。

四、贫困地区生活环境明显改善，生活质量全面提高

新中国是在战争的废墟和极度贫苦的环境中建立的，70 年来，党和政府始终致力于农村基础设施建设和农村公共服务改善，党的十八大以来，各级政府继续加大对农村尤其是贫困地区建设和投入力度，贫困地区农村居民生活条件和生活环境明显改善，享有的公共服务水平不断提高，生活质量得到全面提高。

贫困地区农村居民生活条件不断改善。从居住条件看，2018 年贫困地区居住在钢筋混凝土房或砖混材料房的农户比重为 67.4%，比 2012 年提高 28.2 个百分点；居住在竹草土坯房的农户比重为 1.9%，比 2012 年下降了 5.9 个百分点；使用卫生厕所的农户比重为 46.1%，比 2012 年提高 20.4 个百分点；饮水无困难的农户比重为 93.6%，比 2013 年提高 12.6 个百分点。从家庭耐用消费品情况看，贫困地区农村居民家庭耐用消费品从无到有，产品升级换代。2018 年贫困地区农村每百户拥有电冰箱、洗衣机、彩色电视机等传统耐用消费品分别为 87.1 台、86.9 台和 106.6 台，分别比 2012 年增加 39.6 台、34.6 台和 8.3 台，拥有量持续增加，和全国农村平均水平的差距逐渐缩小；每百户拥有汽车、计算机等现代耐用消费品分别为 19.9 辆、17.1 台，分别是 2012 年的 7.4 倍和 3.2 倍，实现快速增长。

贫困地区基础设施条件不断改善。截至 2018 年末，贫困地区通电的自然村接近全覆盖；通电话、通有线电视信号、通宽带的自然村比重分别达到 99.2%、88.1%、81.9%，比 2012 年分别提高 5.9 个、19.1 个、43.6 个百分点。2018 年，贫困地区村内主干道路面经过硬化处理的自然村比重为 82.6%，比 2013 年提高 22.7 个百分点；通客运班车的自然村比重为 54.7%，比 2013 年提高 15.9 个百分点。

贫困地区公共服务水平不断提高。2018 年，贫困地区 87.1% 的农户所在自然村上幼儿园便利，89.8% 的农户所在自然村上小学便利，分别比 2013 年提高 15.7 个和 10.0 个百分点；有文化活动室的行政村比重为 90.7%，比 2012 年提高 16.2 个百分点；贫困地区农村拥有合法行医证医生或卫生员的行政村比重为 92.4%，比 2012 年提高 9.0 个百分点；93.2% 的农户所在自然村有卫生站，比 2013 年提高 8.8 个百分点；78.9% 的农户所在自然村垃圾能集中处理，比 2013 年提高 49.0 个百分点。

五、中国减贫加速了世界减贫进程，为世界减贫做出卓绝贡献

新中国成立 70 年来，我国通过加快建设，深化改革和大规模扶贫开发，贫困人口大幅减少，成为全球最早实现联合国千年发展目标中减贫目标的发展中国家，加速了世界减贫进程，为全球减贫事业作出了巨大贡献。

一是我国减贫速度明显快于全球。世界银行发布数据显示，按照每人每天 1.9 美元的国际贫困标准，从 1981 年末到 2015 年末，我国贫困发生率累计下降了 87.6 个百分点，年均下降 2.6 个百分点，同期全球贫困发生率累计下降 32.2 个百分点，年均下降 0.9 个百分点，我国减贫速度明显快于全球，贫困发生率也大大低于全球。

二是为全球减贫提供中国经验。新中国成立 70 年来，我国以政府为主导的有计划有组织的扶贫开发，尤其是党的十八大以来精准脱贫方略的实施，取得了举世瞩目的成就，也为全球减贫提供了中国方案和中国经验。世界银行 2018 年发布的《中国系统性国别诊断》报告称“中国在快速经济增长和减少贫困方面取得了‘史无前例的成就’”。联合国秘书长古特雷斯在“2017 减贫与发展高层论坛”时发贺信盛赞中国减贫方略，称“精准减贫方略是帮助最贫困人口、实现 2030 年可持续发展议程宏伟目标的唯一途径。中国已实现数亿人脱贫，中国的经验可以为其他发展中国家提供有益借鉴”。

三是积极开展国际减贫合作，为世界减贫贡献中国力量。中国在实现自身减贫的同时也努力帮助其他发展中国家减贫。截至 2015 年 10 月，中国共向 166 个国家和国际组织提供了近 4000 亿元人民币援助，派遣 60 多万援助人员，积极向 69 个国家提供医疗援助，并先后为 120 多个发展中国家落实联合国千年发展目标提供帮助。积极推进“一带一路”建设，让国际减贫合作成果惠及更多国家和人民。

新中国成立 70 年来，中国共产党领导人民自力更生、艰苦奋斗，为解决贫困问题付出了艰辛努力。特别是党的十八大以来，我国全面打响脱贫攻坚战，脱贫攻坚力度之大、规模之广、影响之深前所未有，取得了决定性进展，谱写了人类反贫困历史新篇章。让我们更加紧密团结在以习近平同志为核心的党中央周围，以习近平总书记关于扶贫工作重要论述为根本指引，不断增强责任感、使命感和紧迫感，以更大的决心和信心，尽锐出战、迎难而上，确保坚决打赢脱贫这场对如期全面建成小康社会、实现第一个百年奋斗目标具有决定性意义的攻坚战。

（国家统计局住户调查办公室 连佳佳 马倩）

新中国成立70年农业和农村经济运行综述

新中国成立70年来，我国农业走过了辉煌的发展历程，取得了举世瞩目的历史性成就，不仅用不到世界9%的耕地养活了世界近20%人口，而且百姓餐桌越来越丰富，品质越来越优良。改革开放后，以家庭联产承包责任制为标志的农村改革全面铺开深化，为农业快速发展提供不竭动力。党的十八大以来，以习近平同志为核心的党中央坚持把解决好“三农”问题作为全党工作重中之重，坚持农业农村优先发展总方针，以实施乡村振兴战略为总抓手，深化农村土地制度改革，深入推进农村集体产权制度改革，不断完善农业支持保护制度，持续深化农业供给侧结构性改革，农业生产跃上新台阶，现代农业发展擘画新蓝图。

一、农业综合生产能力显著增强，农业压舱石作用日益稳固

（一）粮食生产跃上新台阶，有力保障了国家粮食安全。

民以食为天，粮食是关系国计民生的重要战略物资。新中国成立以来，我国粮食生产在不懈探索和制度创新中取得新突破、实现新跨越。新中国成立之初，全国粮食总产量为2000多亿斤，1952年为3000多亿斤，土地改革后粮食生产有了一定发展，但未能突破4000亿斤，直到1966年达到4000亿斤，从3000多亿斤到4000多亿斤用了14年时间。1978年全国粮食总产量为6000多亿斤，从4000多亿斤到6000多亿斤用了12年时间。改革开放以来，家庭联产承包责任制的建立和农产品提价、工农产品价格“剪刀差”缩小，激发了广大农民的积极性，解放了农业生产力，促进粮食产量快速增长。全国粮食总产量接连跨上新台阶，确保了国家粮食安全，吃不饱饭的问题彻底成为历史。1984年全国粮食总产量达到8000亿斤，6年间登上两个千亿斤台阶，到1993年，全国粮食产量突破9000亿斤，用了9年时间，此后14年间分别于1996年、1998年和1999年三次达到10000亿斤，之后粮食产量有所波动，到2007年又重新站上10000亿斤的台阶。党的十八大以来，以习近平同志为核心的党中央高度重视粮食生产，一再强调，把中国人的饭碗牢牢端在自己手上。粮食综合生产能力在前期连续多年增产、起点较高的情况下，再上新台阶。2012年我国粮食产量首次突破12000亿斤大关，2015年我国粮食产量再上新台阶，突破13000亿斤①，之后的几年一直保持在这个水平上。2018年全国粮食总产量为13158亿斤，比1949年增长4.8倍，年均增长2.6%。

①本文中2007—2017年全国粮、棉、油、糖播种面积和产量及畜牧业、水产品产量均根据第三次全国农业普查结果进行了修订。

图 1　1949 年以来部分年份全国粮食总产量

注：2007-2017 年全国粮食总产量根据第三次全国农业普查结果进行了修订。

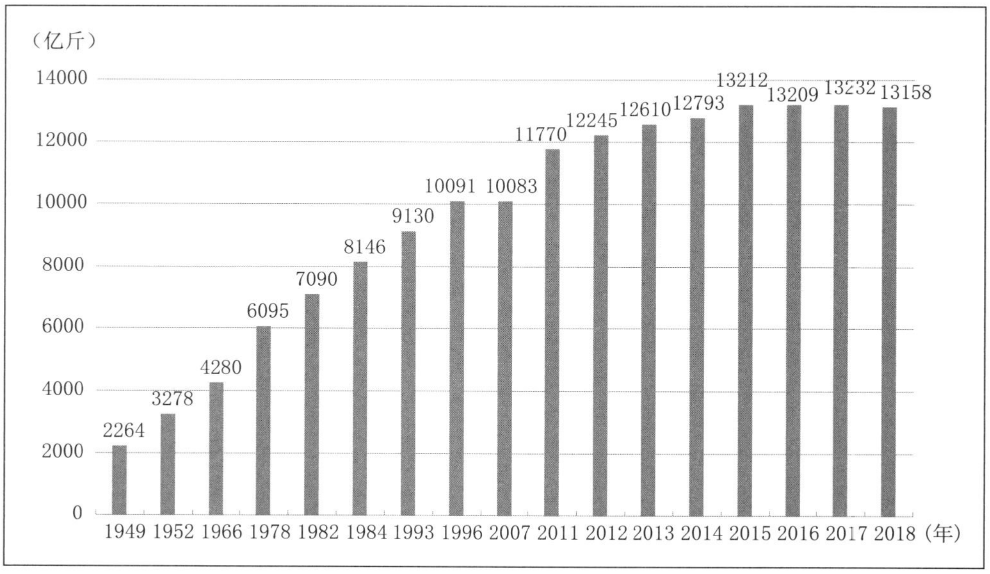

（二）经济作物产量快速增长，极大丰富了人们的物质生活。

从棉花生产来看，1949 年全国棉花产量 44 万吨，改革开放后，国家实施一系列政策鼓励种植棉花，我国棉花生产迅猛发展，1984 年全国棉花产量达到 626 万吨的历史阶段高点。2000 年后随着纺织业的快速发展，棉花产量迅速攀升，2007 年达到 760 万吨历史最高点。党的十八大以来，棉花生产在农业供给侧结构性改革中平稳发展。2018 年全国棉花产量为 610 万吨，比 1949 年增长了 12.7 倍，年均增长 3.9%[①]。

图 2　1949 年以来部分年份全国棉花产量

注：2007-2017 年全国棉花产量根据第三次全国农业普查结果进行了修订。

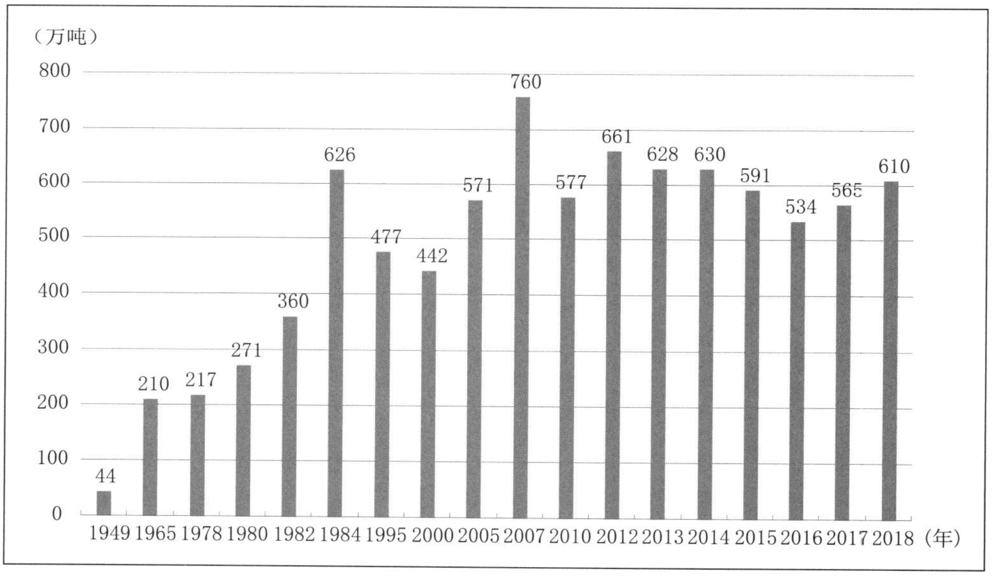

从油料生产来看，随着人民生活水平的提高，油料消费需求逐步增加，油料生产不断发展。党的十八大以来，油料产量在前期处于较高水平的基础上，突破并站稳 3200 万吨台阶。2018 年全国油料产量达到 3433 万吨，比 1949 年增长 12.4 倍，年均增长 3.8%。

①因进位问题，年均增长速度、增长速度和分地区占比等与用整数计算略有出入。下同。

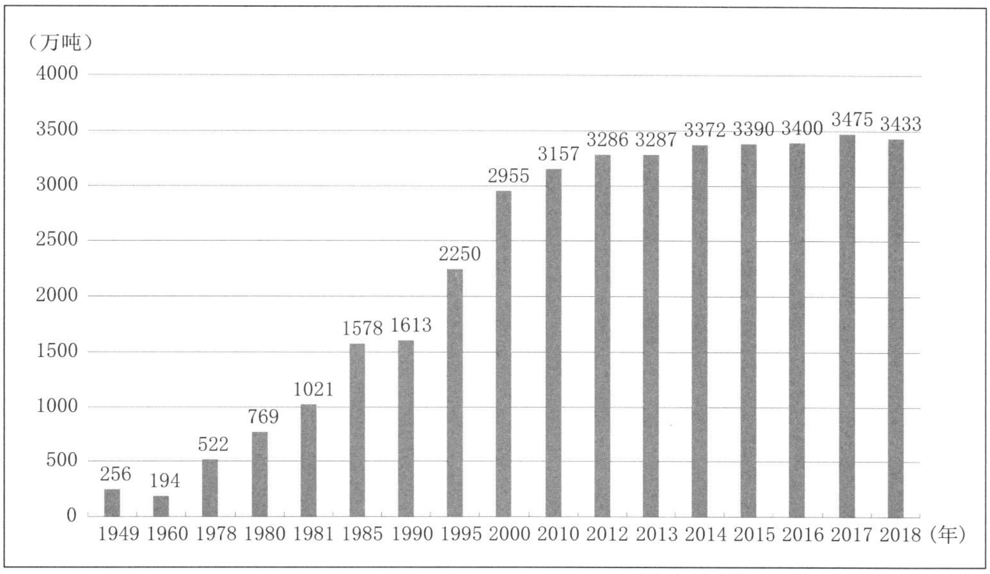

图 3　1949 年以来部分年份全国油料产量

注：2007-2017 年全国油料产量根据第三次全国农业普查结果进行了修订。

从糖料生产来看，1949 年全国糖料产量仅有 283 万吨，1978 年增加到 2382 万吨。改革开放后，糖料生产发展迅速，产量日益增加。2018 年全国糖料产量 11937 万吨，比 1949 年增长 41.1 倍，年均增长 5.6%。

（三）林业产业健康发展，森林覆盖率明显提高。

新中国成立后，我国采取护林造林等措施建设和发展林业产业。改革开放以来，随着国有林场和集体林权制度改革的全面深化，林业产业发展迅速，林产品产量快速增长。经济林产品、松香等主要林产品产量稳居世界第一，木本油料、林下经济、森林旅游等绿色富民产业蓬勃发展。据国家林业和草原局统计，2018 年全国木材产量 8811 万立方米，比 1952 年增长 6.1 倍，年均增长 3.0%；油茶籽产量 263 万吨，增长 9.6 倍，年均增长 3.6%。

国家高度重视林业生态建设，广泛开展全民义务植树活动，深入推进退耕还林、三北防护林、天然林保护和湿地保护等重点生态工程建设，持续加大生态保护和修复力度，林业生态建设取得显著成效。2018 年全国完成造林面积 707 万公顷。党的十八大将生态文明建设纳入“五位一体”总体布局。习近平总书记提出“绿水青山就是金山银山”，把绿色发展作为新发展理念的重要内容，林业生态建设进入新的历史阶段。根据第八次全国森林资源清查（2009-2013 年）结果，全国林业用地面积为 31259 万公顷，比 1978 年增长 17.0%；森林面积达到 20769 万公顷，增长 80.2%；森林覆盖率 21.6%，提高 9.6 个百分点；森林蓄积量 151 亿立方米，增长 67.6%。

（四）畜产品产量快速增长，极大满足人们的消费需求。

新中国成立初期，我国畜产品供应总体不足。改革开放后，特别是 1985 年国家放开猪肉、蛋、禽、牛奶等畜产品价格后，大牲畜、生猪等传统养殖业发展迅猛，家禽养殖加快发展，畜产品产量快速增加，主要畜产品产量持续稳居世界第一。

从猪牛羊肉总产量来看，1952 年全国猪牛羊肉总产量仅有 339 万吨，2018 年增加到6523万吨，增长18.3倍，年均增长4.6%。在主要肉类品种中，1980年猪肉产量1134万吨，2018年增加到5404万吨，增长3.8倍，年均增长4.2%。1980年牛肉和羊肉产量分别为27万吨和44万吨。随着城乡居民消费结构不断升级，对牛羊肉消费需求持续增加，推动牛羊生产快速发展。2018年牛肉和羊肉产量分别为644万吨和475万吨，比1980年分别增长23.0倍和9.7倍，年均分别增长8.7%和6.4%。

图4 1952年以来部分年份全国猪牛羊肉总产量

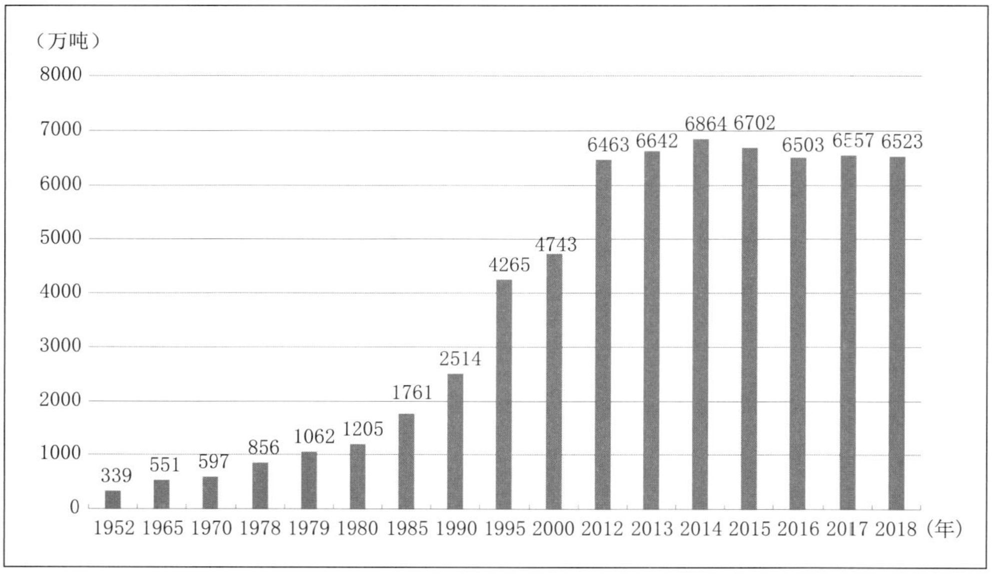

注：2007-2017全国猪牛羊肉总产量根据第三次全国农业普查结果进行了修订。

从禽蛋产量来看，改革开放后我国禽蛋产业迅速发展，禽蛋产量连续多年位居世界首位。2018年全国禽蛋产量达3128万吨，比1982年增长10.1倍，年均增长6.9%。从牛奶产量来看，改革开放后牛奶生产快速发展，牛奶产量稳步增长。1980年全国牛奶产量114万吨。新世纪以来，随着奶业市场化改革不断深化和生产技术的发展，我国奶业进入飞速发展期，牛奶产量从2000年的827万吨，增加到2006年的2945万吨。2008年后我国奶业进入产业调整期，牛奶生产平稳发展。2018年全国牛奶产量3075万吨，比1980年增长25.9倍，年均增长9.1%。

（五）渔业繁荣发展，水产品供应充裕。

我国渔业生产快速发展，水产品产量实现了由总体匮乏向总体充足转变。改革开放以来，随着家庭联产承包责任制的全面深化和渔业市场化改革的深入推进，特别是渔业“以养殖为主”发展方针的确立，我国渔业开始繁荣发展，水产品总产量自1989年起稳居世界首位，城乡居民“吃鱼难”的问题得到解决。党的十八大以来，国家提出了生态优先、养捕结合、以养为主的发展方针，我国渔业进入绿色发展期。2018年全国水产品产量6458万吨，比1949年增长143倍，年均增长7.5%。

二、农业结构不断优化，优质农产品快速发展

（一）农业产业结构调整成效显著，协调性明显增强。

新中国成立70年来，我国农业实现了由单一以种植业为主的传统农业向农林牧

渔业全面发展的现代农业转变，农业主要矛盾由总量不足转变为结构性矛盾，农业发展由增产导向转向提质导向。从产值构成来看，1952 年农业产值占农林牧渔四业产值的比重为 85.9%，处于绝对主导地位，林业、畜牧业和渔业产值所占比重分别为 1.6%、11.2% 和 1.3%。改革开放后，林、牧、渔业开始全面发展，农林牧渔四业结构日益协调合理。2018 年农业产值占农林牧渔四业产值的比重为 57.1%，比 1952 年下降 28.8 个百分点；林业占 5.0%，提高 3.4 个百分点；畜牧业占 26.6%，提高 15.4 个百分点；渔业占 11.3%，提高 10.0 个百分点。

从种植业内部来看，种植业生产由单一以粮食作物种植为主向粮经饲协调发展的三元种植结构转变。随着农业供给侧结构性改革不断深化，近三年来累计调减非优势产区籽粒玉米面积 5000 多万亩，调减低质低效区水稻面积 800 多万亩，增加大豆面积 2000 多万亩，粮改饲面积达到 1400 多万亩。经济附加值较高的各类经济作物和特色作物生产发展迅速，青贮玉米、苜蓿等优质饲草料生产规模扩大，粮经饲协调发展的三元结构正在加快形成。

（二）农业生产区域布局不断优化，主产区优势日渐彰显。

新中国成立以来，特别是改革开放以来，国家持续推进农产品流通体制向市场化方向转变，引导农民根据市场需求调整生产，开展主体功能区划分和优势农产品布局，支持优势产区发展，农业生产区域布局日趋优化，主产区优势逐渐彰显。

从粮食生产来看，粮食主产区稳产增产能力增强，确保国家粮食安全的作用增大。2018 年主产区粮食产量合计 10354 亿斤，比 1949 年增长 5.7 倍；占全国粮食总产量的比重为 78.7%，比 1949 年提高 10.2 个百分点。在主要粮食品种中，小麦主要分布在河南、山东、安徽、河北和江苏等省份，2018 年 5 省小麦产量合计占全国小麦产量的 79.3%，比 1949 年提高 23.8 个百分点。

从经济作物生产来看，棉花、糖料等也进一步向优势产区集中。棉花向优势产区新疆集中。随着国家在新疆实施棉花目标价格改革，新疆棉花生产不断扩大。2018 年新疆棉花产量 511 万吨，占全国棉花产量的比重达 83.8%。糖料向广西、云南和广东 3 省（区）集中。2018 年广西、云南和广东 3 省（区）糖料产量合计为 10346 万吨，占全国糖料产量的 86.7%。另外，蔬菜、水果、中药材、花卉、苗木、烟叶、茶叶等产品生产也都形成了优势区域和地区品牌。

（三）农产品品种结构不断提升，绿色优质农产品快速发展。

质量兴农、绿色兴农战略深入推进，农业绿色化、优质化、特色化、品牌化水平不断提升，农业向高质量发展不断迈进。据农业农村部数据，2018 年优质强筋弱筋小麦面积占比为 30%，节水小麦品种面积占比为 20%。主要农作物良种覆盖率持续稳定在 96% 以上。截至 2018 年底，我国“三品一标”产品总数 12.2 万个。农业绿色发展不断推进，化肥、农药使用量零增长行动成效明显。2018 年全国农用化肥施用量 5653 万吨，比 2015 年减少 369 万吨，下降 6.1%。2018 年全国农药使用量 150

万吨，比 2015 年减少 28 万吨，下降 15.7%。畜禽粪污综合利用率达到 70%，秸秆综合利用率达到 84%，农用地膜回收率达到 60%。

三、农业基础设施明显改善，农业生产技术和科技水平显著提高

（一）农田水利条件明显改善，高标准农田建设稳步推进。

国家深入实施藏粮于地、藏粮于技战略，持续加强以农田水利为重点的农业基础设施建设力度，加大投入兴修农田水利，深化重大水利工程建设，不断完善小型农田水利设施，农田灌溉条件明显改善。据水利部统计，2018 年我国耕地灌溉面积 10.2 亿亩，比 1952 年增长 2.4 倍，年均增长 1.9%。深入开展“沃土工程”建设，大力改造中低产田，旱涝保收稳产高产的高标准农田建设稳步推进。据农业农村部统计，全国累计建成高标准农田 6.4 亿亩，完成 9.7 亿亩粮食生产功能区和重要农产品生产保护区划定任务，确保粮食综合生产能力稳步提升。

（二）农业机械拥有量快速增长，机械化水平大幅提升。

农业生产实现了由主要依靠人畜力向主要依靠机械动力的转变。1952 年全国农业机械总动力仅 18.4 万千瓦，拖拉机不到 2000 台，联合收获机仅 284 台。随着农业现代化不断推进，农业机械拥有量快速增加，农作物机械化率大幅提高。2018 年全国农业机械总动力达到 10.0 亿千瓦，拖拉机 2240 万台，联合收获机 206 万台。2018 年全国农作物耕种收综合机械化率超过 67%，其中主要粮食作物耕种收综合机械化率超过 80%。农业机械拥有量较快增长，广泛应用，不仅极大地提高了农业劳动生产率，也逐步把农民从传统的“面朝黄土，背朝天”的高强度农业生产劳动中解放出来。

（三）农业科技进步加快，科技驱动作用增强。

新中国成立以来，国家高度重视农业科技发展，坚持科教兴农战略，不断加强生物技术、信息技术等高新技术的研究与开发应用，积极推广优良品种和农业先进适用技术，加快农业科技成果的转化与推广应用，“种子工程”“畜禽水产良种工程”、超级稻推广项目等持续推进，科技在农业生产中推动作用日益增强。据科技部资料，2018 年我国农业科技进步贡献率达到 58.3%，比 2005 年提高了 10.3 个百分点。农业科技人才队伍不断壮大。第三次全国农业普查结果显示，受过农业专业技术培训的农业生产经营人员 3467 万人。

四、农业生产方式发生深刻变革，新型农业经营体系不断完善

（一）农村土地流转深入推进，适度规模经营快速发展。

随着农村土地制度改革不断深化和“三权分置”制度的确立，农村承包地更加有序流转。2004 年农村承包地流转面积为 0.58 亿亩，到 2018 年，全国家庭承包耕

地流转面积超过了 5.3 亿亩。农村土地流转有力地推动了农业规模化发展，充分发挥适度规模经营在规模、资金、技术、信息、人才和管理等方面的优势，引领和加快推进现代农业建设。根据第三次全国农业普查结果，2016 年耕地规模化（南方省份 50 亩以上、北方省份 100 亩以上）耕种面积占全部实际耕地耕种面积的比重为 28.6%。2016 年末规模化（年出栏生猪 200 头以上）养殖生猪存栏占全国生猪存栏总数的比重为 62.9%，家禽规模化（肉鸡、肉鸭年出栏 10000 只及以上，蛋鸡、蛋鸭存栏 2000 只及以上，鹅年出栏 1000 只及以上）存栏占比达到 73.9%。

（二）新型经营主体大量涌现，现代农业活力增强。

国家着力培育各类新型农业生产经营主体和服务主体，农民专业合作社、家庭农场、龙头企业等大量涌现。截至 2018 年底，全国农民专业合作社注册数量 217 万个，家庭农场 60 万个。新型职业农民队伍不断壮大，大量农民工、中高等学校毕业生、退役军人、科技人员等返乡下乡人员加入新型职业农民队伍，成为建设现代农业的主力军。截至 2018 年，各类返乡下乡创新创业人员累计达 780 万人，为农业生产引入现代科技、生产方式和经营理念，推动现代农业产业体系、生产体系、经营体系不断完善，为现代农业发展注入新要素，增添新活力和持久动力。

（三）新型生产模式快速发展，拓宽了农业生产时空分布。

随着农业生产技术和科技水平的提升，设施农业、无土栽培、观光农业、精准农业等新型农业生产模式快速发展。我国的设施农业在蔬菜、瓜果、花卉苗木等园艺产品产业上取得明显突破，各类大棚、中小棚、温室等农业设施增长较快。2018 年末全国农业设施数量 3000 多万个，设施农业占地面积近 4000 万亩。设施农业、无土栽培等新型农业生产模式突破了资源自然条件限制，改变了农业生产的季节性，拓宽了农业生产的时空分布，为城乡居民提供丰富的新鲜瓜果蔬菜。同时新型农业生产模式快速发展促进了农业机械化、规模化、产业化、精准化发展，加快推动了我国农业由传统农业向现代农业转变。

新中国成立 70 年来，我国农业发展取得了举世瞩目的历史性成就，为国民经济持续健康发展和社会大局稳定发挥了战略后院和压舱石作用，不断推动中国特色社会主义事业开创新局面。但我们也要清醒认识到，我国农业基础依然薄弱，农业发展中依然存在农产品供求结构不平衡，要素配置不合理等问题，农业依然是经济社会发展的短板，是需要着力加强的领域。我们要更加紧密地团结在以习近平同志为核心的党中央周围，坚持以习近平新时代中国特色社会主义思想为指导，坚持稳中求进工作总基调，坚持农业农村优先发展总方针，以实施乡村振兴战略为总抓手，深入推进农业供给侧结构性改革，加快推进农业现代化发展，为实现“两个一百年”奋斗目标、实现中华民族伟大复兴的中国梦作出新的贡献。

（国家统计局农村司 张珍琴）

2018 年全国农村贫困状况

2018 年，在以习近平同志为核心的党中央坚强领导下，各地区各部门深入推进精准扶贫、精准脱贫基本方略，全面贯彻落实中央关于改善民生和打赢脱贫攻坚战的要求，进一步加大惠民扶贫政策力度，扶贫效果和民生改善成就显著。2018 年，全国农村贫困人口明显减少，贫困发生率持续下降；农村居民收入较快增长，消费结构和生活状况进一步改善。

一、农村贫困人口规模与分布

（一）贫困人口规模。

1. 2018 年全国农村贫困人口减少 1386 万人。

据对全国 31 个省（自治区、直辖市）16 万户居民家庭的抽样调查，按现行国家农村贫困标准①测算，2018 年全国农村贫困人口 1660 万人，比上年减少 1386 万人，下降 45.5%；贫困发生率 1.7%，比上年下降 1.4 个百分点。

2. 八年来全国农村贫困人口共减少 1.49 亿人。

按现行国家农村贫困标准测算，2010 年全国农村贫困人口 1.66 亿人，贫困发生率 17.2%。与 2010 年相比，八年来全国农村贫困人口共减少 1.49 亿人，年均减贫人口规模 1863 万人；贫困发生率下降 15.5 个百分点，年均下降 1.9 个百分点。

图 1　2010-2018 年全国农村贫困状况

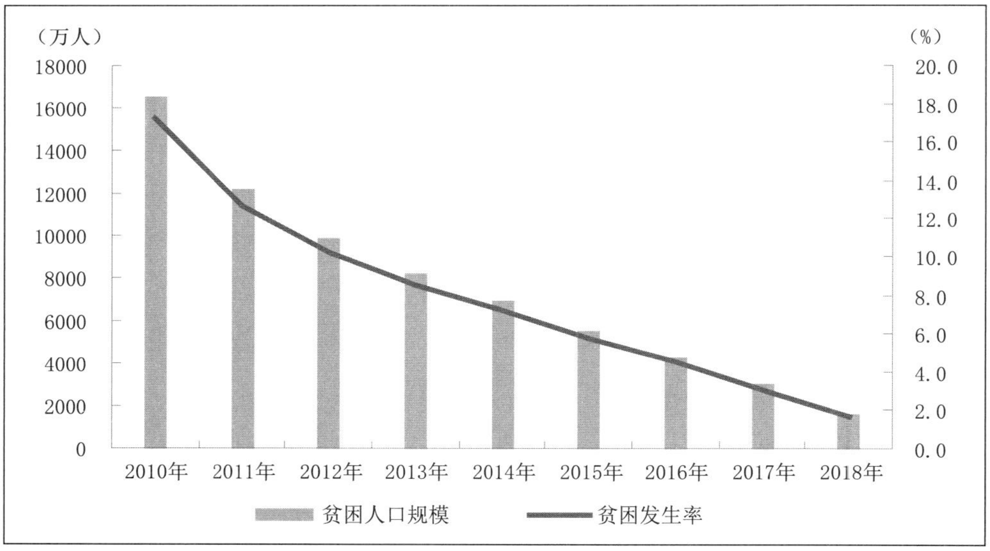

数据来源：国家统计局住户收支与生活状况调查。

①农村贫困标准为：2010 年价格每人每年 2300 元，2018 年价格每人每年 2995 元。

（二）区域分布。

1. 一半以上的农村贫困人口集中在西部地区。

按现行国家农村贫困标准测算，一半以上的农村贫困人口仍集中在西部地区①。2018 年，东部地区农村贫困人口 147 万人，贫困发生率为 0.4%，贫困人口占全国农村贫困人口的比重为 8.8%；中部地区农村贫困人口 597 万人，贫困发生率为 1.8%，贫困人口占全国农村贫困人口的比重为 36.0%；西部地区农村贫困人口 916 万人，贫困发生率 3.2%，贫困人口占全国农村贫困人口的比重为 55.2%。

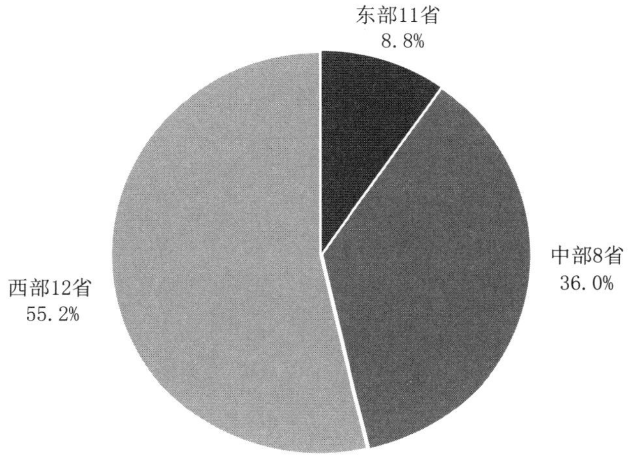

图 2　2018 年农村贫困人口的地区分布

数据来源：国家统计局住户收支与生活状况调查。

与上年相比，2018 年东、中、西部地区农村贫困人口全面减少。其中，西部地区农村贫困人口减少数量最多。具体来看：2018 年东、中、西部地区农村贫困人口分别比上年减少 153 万、515 万和 718 万人，减贫速度分别比上年加快 12.4、16.1 和 16.5 个百分点，贫困发生率分别下降 0.4、1.6 和 2.4 个百分点。全国农村贫困人口中，东、中部地区贫困人口比重分别比上年下降 1.0 和 0.5 个百分点，西部地区贫困人口比重比上年提高 1.5 个百分点。

与 2010 年相比，2018 年东、中、西部地区农村贫困人口分别减少 2440 万、4954 万和 7513 万人，贫困发生率分别下降 7.0、15.4 和 26.0 个百分点。

①东部地区：包括北京、天津、河北、辽宁、上海、江苏、浙江、福建、山东、广东、海南 11 省份。
中部地区：包括山西、吉林、黑龙江、安徽、江西、河南、湖北、湖南 8 省份。
西部地区：包括内蒙古、广西、重庆、四川、贵州、云南、西藏、陕西、甘肃、青海、宁夏、新疆 12 省份。

表 1 2010-2018 年分地区农村贫困人口情况

年　份	贫困人口规模（万人）			贫困发生率（%）		
	东部	中部	西部	东部	中部	西部
2010 年	2587	5551	8429	7.4	17.2	29.2
2011 年	1655	4238	6345	4.7	13.1	21.9
2012 年	1367	3446	5086	3.9	10.6	17.5
2013 年	1171	2869	4209	3.3	8.8	14.5
2014 年	956	2461	3600	2.7	7.5	12.4
2015 年	653	2007	2914	1.8	6.2	10.0
2016 年	490	1594	2251	1.4	4.9	7.8
2017 年	300	1112	1634	0.8	3.4	5.6
2018 年	147	597	916	0.4	1.8	3.2

数据来源：国家统计局住户收支与生活状况调查。

2. 有 6 个省农村贫困人口在 100 万以上，各省贫困发生率均下降至 6% 以下。

2018 年，按现行国家农村贫困标准测算，农村贫困人口在 100 万人以上的省份有 6 个，比上年减少 8 个；在 50 万 -100 万人之间的省份有 8 个；其余省份贫困人口在 50 万人以下。

2018 年，各省贫困发生率普遍下降至 6% 以下。其中，贫困发生率在 5% 以上的省份有 4 个，比上年减少 5 个；贫困发生率在 2%-5% 的省份有 7 个，比上年减少 5 个；贫困发生率在 0.5%-2% 的省份有 12 个；北京、天津、上海、江苏、浙江、福建、山东、广东等 8 个省份的贫困发生率均在 0.5% 以下。

图 3　2018 年分省农村贫困人口情况

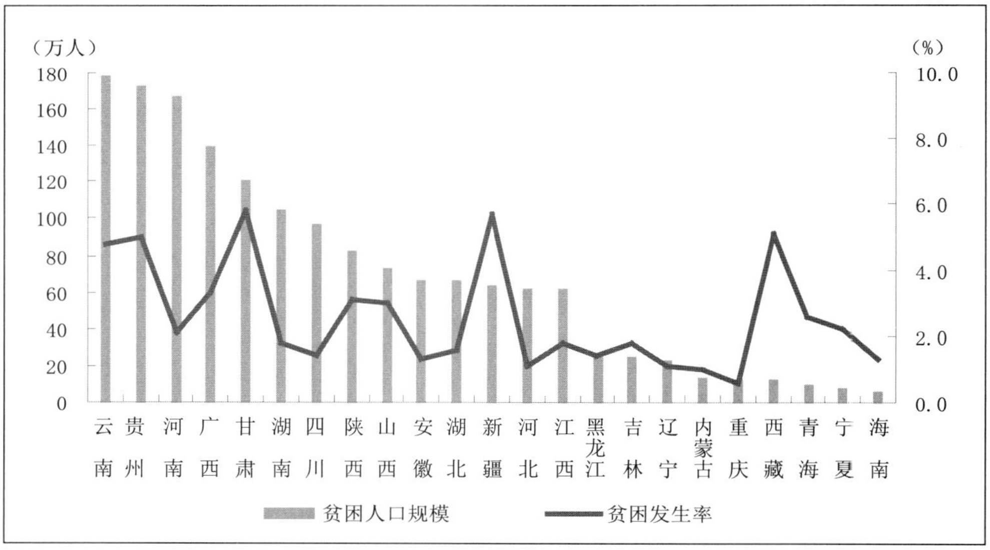

数据来源：国家统计局住户收支与生活状况调查。

（三）群体分布。

1. 农村老人和儿童贫困发生率相对较高。

将所有人按每 20 岁为一组分组，分年龄组贫困发生率分布总体呈现两边高中间低的特点，老人和儿童贫困发生率相对较高。2018 年 0-20 岁、21-40 岁、41-60 岁、61-80 岁、81 岁及以上农村人口贫困发生率分别为 2.1%、1.7%、1.1%、2.1%、3.4%。其中，17 岁及以下青少年儿童贫困发生率为 2.2%，60 岁以上老人贫困发生率为 2.2%。按性别分组看，2018 年女性群体贫困发生率与男性群体贫困发生率没有明显差异。

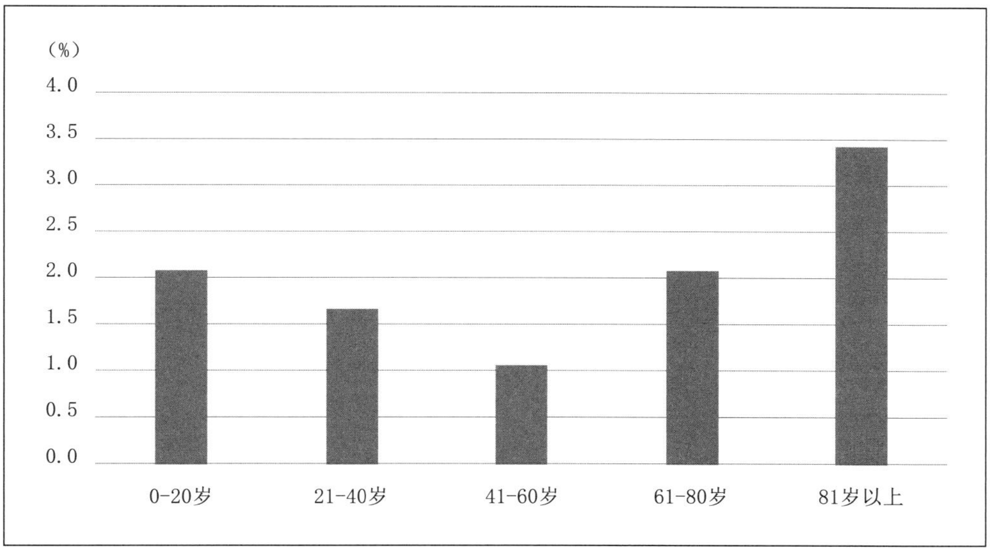

图 4　2018 年分年龄段农村贫困发生率

数据来源：国家统计局住户收支与生活状况调查。

2. 农村受教育程度较低的群体贫困发生率相对较高。

按户主受教育程度分组看，贫困发生率与户主受教育程度成反比，户主受教育程度较低的群体贫困发生率相对较高。2018 年户主受教育程度为文盲的群体中贫困发生率为 6.5%，户主受教育程度为小学的群体中贫困发生率为 2.4%，户主受教育程度为初中的群体中贫困发生率为 1.2%，户主受教育程度为高中及以上的群体中贫困发生率为 0.9%。

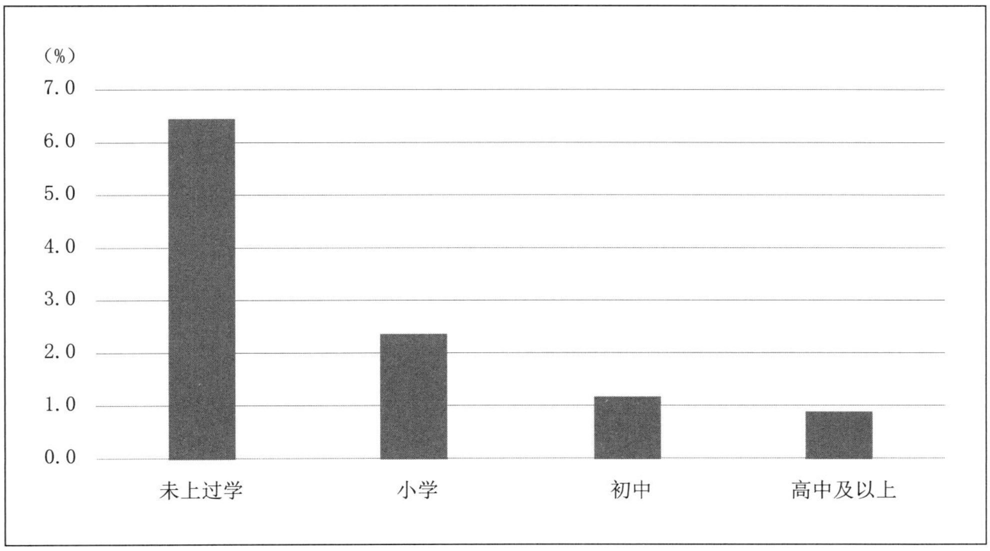

图 5　2018 年按户主受教育程度分组农村贫困发生率

数据来源：国家统计局住户收支与生活状况调查。

3. 农村健康程度较差的人群贫困发生率相对较高。

从健康状况分组看，农村身体健康程度与贫困发生率呈负相关。2018 年身体健康的人群贫困发生率为 1.6%；身体基本健康的人群贫困发生率为 1.9%，身体健康状况较差①的人群贫困发生率为 2.6%。

图 6　2018 年按照健康程度分组的农村贫困发生率

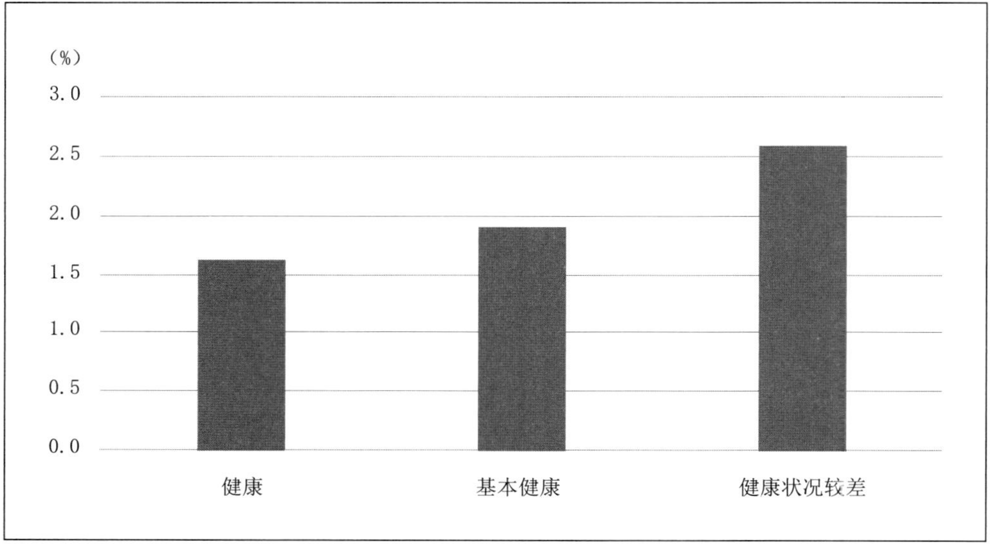

数据来源：国家统计局住户收支与生活状况调查。

二、农村居民收支状况

（一）2018 年农村居民收入较快增长。

2018 年农村居民人均可支配收入 14617 元，比上年名义增长 8.8%，扣除价格因素影响，实际增长 6.6%。

1. 经营、财产、转移三项收入比上年加快增长。

2018 年全国农村居民人均经营净收入、财产净收入、转移净收入分别为 5358 元、342 元和 2920 元，与上年相比分别增长② 6.6%，12.9% 和 12.2%，增速分别比上年加快 0.6、1.5 和 0.4 个百分点。

农民收入继续增长，一是农业生产保持稳定，粮食产量虽然比上年略降，但仍然是丰收年；玉米、蔬菜、牛、羊、禽蛋等农牧产品价格上涨，对农民经营收入增长贡献较多。二是转让承包土地经营权租金净收入和出租房屋净收入增长较快，分别增长 13.6% 和 19.4%。三是各地继续加大精准扶贫和社会救助力度，人均社会救济和补助收入增长 39.6%；城乡居民医保并轨继续推进，人均报销医疗费增长 26.1%。

①身体健康状况较差，包括身体不健康但生活能自理和生活不能自理两类。
②以下如无特殊说明，均为比上年名义增长。

表 2　2018 年全国农村居民收入增长情况

指标名称	水平（元）	名义增速（%）
人均可支配收入	14617	8.8
1. 工资性收入	5996	9.1
2. 经营净收入	5358	6.6
（1）一产净收入	3489	2.9
# 农业	2608	3.3
牧业	575	-1.9
（2）二三产净收入	1869	14.2
3. 财产净收入	342	12.9
4. 转移净收入	2920	12.2

数据来源：国家统计局住户收支与生活状况调查。

2. 工资性收入增长较为稳定。

2018 年，农村居民人均工资性收入 5996 元，增长 9.1%，增速比上年回落 0.4 个百分点。主要是本地农民工就业人数增长 0.9%，增速比上年回落 1.1 个百分点。

3. 工资性收入对增收贡献最大，工资、转移两项收入占比继续提高。

2018 年全国农村居民人均可支配收入中，人均工资性收入占人均可支配收入的比重为 41.0%，比上年提高 0.1 个百分点；人均经营净收入占比为 36.7%，比上年下降 0.7 个百分点；人均财产净收入占比为 2.3%，与上年持平；人均转移净收入占比为 20.0%，比上年提高 0.6 个百分点。

人均工资性收入对农村居民增收的贡献率为 42.0%，比上年下降 2.6 个百分点；人均经营净收入对农村居民增收的贡献率为 27.9%，比上年提高 1.1 个百分点；人均财产净收入对农村居民增收的贡献率为 3.3%，比上年提高 0.4 个百分点；人均转移净收入对农村居民增收的贡献率为 26.8%，比上年提高 1.1 个百分点。

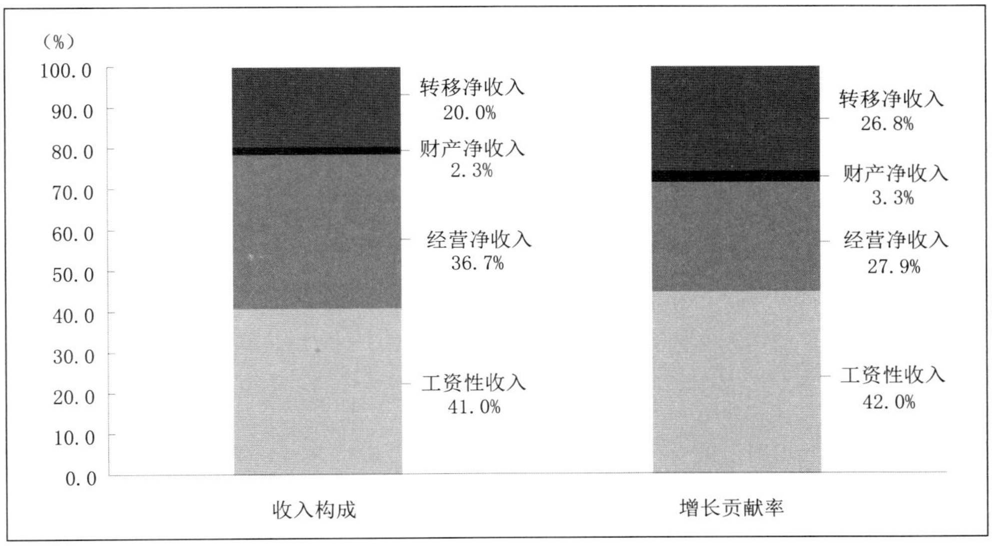

图 7　2018 年农村居民收入构成和各项收入增长贡献率

数据来源：国家统计局住户收支与生活状况调查。

4. 六年来农村居民收入年均实际增长 7.7%。

2013-2018 年，农村居民收入保持较快的增长速度，人均可支配收入增速分别为 12.4%、11.2%、8.9%、8.2% 、8.6% 和 8.8%，实际增速分别为 9.3%、9.2%、7.5%、6.2% 、7.3% 和 6.6%。六年来农村居民人均收入累计实际增长 55.9%，年均实际增长 7.7%，为脱贫攻坚任务的完成打下了坚实的基础。

表 3 2013-2018 年农村居民可支配收入情况

年 份	水平（元）	名义增速（%）	实际增速（%）
2013 年	9430	12.4	9.3
2014 年	10489	11.2	9.2
2015 年	11422	8.9	7.5
2016 年	12363	8.2	6.2
2017 年	13432	8.6	7.3
2018 年	14617	8.8	6.6

数据来源：国家统计局住户收支与生活状况调查。

（二）农村居民消费支出加快增长。

2018 年全国农村居民人均消费支出 12124 元，名义增长 10.7%，实际增长 8.4%。总体来看，农村居民人均消费支出加快增长，生活质量持续改善。

1. 消费支出加快增长，居住、生活用品及服务、交通通信、教育文化娱乐、医疗保健支出增长均超过 10%。

从消费结构来看，2018 年农村居民人均食品烟酒支出 3646 元，增长 6.7%；人均衣着支出 648 元，增长 5.9%；人均居住支出 2661 元，同比增长 13.0%；人均生活用品及服务支出 720 元，增长 13.6%；人均交通通信支出 1690 元，增长 12.0%；人均教育文化娱乐支出 1302 元，增长 11.1%；人均医疗保健支出 1240 元，增长 17.1%；人均其他用品及服务支出 218 元，增长 8.7%。

表 4 2018 年全国农村居民消费支出增长情况

指标名称	水平（元）	名义增速（%）
人均消费支出	12124	10.7
1. 食品烟酒	3646	6.7
2. 衣着	648	5.9
3. 居住	2661	13.0
4. 生活用品及服务	720	13.6
5. 交通通信	1690	12.0
6. 教育文化娱乐	1302	11.1
7. 医疗保健	1240	17.1
8. 其他用品及服务	218	8.7

数据来源：国家统计局住户收支与生活状况调查。

2. 恩格尔系数进一步降低，发展型消费占消费支出比重提高。

2018 年，农村居民的食品烟酒消费支出比重（恩格尔系数）为 30.1%，比上年下降 1.1 个百分点。交通通信、医疗保健等发展型消费占比提高。2018 年农村居民人均消费支出中，人均交通通信支出占比为 13.9%，比上年提高 0.1 个百分点；医疗保健支出占比为 10.2%，比上年提高 0.5 个百分点。

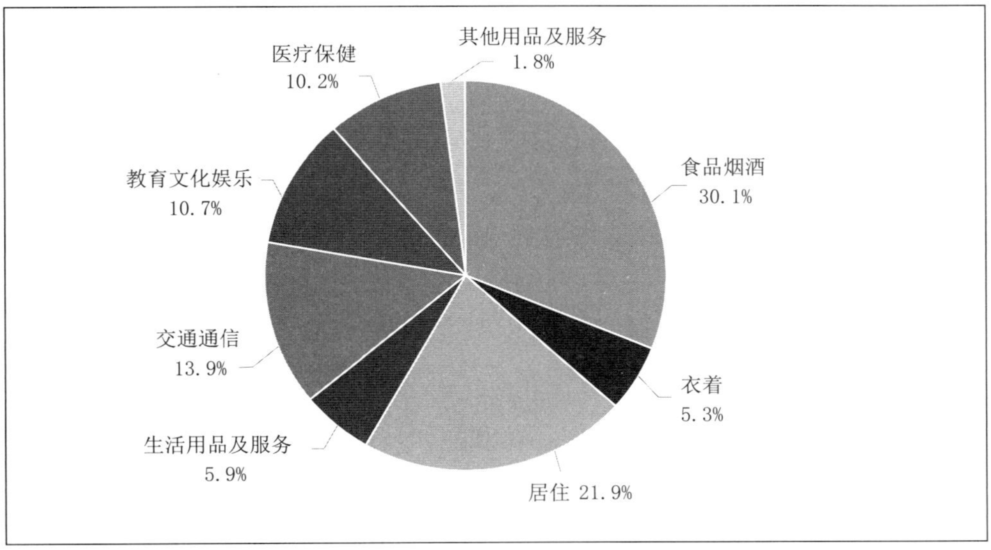

图 8　2018 年全国农村居民消费支出结构

数据来源：国家统计局住户收支与生活状况调查。

3. 粮食等主食消费减少，水果、奶等副食消费增加。

2018 年，农村居民人均粮食消费量下降，鲜瓜果、奶类消费量增加。农村居民人均粮食消费量 148.5 公斤，比上年下降 3.9%；人均鲜瓜果消费量 36.3 公斤，比上年增长 3.4%；人均鲜奶消费量 4.2 公斤，比上年增长 9.9%。此外，农村居民人均饮食服务支出 394 元，比上年增长 27.6%。

三、收入差距

2018 年，农村居民人均可支配收入名义增速和实际增速均高于城镇居民 1.0 个百分点，城乡居民收入比继续下降。农村居民高、低收入组相对差距缩小，低收入组收入加快增长。

（一）城乡居民收入相对差距继续缩小。

2018 年城镇居民人均可支配收入 39251 元，比上年名义增长 7.8%，实际增长 5.6%；农村居民人均可支配收入 14617 元，比上年名义增长 8.8%，实际增长 6.6%。农村居民人均可支配收入名义增速和实际增速均快于城镇居民 1.0 个百分点。2018 年，城乡居民人均可支配收入之比为 2.69，比上年下降 0.02，比 2010 年下降 0.3，城乡居民间收入差距继续缩小。

图 9　2010-2018 年城乡居民收入绝对值及收入比

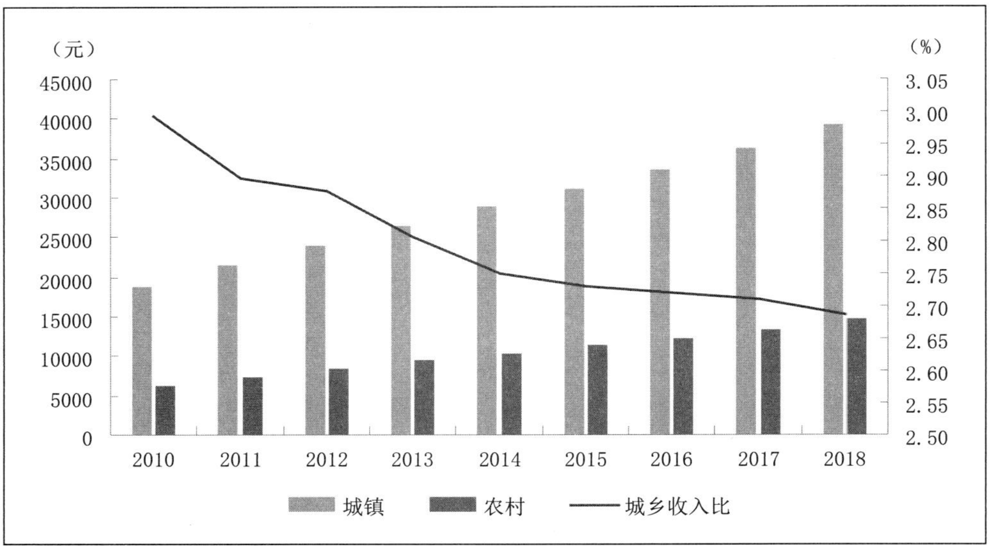

（二）农村居民高、低收入组相对差距缩小。

按农村居民人均可支配收入从低到高进行五等份分组，全国农村居民低收入组人均可支配收入为 3666 元，增长 11.0%；中间偏下组人均可支配收入为 8508 元，增长 1.9%；中间收入组人均可支配收入为 12530 元，增长 4.6%；中间偏上组人均可支配收入为 18051 元，增长 6.5%；高收入组人均可支配收入为 34043 元，增长 8.8%。2018 年以来，各地全面落实中央关于打赢脱贫攻坚战的要求，进一步加大惠民扶贫政策力度，扶贫效果和民生改善成就显著。全年农村居民低收入组人均可支配收入增长 11.0%，增速高于全国农村居民 2.2 个百分点。

表 5　2018 年全国农村居民人均可支配收入分组情况

组　别	水平（元）	名义增速（%）
低收入组	3666	11.0
中间偏下组	8508	1.9
中间收入组	12530	4.6
中间偏上组	18051	6.5
高收入组	34043	8.8

数据来源：国家统计局住户收支与生活状况调查。

（三）西部地区①与其他地区收入差距缩小，东北地区农村居民收入增长最慢。

分区域看，东部地区农村居民人均可支配收入 18286 元，比上年增长 8.7%；中

①这里的东、中、西、东北地区是按照《中国统计年鉴》发布的四个地区的划分标准。其中，东部地区包括北京、天津、河北、上海、江苏、浙江、福建、山东、广东、海南 10 省份；中部地区包括山西、安徽、江西、河南、湖北、湖南 6 省；西部地区包括内蒙古、广西、重庆、四川、贵州、云南、西藏、陕西、甘肃、青海、宁夏、新疆 12 省份；东北地区包括辽宁、吉林、黑龙江 3 省。文中其余部分为按照东中西分组。

部地区农村居民人均可支配收入 13954 元，增长 9.0%；西部地区农村居民人均可支配收入 11831 元，增长 9.3%；东北地区农村居民人均可支配收入 14080 元，增长 7.4%。西部地区增长最快，东北地区增长最慢。以西部地区为 1，东部、中部、东北地区与西部地区农村居民人均可支配收入之比分别为 1.55、1.18 和 1.19，西部地区与其他地区差距有所缩小。

东北地区由于经济下行压力较大，辽宁、吉林粮食减产，生猪价格受非洲猪瘟疫情影响比上年下降较多，城乡居民收入增长乏力。2018 年东北地区农村居民人均可支配收入增长 7.4%，增速低于西部地区农村居民 1.9 个百分点，低于中部地区农村居民 1.6 个百分点，低于东部地区农村居民 1.3 个百分点。

表 6　2018 年东、中、西部及东北地区农村居民人均可支配收入

组　别	水平（元）	名义增速（%）
东部地区	18286	8.7
中部地区	13954	9.0
西部地区	11831	9.3
东北地区	14080	7.4

数据来源：国家统计局住户收支与生活状况调查。

四、多元生活状况

（一）居住条件。

2018 年，农村①居民住房结构、住宅外道路、卫生等生活居住条件进一步改善。从住房面积和结构看，2018 年农村居民人均居住住房面积 47.3 平方米，居住钢筋混凝土和砖混材料结构住房的农户比重为 71.2%，比上年提高 6.2 个百分点。从住宅外道路条件看，2018 年农村地区住宅外道路硬化②的农户比重为 90.9%，比上年提高 4.7 个百分点。从饮水条件看，主要饮用水来源为安全饮用水的农户比重为 90.3%，比上

表 7　2017-2018 年农村居民居住条件

单位：%

指标名称	2017 年	2018 年
居住钢筋混凝土和砖混材料结构住房的农户比重	65.0	71.2
住宅外道路硬化的农户比重	86.2	90.9
有安全饮用水的农户比重	81.6	90.3
有水冲式卫生厕所的农户比重	31.7	42.1
无洗澡设施的农户比重	34.3	28.4
炊用主要能源为柴草的农户比重	38.5	29.8

数据来源：国家统计局住户收支与生活状况调查。

①指统计上城乡划分的农村范围，不含城镇地区村委会。

②住宅外道路硬化指的是住宅外道路为水泥、柏油、沙石或石板等硬质路面。

年提高 8.7 个百分点。从卫生设备看，2018 年农村地区有水冲式卫生厕所的农户比重为 42.1%，比上年提高 10.4 个百分点；无洗澡设施的农户比重为 28.4%，比上年下降 5.9 个百分点。从能源使用情况看，2018 年农村地区炊用主要能源为柴草的农户比重为 29.8%，比上年下降 8.7 个百分点。

（二）耐用消费品拥有情况。

2018 年，农村居民家庭年末拥有的主要传统耐用消费品稳定增加，新型耐用消费品需求较旺。一是交通类耐用消费品较快增加。2018 年全国农村居民每百户拥有家用汽车 22.3 辆，比上年增加 3.0 辆，增长 15.4%；百户拥有助力车 64.9 台，比上年增加 3.8 台，增长 6.2%。二是空调、热水器、排油烟机等家电较快增加。2018 年全国农村居民每百户拥有空调 65.2 台，比上年增加 12.6 台，增长 24.0%；百户拥有热水器 68.7 台，比上年增加 6.2 台，增长 9.9%；百户拥有排油烟机 26.0 台，比上年增加 5.6 台，增长 27.3%。三是洗衣机、电冰箱等普及度相对较高的传统家电继续增加。2018 年全国农村居民每百户拥有洗衣机 88.5 台，比上年增加 2.2 台，增长 2.6%；百户拥有电冰箱 95.9 台，比上年增加 4.2 台，增长 4.5%。

表 8　2017-2018 年农村居民百户耐用消费品拥有情况

指标名称	单位	2017 年	2018 年	增加量	增长幅度（%）
家用汽车	辆 / 百户	19.3	22.3	3.0	15.4
摩托车	辆 / 百户	64.1	57.4	-6.7	-10.3
助力车	台 / 百户	61.1	64.9	3.8	6.2
洗衣机	台 / 百户	86.3	88.5	2.2	2.6
电冰箱（柜）	台 / 百户	91.7	95.9	4.2	4.5
彩色电视机	台 / 百户	120.0	116.6	-3.4	-2.9
空调	台 / 百户	52.6	65.2	12.6	24.0
热水器	台 / 百户	62.5	68.7	6.2	9.9
排油烟机	台 / 百户	20.4	26.0	5.6	27.3
移动电话	部 / 百户	246.1	257.0	10.9	4.4
计算机	台 / 百户	29.2	26.9	-2.3	-8.0

数据来源：国家统计局住户收支与生活状况调查。

（三）交通通信条件。

从交通通信条件看，2018 年农村地区通路、通电等基本接近全覆盖，通讯基础设施条件持续改善，居民移动电话等拥有量继续增加。2018 年，99.9% 的农户所在自然村通公路、通电；95.7% 的农户所在自然村已通宽带，比上年提高 4.1 个百分点。全国农村居民每百户拥有移动电话 257.0 部，比上年增加 10.9 部，增长 4.4%。其中，接入互联网的移动电话 161.3 部，比上年增加 52.8 部，增长 48.7%。

（四）社区环境条件。

从社区环境条件看，98% 以上的农户所在自然村内主要道路路面为硬化路面；65.4% 的农户所在自然村主要道路有路灯，比上年提高 8.0 个百分点；83.6% 的农户所在自然村内垃圾能够做到集中处理，比上年提高 10.5 个百分点；64.1% 的农户所在自然村有健身器材，比上年提高 10.1 个百分点；29.4% 的农户所在自然村有绿化园林景观设计，比上年提高 4.3 个百分点；89.6% 的农户所在自然村有卫生站，比上年提高 0.7 个百分点。

表 9　2017-2018 年农户所在社区环境条件

单位：%

指标名称	2017 年	2018 年
所在自然村内主要道路硬化路面的农户比重	96.2	98.0
所在自然村主要道路有路灯的农户比重	57.4	65.4
所在自然村垃圾集中处理的农户比重	73.1	83.6
所在自然村有健身器材的农户比重	54.0	64.1
所在自然村有绿化园林景观设计的农户比重	25.1	29.4
所在自然村有卫生站（室）的农户比重	88.9	89.6

数据来源：国家统计局住户收支与生活状况调查。

（五）教育条件。

从受教育便利程度看，农村地区教育服务条件继续改善。85.4% 的农户所在自然村上幼儿园或学前班较便利，比上年提高 1.2 个百分点；87.9% 的农户所在自然村上小学较便利，比上年提高 1.9 个百分点。

从户主文化程度看，2018 年全国农村居民家庭中，户主为初中及以下文化程度的占 87.1%，高中文化程度的占 11.1%，大专及以上文化程度的占 1.8%。

从劳动力受教育程度看，2018 年全国农村地区常住劳动力中，初中及以下文化程度的人占 85.8%，高中文化程度的人占 10.4%，大专及以上文化程度的人占 3.8%。

（六）就业情况。

2018 年，全国农村地区户均常住从业人口 1.9 人，从业人口负担系数为 1.7。从行业分布看，2018 年全国农村地区常住从业人员中，第一产业从业人员占比为 55.8%，第二产业从业人员占比为 21.1%，第三产业从业人员占比为 23.1%。

（国家统计局住户调查办公室　袁璐）

2018年贫困地区[①]农村贫困状况

2018年是全面贯彻落实党的十九大精神的开局之年，是打赢脱贫攻坚战三年行动起步之年。在以习近平同志为核心的党中央坚强领导下，各地各部门认真贯彻精准扶贫方略，扎实推进脱贫攻坚，打赢脱贫攻坚战三年行动实现良好开局。据国家统计局开展的农村贫困监测调查显示，2018年末现行农村贫困标准下全国贫困地区农村贫困人口1115万人，比上年末减少785万人，占全国农村减贫总规模的56.6%；贫困地区农村居民人均可支配收入增长10.6%，快于全国农村1.8个百分点；贫困地区农村居民人均消费支出增长12.0%，快于全国农村1.3个百分点，扣除价格因素，贫困地区农村居民人均收入和消费分别实际增长8.3%和9.7%。贫困地区农民生活质量继续提升，农村基础设施和公共服务持续改善。

一、贫困地区基本情况[②]

2017年贫困地区行政区划面积450万平方公里，约占全国行政区划总面积的46.9%；户籍人口数30777万人，占全国总户籍人口的22.1%。

据国家统计局县（市）社会经济基本情况统计数据直接加总，2017年贫困地区生产总值64605亿元，名义值比上年增长7.3%。其中，第一产业、第二产业、第三产业增加值分别为13451亿元、25256亿元和25897亿元，分别增长0.8%、6.2%和12.2%。贫困地区产业结构不断优化，第一产业、第二产业、第三产业增加值占地区生产总值的比重分别为20.8%、39.1%和40.1%，二、三产业增加值所占比重比上年提高1.4个百分点。公共财政收入4083亿元，增长4.8%；公共财政支出22616亿元，增长10.2%。

2017年贫困地区普通小学在校学生数2226万人，占全国普通小学在校学生数的22.1%；普通中学在校学生数1453万人，占全国普通中学在校学生数的26.4%。医疗卫生机构床位数121万张，增长8.9%，占全国医疗卫生机构床位数的15.2%。

二、贫困地区贫困变化情况

（一）贫困人口规模缩小，减贫成效显著。

据全国农村贫困监测调查，按照现行农村贫困标准测算，2018年末，贫困地区农村贫困人口1115万人，比上年末减少785万人，贫困人口下降41.3%，减贫速度

①贫困地区，包括集中连片特困地区和片区外的国家扶贫开发工作重点县，共832个县。2017年开始将新疆阿克苏地区纳入贫困监测范围。

②贫困地区基本情况包括贫困地区共811个县（旗、县级市）数据，不包括21个区县改区的区数据。

比上年快 12.7 个百分点。贫困发生率为 4.2%，下降 3.0 个百分点。

党的十八大以来，贫困地区农村贫困人口已经从 2012 年末的 6039 万人减少到 2018 年末的 1115 万人，年均减少近 821 万人，2018 年末贫困地区农村贫困人口占全国农村贫困人口的比重为 67.2%，比 2012 年末提高 6.2 个百分点。贫困发生率较 2012 年的 23.2% 下降到 2018 年的 4.2%，下降了 19.0 个百分点。

表 1　2012-2018 年贫困地区农村贫困状况

年　份	贫困人口（万人）	比上年下降（万人）	贫困发生率（%）	比上年下降（百分点）
2012 年	6039	--	23.2	--
2013 年	5070	969	19.3	3.9
2014 年	4317	753	16.6	2.7
2015 年	3490	827	13.3	3.3
2016 年	2654	836	10.1	3.2
2017 年	1900	760	7.2	2.9
2018 年	1115	785	4.2	3.0

数据来源：国家统计局农村贫困监测调查。

（二）各地贫困情况持续改善。

从贫困人口规模来看，2018 年末贫困地区农村贫困人口在 100 万以上的省份仅剩 3 个，包括云南 166 万人、贵州 155 万人、甘肃 106 万人；在 50 万 -100 万的省份有 6 个，包括河南 96 万人、湖南 82 万人、安徽 57 万人、河北 56 万人、四川 56 万人、陕西 56 万人；其余 13 个省份均在 50 万人以下。

从贫困发生率来看，2018 年末贫困地区农村贫困发生率均下降至 6.5% 及以下。贫困发生率下降至 3.0% 以内的省份有 4 个，分别为重庆、内蒙古、青海、安徽；贫困发生率在 3.0%-5.0% 的省份有 12 个，分别为江西、河南、四川、宁夏、海南、河北、湖北、吉林、黑龙江、湖南、陕西、广西；贫困发生率在 5.0%-6.5% 的省份有 6 个，分别为山西、西藏、贵州、新疆、云南、甘肃。

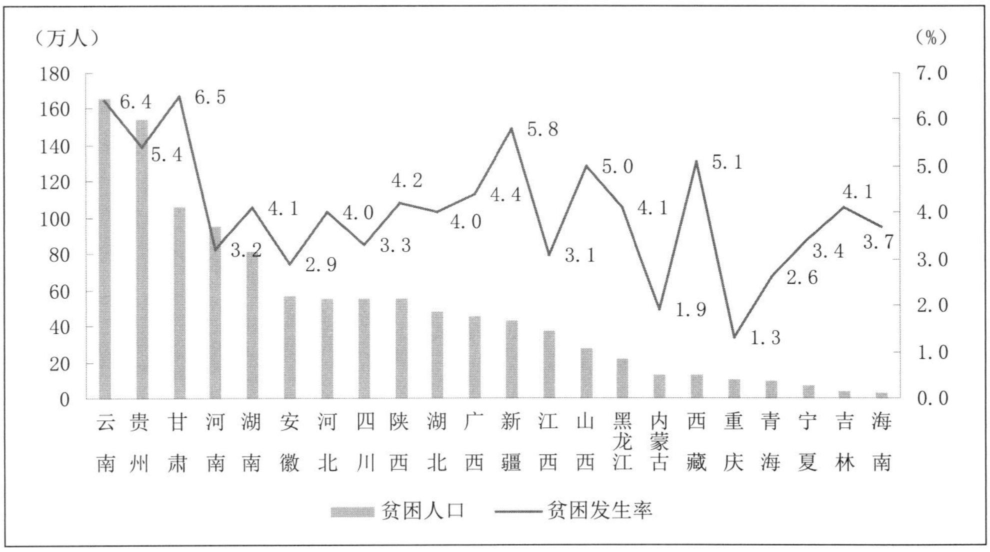

图 1　2018 年贫困地区分地区贫困人口和贫困发生率

数据来源：国家统计局农村贫困监测调查。

三、贫困地区农村居民收入

2018 年贫困地区农村居民人均可支配收入首过万元，达到 10371 元，比上年增加 994 元，名义增长 10.6%，扣除价格因素，实际增长 8.3%，实际增速高于全国农村增速 1.7 个百分点。中西部 22 个省份均实现贫困地区农民增收目标。党的十八大以来，贫困地区农村居民人均可支配收入年均实际增速为 10.0%，比全国农村高 2.3 个百分点。

（一）2018 年贫困地区农村居民收入增速快于上年。

2018 年贫困地区农村居民人均可支配收入名义增速比上年加快 0.1 个百分点。工资性收入和转移净收入是贫困地区农村居民增收主要来源。

工资性收入、转移净收入和财产净收入增速均快于全国农村。2018 年贫困地区农村居民人均工资性收入 3627 元，比上年增加 417 元，增长 13.0%，比全国农村高 3.9 个百分点。人均转移净收入 2719 元，增加 394 元，增长 17.0%，比全国农村高 4.8 个百分点，对贫困地区农村居民增收贡献率为 39.7%，比上年提高 6.1 个百分点。其中，人均社会救济补助和政策性生活补贴 408 元，增长 39.0%；人均养老金和离退休金收入 480 元，增长 15.5%；人均家庭外出从业人员寄回带回收入 1370 元，增长 15.9%。人均财产净收入 137 元，增加 18 元，增长 14.8%，比全国农村高 1.7 个百分点。

家庭经营净收入增速较上年有所回落。2018 年贫困地区农村居民人均经营净收入 3888 元，比上年增加 165 元，增长 4.4%，增速比上年回落 2.5 个百分点，比全国农村低 2.2 个百分点。农民家庭二、三产业经营净收入人均 1094 元，增速比上年提高 1.6 个百分点。

（二）中西部 22 个省份均实现贫困地区农民增收目标。

中西部地区 22 个省（区、市）中，全省（区）农村为贫困地区的西藏和青海农村居民人均可支配收入比上年分别增长 10.8% 和 9.8%，分别高于全国农村增速 2.0 和 1.0 个百分点；其余 20 个省（区、市）贫困地区农村居民人均可支配收入增速均高于本省农村增速。黑龙江、吉林、内蒙古、山西、青海、重庆、广西、湖北、四川、甘肃、河北等 11 个省（区、市）贫困地区农村居民收入增速快于上年。

（三）贫困地区农村居民收入与全国农村差距缩小。

贫困地区农村居民收入增速快于全国农村 1.8 个百分点，相对差距继续缩小。2018 年贫困地区农村居民人均可支配收入占全国农村居民人均可支配收入的比重为 71.0%，比 2017 年提高 1.2 个百分点。

表 2　2018 年贫困地区与全国农村收入对比

指标名称	贫困地区农村			全国农村		
	收入水平（元）	结构（%）	名义增速（%）	收入水平（元）	结构（%）	名义增速（%）
人均可支配收入	10371	100.0	10.6	14617	100.0	8.8
1. 工资性收入	3627	35.0	13.0	5996	41.0	9.1
2. 经营净收入	3888	37.5	4.4	5358	36.7	6.6
（1）一产净收入	2794	26.9	-1.1	3489	23.9	2.9
# 农业	2008	19.4	-2.5	2608	17.8	3.3
牧业	578	5.6	2.8	575	3.9	-1.9
（2）二三产净收入	1094	10.6	22.0	1869	12.8	14.2
3. 财产净收入	137	1.3	14.8	342	2.3	12.9
4. 转移净收入	2719	26.2	17.0	2920	20.0	12.2

数据来源：国家统计局全国住户收支与生活状况调查、农村贫困监测调查。

四、贫困地区农村居民消费

据全国农村贫困监测调查，2018 年贫困地区农村居民人均消费支出 8956 元，比上年增加 958 元，增长 12.0%，扣除价格因素，实际增长 9.7%，实际增速快于上年 1.9 个百分点，快于全国农村 1.3 个百分点，主要是居住、教育文化娱乐和医疗保健支出增长加快，衣着、生活用品及服务、交通通信支出等较快增长。贫困地区农村居民消费支出增速加快，贫困地区农村居民消费结构进一步优化，生活质量继续提高。

表 3　2018 年贫困地区与全国农村消费水平和结构对比

指标名称	贫困地区农村			全国农村		
	水平（元）	结构（%）	名义增速（%）	水平（元）	结构（%）	名义增速（%）
人均消费支出	8956	100.0	12.0	12124	100.0	10.7
1. 食品烟酒	2808	31.4	4.4	3646	30.1	6.7
2. 衣着	488	5.4	7.8	648	5.3	5.9
3. 居住	1995	22.3	17.7	2661	21.9	13.0
4. 生活用品及服务	537	6.0	10.8	720	5.9	13.6
5. 交通通信	1045	11.7	11.8	1690	13.9	12.0
6. 教育文化娱乐	1017	11.4	15.2	1302	10.7	11.1
7. 医疗保健	919	10.3	26.7	1240	10.2	17.1
8. 其他用品和服务	147	1.6	10.3	218	1.8	8.7

数据来源：国家统计局农村贫困监测调查、全国住户收支与生活状况调查。

（一）吃穿等基本消费支出平稳增长。

2018 年贫困地区农村居民人均食品烟酒支出 2808 元，比上年增加 119 元，增长 4.4%，占消费支出的比重为 31.4%，比上年下降 2.2 个百分点。人均衣着支出 488 元，比上年增加 35 元，增长 7.8%，占消费支出的比重为 5.4%，比上年下降 0.3 个百分点。

饮食结构优化。主要是粮食等主食类消费减少，肉禽蛋奶消费较快增长。从人均消费量看，肉禽蛋奶消费人均 45 公斤，增长 12.2%；粮食（原粮）消费人均 158 公斤，比上年下降 3.3%。从支出结构看，人均肉禽蛋奶支出 874 元，占食品烟酒支出的比重为 31.1%，比上年提高 0.5 个百分点；人均粮食支出 552 元，占食品烟酒支出的比重为 19.7%，比上年下降 1.4 个百分点。

图 2 2018 年贫困地区农村居民人均消费支出结构

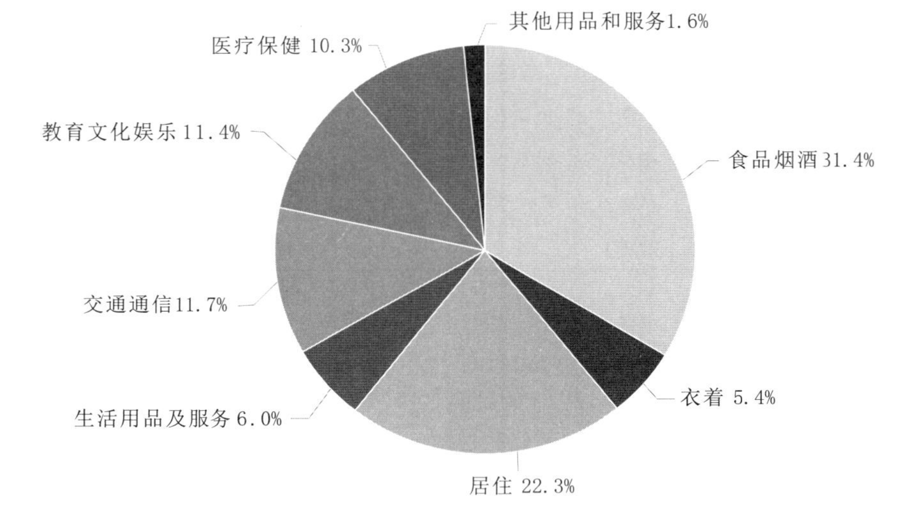

数据来源：国家统计局农村贫困监测调查。

（二）居住、生活用品及服务支出较快增长。

2018 年贫困地区农村居民人均居住支出 1995 元，比上年增加 300 元，增长 17.7%，占消费支出的比重为 22.3%，比上年上升 1.1 个百分点。其中，人均住房维修及管理支出 352 元，增长 23.6%。人均生活用品及服务支出 537 元，比上年增加 52 元，增长 10.8%，占消费支出的比重为 6.0%，比上年下降 0.1 个百分点。

（三）交通通信、教育文化娱乐、医疗保健等发展改善型消费支出快速增长。

2018 年贫困地区农村居民人均交通通信支出 1045 元，比上年增加 110 元，增长 11.8%。其中，人均交通支出 679 元，增长 16.3%；人均通信支出 365 元，增长 4.2%。人均教育文化娱乐支出 1017 元，比上年增加 134 元，增长 15.2%，比上年高 3.1 个百分点。其中，人均教育支出 850 元，增长 17.1%；人均文化娱乐支出 167 元，增长 6.2%。人均医疗保健支出 919 元，比上年增加 194 元，增长 26.7%，比上年高 13.0 个百分点。其中，人均医疗器具及药品支出 274 元，增长 21.9%，人均医疗服务支出 645 元，增长 28.9%。人均其他用品和服务支出 147 元，比上年增加 14 元，增长 10.3%。

五、贫困地区居住及生活条件[①]

脱贫攻坚战以来，我国加大农村危房改造力度，大规模实施易地扶贫搬迁，帮助住房最危险、经济最贫困农户解决最基本住房安全保障问题，贫困地区农村居民住房及生活条件得到明显改善。

（一）住房面积增加，住房质量改善。

2018 年贫困地区农村居民户均住房面积为 145.1 平方米，比上年增加 5.6 平方米；居住在竹草土坯房的农户比重为 1.9%，比上年下降 2.2 个百分点；居住在钢筋混凝土房或砖混材料房的农户比重为 67.4%，比上年上升 9.3 个百分点。

表 4　2017-2018 年贫困地区农户住房条件

指标名称	2017 年	2018 年
户均居住住房面积（平方米）	139.5	145.1
居住竹草土坯房的农户比重（%）	4.1	1.9
居住钢筋混凝土房或砖混材料房的农户比重（%）	58.1	67.4

数据来源：国家统计局农村贫困监测调查。

（二）住房周边道路环境继续改善。

2018 年贫困地区住宅外道路为水泥或柏油路面的农户比重为 72.6%，比上年提高 13.2 个百分点。为沙石或石板等硬质路面的农户比重为 15.8%，比上年下降 3.7 个百分点。2018 年贫困地区住宅外道路硬化的农户比重为 88.4%，比上年提高 9.5 个百分点。

（三）饮水困难农户减少，饮水质量提高。

2018 年贫困地区饮水有困难的农户比重为 6.4%，比上年下降 4.4 个百分点，其中，0.8% 的农户单次取水往返时间超过半小时；3.7% 的农户存在间断或定时供水；1.9% 的农户当年连续缺水时间超过 15 天。2018 年贫困地区使用管道供水的农户比重为 79.8%，比上年提高 9.7 个百分点；使用经过净化处理自来水的农户比重为 56.4%，比上年提高 12.7 个百分点。

（四）生活居住设施不断改善。

卫生设施方面，2018 年贫困地区农村居民独用厕所的农户比重为 95.9%，比上年提高 1.4 个百分点；使用卫生厕所的农户比重为 46.1%，比上年提高 12.9 个百分点。

炊用能源方面，2018 年贫困地区使用柴草作为炊用能源的农户比重为 39.2%，比上年下降 10.5 个百分点；使用清洁能源的农户比重为 48.0%，比上年上升 12.7 个百分点。

①本节农村为村委会范围。

表 5　2017-2018 年贫困地区农户居住条件

单位：%

指标名称	2017 年	2018 年
使用管道供水的农户比重	70.1	79.8
使用经过净化处理自来水的农户比重	43.7	56.4
独用厕所的农户比重	94.5	95.9
炊用柴草的农户比重	49.7	39.2

数据来源：国家统计局农村贫困监测调查。

（五）耐用消费品数量增加，产品升级换代。

传统耐用消费品拥有量持续增加。2018 年贫困地区每百户拥有电冰箱、洗衣机、彩色电视机分别为 87.1 台、86.9 台和 106.6 台，其中电冰箱和洗衣机比上年增加 8.2 台、3.4 台，彩色电视机比上年减少 2.3 台。汽车、计算机等反映现代生活的耐用消费品快速增长。2018 年贫困地区每百户汽车、计算机拥有量分别为 19.9 辆、17.1 台，比上年增加 6.8 辆、0.3 台。

表 6　2017-2018 年贫困地区农户每百户耐用消费品拥有量

指标名称	单位	2017 年	2018 年
汽车拥有量	辆	13.1	19.9
洗衣机拥有量	台	83.5	86.9
电冰箱拥有量	台	78.9	87.1
彩色电视拥有量	台	108.9	106.6
计算机拥有量	台	16.8	17.1

数据来源：国家统计局农村贫困监测调查。

六、贫困地区基础设施与公共服务状况

2018 年中央和地方政府继续加大对贫困地区基础设施的投资力度，积极推进教育文化扶贫，努力提高医疗卫生服务水平，大幅提升了贫困地区的基础设施水平，教育文化设施状况和受教育情况明显改善，医疗卫生服务条件得到改善。

（一）基础设施条件日益改善。

贫困地区“四通”覆盖面不断扩大。截至 2018 年贫困地区通电的自然村基本实现全覆盖；所在自然村通电话、能够接收有线电视信号、通宽带的农户比重分别达到 99.9%、98.3%、94.4%，比上年分别提高 0.1 个、1.4 个、7.0 个百分点。

贫困地区交通出行更加便利。2018 年贫困地区所在自然村主干道路面经过硬化处理的农户比重为 98.3%，比上年提高 0.7 个百分点；所在自然村能便利乘坐公共汽车的农户比重为 71.6%，比上年提高 4.1 个百分点。

表 7　2017-2018 年贫困地区农村基础设施条件

单位：%

指标名称	2017 年	2018 年
所在自然村通电话的农户比重	99.8	99.9
所在自然村通有线电视信号的农户比重	96.9	98.3
所在自然村通宽带的农户比重	87.4	94.4
所在自然村主干道路面经过硬化处理的农户比重	97.6	98.3
所在自然村能便利乘坐公共汽车的农户比重	67.5	71.6

数据来源：国家统计局农村贫困监测调查。

（二）教育文化状况继续改善。

非在校儿童比率继续降低。2018 年贫困地区农村 7-15 岁非在校儿童比重为 1.7%，比 2017 年下降 0.2 个百分点。2018 年贫困地区农村 17 岁以下儿童中，中途辍学的比例为 0.5%。主要原因是孩子不愿意读书，占 77.9%；生病残疾等健康问题占 10.2%；家庭缺少劳动力占 1.2%。在中途辍学儿童中，小学阶段辍学的儿童占 14.4%，初中阶段占 69.6%，高中阶段占 16.0%。儿童辍学集中在初中二年级和初中三年级，比重分别占 26.1% 和 31.9%。

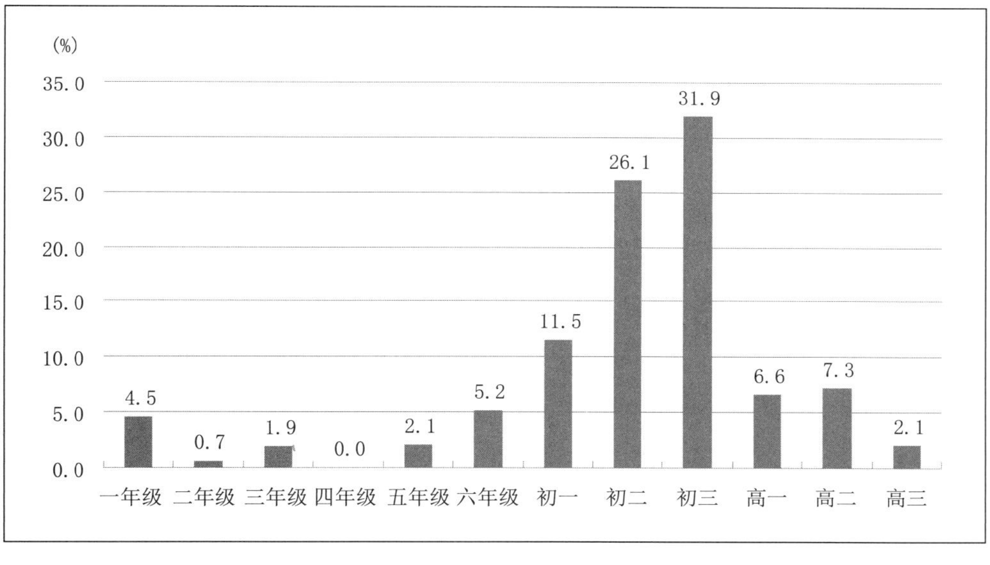

图 3　2018 年贫困地区农村儿童辍学年级分布

数据来源：国家统计局农村贫困监测调查。

教育设施条件继续改善，便利程度提高。从教育文化设施的便利性来看，2018 年所在自然村上幼儿园、上小学便利的农户比重分别为 87.1% 和 89.8%，比上年分别提高 2.4 和 1.8 个百分点。有文化活动室的行政村比重为 90.7%，比上年提高 1.5 个百分点。2018 年贫困地区儿童在义务教育阶段，九成多儿童上学花费时间在半小时以内，其中，62.6% 在 15 分钟以内，29.2% 在 15-30 分钟之间，8.1% 在半小时以上。普通高中教育阶段，近九成学生上学花费时间在半小时以内，其中，58.8% 在 15 分钟以内，29.4% 在 15-30 分钟之间，11.8% 在半小时以上。

对师资的满意度普遍较高。2018 年贫困地区农村儿童在义务教育阶段对学校师资条件的评价普遍较高，其中，认为达到非常好的占 37.7%，比较好的占 44.6%，一般的占 17.5%；评价为“非常好”和“比较好”的比重比上年提高 1.9 个百分点。普通高中教育阶段，对学校师资条件的评价较高，其中，认为达到非常好的占 43.1%，比较好的占 45.9%，一般的占 10.7%。中等职业教育阶段，对中职学校师资评价为“非常好”占 35.6%，“比较好”占 48.0%，“一般”的比重为 16.4%。

图 4　2018 年贫困地区农村居民对义务教育的评价

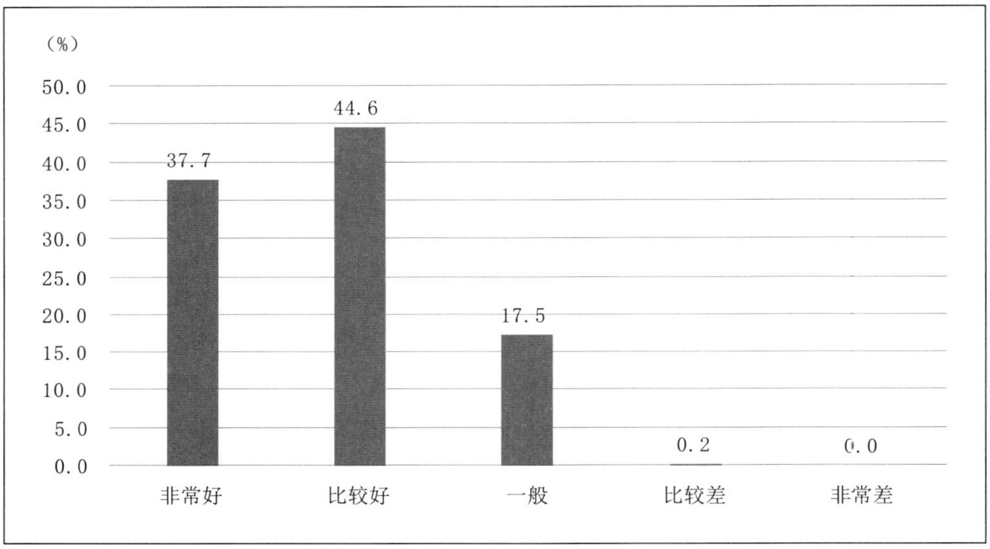

数据来源：国家统计局农村贫困监测调查。

表 8　2017-2018 年贫困地区农村教育文化情况

单位：%

指标名称	2017 年	2018 年
7-15 岁非在校儿童比重	1.9	1.7
所在自然村上幼儿园便利的农户比重	84.7	87.1
所在自然村上小学便利的农户比重	88.0	89.8
有文化活动室的行政村比重	89.2	90.7

数据来源：国家统计局农村贫困监测调查。

（三）医疗卫生水平提高。

2018 年贫困地区所在自然村有卫生站的农户比重为 93.2%，比上年提高 1.0 个百分点。所在自然村能进行垃圾集中处理的农户比重为 78.9%，比上年提高 17.5 个百分点。

据农村贫困监测调查，2018 年贫困地区农村居民中，身体状况为健康的人数占 87.5%，基本健康占 7.3%，不健康但生活能自理占 4.4%；生活不能自理的比重为 0.8%。2018 年贫困地区农村居民中，身体存在残疾的占 4.4%，其中，肢体残疾占 1.3%，视力残疾占 1.1%，听力残疾占 0.2%。2018 年贫困地区农村居民中，生病后能及时就医的比重为 98.8%，比上年提高 2.0 个百分点。在不能及时就医的主要原因中，经济困难和医院距离太远所占比重分别为 37.4% 和 53.6%。2018 年贫困地区 5 岁以下儿童中，96.8% 接受免费计划免疫。

表 9　2017-2018 年贫困地区农村医疗卫生条件

单位：%

指标名称	2017 年	2018 年
所在自然村有卫生站的农户比重	92.2	93.2
使用经过净化处理自来水的农户比重	43.7	56.4
所在自然村垃圾能集中处理的农户比重	61.4	78.9

数据来源：国家统计局农村贫困监测调查。

七、贫困地区劳动力状况

2018 年贫困地区劳动力素质继续提升，内生发展能力得到提高。

（一）近六成劳动力文化程度为初中及以上。

2018 年贫困地区常住劳动力中，不识字或识字不多所占比重为 7.8%，小学文化程度占 35.3%，初中占 44.8%，高中占 8.6%，大专及以上文化程度占 3.5%。劳动力中初中及以上文化程度所占比重为 56.9%。

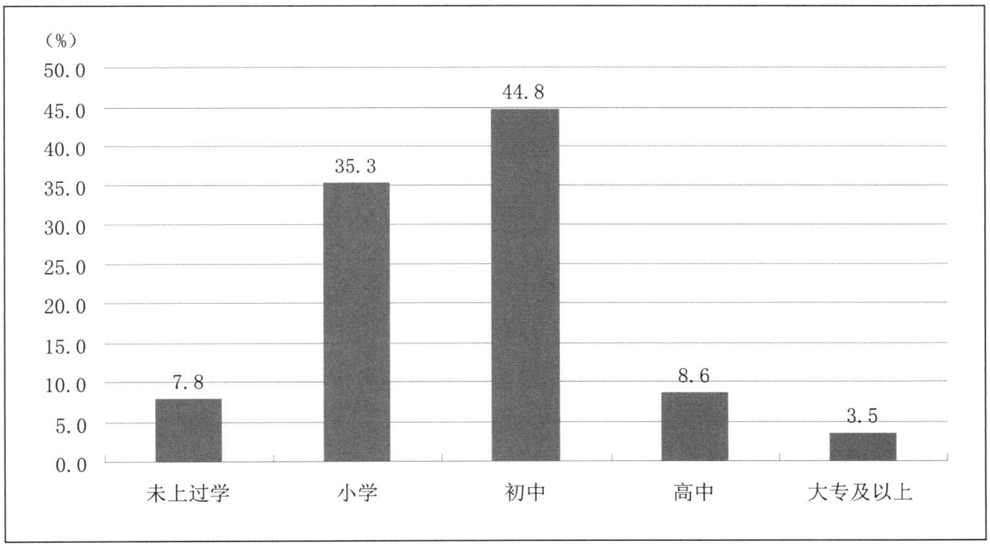

图 5　2018 年贫困地区农村常住劳动力文化程度分布

数据来源：国家统计局农村贫困监测调查。

（二）二成以上劳动力接受过技能培训。

2018 年贫困地区农村劳动力中 22.7% 接受过技能培训，其中，18.2% 的劳动力接受过农业技术培训，11.7% 的劳动力接受过非农技能培训。

（三）九成以上外出劳动力从事二、三产业。

2018 年贫困地区农村外出劳动力中，8.9% 从事第一产业，52.1% 从事第二产业，

38.9% 从事第三产业。57.9% 外出劳动力当年外出时间超过半年，42.1% 外出劳动力外出时间在半年之内。

贫困地区农村劳动力外出主要以自发和亲戚朋友介绍为主，2018 年以自发形式外出的劳动力占全部外出劳动力的比重为 60.8%，亲戚朋友介绍外出占 30.1%。在劳动力外出地区中，县内乡外占 34.0%，省内县外占 29.8%，省外占 34.6%。2018 年贫困地区外出劳动力在省内就业的比重较上年提高 3.1 个百分点。

图 6　2018 年贫困地区农村劳动力外出行业分布

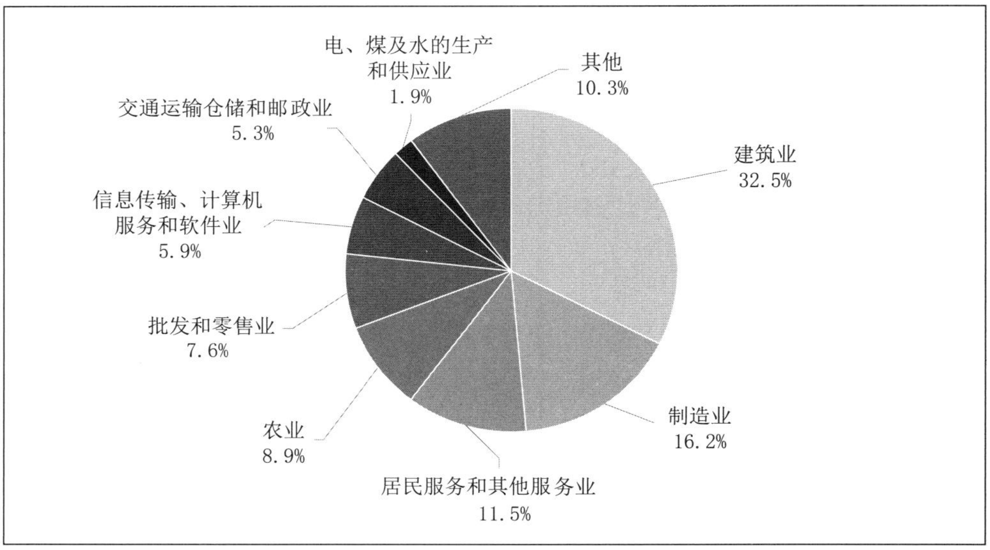

数据来源：国家统计局农村贫困监测调查。

八、贫困地区男女性别平等状况

（一）农村七成以上常住女性劳动力在第一产业从业。

2018 年贫困地区常住人口中，农村女性劳动力在第一产业就业的比重为 75.2%，比上年下降 5.4 个百分点；在第二产业就业的女性劳动力比重为 7.9%；在第三产业就业的女性劳动力比重为 16.9%，比上年提高 4.8 个百分点。女性劳动力在二、三产业就业的比重比男性劳动力低 16.5 个百分点。

表 10　2018 年贫困地区农村男性女性从业劳动力在不同产业分布对比

产业类型	从业劳动力（%）	女性从业劳动力（%）	男性从业劳动力（%）	女性比男性劳动力高（百分点）
第一产业	66.3	75.2	58.7	16.5
第二产业	13.8	7.9	18.9	-11.0
第三产业	19.9	16.9	22.4	-5.5

数据来源：国家统计局农村贫困监测调查。

（二）女性劳动力受教育程度总体低于男性劳动力。

2018 年贫困地区常住女性劳动力中，高中及以上文化程度所占比重为 9.2%，比男性劳动力低 5.8 个百分点；小学以下文化程度占 50.2%，比男性劳动力高 14.2 个百分点。

表 11　2018 年贫困地区农村劳动力文化程度分布

单位：%

受教育程度	女性	男性
未上过学	11.8	3.9
小学	38.4	32.1
初中	40.6	48.9
高中	6.1	11.1
大专及以上	3.1	3.9

数据来源：国家统计局农村贫困监测调查。

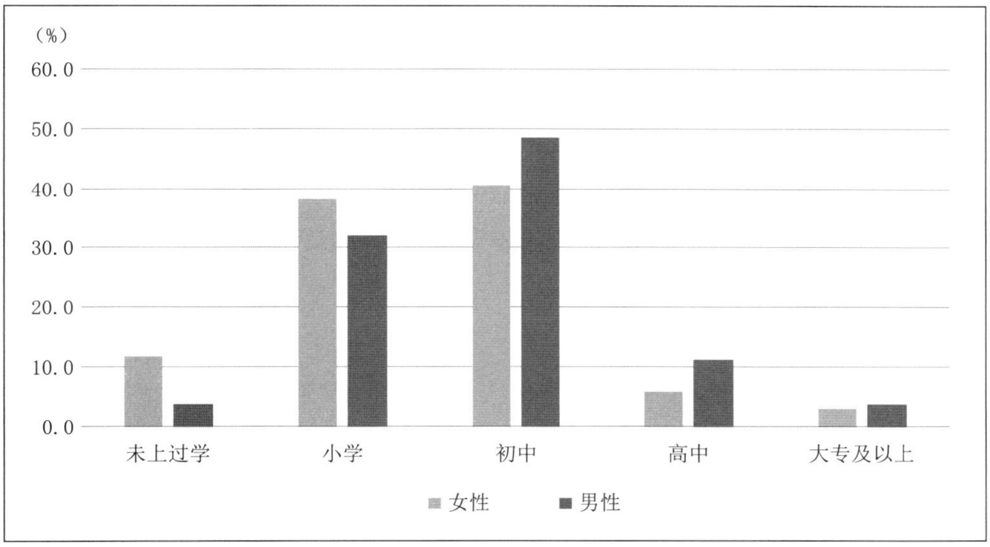

图 7　2018 年贫困地区农村女性劳动力与男性劳动力文化程度对比

数据来源：国家统计局农村贫困监测调查。

（三）外出就业情况。

2018 年贫困地区农村女性劳动力外出就业主要集中在制造业、建筑业、批发零售业，所占比重分别为：22.1%、14.8% 和 12.5%。男性劳动力主要集中在建筑业、制造业、居民服务业，所占比重分别为 41.0%、13.3% 和 10.7%。

女性劳动力到省外就业的比重占 33.9%，比男性劳动力低 3.4 个百分点。从外出方式来看，女性劳动力外出以自发和亲戚朋友介绍为主，占比为 89.0%，与男性劳动力相比低 2.8 个百分点。

图 8　2018 年贫困地区农村女性和男性劳动力外出就业行业分布

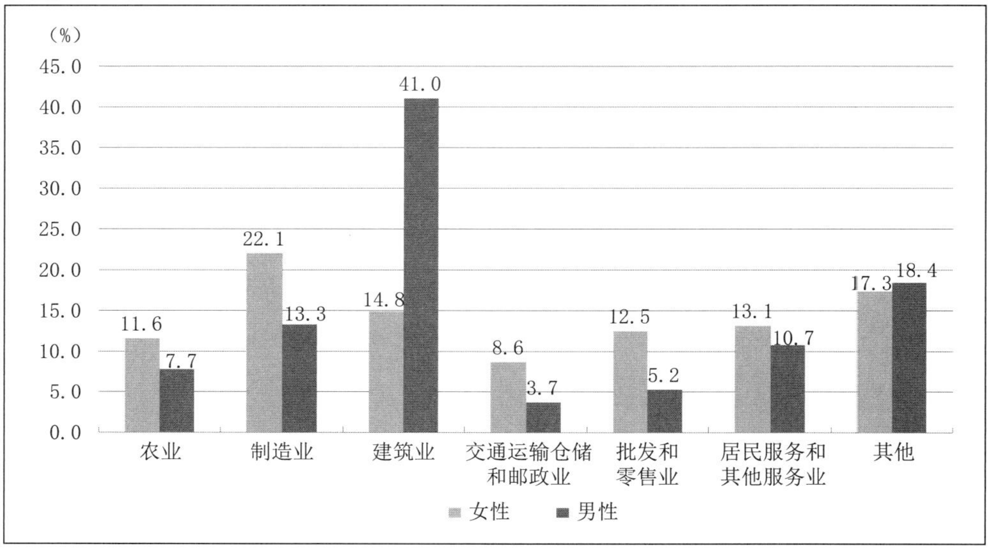

数据来源：国家统计局农村贫困监测调查。

（国家统计局住户调查办公室　马倩　刘柏胜）

2018 年连片特困地区贫困状况

据全国农村贫困监测调查显示，2018 年末连片特困地区农村贫困人口 935 万，比上年减少 605 万人，占全国农村总减贫规模的 43.7%，贫困发生率 4.5%，比上年末下降 2.9 个百分点；连片特困地区农村居民收入增长速度快于全国农村 1.9 个百分点。

一、连片特困地区基本情况

14 个连片特困地区覆盖全国 21 个省（自治区、直辖市）。2017 年行政区划面积 389 万平方公里，约占全国行政区划总面积的 40.5%；户籍人口数 24503 万人，占全国总人口的 17.6%。

据国家统计局县（市）社会经济基本情况统计，2017 年 14 个连片特困地区生产总值 49431 亿元，占全国 GDP 的 6.0%，其中，第一产业增加值 10331 亿元，占全国第一产业增加值的 15.8%，第二产业增加值 18804 亿元，占全国第二产业增加值的 5.6%，第三产业增加值 20295 亿元，占全国第三产业增加值的 4.8%。公共财政收入 3225 亿元，占全国公共财政收入的 1.9%；公共财政支出 18381 亿元，占全国公共财政支出的 9.1%。

2017 年连片特困地区普通小学在校学生数 1789 万人，占全国普通小学在校学生数的 17.7%；普通中学在校学生数 1184 万人，占全国普通中学在校学生数的 21.5%；医疗卫生机构床位数 97 万张，占全国医疗卫生机构床位数的 12.2%。

二、连片特困地区贫困状况及减贫成效

（一）2018 年连片特困地区贫困状况。

据全国农村贫困监测调查，按现行国家农村贫困标准（每人每年 2300 元，2010 年不变价）测算，2018 年末连片特困地区农村贫困人口 935 万人，贫困发生率 4.5%。

从分片区贫困人口规模看，农村贫困人口规模在 100 万人以上的连片特困地区有 4 个，分别为滇黔桂石漠化区 140 万人、乌蒙山区 124 万人、武陵山区 111 万人、秦巴山区 101 万人；在 50 万人 -100 万人的连片特困地区有 3 个，包括大别山区 99 万人、六盘山区 96 万人、滇西边境山区 72 万人；50 万人以下的连片特困地区有 7 个，包括南疆四地州 42 万人、燕山－太行山区 40 万人、罗霄山区 31 万人、四省藏区 30 万人、大兴安岭南麓山区 19 万人、吕梁山区 16 万人、西藏区 13 万人。

图 1　2018 年各连片特困地区农村贫困人口规模及贫困发生率

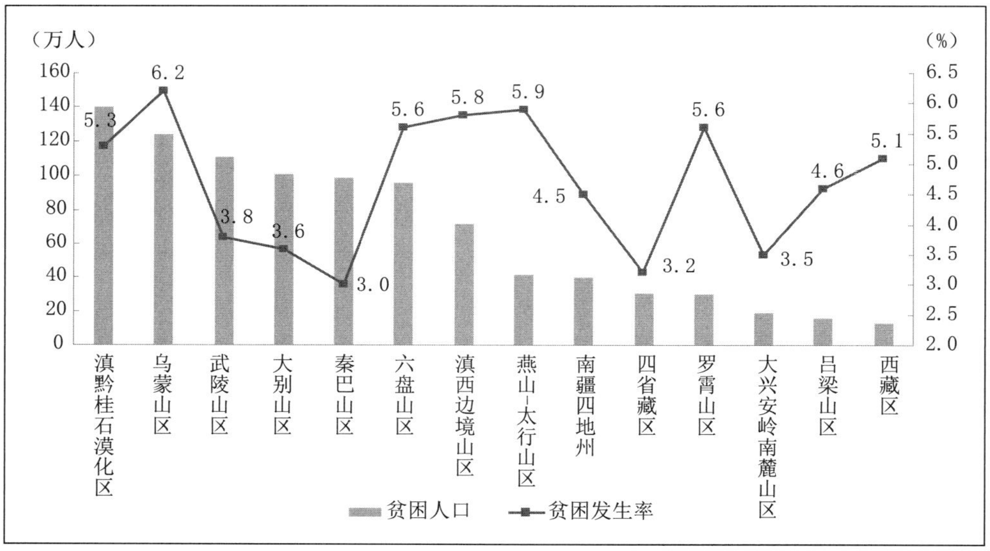

数据来源：国家统计局农村贫困监测调查。

从分片区贫困人口占片区总贫困人口比重看，滇黔桂石漠化区占 15.0%、乌蒙山区占 13.3%、武陵山区占 11.9%、秦巴山区占 10.8%、大别山区占 10.6%、六盘山区占 10.3%、滇西边境山区占 7.7%、南疆四地州占 4.5%、燕山－太行山区占 4.3%、罗霄山区占 3.3%、四省藏区占 3.2%、大兴安岭南麓山区占 2.0%、吕梁山区占 1.7%、西藏区占 1.4%。

（二）2018 年连片特困地区减贫情况。

2018 年末连片特困地区农村贫困人口比上年末减少 605 万人，下降 39.3%；贫困发生率比上年末下降 2.9 个百分点，贫困人口占全国农村贫困人口的 56.3%，比上年提高 5.7 个百分点。

5 个连片特困地区农村贫困人口下降幅度快于全国贫困地区农村，分别是大兴安岭南麓山区下降 46.9%，吕梁山区下降 45.3%，燕山－太行山区下降 43.2%，大别山区下降 42.8%，秦巴山区下降 41.4%，降幅分别比全国贫困地区农村快 7.6 个、6.0 个、3.9 个、3.5 个和 2.1 个百分点。

6 个连片特困地区农村减贫人口 50 万人以上，分别是滇黔桂石漠化区减少 81 万人，武陵山区减少 77 万人，乌蒙山区减少 75 万人，大别山区减少 74 万人，秦巴山区减少 71 万人，六盘山区减少 56 万人。

14 个连片特困地区农村贫困发生率均下降至 6.5% 以下。农村贫困发生率最低的为大别山区 3.0%，其次为罗霄山区 3.2%，再次为大兴安岭南麓山区 3.5%。

（三）党的十八大以来连片特困地区减贫情况。

党的十八大以来，连片特困地区农村贫困人口六年来累计减少 4132 万人，平均每年减少 689 万人，贫困人口减少规模占同期全国农村贫困人口减少规模为 50.2%。其中，六年来农村减贫规模在 500 万人以上的连片特困地区有 4 个，分别是秦巴山区减少583万人，武陵山区560万人，滇黔桂石漠化区545万人，乌蒙山区540万人；减贫规模在400万人-500万人的连片特困地区有2个，分别是大别山区467万人，六盘山区436万人。

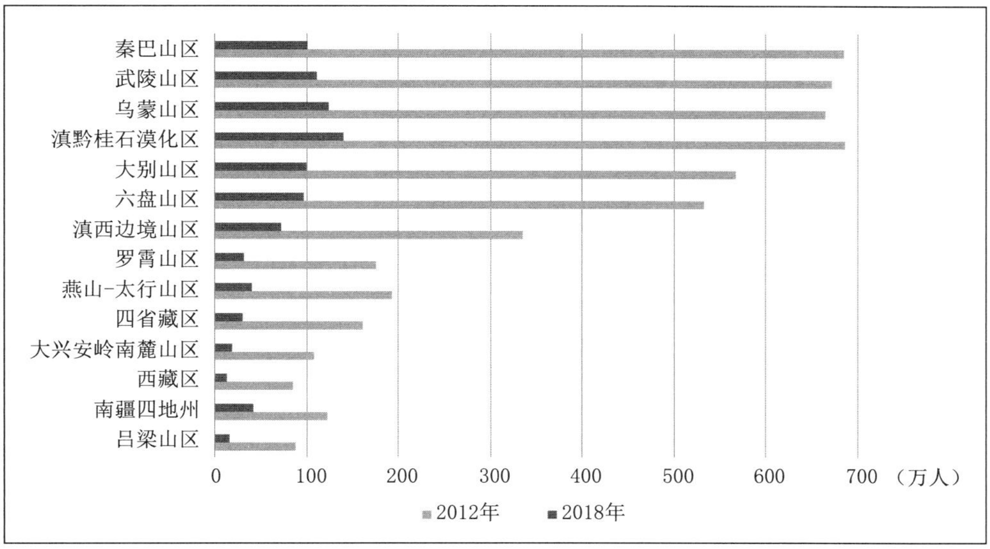

图2 2012年和2018年各连片特困地区贫困人口规模对比

数据来源：国家统计局农村贫困监测调查。

党的十八大以来，连片特困地区农村贫困发生率从2012年的24.4%下降到2018年的4.5%，累计下降了19.9个百分点。六年来，14个片区贫困发生率下降幅度均在15个百分点以上，其中，贫困发生率下降30个百分点以上的有2个，分别是四省藏区下降33.0个百分点，从2012年的38.6%下降到2018年的5.6%；西藏区下降30.1个百分点，从2012年的35.2%下降到2018年的5.1%。贫困发生率下降20-30个百分点的连片特困地区有5个，分别是南疆四地州①下降27.7个百分点，从2012年的33.6%下降到2018年的5.9%；乌蒙山区下降26.8个百分点，从2012年的33.0%下降到2018年的6.2%；六盘山区下降23.3个百分点，从2012年的28.9%下降到2018年的5.6%；滇黔桂石漠化区下降21.0个百分点，从2012年的26.3%下降到2018年的5.3%；吕梁山区下降20.3个百分点，从2012年的24.9%下降到2018年的4.6%。下降15-20个百分点的连片特困地区有7个，分别是秦巴山区下降19.5个百分点，从2012年的23.1%下降到2018年的3.6%；滇西边境山区下降19.0个百分点，从2012年的24.8%下降到2018年的5.8%；武陵山区下降18.5个百分点，从2012年的22.3%下降到2018年的3.8%；大兴安岭南麓山区下降17.6个百分点，从2012年的21.1%下降到2018年的3.5%；燕山－太行山区下降16.4个百分点，从2012年的20.9%下降到2018年的4.5%；罗霄山区下降15.6个百分点，从2012年的18.8%下降到2018年的3.2%；大别山区下降15.2个百分点，从2012年的18.2%下降到2018年的3.0%。

① 2012年为南疆三地州数据，不含阿克苏地区。

图 3　2012 年和 2018 年各连片特困地区农村贫困发生率

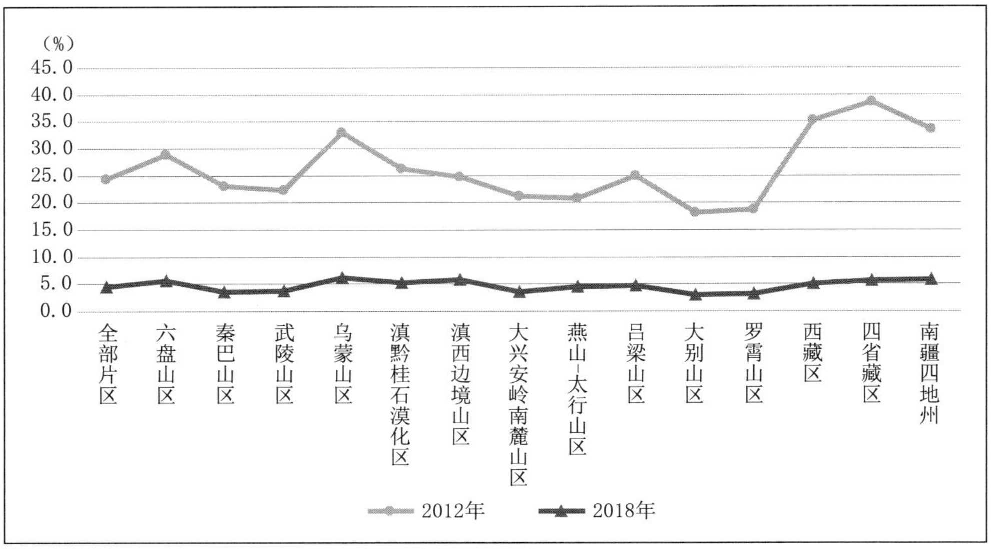

数据来源：国家统计局农村贫困监测调查。

三、连片特困地区农村居民收支增长情况

（一）2018 年连片特困地区农村居民收入实际增长 8.4%。

2018 年全国 14 个集中连片特困地区农村居民人均可支配收入 10260 元，比上年增加 996 元，增长 10.7%，扣除价格因素影响，实际增长 8.4%，实际增速比全国农村高 1.8 个百分点。连片特困地区农村居民收入水平相当于全国农村的 70.2%。其中，人均工资性收入 3550 元，增长 12.2%；人均经营净收入 3915 元，增长 5.4%；人均财产净收入 128 元，增长 15.6%；人均转移净收入 2666 元，增长 17.2%。

2018 年 14 个集中连片特困地区农村居民收入增长速度均高于全国农村，各片区增速分别为：大兴安岭南麓区增长 14.7%、四省藏区增长 14.3%、吕梁山区增长 14.2%、燕山－太行山区增长 12.9%、大别山区增长 11.1%、六盘山区增长 11.0%、武陵山区增长 10.8%、西藏区增长 10.8%、罗霄山区增长 10.8%、滇西边境山区增长 10.8%、滇黔桂石漠化区增长 10.6%、秦巴山区增长 10.6%、乌蒙山区增长 10.0%、南疆四地州增长 9.3%。其中，8 个片区增速快于上年，分别是：四省藏区、燕山－太行山区、大兴安岭南麓山区、六盘山区、大别山区、吕梁山区、武陵山区、乌蒙山区。10 个片区增速快于贫困地区农村增速，分别是：大兴安岭南麓山区、四省藏区、吕梁山区、燕山－太行山区、大别山区、六盘山区、西藏、罗霄山区、武陵山区、滇西边境山区。

党的十八大以来，连片特困地区农村居民人均可支配收入年均实际增速比全国农村高 2.4 个百分点。2018 年 14 个连片特困地区农村居民人均可支配收入比 2012 年累计增长 98.8%，年均名义增长 12.1%，扣除价格因素，年均实际增长 10.0%。

党的十八大以来，连片特困地区农村居民收入与全国农村的差距持续缩小。2018 年连片特困地区人均可支配收入占全国农村居民人均可支配收入的比重为 70.2%，比 2012 年上升 9.0 个百分点。

（二）2018 年连片特困地区人均消费支出实际增长 9.6%。

2018 年连片特困地区农村居民人均消费支出 8854 元，比上年增加 939 元，增长 11.9%，扣除价格因素影响，实际增长 9.6%。连片特困地区农村居民人均消费支出占人均可支配收入的比重为 86.3%，比全国农村高 3.4 个百分点。

从结构上分析，2018 年连片特困地区农村居民人均食品烟酒支出 2790 元，占消费支出的比重为 31.5%，比全国农村高 1.4 个百分点；人均衣着支出 476 元，占 5.4%；人均居住支出 1985 元，占 22.4%；人均生活用品及服务支出 530 元，占 6.0%；人均交通通信支出 1033 元，占 11.7%；人均教育文化娱乐支出 1013 元，占 11.4%；人均医疗保健支出 879 元，占 9.9%；人均其他商品和服务支出 146 元，占 1.7%。

表 1　2018 年连片特困地区与全国农村消费水平和结构对比

指标名称	消费支出		连片特困地区相当于全国农村平均水平（%）	消费构成	
	连片特困地区（元）	全国农村居民（元）		连片特困地区（%）	全国农村居民（%）
人均消费支出	8854	12124	73.0	100.0	100.0
1. 食品烟酒	2790	3646	76.5	31.5	30.1
2. 衣着	476	648	73.5	5.4	5.3
3. 居住	1985	2661	74.6	22.4	21.9
4. 生活用品及服务	530	720	73.6	6.0	5.9
5. 交通通信	1033	1690	61.1	11.7	13.9
6. 教育文化娱乐	1013	1302	77.8	11.4	10.7
7. 医疗保健	879	1240	70.9	9.9	10.2
8. 其他用品和服务	146	218	67.0	1.7	1.8

数据来源：国家统计局农村贫困监测调查、全国住户收支与生活状况调查。

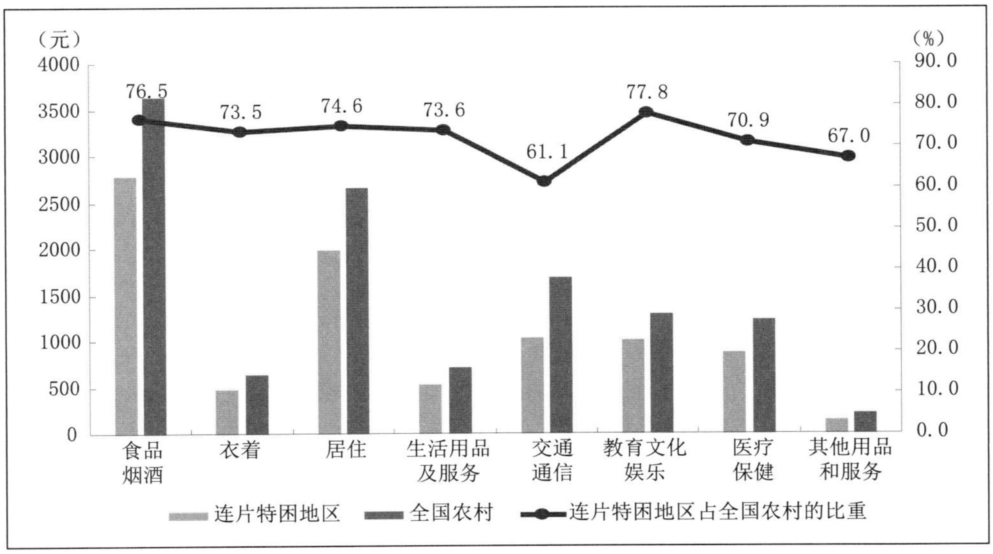

图 4　2018 年连片特困地区与全国农村消费水平对比

数据来源：国家统计局农村贫困监测调查。

党的十八大以来，14个连片特困地区人均消费支出累计增长89.8%，年均名义增长11.3%，扣除价格因素，年均实际增长9.3%。

四、连片特困地区农村居民生产生活条件

（一）生产生活条件明显改善。

2018年连片特困地区农村居民居住在竹草土坯房的农户比重为2.0%，比上年下降2.4个百分点；炊用柴草的农户比重为40.7%，比上年下降9.6个百分点；独用厕所的农户比重为95.5%，比上年提高1.4个百分点；饮水无困难、使用管道供水和使用经过净化处理自来水的农户比重分别为93.6%、80.4%和53.5%，比上年分别提高5.0个、9.9个和11.7个百分点。

党的十八大以来，连片特困地区农户居住条件明显改善，居住设施进一步改进。居住在竹草土坯房的农户比重由2012年的8.1%下降到2018年的2.0%，下降6.1个百分点；独用厕所的农户比重由2012年的89.9%提高到2018年的95.5%，提高5.6个百分点；炊用柴草的农户比重由2012年的62.6%下降到2018年的40.7%，下降21.9个百分点；饮水安全不断提高，2018年连片特困地区农村饮水无困难、使用管道供水和使用经过净化处理自来水的农户比重比2013年分别提高13.6个、26.8个和24.2个百分点。

（二）耐用消费品拥有量不断增加。

2018年连片特困地区农村每百户拥有移动电话261.6部，比上年增加26.0部；每百户拥有洗衣机87.0台，比上年增加3.7台；每百户拥有电冰箱86.2台，比上年增加8.6台；每百户拥有计算机15.9台，比上年增加0.6台；每百户拥有汽车18.9辆，比上年增加6.5辆。

图5　2012-2018年连片特困地区每百户主要耐用消费品拥有量

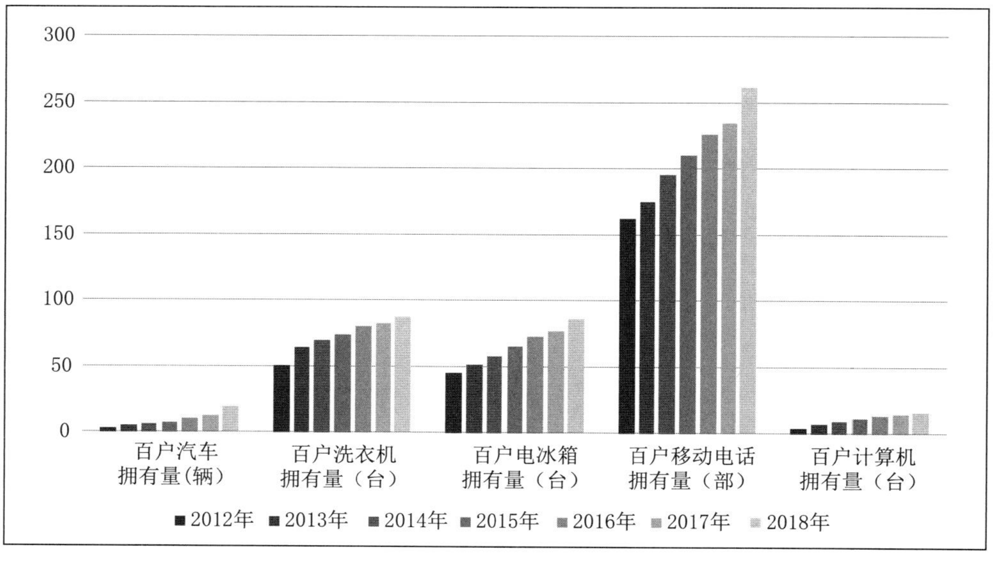

数据来源：国家统计局农村贫困监测调查。

党的十八大以来，连片特困地区农村居民耐用消费品升级换代明显。传统耐用消费品拥有量持续稳定提高。2018 年连片特困地区农村每百户拥有洗衣机、电冰箱分别比 2012 年增加 35.6 台和 40.1 台。反映现代生活的耐用消费品拥有量快速增长。2018 年连片特困地区农村每百户拥有移动电话、汽车、计算机分别比 2012 年增加 98.8 部、16.2 辆和 11.4 台。

（三）基础设施状况明显改善。

2018 年连片特困地区道路通达情况继续改善，所在自然村通公路、所在自然村进村主干道路硬化、所在自然村能便利乘坐公共汽车的农户比重分别为 100.0%、98.0% 和 70.9%，比上年分别提高 0.1 个、0.7 个、5.2 个百分点。通信设施状况进一步改善，所在自然村通电话的农户比重为 99.9%，与上年持平；所在自然村通宽带和所在自然村能接收有线电视信号的农户比重分别为 93.8% 和 97.9%，比上年分别提高 8.2 个和 1.6 个百分点。

党的十八大以来，连片特困地区道路通达情况和通信设施状况不断改善。2018 年连片特困地区所在自然村通公路、所在自然村进村主干道路硬化、所在自然村能便利乘坐公共汽车的农户比重比 2013 年分别提高 2.0 个、9.6 个、17.4 个百分点；2018 年所在自然村通电话和所在自然村能接收有线电视信号的农户比重比 2013 年分别提高 1.8 个和 21.1 个百分点。

五、连片特困地区农村居民教育文化和医疗卫生情况

（一）教育文化条件获得改善。

2018 年连片特困地区农村居民教育条件进一步改善。2018 年连片特困地区所在自然村上幼儿园便利的农户比重为 86.9%，比上年提高 2.2 个百分点；所在自然村上小学便利的农户比重为 90.1%，比上年提高 2.1 个百分点。

2018 年连片特困地区农村居民受教育情况较上年有所改善。2018 年连片特困地区 7-15 岁非在校儿童比重为 1.8%，比上年下降 0.3 个百分点；16 岁以上成员均未完成初中教育农户比重为 16.4%；劳动力平均受教育年限为 7.6 年，与上年基本持平。

表 2　2017-2018 年连片特困地区农村居民教育情况

指标名称	2017 年	2018 年
所在自然村上幼儿园便利的农户比重（%）	84.7	86.9
所在自然村上小学便利的农户比重（%）	88.0	90.1
7-15 岁非在校儿童比重（%）	2.1	1.8
16 岁以上成员均未完成初中教育农户比重（%）	15.5	16.4
劳动力平均受教育年限（年）	7.6	7.6

数据来源：国家统计局农村贫困监测调查。

党的十八大以来，连片特困地区教育条件不断改善。2018 年连片特困地区所在自然村上幼儿园便利和所在自然村上小学便利的农户比重比 2013 年分别提高 16.1 个和 10.6 个百分点。

（二）医疗卫生条件明显改善。

2018 年连片特困地区农村居民卫生条件明显改善，所在自然村垃圾能集中处理的农户比重为 76.9%，比上年提高 17.8 个百分点。医疗情况较上年有所改善，2018 年连片特困地区所在自然村有卫生站的农户比重为 92.7%，比上年提高 1.4 个百分点；未参加医疗保险的人口比重为 0.4%，比上年下降 0.3 个百分点；有病不能及时就医的人口比重为 1.3%，比上年下降 1.9 个百分点。

党的十八大以来，连片特困地区农村居民医疗卫生条件不断改善。2018 年连片特困地区所在自然村垃圾能集中处理和所在自然村有卫生站的农户比重比 2013 年分别提高 46.6 个和 9.1 个百分点。

表 3　2017-2018 年连片特困地区农村居民医疗情况

单位：%

指标名称	2017 年	2018 年
所在自然村垃圾能集中处理的农户比重	59.1	76.9
所在自然村有卫生站的农户比重	91.3	92.7
未参加医保人口比重	0.7	0.4
有病不能及时就医人口比重	3.2	1.3

数据来源：国家统计局农村贫困监测调查。

（国家统计局住户调查办公室 马倩 刘柏胜）

2018年扶贫重点县贫困状况

一、扶贫重点县基本情况

全国592个扶贫开发工作重点县（以下简称“扶贫重点县”）覆盖8757个乡镇，2017年行政区划面积250万平方公里，占全国行政区划总面积的26.0%；户籍人口数24794万人，占全国总人口的17.8%。

据国家统计局县（市）社会经济基本情况统计，2017年全国592个扶贫重点县地区生产总值50044亿元，占全国GDP的比重为6.1%，其中，第一产业增加值10603亿元，占全国第一产业增加值的16.2%；第二产业增加值19560亿元，占全国第二产业增加值的5.8%；第三产业增加值19881亿元，占全国第三产业增加值的4.7%。公共财政收入3193亿元，占全国公共财政收入1.9%；公共财政支出17675亿元，占全国公共财政支出8.7%。

2017年，扶贫重点县小学在校学生数1789万人，占全国小学在校学生数的17.7%；普通中学在校学生数1163万人，占全国普通中学在校学生数的21.2%；医疗卫生机构床位数94万张，占全国医疗卫生机构床位数的11.8%。

二、扶贫重点县减贫情况

（一）2018年末扶贫重点县农村贫困人口915万人。

据全国农村贫困监测调查，按国家农村贫困标准测算，2018年末扶贫重点县农村贫困人口915万人，贫困发生率4.3%。其中，扶贫重点县中农村贫困人口数量在100万人以上的省份有2个，分别为云南136万人、贵州124万人；农村贫困人口数量在50万人-100万人的有4个，分别为甘肃96万人、河南78万人、安徽57万人、湖南51万人。

（二）2018年扶贫重点县农村贫困人口减少688万人。

2018年扶贫重点县农村贫困人口比上年减少688万人，下降42.9%；贫困发生率由上年的7.6%下降到4.3%，下降了3.3个百分点。其中，扶贫重点县中农村贫困人口比上年减少50万人以上的省份有5个，分别是云南减少96万人，贵州减少76万人，甘肃减少68万人，河南减少60万人，安徽减少52万人。

（三）党的十八大以来扶贫重点县农村贫困人口持续减少。

2018年扶贫重点县农村贫困人口915万人，与2012年相比，六年来累计减少4190万人，平均每年减少698万人。党的十八大以来，扶贫重点县农村贫困人口减少规模占同期全国农村贫困人口减少规模的 50.9%。其中，六年来扶贫重点县农村减贫规模在 300 万人以上的省份有 4 个，分别是云南减少 536 万人，贵州减少 498 万人，甘肃减少 418 万人，河南 313 万人；减贫规模在 200 万人 -300 万人的省份有 7 个，分别是四川减少 276 万人，河北减少 258 万人，安徽减少 254 万人，湖南减少 248 万人，湖北减少 235 万人，江西减少 234 万人，陕西减少 223 万人。

党的十八大以来，扶贫重点县农村减贫幅度均在 60% 及以上，其中减贫幅度在 80% 以上的省份有 15 个，分别是内蒙古减少 90.3%，重庆减少 89.3%，青海减少 88.7%，江西减少 87.3%，四川减少 86.3%，河北减少 84.9%，湖北减少 84.5%，陕西减少 83.8%，湖南减少 82.9%，安徽减少 81.7%，甘肃减少 81.3%，山西和宁夏均减少 80.6%，贵州减少 80.1%。减贫幅度在 70.0%-80.0% 的省份有 6 个，分别为云南减少 79.8%，广西减少 78.8%，黑龙江减少 78.5%，吉林减少 75.0%，海南减少 70.0%，新疆减少 66.0%。

党的十八大以来，扶贫重点县农村贫困发生率由 2012 年的 24.4% 下降到 2018 年的 4.3%，累计下降 20.1 个百分点。其中，扶贫重点县贫困发生率下降 20 个百分点以上的省份有 8 个，分别是甘肃下降 31.3 个百分点，湖南下降 24.2 个百分点，云南下降 24.0 个百分点，贵州下降 23.6 个百分点，江西下降 23.2 个百分点，青海下降 20.9 个百分点，湖北下降 20.5 个百分点，河北下降 20.2 个百分点；贫困发生率下降 15-20 个百分点的省份有 8 个，分别是四川下降 19.9 个百分点，山西下降 19.1 个百分点，黑龙江和陕西均下降 18.5 个百分点，内蒙古下降 17.8 个百分点，广西下降 17.4 个百分点，安徽下降 15.1 个百分点；贫困发生率下降 10-15 个百分点的省份有 4 个，分别为河南下降 14.6 个百分点，宁夏下降 14.0 个百分点，重庆下降 11.0 个百分点，吉林下降 10.5%，海南下降 8.5%。

图 1　2012-2018 年各省扶贫重点县农村贫困人口和贫困发生率

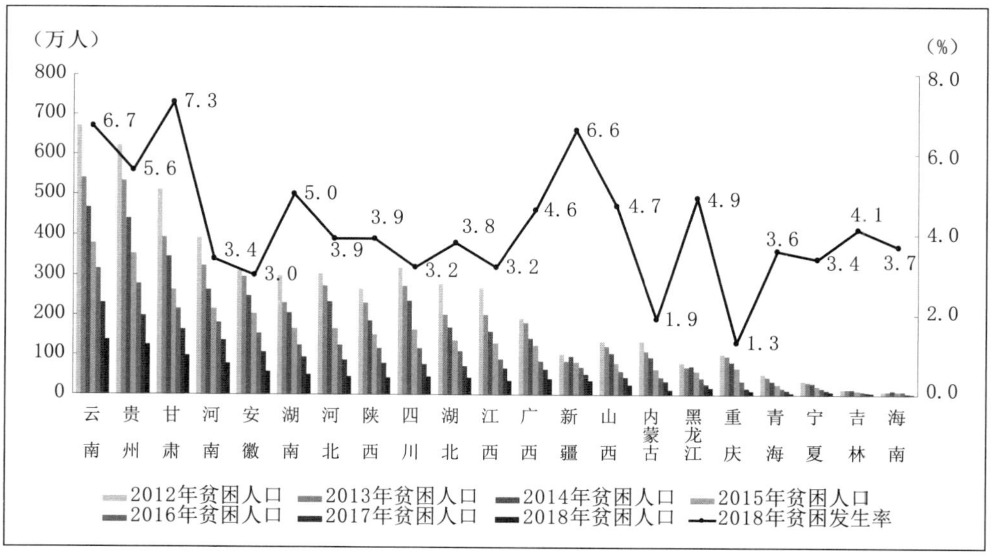

数据来源：国家统计局农村贫困监测调查。

三、扶贫重点县农村居民收支增长情况

（一）2018年扶贫重点县农村居民人均可支配收入实际增长8.8%。

2018年全国扶贫重点县农村居民人均可支配收入10284元，比上年增加1029元，增长11.1%，扣除价格因素影响，实际增长8.8%，实际增速高于全国农村2.2个百分点。其中：人均工资性收入3595元，增长14.7%；人均经营净收入3782元，增长4.1%；人均财产净收入131元，增长12.9%；人均转移净收入2776元，增长17.1%。

党的十八大以来，扶贫重点县农村居民人均可支配收入六年累计增长102.3%，年均名义增长12.5%，扣除价格因素影响，年均实际增长10.4%，增速比全国农村高2.7个百分点。2018年扶贫重点县农村居民人均收入水平相当于全国农村的70.4%，占全国农村收入的比重比2012年提高12.3个百分点，与全国农村的差距不断缩小。

表1　2012-2018年扶贫重点县农村居民收入增长情况

年　份	人均可支配收入（元）	名义增速（%）	实际增速（%）
2012年	--	16.8	14.0
2013年	5945	17.0	13.9
2014年	6717	13.0	11.0
2015年	7543	12.3	10.9
2016年	8355	10.8	8.7
2017年	9255	10.8	9.4
2018年	10284	11.1	8.8

数据来源：国家统计局农村贫困监测调查。

（二）2018年扶贫重点县人均消费支出实际增长10.7%。

2018年扶贫重点县农村居民人均消费支出8935元，比上年增长13.0%，扣除价格因素影响，实际增长10.7%。扶贫重点县农村居民人均消费支出占人均可支配收入的比重为86.9%，比全国农村高4.0个百分点。

从结构看，2018年扶贫重点县农村居民人均食品烟酒支出2820元，占消费支出的比重为31.6%，比全国农村高1.5个百分点；人均衣着支出482元，占5.4%；人均居住支出1972元，占22.1%；人均生活用品及服务支出539元，占6.0%；人均交通通信支出1041元，占11.6%；人均教育文化娱乐支出1019元，占11.4%；人均医疗保健支出913元，占10.2%；人均其他用品和服务支出149元，占1.7%。

党的十八大以来，扶贫重点县人均消费支出累计增长92.9%，年均名义增长11.6%，扣除价格因素，年均实际增长9.5%，比全国农村快2.5个百分点。

表 2　2018 年扶贫重点县与全国农村消费水平和结构对比

指标名称	扶贫重点县农村居民人均消费支出（元）	全国农村常住居民人均消费支出（元）	扶贫重点县相当于全国农村平均水平（%）	扶贫重点县消费构成（%）	全国农村消费构成（%）
人均消费支出	8935	12124	73.7	100.0	100.0
1. 食品烟酒	2820	3646	77.3	31.6	30.1
2. 衣着	482	648	74.4	5.4	5.3
3. 居住	1972	2661	74.1	22.1	21.9
4. 生活用品及服务	539	720	74.9	6.0	5.9
5. 交通通信	1041	1690	61.6	11.6	13.9
6. 教育文化娱乐	1019	1302	78.3	11.4	10.7
7. 医疗保健	913	1240	73.6	10.2	10.2
8. 其他用品和服务	149	218	68.3	1.7	1.8

数据来源：国家统计局农村贫困监测调查。

四、扶贫重点县农村居民生产生活条件

（一）农村居民生活条件不断改善。

2018 年扶贫重点县农村居民居住在竹草土坯房的农户比重为 2.0%，比上年下降 2.4 个百分点；炊用柴草的农户比重为 39.7%，比上年下降 11.6 个百分点；独用厕所的农户比重为 95.9%，比上年提高 1.4 个百分点；饮水无困难、使用管道供水和使用经过净化处理自来水的农户比重分别为 93.4%、79.8%和 57.0%，比上年分别提高 4.3 个、9.9 个和 12.9 个百分点。

党的十八大以来，扶贫重点县农户住房情况明显改善，居住在竹草土坯房的农户比重继续下降，居住设施进一步改进。2018 年居住在竹草土坯房的农户比重比 2012 年下降 6.4 个百分点；炊用柴草的农户比重比 2012 年下降 23.6 个百分点；独用厕所的农户比重比 2012 年提高 4.3 个百分点。

党的十八大以来，扶贫重点县农村居民的饮水安全不断提高。2018 年扶贫重点县地区农村饮水无困难、使用管道供水和使用经过净化处理自来水的农户比重比 2013 年分别提高 13.0 个、26.7 个和 26.1 个百分点。

表 3　2013-2018 年扶贫重点县农村居民居住条件

单位：%

指标名称	2013 年	2014 年	2015 年	2016 年	2017 年	2018 年
居住竹草土坯房的农户比重	7.7	7.0	6.2	4.9	4.4	2.0
使用照明电的农户比重	99.2	99.5	99.8	99.2	98.8	99.5
使用管道供水的农户比重	53.1	55.5	61.2	67.4	69.9	79.8
使用经过净化处理自来水的农户比重	30.9	33.4	36.5	41.3	44.1	57.0
饮水无困难的农户比重	80.4	82.3	85.2	87.8	89.1	93.4
独用厕所的农户比重	92.3	93.2	93.7	94.2	94.5	95.9
炊用柴草的农户比重	61.1	59.4	56.5	52.8	51.3	39.7

数据来源：国家统计局农村贫困监测调查。

（二）农村居民耐用消费品拥有量明显增加。

2018 年扶贫重点县农村每百户移动电话拥有量 256.6 部，比上年增加 23.2 部；每百户洗衣机拥有量 86.6 台，比上年增加 3.3 台；每百户电冰箱拥有量 86.4 台，比上年增加 8.0 台；每百户计算机拥有量 17.4 台，比上年增加 0.6 台；每百户汽车拥有量 19.8 辆，比上年增加 6.8 辆。

党的十八大以来，扶贫重点县农村居民耐用消费品拥有量明显增加。2018 年扶贫重点县农村百户移动电话拥有量比 2012 年增加 96.9 部；百户洗衣机拥有量比 2012 年增加 33.8 台；百户电冰箱拥有量比 2012 年增加 39.4 台；百户计算机拥有量比 2012 年增加 11.9 台；百户汽车拥有量比 2012 年增加 17.4 辆。

表 4　2013-2018 年扶贫重点县农户每百户耐用消费拥有量

指标名称	2013 年	2014 年	2015 年	2016 年	2017 年	2018 年
百户汽车拥有量（辆）	5.6	6.6	8.1	10.9	13.0	19.8
百户洗衣机拥有量（台）	65.8	70.6	75.3	80.5	83.3	86.6
百户电冰箱拥有量（台）	54.4	60.5	67.5	74.8	78.4	86.4
百户移动电话拥有量（部）	172.1	193.0	207.0	223.4	233.4	256.6
百户计算机拥有量（台）	8.9	11.4	13.3	15.0	16.8	17.4

数据来源：国家统计局农村贫困监测调查。

（三）基础设施进一步完善。

2018 年扶贫重点县道路通达情况继续改善，所在自然村通公路的农户比重已基本实现全覆盖，所在自然村进村主干道路硬化和所在自然村能便利乘坐公共汽车的农户比重分别为 98.1% 和 71.0%，比上年分别提高 0.9 个和 3.7 个百分点。通信设施状况进一步改善，所在自然村通电话的农户比重基本达到全覆盖，所在自然村通宽带和所在自然村能接收有线电视信号的农户比重分别为 94.4% 和 98.6%，比上年分别提高 6.6 个和 1.3 个百分点。

党的十八大以来，扶贫重点县道路通达情况和通信设施状况不断改善。2018 年扶贫重点县所在自然村通公路、所在自然村进村主干道路硬化、所在自然村能便利乘坐公共汽车的农户比重比 2013 年分别提高 2.2 个、9.5 个和 14.9 个百分点；2018 年所在自然村通电话、所在自然村能接收有线电视信号的农户比重比 2013 年分别提高 1.5 个和 18.6 个百分点。

五、扶贫重点县农村居民教育文化和医疗卫生情况

（一）教育文化条件继续改善。

2018 年扶贫重点县农村居民教育条件继续改善。2018 年扶贫重点县所在自然村上幼儿园便利的农户比重为 86.7%，比上年提高 3.0 个百分点；所在自然村上小学便利的农户比重为 89.5%，比上年提高 2.0 个百分点。

2018 年扶贫重点县农村居民受教育情况较上年有所改善，但仍低于全国贫困地区平均水平。2018 年，扶贫重点县 7-15 岁非在校儿童比重为 1.6%；16 岁以上成员均未完成初中教育农户比重为 16.1%；劳动力平均受教育年限为 7.7 年，与上年水平基本持平。

党的十八大以来，扶贫重点县教育条件不断提高。2018 年扶贫重点县所在自然村上幼儿园便利和所在自然村上小学便利的农户比重比 2013 年分别提高 16.1 个和 10.4 个百分点。

表 5　2017-2018 年扶贫重点县农村居民教育情况

指标名称	2017 年	2018 年
所在自然村上幼儿园便利的农户比重（%）	83.7	86.7
所在自然村上小学便利的农户比重（%）	87.5	89.5
7-15 岁非在校儿童比重（%）	1.8	1.6
劳动力平均受教育年限（年）	7.7	7.7

数据来源：国家统计局农村贫困监测调查。

（二）医疗卫生条件明显改善。

2018 年扶贫重点县农村居民卫生条件明显改善，所在自然村垃圾能集中处理的农户比重为 78.7%，比上年提高 17.5 个百分点。医疗情况较上年有所改善，2018 年扶贫重点县所在自然村有卫生站的农户比重为 92.9%，比上年提高 0.7 个百分点；未参加医疗保险的人口比重为 0.5%，比上年降低 0.1 个百分点；有病不能及时就医的人口比重为 1.2%，比上年降低 1.1 个百分点。

党的十八大以来，扶贫重点县农村居民医疗卫生条件不断改善。2018 年重点县所在自然村垃圾能集中处理和所在自然村有卫生站的农户比重比 2013 年分别提高 49.6 个和 8.6 个百分点。

表 6　2017-2018 年扶贫重点县农村居民医疗情况

单位：%

指标名称	2017 年	2018 年
所在自然村垃圾能集中处理的农户比重	61.2	78.7
所在自然村有卫生站的农户比重	92.2	92.9
未参加医保人口比重	0.6	0.5
有病不能及时就医人口比重	3.3	1.2

数据来源：国家统计局农村贫困监测调查。

（国家统计局住户调查办公室　马倩　刘柏胜）

部 门 篇

国务院扶贫办扶贫开展情况

2018 年，是全面贯彻党的十九大精神开局之年，是打赢脱贫攻坚战三年行动起步之年，是脱贫攻坚作风建设年。在以习近平同志为核心的党中央坚强领导下，按照国务院扶贫开发领导小组工作部署，国务院扶贫办认真履职尽责，组织协调和督促各地各部门落实党中央、国务院脱贫攻坚决策部署，各项重点工作扎实推进，脱贫攻坚取得重大决定性成就。全年全国农村贫困人口减少 1386 万，连续 6 年超额完成千万减贫任务，农村贫困发生率降到 1.7%。

一、坚持高位推进、响鼓重槌，脱贫攻坚达到新水平

党中央、国务院高度重视脱贫攻坚。习近平总书记每月都对脱贫攻坚工作作出重要指示批示，逢会必讲脱贫攻坚，号召全社会行动起来，尽锐出战，精准施策。李克强总理在政府工作报告中连续第 5 年明确减贫 1000 万人以上的任务，多次研究部署脱贫攻坚重点工作，对扎实推进三年攻坚行动提出明确要求。党中央、国务院其他领导同志都对脱贫攻坚给予有力指导。在以习近平同志为核心的党中央坚强领导下，各地区各部门认真贯彻落实党中央、国务院决策部署，扎实推进各项工作，脱贫攻坚在力度、广度、深度和精准度上都达到了新的水平。打赢脱贫攻坚战三年行动开局良好，深度贫困地区攻坚步伐加快，东西部扶贫协作和定点扶贫强力推进，作风建设和干部培训成效明显，基础工作更加扎实，精准举措落地落实，年度减贫任务全面完成。

二、统筹协调，脱贫攻坚三年行动开局良好

中共中央、国务院制定《关于打赢脱贫攻坚战三年行动的指导意见》(以下简称《指导意见》)，对今后三年脱贫攻坚作出全面部署。国务院扶贫开发领导小组召开打

赢脱贫攻坚战三年行动电视电话会议安排部署。中共中央办公厅、国务院办公厅印发贯彻落实《指导意见》重要政策分工方案，将128项任务落实到71个部门。脱贫攻坚顶层设计进一步完善，政策措施进一步强化，组织领导进一步加强。各部门积极出台支持政策加强落实。中西部22个省区市都制定了三年行动的实施方案，出台政策措施，各项工作顺利推进。

三、聚焦精准发力，深度贫困地区攻坚进程明显加快

把深度贫困地区作为攻坚重点，统筹整合资源聚焦发力。各地各部门加大政策倾斜支持力度，新增资金、新增项目、新增举措主要用于深度贫困地区，着力解决产业就业、基础设施、公共服务等突出问题。26个中央部门出台了27个政策文件，倾斜支持力度大幅提升。扶贫办配合西藏、新疆、青海，指导云南、四川、甘肃，分别召开深度贫困地区脱贫攻坚现场推进会，总结推广经验，研究解决问题，推动政策落实。2018年新增中央财政专项扶贫资金120亿元用于“三区三州”，占当年专项扶贫资金增量的60%。下达深度贫困地区2018年城乡建设用地增减挂钩节余指标跨省调剂任务20万亩，筹资640亿元用于脱贫攻坚。“三区三州”脱贫攻坚实施方案顺利推进，年度任务全面完成，全年共减少贫困人口133万，贫困发生率下降6.4个百分点，比西部地区平均水平多下降3.3个百分点，攻克深度贫困堡垒迈出坚实步伐。

四、深化工作举措，东西部扶贫协作和定点扶贫取得突破性进展

组织实施东西部扶贫协作21年来、中央单位定点扶贫31年来的首次考核，进一步压实东部地区和中央单位帮扶责任。东西部省市签订扶贫协作协议书、中央单位签订定点扶贫责任书，把党中央、国务院的部署要求变为可量化可考核的任务，各项帮扶工作质量和成效显著提升。东部地区9省市全年共拨付财政援助资金177.6亿元，是上年的3倍；动员社会帮扶资金48亿元，是上年的1.3倍；互派挂职干部和专业技术人员3.24万名，是上年的1.54倍；帮助贫困人口实现就业144万人，是上年的7.2倍。中央单位对定点扶贫县直接投入资金55.6亿元，引进帮扶资金115.2亿元，培训基层干部和技术人员42.3万名。军队定点帮扶4100多个贫困村，累计帮助43.7万名贫困群众实现脱贫。香港、澳门主动承担帮扶任务，分别帮扶四川南江县和贵州从江县。民营企业、社会组织、公民个人参与扶贫的热情高涨，7.64万家民营企业结对帮扶4.88万个建档立卡贫困村。推广中国社会扶贫网，总用户数超过4100万，成功对接312万个帮扶需求。

五、强化责任落实，作风建设和干部培训成效明显

国务院扶贫开发领导小组下发《关于开展扶贫领域作风问题专项治理的通知》，着力解决“四个意识”不强、责任落实不到位、工作措施不精准、资金管理使用不规范、工作作风不扎实、考核监督从严要求不够等六个方面的突出问题。国务院扶贫办成立作风治理工作专班，加强督促落实，委托第三方分别到20个省78个贫困

县开展暗访。各地各部门积极行动，查找问题，采取措施，基层反映突出的层层检查评估、频繁填表报数和搞形象工程等形式主义、官僚主义问题得到遏制，广大扶贫干部责任感、使命感进一步增强，工作作风更加扎实，脱贫攻坚政策举措更加精准落地。组织脱贫攻坚干部全面培训，中央层面举办省部级、厅局级、深度贫困地区地市州党政主要负责同志和贫困县党政正职脱贫攻坚专题研讨班，地方分级分类组织脱贫攻坚干部培训，全年培训779万人，其中县乡村干部占94%。通过培训，领导干部正确政绩观进一步树牢，处理复杂问题的能力进一步提高，基层扶贫干部观念方式进一步转变，实战能力进一步增强，牺牲的基层扶贫干部数量明显减少。

六、推进政策落地，贫困地区生产生活条件明显改善

配合有关部门着力推进易地扶贫搬迁、产业扶贫、就业扶贫、教育扶贫、健康扶贫、综合性保障等精准扶贫举措。易地扶贫搬迁对分省规模进行了合理调整，累计完成约870万贫困人口的搬迁建设任务，建设任务进一步加快，建设质量进一步提升。产业扶贫重点支持贫困地区、贫困农户发展特色种养业，推进扶贫小额信贷、光伏扶贫、电商扶贫、旅游扶贫、消费扶贫等，建立完善带贫减贫机制。就业扶贫全年新增贫困劳动力转移就业360万人，建设3万多个扶贫车间，吸纳77万贫困人口就近就业。教育扶贫贫困地区义务教育薄弱学校基本办学条件进一步改善，控辍保学力度进一步加大，凉山“学前学会普通话”试点取得积极进展。健康扶贫专项救治病种扩大到21个，累计救治1000多万贫困人口，贫困患者个人自付比例进一步下降，贫困地区就医条件得到改善。社会保障进一步加强，2422万贫困老年人享受了居民养老保险待遇，符合条件的贫困人口全部纳入低保范围。交通扶贫全年安排贫困地区车购税资金2144亿元，新建改建贫困地区农村公路20.8万公里。水利扶贫全年安排贫困地区水利建设投资980亿元，解决419万贫困人口饮水安全问题。危房改造完成115万户建档立卡贫困户危房改造任务，中央和地方均加大了补助力度。电力扶贫加快贫困地区农网改造升级。贫困村宽带覆盖率超过94%。科技扶贫实现科技特派员对近5万个贫困村科技服务和创业带动全覆盖。文化扶贫支持“三区三州”设立一批非遗扶贫工坊。各行业部门都加大了支持力度，聚焦精准扶贫精准脱贫。生态扶贫累计选聘生态护林员50万人。

七、持续加大投入，脱贫攻坚资金保障力度空前

中央财政专项扶贫资金投入1061亿元，省级和市县级财政专项扶贫资金超过2000亿元，贫困县财政涉农资金整合3200多亿元，扶贫小额信贷新增1000多亿元，累计发放5400多亿元，资本市场扶贫、保险扶贫等政策支持力度明显加大。加快财政专项扶贫资金拨付进度，中央财政专项扶贫资金实施上年提前预拨。强化扶贫资金项目监管，全国有2000多个县完成脱贫攻坚项目库建设，实现“钱等项目”向“项目等钱”的转变。

八、夯实精准基础，建档立卡工作机制优化完善

从完善指标体系入手，以动态调整为抓手，落实总书记“既能说清有多少人脱了贫，也要说清怎么脱的贫”的重要指示精神。一是指标体系进一步优化。按照“总体稳定、局部优化”的原则，对原指标体系进行局部调整，使指标体系更加丰富完善。二是年度动态调整圆满完成。组织省市县三级扶贫部门建档立卡工作人员开展大培训，统一要求、规范操作。全国动员近百万人参与，历时3个月，按时完成动态调整工作。三是加强干部驻村帮扶。督促指导各地选优派强驻村工作队，对表现优秀的驻村干部及时表彰奖励或提拔重用，对不能胜任的及时召回更换。全国县级以上机关、国有企事业单位共选派驻村工作队24.2万个、驻村干部90.6万人，其中第一书记20.6万人。

九、总结典型经验，宣传舆论氛围更加浓厚

广泛宣传脱贫攻坚先进典型和成就，推出系列深度报道。围绕脱贫攻坚重要时间节点，先后召开11次新闻发布会，举办全国脱贫攻坚展，开通运行国务院扶贫办“两微一端”，及时引导舆论，回应社会关切。中央主要媒体全年共推出扶贫报道23.4万余条，同比增长78.6%；省级媒体扶贫报道58.9万余条，同比增长142.4%，为脱贫攻坚营造了良好环境。举办改革开放和中国扶贫国际论坛、中非合作论坛一减贫与发展会议、中国一东盟社会发展与减贫论坛、减贫援外培训等，讲好中国减贫故事。增加脱贫攻坚奖表彰奖项和名额，2018年共表彰了139个先进个人和集体、2个脱贫攻坚模范。组织25名获奖者组成4个报告团，到21个省区市开展先进事迹巡回报告，进一步发挥榜样的力量。开展扶贫日系列活动，举办“决胜2020一脱贫攻坚展”和22个脱贫攻坚主题论坛，中央电视台制作播出“庄严的承诺”特别节目。

（国务院扶贫办规划财务司 杨雪枫）

专栏1

“携手奔小康”行动

东部沿海地区县域经济发达，这些经济较发达的县（市、区）产业发展正处在转型升级阶段，在搞活经济、发展产业上经验丰富，在动员整合资源上能力强、效率高。西部地区贫困县是落实脱贫攻坚政策的关键环节，与东部经济强县在产业合作、劳务协作、市场培育和拓展等方面有着很强的互补性。组织东部经济强县与西部贫困县开展结对帮扶，实施“携手奔小康”行动，是推进东西部扶贫协作的一项重要任务，是实现东西部互利共赢和协同发展的一项重要举措，有利于如期打赢打好脱贫攻坚战。

中共中央、国务院《关于打赢脱贫攻坚战的决定》对启动实施“携手奔小康”行动作出部署，要求东部各省（直辖市）更多发挥县（市）作用，与扶贫协作省份的国家扶贫开发工作重点县开展结对帮扶。2016年7月20日，习近平总书记在东西部扶贫协作座谈会上重要讲话中指出，“在完善省际结对关系的基础上，帮扶双方要着力推动县与县精准对接，组织辖区内经济强县（市、区）同对口帮扶省份贫困县结对帮扶，实施‘携手奔小康’行动”。为贯彻落实党中央、国务院决策部署和习近平总书记重要指示，国务院扶贫办在2016年扶贫日（10月17日）正式启动“携手奔小康”行动。截至目前，共组织东部343个经济较发达县（市、区），与西部地区573个贫困县开展“携手奔小康”行动，实现了对扶贫协作地区的国家级贫困县结对帮扶的全覆盖。

“携手奔小康”行动实施以来取得了良好成效，为西部地区贫困县脱贫攻坚起到了有力的助推作用。一是结对帮扶关系不断深化。在东部343个经济较发达县（市、区）与西部地区573个贫困县结对帮扶基础上，协作双方推动帮扶重心不断下移，并向基层延伸。至2018年底，东部地区组织了2287个经济强镇、3240个强村（社区）、6027个企业、3065所学校、1350所医院分别与西部2569个贫困乡镇、11799个贫困村、3157所学校、1424所医院结对，还组织了6267家东部企业与7373个西部贫困村结对帮扶。二是促进了贫困人口脱贫。“携手奔小康”行动结对县之间在资金援助、干部人才交流、劳务协作、产业合作、社会帮扶以及消费扶贫、电商扶贫等方面开展广泛合作，惠及西部地区贫困人口471.5万人，至2018年底已帮助贫困人口脱贫168.8万人。三是提升了贫困县产业发展水平。东部经济强县通过援建产业项目、共建产业园区、建设扶贫车间以及引导社会资本开展扶贫等方式帮助贫困县发展产业。

2018 年东部县（市、区）投入携手奔小康县的财政援助资金总额 155.52 亿元，其中用于产业扶贫资金 90.41 亿元，占财政援助资金总额的 58.13%。四是培养了一批贫困村创业致富带头人。国务院扶贫办将贫困村创业致富带头人培养纳入携手奔小康行动。为交流各地携手奔小康行动的经验做法，推动各项工作抓细抓实，对贫困村致富带头人进行培训，2017 年 6 月和 2018 年 11 月，国务院扶贫办分别在上海浦东和广西河池组织举办了两期全国携手奔小康培训班，2018 年 5 月在广东佛山举办了全国东西部扶贫协作贫困村创业致富带头人示范培训班。扶贫协作双方积极开展培训，至 2018 年底共培训创业致富带头人 52713 名，其中 9553 人创业成功，带动贫困人口 21.44 万人。

2019 年，国务院扶贫办将动员组织东部县（市、区）加大工作力度，继续深入推进“携手奔小康”行动，为助力西部贫困县打赢打好脱贫攻坚战作出更大贡献。

（国务院扶贫办社会扶贫司 张伟）

专栏2

四川省凉山州“学前学会普通话”行动试点工作典型案例

2018 年，国务院扶贫办、教育部印发《关于开展“学前学会普通话”行动的通知》，组织少数民族地区学前儿童学习普通话，帮助他们听懂、会说、敢说、会用普通话，为接受义务教育打下坚实的基础。该项目由中国扶贫志愿服务促进会、中国扶贫基金会、中国社会扶贫网众筹社会资金开展，率先在四川省凉山州进行试点。

主要做法。一是完善设施设备。加大财政投入，做好幼儿园和幼教点通电、通水、通网络工作，逐步配齐必需的教学设施设备。截至目前，70% 的幼教点实现通网，80% 的幼教点覆盖 4G 网络。二是搭建信息管理平台。中国电信等单位援助建立“学前学会普通话”行动信息管理平台，实现基础信息数据录入统计、幼教点辅导员和幼儿园教师管理、相关信息发布和收集、教育教学资源库共享等功能，目前已上线试运行。三是注重宣传发动。通过开通“学前学普”宣传网站、微信公众号，制作张贴彝汉、藏汉双语宣传标语，印发“学前学普”行动纪实集、双语宣传年历等方式，广泛宣传“学前学普”重要意义、取得实效，营造“学前学会普通话”行动浓厚氛围。四是强化师资培训。依托多个北京专业公司等技术保障机构，按照分类培训、分级实施的原则，采取州级骨干培训、县级全员培训、集中面训、幼儿园实训和学普 APP 在线培训等方式，累计培训辅导员 1.7 万余人次。五是创新教学方式方法。遴选 164 个教学示范点，实施“沉浸式情景教学法”，逐步向周边幼教点进行辐射拓展，不断规范幼教点教学。定期、不定期开展教学观摩和成果展示，强化示范引领，提高教学能力。六是开展效果比对。制定《凉山州“学前学会普通话”行动效果比对方案》，定期做好不同类型幼教点不同年龄段儿童的学习视频、语言、文字等过程性记录，加强比对样本轨迹跟踪，研究分析实施效果，形成纪实资料库。目前，州县两级已对 605 个幼教点和中心校 1549 名学生开展了效果比对。七是注重督查考核。分级开展效果初评，组织乡镇中心校（中心幼儿园）对第一阶段试点幼教点儿童全面开展初评测试，州、县组织抽查，根据测评情况，推广经验、整改问题，不断提升教学质量。制定《考核细则》《督导工作计划》，加强过程督查，推动行动落实落地。

取得成效。凉山州 11 个深度贫困县和安宁河谷流域 6 县市民族乡镇共 2724 个村级幼教点 11.28 万名学前儿童纳入“学前学会普通话”行动试点范围。通过近一年的学习，大多能用普通话简单交流，有的甚至能主动用普通话对话，主动问好、打招呼，变得大方自信。家长主动送孩子到幼教点学习的积极性不断提高，实现了从“被动学”向“主动学”的转变。随着试点工作的深入，教学经验不断积累，教学水平明显提升。

重要意义。开展“学前学会普通话”行动，是支持凉山州脱贫攻坚、阻断贫困代际传递的重要举措，是补齐语言短板的现实需要，能够有效解决义务教育阶段文化课学习听不懂、跟不上、厌学、辍学等问题。通过总结“学前学会普通话”行动试点经验做法，形成可复制、可推广的模式，为全国民族地区学前儿童学好普通话提供借鉴。

（国务院扶贫办政策法规司 邓超）

国家发展和改革委员会扶贫开展情况

2018年是全面贯彻党的十九大精神的开局之年，是打赢脱贫攻坚战三年行动起步之年。一年来，国家发展改革委深入学习习近平总书记关于扶贫工作的重要论述，贯彻落实党中央、国务院关于脱贫攻坚的决策部署，把脱贫攻坚摆在突出重要位置，坚持精准扶贫精准脱贫基本方略，以易地扶贫搬迁、重点区域脱贫发展、贫困地区基础设施和基本公共服务设施建设、机关定点扶贫等工作为重点，强化顶层设计，完善政策体系，加大投入力度，强化督促检查和跟踪服务，举全委之力扎实推进承担的各项脱贫攻坚任务，为打赢打好脱贫攻坚战作出了应有贡献。

一、研究制定和推动落实脱贫攻坚重大政策举措

一是积极配合中央农办、国务院扶贫办研究起草《中共中央、国务院关于打赢脱贫攻坚战三年行动的指导意见》（以下简称《指导意见》），并第一时间印发委内分工方案，定期调度《中共中央、国务院关于打赢脱贫攻坚战的决定》(以下简称《决定》）和《指导意见》工作进展。二是将农村扶贫开发有关指标纳入国民经济和社会发展年度计划，下达2018年农村贫困人口脱贫计划1000万人以上。开展《"十三五"脱贫攻坚规划》中期评估，推动规划明确的目标任务、重大工程、重大项目落到实处。督促指导地方严格落实国家在贫困地区安排的公益性建设项目，取消县级和西部连片特困地区地市级配套资金政策。三是开展消费扶贫政策研究，牵头起草完成《关于深入开展消费扶贫助力打赢脱贫攻坚战的指导意见》，并以国务院办公厅名义印发实施。在中央和国家机关率先开展机关消费扶贫，动员干部职工积极购买贫困地区农产品。四是会同有关部门制定印发《生态扶贫工作方案》，采取专项检查、联合调研等方式督促指导地方加快生态扶贫工作，及时上报进展情况。五是会同有关部门编制《乡村振兴战略规划（2018—2022年）》，明确把打好精准脱贫攻坚战作为实施乡村振兴战略的优先任务，推动脱贫攻坚与乡村振兴有机结合、相互促进。六是加强对贫困地区水电矿产资源开发资产收益扶贫改革试点工作的督促指导，加快推进试点项目开工建设。

二、牵头组织实施新时期易地扶贫搬迁工程

一是下达中央预算内投资255亿元，配合财政部安排地方政府债务890亿元，全力满足全年280万搬迁人口安置住房和配套基础设施建设资金需求。二是配合财政部规范调整易地扶贫搬迁融资方式，积极防范和化解地方政府隐性债务风险。针对部分省份易地扶贫搬迁融资方式调整后出现的资金调度困难，及时协调并积极配合财政部出台《关于进一步做好调整规范易地扶贫搬迁融资方式有关工作的通知》，

确保资金不断档、工程项目有序推进。三是印发《易地扶贫搬迁事中事后监管巡查工作方案》，全年派出 12 批约 150 余人次，赴河北等近 20 个省份开展事中事后监管巡查，下发整改通知 16 份，督促指导各地政策执行不走偏、工作落实不走样。四是组织召开 2018 年全国易地扶贫搬迁工作现场会，胡春华副总理出席会议并讲话。举办扶贫日易地扶贫搬迁论坛，发布《中国的易地扶贫搬迁政策》白皮书和《全国易地扶贫搬迁年度报告（2018）》，向社会各界介绍新时期易地扶贫搬迁有关情况。2018 年，280 万人的易地扶贫搬迁建设任务顺利完成。截至 2018 年底，三年累计完成 870 万人易地扶贫搬迁建设任务，各地已为 650 多万搬迁人口谋划或落实了后续脱贫扶持措施，360 多万已搬迁建档立卡贫困人口实现稳定脱贫。

三、支持深度贫困地区和革命老区脱贫攻坚

一是推动落实《加大深度贫困地区支持力度推动解决区域性整体贫困行动方案（2018—2020 年）》，从易地扶贫搬迁、以工代赈、基础设施和基本公共服务设施建设等方面，将新增资金、新增项目、新增举措向深度贫困地区倾斜。印发《“三区三州”等深度贫困地区旅游基础设施改造升级行动计划（2018—2020 年）》和《“三区三州”等深度贫困地区旅游基础设施提升工程建设方案》，加强深度贫困地区的旅游基础设施和公共服务设施建设。二是印发《革命老区开发建设与脱贫攻坚 2018 年工作要点》，组织开展川陕革命老区规划中期评估，推动革命老区开发建设与脱贫攻坚重点任务、重大项目落地落实。

四、推进贫困地区基础设施和基本公共服务设施建设

一是组织实施交通扶贫“双百”工程，安排中央预算内投资 350 余亿元，支持贫困地区交通骨干通道和农村公路建设，其中安排中央预算内投资 26 亿元，支持贫困地区建设约 4200 公里农村公路。截至 2018 年底，227 个骨干通道项目已开工建设 158 个、占 70%，甘肃陇南机场、青海祁连机场、喀什至疏勒高速公路、宜都至五峰（渔洋关）高速公路等一批项目已投入运营。二是加快推进水利扶贫，安排中央预算内投资 400 余亿元，支持贫困地区大中型灌区续建配套节水改造、农村饮水安全巩固提升、中小河流治理等项目建设。三是加强贫困地区生态保护与建设，安排中央预算内投资 108.95 亿元，支持贫困县实施重点防护林建设、天然林资源保护、退耕还林还草、石漠化综合治理、重点区域生态保护和建设、湿地保护等生态工程。四是积极安排中央预算内投资支持农村信息基础设施建设，并统筹推动落实。配合中央网信办等部门印发《2018 年网络扶贫工作要点》，组织召开 2018 年全国网络扶贫工作视频会议、全国深度贫困地区网络扶贫工作现场推进会暨网络扶贫凉山行活动。五是聚焦“三区三州”等深度贫困地区，全年安排以工代赈资金近 60 亿元，为参与工程建设的贫困群众发放劳务报酬约 6 亿元，较好发挥了以工代赈在激发贫困群众内生动力方面的作用。六是研究起草《关于进一步推动进城农村人口优先享有基本公共服务并有序实现市民化的实施意见》，安排中央预算内投资约 210 亿元，支持

贫困地区改善教育、医疗、文化、社会福利、体育等基本公共服务设施条件。2018 年，我委安排贫困地区中央预算内投资达 2000 亿元以上，超过全委投资总盘子的 1/3。

五、认真做好机关定点扶贫工作

一是印发《国家发展改革委 2018 年定点扶贫工作计划》，委主要负责同志带头前往定点扶贫县开展调研督导，全年委领导和各司局（单位）赴定点扶贫县调研达 50 余次。二是按照“尽锐出战”要求，一次性向河北灵寿、广西田东、吉林汪清 3 个定点扶贫县派出 19 名干部，2018 年 12 月底轮换驻村第一书记 1 名。加强挂职干部业务培训和监督管理，落实挂职干部有关待遇保障，有效增强了定点帮扶工作力量。三是创新开展党支部“结对共建”、机关消费扶贫、人才智力支持、帮助引进企业等帮扶举措，推动定点扶贫工作从“输血式”向“造血式”转变。四是建立定期调度机制，及时了解定点扶贫县脱贫攻坚进展情况，及时发现和纠正苗头性倾向性问题，助力定点扶贫县打赢脱贫攻坚战。通过共同努力，河北灵寿县、广西田东县 2018 年顺利实现脱贫摘帽，吉林汪清县计划于 2019 年摘帽退出。在国务院 2018 年中央单位定点扶贫成效考核中，国家发展改革委 2018 年定点扶贫工作考核综合评价等次为“好”，相关责任司局荣获“中央和国家机关脱贫攻坚先进集体”称号。

（国家发展和改革委员会地区振兴司供稿）

专栏1

云南省发挥政策引领作用 推动易地扶贫搬迁显成效

2018年，云南省印发《关于进一步做好易地扶贫搬迁工作的指导意见》，在全省新建的200户800人以上的集中安置点，推广50个工作目标，提升搬迁质量和脱贫成效；对已建成的安置点和其他规模的安置点则参照50个工作目标及有关标准，由各地因地制宜，补齐薄弱环节和工作短板。通过狠抓工程质量，完善配套服务，强化后续帮扶，促进社会融入，着力建设“管理有序、就业充分、保障到位、和谐宜居”的新社区。

一、严把标准质量，建设美丽新居

始终把安置房的质量作为易地扶贫搬迁工程建设的“生命线”，对住房质量安全问题“零容忍”，全面落实工程质量管理责任，进一步规范项目建设程序。紧盯选址、规划、施工、监理、验收等关键环节，明确“人户精准管理、科学合理选址、严格地灾评估、做好规划设计、编制实施方案、落实点长责任、确保施工安全、加强工程管理、组织检测验收、完善工程档案”等10个规定动作，确保搬迁群众住上“安全房”“放心房”。优化建设方式，以县为单位统规统建，推行工程总承包制，实行“交钥匙工程”，确保补助政策、建房标准、建设进度、建筑质量、建设责任“五落实”。创新管理方式，全面推行“双点长”制，由一名县级领导干部和一名施工企业负责人担任安置点长，统筹做好“搬前、搬中、搬后”各项工作。截至目前，全省已建成安置点2249个、安置房13.7万套，双点长3936人，完成竣工验收的安置点1733个，已搬迁安置建档立卡贫困人口52.6万人，拆除旧房8.5万户，复垦复绿6569亩，流转土地增减挂钩节余指标10557亩，交易达27亿元，流转收益惠及14个州（市）43个县（市、区）。

二、完善配套设施，打造宜居家园

按照“规模适宜、功能合理、经济安全、环境整洁、宜居宜业”的目标和有关规划标准，依托安置点所在地现有资源，强化弱项、补齐短板，完善必要的基础设施和公共服务设施，确保同步规划、同步建设、同步投入使用。聚焦“有学校幼儿园、有卫生院（室）、有水电路信、有文体设施、有污水处理、有垃圾处置、有公共卫生厕所、有便民服务站、有购物场所、有物业管理”等10项配套设施，使搬迁群众基本生活需求得到基本满足，享有便利可及的教育、医疗等基本公共服务。全省目前已在安置点配套建设学校875所，已搬迁群众子女就学率 100%；配套卫生室 928 个，新增医务工作者 2626 人，覆盖所有搬迁入住群众；新建文体活动广场 2048 个、公共卫生厕所 3019 个、污水处理设施 1923 个、垃圾处置设施 2129 个、便民服务站 499 个、购物场所 619 个，组建物业管理机构 343 个，搬迁群众生活条件得到极大改善。

三、做强产业就业，实现稳定脱贫

聚焦群众后续发展问题，按照“以岗定搬、以业定迁”的要求，同步制定产业发展和就业计划，细化落实到具体项目、具体岗位和具体家庭，重点抓实“有主导产业、有扶贫车间、有技能培训、有就业服务、有公益性岗位、有权益收益、有流转收益、有资产收益、有合作组织、有帮扶措施”等 10 项扶持措施，使“挪穷窝”与“换穷业”并举，确保实现 10 个“1”：每个安置点至少有 1 项主导产业、至少建成 1 个扶贫车间、有培训意愿和劳动能力的搬迁群众至少接受 1 次职业技能培训并掌握 1 项职业技能、有劳动能力和就业意愿的家庭至少 1 人就业、有劳动力但不具备外出务工条件的家庭至少有 1 个公益性岗位、搬迁对象至少有 1 份稳定的权益收益（流转收益或资产收益）、每个搬迁户至少加入 1 个经济合作组织、至少享受 1 项帮扶措施，确保“搬迁一户、脱贫一户”。截至目前，全省培育形成主导产业的安置点 1453 个，组建新型合作组织 1270 个，覆盖 24.7 万人；建成 230 个扶贫车间，吸纳 1.38 万名搬迁劳动力就业；设立就业服务站 271 个，招聘 11895 名公益性岗位人员，实施技能培训 18.6 万人次，创业培训 2.29 万人次，实现转移就业 18.47 万人；流转土地 3.97 万亩，覆盖 6.07 万名搬迁对象，流转收益达 2.1 亿元，享受权益收益覆盖 7.34 万户，实现收益 7.18 亿元。

四、强化社会治理，构建和谐社区

根据安置点规模和管理需要，重点在“有基层党组织、有基层自治组织、有群团组织、有社会组织、有互助组织、有片长楼栋长、有活动阵地、有警务室、有调解室（员）、有经费保障”等 10 个保障点位上下功夫，通过抓班子、带队伍、建阵地、强保障，实现党的领导、政府管理和社会调节、基层自治良性互动。保障城镇社区工作人员工资和办公经费，鼓励探索采取多种方式，对片长、楼栋长、调解员等给予一定的补贴，推动社会治理重心下移，构建管理有序、服务完善、治安良好、环境优美、文明祥和的新社区。截至目前，全省在安置点组建基层党组织 1018 个、村民自治组织 1130 个、社会组织 272 个、互助组织 407 个、新建村级组织活动场所 1612 个、新设派出所 21 个、配套警务室 180 个、推选楼栋长 836 名、设置调解室 601 个、新增调解员 954 名，搬迁群众的安全感和满意度明显提高。

五、树立时代新风，共享文明生活

注重培育和树立良好社会风气，推动搬迁群众转变思想观念，更新生活习惯和生产方式，适应新环境、融入新生活。重点做好“培育核心价值、强化感恩教育、加强业务培训、制定村规民约、培养良好习惯、开展安全培训、丰富活动载体、关爱特殊群体、创建文明家庭、弘扬优秀传统”等 10 项具体工作。群众搬迁入住前 1 个月内，及时组织开展用电用气、食品卫生、消防和道路交通等安全知识培训；入住 1 年内，重点开展文明礼仪、家庭卫生、爱护公共环境等新生活习惯培训；紧扣社会治理的工作需要，每年至少组织 1 次基层干部、片长楼栋长专项培训，提高服务能力和业务水平；在社区内广泛开展全民阅读、文化健身等文体活动，丰富群众业余生活；深入开展感恩教育，积极开展文明家庭、最美家庭评选活动；每年选树 1 批在为民服务、脱贫发展、平安稳定、和谐文明等方面成效突出的安置点典型，发挥示范引领作用。截至目前，全省已开展“自强、诚信、感恩”教育活动 3826 场，开展安置点基层干部培训 2880 场次、搬迁群众生活习惯培训 3556 场次、群众安全知识培训 3576 场次，2115 个安置点有了村规民约，新建图书室 453 间，开展文化表演 1155 场，社会救助资金投入 1.1 亿元覆盖搬迁群众 48630 人次，创建文明家庭 5537 户，搬迁群众的归属感和幸福感显著增强。

（国家发展和改革委员会供稿）

专栏2

贵州省建设“五个体系”加强 易地扶贫搬迁后续扶持

做好易地扶贫搬迁后续扶持，是确保搬迁贫困人口搬得出、稳得住、能致富的重要保障。党中央、国务院高度重视易地扶贫搬迁后续扶持工作，习近平总书记多次作出重要指示，强调要想方设法为搬迁人口创造就业机会，保障搬迁群众有稳定的收入，同当地群众享受同等的基本公共服务，确保搬得出、稳得住、能致富。中共中央、国务院《关于打赢脱贫攻坚战三年行动的指导意见》对做好易地扶贫搬迁后续扶持工作作出系统部署。

近年来，在习近平新时代中国特色社会主义思想指引下，贵州省深入学习贯彻习近平总书记关于扶贫工作重要论述，立足于全部实行城镇化集中安置的实际，紧紧聚焦“搬得出、稳得住、快融入、能致富”主线，出台了易地扶贫搬迁后续扶持“1+7”系列文件，系统解答了“搬出来后怎么办”的难题，推动易地扶贫搬迁后续扶持工作落地落实、开花结果。

一、加强完善基本公共服务体系，使搬迁群众生活上“过得顺心”

通过强化安置点公共服务功能，推动搬迁群众在城镇获得均等的生存发展机会，公平享受公共资源和社会福利，切实增强搬迁进城后的获得感、幸福感和安全感。一是完善公共教育服务。对现有教育资源能够满足需要的，按照就近入学原则做好转学衔接；对现有教育资源存在缺口的，通过改建、扩建、新建等方式配套建设教育项目予以解决。二是完善公共医疗卫生服务。综合搬迁安置点服务半径、地理条件等因素，合理配套建设安置点医疗机构，按标准配置医疗设备和医护人员。三是完善社会保障服务。搬迁群众迁入城镇后，自愿参加安置地城乡居民基本医疗保险和基本养老保险。“十三五”时期持续实施搬迁贫困群众的一次性临时救助政策。四是完善社区综合服务。打造便民利民“六个一”服务工程，即社区综合服务中心、新时代文明实践中心、文体活动中心、老年服务中心、儿童活动中心和平价购物中心。五是保障群众基本权益。在保持搬迁农户土地承包权、林地承包权、集体收益分配权和其他惠农政策权益不变前提下，本着自愿原则，积极引导搬迁群众落户安置地。暂时未迁移户籍的，对跨县安置的办理居住证，对县内安置的办理“易地扶贫搬迁市民证”，确保搬迁群众享有同等城市配套、同等公共服务、同等市民待遇。

二、加强完善培训就业服务体系，使搬迁群众对发展“充满信心”

围绕推动搬迁群众生计方式的非农化转变，做到“四个必须”，实现搬迁群众生计保障和可持续发展。一是劳动力必须全员培训。针对企业用工需求和贫困劳动力特点，以建筑业、服务业等为重点规范开展常态化培训；引导搬迁家庭中未继续升学的初、高中毕业生接受专业化职业教育；鼓励企业开展订单培训、在岗技能提升培训和高技能人才培训。二是有劳动力家庭必须实现一人以上稳定就业。围绕当地园区挖掘就业岗位，促进搬迁劳动力就地就近就业；加强劳务组织，巩固外出务工人员稳定就业；加大创业扶持，鼓励搬迁劳动力积极创业；开办扶贫车间和就业扶贫基地，促进留守妇女和老年人居家就业；开发公益性岗位，优先落实困难人员就业。三是迁出地“三块地”资源必须有一种盘活途径。引导土地有序流转，对整体搬迁的自然村寨，鼓励支持龙头企业、农业合作社统一流转开发，一时难以流转的由县级平台公司统一收储开发；对零星搬迁户的承包地，鼓励群众自行流转，或由村级集体经济组织和合作社统筹流转开发；对 25 度以上坡耕地纳入退耕还林政策优先实施。四是每个搬迁家庭必须有一份稳定收入。鼓励安置点利用现有资源，组建建筑施工队、家政服务等，培育和壮大社区经济。利用东西部扶贫协作对口帮扶和社会帮扶资源，整合部门项目资金，结合当地实际，引进有实力的龙头企业和经营主体，建立完善产业和搬迁群众的利益联结机制，确保搬迁群众从产业发展中获得稳定收益。

三、加强完善文化服务体系，使搬迁群众精神上“感到舒心”

聚焦“四进社区”，丰富搬迁群众精神文化生活，促进社会交往和社会互动，增强社区归属感和身份认同感。一是感恩教育进社区。以感恩教育激发脱贫致富内生动力，引导搬迁群众树立自强自立、不等不靠的精神。二是文明创建进社区。开展公民基本道德规范和社会公德、职业道德、家庭美德教育，不断提高社区文明程度；推进移风易俗，引导搬迁群众破除各种陈规旧习；建立社区“文明家庭”“勤劳致富模范户”“身边好人”等评选活动。三是公共文化进社区。建设配套公共文化服务设施，结合传统节日、重要节假日、少数民族特色节日等节庆活动，开展贴近生活、群众喜闻乐见的文体活动，增强群众社区归属感和认同感。四是民族传承进社区。在安置点融入民族建筑文化元素和标志性民族符号，打造“乡愁馆”。实施少数民族传统手工艺领军人才培训计划和少数民族传统手工艺企业扶持计划，发展一批民族传统手工艺产业，既解决就业，又记得乡愁。

四、加强完善社区治理体系，使搬迁群众在社区里“住得安心”

把夯实基础作为固本之策，通过“四化”建设，实现政府治理和社会自我调节、居民自治良性互动。一是机构设置科学化。对于安置人口在 1 万人及以上的，适当调整周边乡镇（街道）行政区划，设立街道办事处。安置人口在 1 万人以下、1000 人及以上的，设立社区居委会，由所在乡镇（街道）进行管理。二是社区管理网格化。选配居民小组和楼栋负责人，构建“居委会—网格—楼栋”的网格化管理机制。三是居民自治规范化。启动安置区社区居民委员会选举工作，推进安置社区民主决策制度建设，完善村（居）务公开制度和民主监督制度，实现居民自治。四是治安防控立体化。对 3000 人及以上的安置点，合理设置警务室，实行一警一室或一室多警。加大群防群治工作，统筹实施安置点“天网工程”和“雪亮工程”，确保搬迁入住半年内实现全覆盖。

五、加强完善基层党建体系，使搬迁群众对未来“坚定决心”

以党的建设为引领，确保易地扶贫搬迁后续扶持始终坚持正确的政治方向。一是强化政治功能。健全基层党组织议事规则，及时讨论决定涉及本安置地重大事项、重要问题，切实发挥组织群众、宣传群众、凝聚群众、服务群众的作用。二是健全组织体系。建立和完善组织构架，对应安置点管理规模，设置街道办事处的同步设置党（工）委，设立社区居委会或居民小组的，及时成立党支部或党小组，由所在乡镇（街道）党（工）委进行管理。三是配强干部队伍。强化安置点街道办事处综合协调能力，党（工）委书记由县（市、区）党委常委或政府负责人兼任。四是完善工作机制。加强党组织领导下的社区治理体系和治理能力现代化建设，制定完善居民公约，建立健全居务监督委员会，推进社区法治建设，提升德治水平，建设平安社区。

（国家发展和改革委员会供稿）

教育部扶贫开展情况

教育脱贫攻坚肩负着“两不愁、三保障”保障义务教育的重要任务，承担着“发展教育脱贫一批”的重要任务，也担负着习近平总书记关于阻断贫困代际传递的重要嘱托。2018 年，教育部认真学习贯彻习近平新时代中国特色社会主义思想和习近平总书记关于教育扶贫的重要论述，坚持精准扶贫精准脱贫的基本方略，建制度、抓重点、聚合力、强保障、重落实，深入推进扶智育人教育脱贫攻坚行动，坚决打赢打好教育脱贫攻坚战。

一、抓政策供给，逐步完善教育脱贫攻坚制度体系

聚焦深度贫困，会同国务院扶贫办印发《深度贫困地区教育脱贫攻坚实施方案（2018—2020 年）》《推普脱贫攻坚行动计划（2018—2020 年）》，会同财政部印发《关于进一步加强财政投入管理　深入推进“三区三州”教育脱贫攻坚的指导意见》，印发《关于推进川甘青交界地区教育发展的指导意见》等系列政策文件，以“三区三州”为重点，以教育和推普为抓手，助力攻克深度贫困堡垒。聚焦三年攻坚，印发《贯彻实施〈中共中央　国务院关于打赢脱贫攻坚战三年行动的指导意见〉重要政策措施部内分工方案》，研究制定新时期直属高校定点扶贫工作指导意见，明确攻坚方向和重点。会同财政部印发《银龄讲学计划实施方案》，面向社会公开招募一批优秀退休校长、教研员、教师等到农村义务教育学校讲学。会同有关部门印发《关于加快发展残疾人职业教育的若干意见》，扩大残疾人接受职业教育机会。聚焦作风建设，贯彻落实 2018 年作为脱贫攻坚作风建设年的要求，印发《教育系统扶贫领域作风问题专项治理实施方案》，建立了定点报告制度，开展扶贫领域作风问题专项治理。9 个省（区、市）教育厅（教委）召开党组会、专题会或推进会等研究落实扶贫领域作风问题专项治理工作，16 个省（区、市）教育厅（教委）专门制定了细化实施方案，扎实推进作风建设。

二、抓动员部署，广泛汇聚教育脱贫攻坚合力

加强会议部署，2018 年 5 月 30 日，教育部党组书记、部长陈宝生主持召开了滇西脱贫攻坚部际联系会、教育部直属系统扶贫暨援派工作推进会，统筹推进滇西扶贫、定点扶贫、干部援派等各项工作，并赴怒江州实地调研脱贫攻坚进展。2018 年 7 月 22 日，召开第三次教育援青工作会议，青海省六州人民政府与东部六省市教育行政部门现场签订了对口支援工作协议，汇聚教育对口支援青海的合力。2018 年 10 月 25 日，教育部党组成员、副部长孙尧主持召开了脱贫攻坚工作领导小组会议，学习传达了中央领导同志关于扶贫工作的重要批示，分析形势、总结工作、找准重点，对下一

步教育脱贫攻坚工作作出部署。2018年11月8日，召开直属高校定点扶贫工作推进会，贯彻落实中央单位定点扶贫工作推进会精神，进一步压实高校扶贫责任。2018年12月27日，陈宝生同志主持召开了教育部定点扶贫工作推进会，在帮助青龙、威县顺利脱贫摘帽的基础上，进一步广泛组织动员，加大帮扶力度，促进两县巩固脱贫成果。加强资源整合，创新开展“青年红色筑梦之旅”活动，2018年累计有2238所高校大学生创新创业项目，对接农户24.9万户、企业6109家，签订合作协议4200余项，产生直接经济效益近40亿元。实施了网络扶智工程攻坚行动，开展优质数字教育资源共享、教育信息化应用服务、信息化教学设备捐赠等系列活动，全国中小学（含教学点）互联网接入率达到91.35%，多媒体教室比例达到84.69%。举办民族地区双语教师普通话国培班和委培班、农村教师语言文字能力提升培训班，实施民族地区干部和青壮年农牧民国家通用语言文字培训计划，开展“推普脱贫攻坚”大学生暑期社会实践活动，多种形式提高干部、教师、青壮年农牧民普通话水平。稳步推进农校对接精准扶贫，签署“农校对接精准扶贫窗口”建设协议210个，覆盖12个省市近180余所高校。加强社会动员，会同国务院扶贫办在四川省凉山州启动实施“学前学会普通话”行动，以“众筹”方式汇聚政府、学校、专业机构、爱心企业等方面力量。与中国移动、科大讯飞等公司合作实施“推普脱贫攻坚”APP项目，以大数据手段精准掌握推普脱贫成效。委托语文出版社编写出版普通话学习者为入门级学习用书《普通话1000句》。协调中国教育发展基金会、中国教师发展基金会2018年投入款物10.6亿元，支持教育脱贫攻坚工作。

三、抓重点突破，精准保障贫困地区和建档立卡贫困人口教育需求

加强调研找准重点，教育部党组成员赴“三区三州”调研7人次，正司长20人次。孙尧副部长牵头开展了“三区三州”教育精准扶贫调研，五个调研组走遍了6省20个州市，各参与司局、直属单位也开展了多种形式的调研工作。细化工作聚焦精准，印发《教育部等六部门关于做好家庭经济困难学生认定工作的指导意见》，对认定对象、基本原则、组织机构及职责、认定依据、组织程序等进行了规范，实现了全学段家庭经济困难学生认定工作的“全覆盖”。持续推进建档立卡贫困学生数据比对工作，精准掌握贫困人口、贫困地区教育需求。指导各地“一县一案”做好控辍保学工作，目前已有2075个县制订了控辍保学方案。加大力度持续攻坚，全面改善近22万所农村学校基本办学条件，中央财政累计投入专项资金1620亿元，带动地方投入3000多亿元，832个贫困县已提前完成建设任务。持续实施农村义务教育学生营养改善计划，覆盖全国1596个县、14万所农村学校、3700多万学生，学生营养健康状况显著改善，身体素质明显提升。加强教师队伍建设，2018年“特岗计划”招聘9万人，“三区”人才支持计划教师专项计划选派2.4万名，“援藏援疆万名教师支教计划”首批新增援派教师4087人，“银龄讲学计划”首批招募1800名优秀退休教师。扎实推进重点高校招收农村和贫困地区学生专项计划，2018年专项计划共录取农村和贫困地区学生10.38万人。持续推进订单定向医学生免费培养工作，2018年为中西部乡镇卫生

院安排订单定向免费五年制本科医学生培养计划 6483 人。支持贫困地区少数民族优秀人才培养，2018 年下达少数民族高层次骨干人才培养计划等各类内地民族班招生计划共计 8 万余名。试点示范强化引领，率先在滇西示范实施职业教育东西协作行动，统筹东部五省优质中职学校招收滇西建档立卡贫困学生，累计招生 3611 人。在“三区三州”推进宽带卫星联校试点行动，探索边远山区等自然条件特殊地区学校联网问题解决途径。举办第三届教育部直属高校精准扶贫精准脱贫十大典型项目推选活动，总结推广一批可复制、体现高校特色的精准扶贫精准脱贫项目。举办 2018 教育扶贫论坛，以“深化扶贫改革 打好教育精准脱贫攻坚战”为主题，交流研讨教育脱贫攻坚的工作成效、成功经验和典型模式，并举办了“学前学会普通话行动”倡议活动。开展扶贫日系列宣传活动，以中国教育报专版、中国教育电视台专题、教育部官网专栏等方式，集中宣传各地各校教育脱贫攻坚的典型项目和成功经验。

四、抓经费保障，多渠道加大教育脱贫攻坚投入

强化财政投入保障，2018 年中央财政新增教育转移支付资金 130 亿元，重点支持贫困地区和薄弱环节，并安排“三区三州”教育扶贫专项资金 30 亿元。中央财政下达农村义务教育学生营养改善计划资金 200.92 亿元，农村义务教育薄弱学校改造计划资金 360.5 亿元，农村义务教育阶段教师特设岗位计划资金 70.52 亿元，中小学幼儿园教师国家级培训计划资金 19.85 亿元，乡村教师生活补助资金 45.1 亿元，新疆西藏等少数民族地区教育特殊补助资金 49.85 亿元，特殊教育补助资金 4.1 亿元，现代职业教育质量提升计划专项资金 153.1 亿元。加大金融支持力度，与国家开发银行签订了《开发性金融助力教育脱贫攻坚合作协议》，探索教育扶贫多元化融资路径。加强教育对口支援，大力推进教育援疆、援藏、援青等工作，统筹东西部扶贫协作、中央单位定点扶贫、携手奔小康等帮扶力量，协力推进教育脱贫攻坚。支持社会力量参与，中国教育发展基金会和中国教师发展基金会 2018 年共投入款物 10.6 亿元，用于支持中西部教育事业发展和教育脱贫攻坚工作。

五、抓考核评估，推动教育脱贫攻坚各项政策措施落地生根

落实第三方评估意见，根据国务院扶贫办通报的评估结果，教育部牵头的八项教育扶贫任务均取得了“较好”以上等次，并按照评估意见，进一步深化细化政策措施，加大推进力度。开展直属高校定点扶贫考核工作，通过考核，激励先进，鞭策后进，深入查找突出问题和薄弱环节，并向高校“一对一”反馈了考核结果，强化了问题整改工作。44 所直属高校累计开展各级各类培训 300 余次，主持各级规划、咨询、决策项目 356 项，实施科技攻关与成果转化 98 项，引导各类资金与产业投资 91 亿元。参与督查巡查工作，教育部与中央农办共同组成巡查组，赴内蒙古开展省级党委和政府脱贫攻坚问题整改情况实地巡查工作，把教育脱贫攻坚落实情况作为其中一项重要内容。

（教育部发展规划司 柳建军 吴延磊）

专栏1

教育部直属高校精准扶贫十大典型项目

一、华南理工大学：打造“一体化”全域规划，构建“扶贫链”造血机制

华南理工大学定点帮扶云南省临沧市云县。学校充分发挥智库作用和专业优势，精心谋划长远，着力于从传统的“输血式扶贫变为造血式扶贫”，从战略高度为云县打造“‘1+5’五位一体”全域规划，构建“‘云县＋社会＋华工’三力驱动”扶贫链造血机制，并积极全方位落实推广帮扶，充分激活云县“内生造活血”能力。

精准定位，打造“一体化”全域旅游规划。云县全域旅游规划项目以打造“国家康养旅游景区县”为总体目标，制定“1+5”的全域旅游规划项目包，即一部全域旅游总体规划加一组特色产品推广方案、一套旅游形象设计系统、一套乡村民居改造指引、一个招商引资项目库、一部招商宣传专题片，助力云县脱贫攻坚。一部全域旅游总体规划：规划团队专家组抓住云县旅游发展的核心问题，明确云县旅游发展思路与定位，将康养旅游作为发展重点，形成了包括“规划背景、战略定位、全域格局、乡村振兴、产旅融合、公共支撑、共建共享、行动部署”八大版块的《全域旅游发展总体规划》，打造云县“一核三带四区”全域布局。一组特色产品推广方案：规划团队结合市场环境、立足城市实际，制定了云县城市品牌传播概念性方案、“淳林话品牌·云茶”专题方案、“山地黑肉鸡”推广方案。一套旅游形象设计系统：规划团队为云县设计了旅游标志和茶叶标志，为云县旅游形象插上翅膀，通过传播、推广，让潜在旅游者深刻地感受到云县的文化内涵。一套乡村民居改造指引：规划团队选取漫湾镇昔宜村作为云县乡村振兴规划示范点，开展城乡风貌控制以及传统村落建筑改造规划工作。一个招商引资项目库：立足云县独有的地理位置、社会文化、产业资源，量身定制云县全域旅游招商项目库，包含“旅游景区、旅游配套、特色村落、公共服务”4大类75个子项目。一部招商宣传专题片：以云县的人文地理风貌为背景，制作招商宣传专题片。宣传片阐述了云县的地理地貌、文化坐标，以及丰富的康养旅游资源，描绘了云县未来发展新蓝图，展现了云县投资新机遇。

模式创新，构建“扶贫链”造血机制。以“‘1+5’五位一体”全域旅游规划为抓手，破解“权力不对等、财力不够、智力不足”问题，构建“‘云县＋社会＋华工’三力驱动”扶贫链造血机制，开展“扶智、扶产、扶教、扶民”。一是政府统筹推进，促脱贫致富内生动力。云县政府围绕经济发展格局、城镇体系

布局和交通设施规划建设布局，按照“一核两线三水”思路总体布局云县旅游发展整体规划。各职能部门全力落实，着力推动云县打造徐霞客旅游文化名片。二是社会合力帮扶，提魅力云县外在影响。学校充分利用传统媒介和新媒体，大力宣传云县在脱贫攻坚道路上取得的经验和成绩。依托《淳林话品牌》，打造《淳林话品牌·云茶》专题节目，对内激发云县特色行业、企业的品牌意识，对外通过广东广播电视台新闻广播、广东广播在线等新媒体平台全方位立体式推广。组织继续教育学院广州、深圳、东莞、河源、顺德等地校友会赴云县开展招商引资考察调研，促进云县全域旅游规划项目对接。三是华工全程参与，保全域规划落地实施。全面挖掘漫湾镇白莺山旅游资源，加强基础设施建设，深度开发与古茶相关的文化产品，推进茶文化博物馆、禅茶广场、茶山栈道、茶养生精品酒店及会馆等硬件设施建设，通过茶文化的演绎，开辟茶道、茶养等具体验性的服务产品，激活180多万棵古茶树潜能，打造“白莺山”品牌。推动投资1200万元建设昔宜码头，完成沿江栈道铺设300米、沿江休闲旅游长廊200米、修建污水管网10公里，种植绿化树2000多株；2017年，实现3560名村民人均纯收入10329元。结合云县白花木瓜优势农业资源，指导云县茅粮集团以“公司＋基地＋农户”的模式在临沧市内发展种植30万亩木瓜基地，年度新增利润3316万元。与云县政府、临沧和德立茶叶有限公司茶叶公司达成合作意向，充分利用校内、校友和社会资源，帮助“扶贫茶”打开销路、拓宽市场。以云县“手撕鸡”为突破口，紧紧抓住实施乡村振兴战略、打好“绿色食品牌”的良好机遇，通过政府引导、企业运作、市场化运营的模式，全力打造“云县手撕鸡”品牌。

二、南京农业大学：“用金牌、助招牌、造品牌”铸就精准脱贫持久内生动力

南京农业大学定点帮扶贵州省麻江县。学校聚全校扶贫资源力量，用金牌学科团队，助力地方招牌产业，营造产业与工作品牌，从产业扶贫、科技扶贫、教育扶贫、宣传推广等多方面多层次协同推进，按照国家精准扶贫打赢脱贫攻坚战的总体部署和实施乡村振兴战略的总体要求，以“金牌对招牌、招牌变品牌、品牌生效益”思维模式，激发麻江增强发展内生动力。

一是金牌学科团队助力招牌产业发展。充分利用学校菊花学科世界级科研中心的优势，推动打造中国西部最大的菊花资源圃、科技源、观光园，带动全县发展菊花栽培1500亩，建成启动南京农业大学麻江菊花种苗繁育中心，麻江菊花正成为贵州省乃至西南地区乡村休闲旅游的新品牌。积极推广综合抗性强，高产、稳产，出米率高的自主知识产权新品种“宁粳8号”，优化统一既有品牌“宣威米”“贤昌米”“乐埠米”营销渠道，推动“麻江锌硒米”变成更有价值的区域

公共品牌。联合开展技术攻关，为麻江红蒜产业提出“分级播种—蒜种提纯复壮、脱毒—保鲜储运—大蒜素提取深加工”的技术实施方案，实现红蒜产量超过每亩1000公斤。

二是金牌服务助力持续发展。教授服务团助力麻江县出台十三五“1258”产业规划，推动1万亩红蒜、2万亩锌硒米、5万亩蔬菜和8万亩蓝莓产业发展；对接有机农业发展规划，推动有机农业示范州、县建设；开展项目对接、技术指导、满意度、非物质文化遗产调研等工作，组建菊花、锌硒米和红蒜农户生产联盟，通过“南农易农”APP进行远程信息服务。签署《南京农业大学与贵州省麻江县人才培养协议书》，利用金牌培训课程助力麻江人才培养，先后举办麻江县“扶贫干部培训班”“农业观光旅游发展业务培训班”等4期，培训近200人次。

三是金牌团队支教乡村学校。连续5年在麻江县开展支教服务，在龙山中学建立支教服务基地，每年通过报名、筛选、面试、培训等，选派优秀研究生，支教麻江中小学，覆盖龙山中学、龙山小学、河坝小学、谷硐中心学校等4所乡村学校。自定点支教以来，龙山中学教育质量和综合评价不断提升，按照《黔东南州基础教育教学质量评价奖励方案》排在全州前5位，成为了全州的一所名校。

四是大力宣传扩大社会影响。高度重视扶贫工作经验总结和宣传推广，挖掘、报道扶贫典型事迹和先进人物，定点扶贫工作累计受各级媒体报道30余次，转载百余次。人民日报10版头条专题通讯报道南京农业大学精准扶贫工作，报道通过红蒜、锌硒米、菊花3个生动的扶贫故事，串联起南京农业大学精准扶贫工作亮出的“绣花功夫”。中国教育报8版报道了南京农业大学定点扶贫贵州省麻江县的典型案例。中国科学报、新华日报、中央电视台等高规格的媒体都报道了南京农业大学的定点扶贫实践。

三、华中农业大学：本禹志愿服务队实施“四大工程”助力精准扶贫

华中农业大学定点扶贫湖北省恩施州建始县。学校积极发挥本禹志愿服务队的重要作用，着力实施“甘露工程”推动当地基础教育发展，着力实施“活泉工程”为当地培养农业科技人才，着力实施“春风工程”助力产业扶贫，着力实施“志·青春工程”促进文化发展与文化产业提升。逐步探索出具有华农特色的“志愿服务+精准扶贫”模式，有效发挥了志愿服务参与社会扶贫的独特作用，为学校定点扶贫建始县做出了积极贡献。

一是聚焦教育短板，实施“甘露工程”助力教育扶贫。本禹志愿服务队“甘露工程”项目围绕教育扶贫中乡村教师队伍建设、基础教育设施建设、精准资助体系建立、自主脱贫能力发展等重点领域，积极探索教育扶贫有效模式。实施志

愿者扶贫接力计划，共派遣6批25名研究生志愿者到建始县官店镇摩峰小学接力支教。实施“乡村教师来汉培训”项目，每年举办“乡村教师来汉培训”活动，邀请乡村小学骨干教师到武汉开展为期一周的学习培训。搭建“学校+地方+企业”爱心桥，深入开展学生家访，调研实际情况，精准提出项目菜单，多渠道联络社会爱心企业进行项目认购，提供经费支持。实施“留守儿童城市体验行”项目，募集20万元资金成立“水滴助学金”，选取成绩优异、品德端正、家境困难的学生实施“一对一”帮扶。实施“阡陌学堂”在线支教项目，邀请国内外、社会各界知名人士和高校相关专家，通过远程视频授课方式参与支教，为山区孩子打开一扇看到外面世界的窗。

二是聚焦人才短板，实施“活泉工程”助力人才扶贫。本禹志愿服务队聚焦当地人才短缺的困境，通过请进来、走出去的方式，帮助当地培养能够扎根的人才队伍。发挥农科教平台优势，开展综合培训，成立教师志愿服务队，依托国家科技特派员创业培训基地、中央农业干部教育培训中心华中农大分院、农业部现代农业技术培训基地等平台，为建始县开设农村致富带头人、涉农企业主等教育培训项目，累计为建始县培训管理干部、技术人员387人次。依托产业扶贫项目，开展专业技能培训，志愿服务队以硕士、博士研究生和青年教师为主体的志愿者在建始适宜地区建立了一批特色产业试验示范培训基地，累计开展农技培训142场次，培训特色产业人才、专业合作社带头人、种养植户11695人次。

三是聚焦产业短板，实施“春风工程”助力产业扶贫。本禹志愿服务队组建博士服务团、科技服务小分队，定期送科技下乡，助力建始产业脱贫。选派博士服务团，开展科技扶贫志愿服务，先后共选派5批24名博士赴建始县接力志愿服务。发动岗位科学家，带领志愿者深入一线，学校充分发挥国家现代农业产业技术体系岗位科学家具有指导产业发展的实践经验，结合建始产业发展和产业链特点，组建了10支“与岗位科学家同行”志愿服务团，发动志愿者深入到农业生产一线开展科技咨询、产业调研、生产指导和社会观察等工作，探索出了一条“岗位科学家+学生志愿者+产业基地”的产业扶贫新模式。组建学生公益创业团队，助力农产品销售，组建了4支公益创业团队，帮助建始挖掘产业资源、服务产品销售。

四是聚焦文化短板，实施“志·青春工程”助力文化扶贫。本禹志愿服务队志愿者主动发掘建始文化资源，开展农产品品牌建设，举办文化艺术普及活动，推动了乡村文明建设。推进非遗文化保护与融合，志愿者以“黄四姐”非遗元素为核心，围绕建始业州竹编手工艺、西兰卡普艺术、建始传统小吃桃片糕等开展特色农产品品牌设计与宣传、旅游文创产品设计，同时挖掘当地非遗资源的经济价值，将非遗文化元素融入当地现有科技扶贫产业。开展文化艺术普及服务，举办“艺术下乡专场演出”，开办小学生暑假艺术素质拓展训练营，开设“艺术普及微课堂”，提升山区学生艺术素养。提升扶贫产业文化形象，通过包装、LOGO、宣传页、企业VI、淘宝网店设计等工作，提升产业文化品牌形象，促进产品销售。创作公益话剧《牵挂》，先后到国家大剧院、中国人民大学和各大专院校演出50余场，荣获全国高校校园文化建设优秀成果特等奖、湖北省精神文明建设“五个一工程”奖。

四、浙江大学：景东无量山乌骨鸡良种繁育及产业化技术示范推广

浙江大学定点帮扶云南景东彝族自治县（以下简称景东）。学校充分发挥人才科技优势，以促进景东特色农业产业发展为核心，整合多方资源，创新工作举措，探索建立了乌骨鸡“种鸡培育—集中育雏—生态放养”的产业扶贫新模式。

一是细致调研，扎实工作，精心谋划乌骨鸡种质提升和产业发展。学校技术团队成员重点深入锦屏镇、文井镇、安定镇、大街镇、太忠镇等5个乌骨鸡主产区，对全县种鸡场、合作社、养殖基地以及专业大户等进行了广泛调研，形成了《景东县无量山乌骨鸡产业发展调研报告》《景东县无量山乌骨鸡种质资源现状和保护利用》《关于加快推进景东无量山乌骨鸡产业发展帮扶项目工作的建议》等报告5份，精心打造乌骨鸡产业扶贫金凤凰。

二是加强品种种质资源保护，构建产业化开发基础。研究制定了景东无量山乌骨鸡遗传资源保护场保种方案，内容包含保种方式、保种目标、保种规模、重点保护内容、保种技术和方法、保种技术档案主要内容、保种群继代繁殖程序、保种效果监测等。在景东安定镇指导建设景东无量山乌骨鸡品种资源原地保护场1个，建立不同羽色和性能的保种群3个，保种鸡群达3000只以上，开展了活体保种技术研究并进行保种效果监测，为景东无量山乌骨鸡品种资源保护和产业化开发利用奠定了基础。

三是系统化持续选育，建立乌骨鸡高产品种核心种群。开展了乌骨鸡生长、屠体、产蛋及繁殖等种质的系统测定，筛选鉴定CEBPA、Six1和PITX2等与乌骨鸡屠体和体尺性状相关的候选基因及位点，为系统揭示种质特性和分子育种应用提供了依据，加快性状遗传进展。采取常规育种结合分子标记辅助选种技术，对乌骨鸡3个不同类群进行了世代持续选育，提高品种纯度和生产性能。在景东安定镇建立乌骨鸡原种场，核心群鸡3000只以上，有效提升了品种核心竞争力。

四是因地制宜，加强示范，推动良种繁育基地建设。指导建成安定镇普红园乌骨鸡种鸡场、锦屏镇兴农种鸡场、文进镇清凉毛脚乌骨鸡养殖农民专业合作社

等乌骨鸡良种繁育示范基地（浙江大学定点帮扶景东县产业发展项目基地）6个，存栏种鸡2万套以上，年供优质苗鸡180万羽以上；推广应用种鸡笼养、个体选种、人工授精等技术，有效提高了种鸡设施化养殖和科学管理水平，降低了生产成本，大大提高了优质种苗供应量和市场占有率。

五是参与指导和制定技术规范，为产业化养殖提供科学依据。制定市级地方标准《景东无量山乌骨鸡养殖综合技术规范》，内容包括品种要求、养殖环境与设施、繁殖与饲养管理、饲料营养、疫病防治、质量安全要求等6个部分，为乌骨鸡产业发展提供了科学依据，有效提升了乌骨鸡养殖标准化水平，提高乌骨鸡产业层次和效益。

六是积极开展标准化技术培训与品牌建设指导服务。举办《现代优质鸡种业建设及产业发展》《地方良种鸡遗传资源保护与开发利用》等全县乌骨鸡标准化技术培训10余期，举办乌骨鸡屠体性能测定、乌骨鸡种质测定及评估现场会2期，培训人员达1600人次以上，培养了一批乌骨鸡养殖技术及市场营销骨干。指导审报乌骨鸡国家地理标志产品1个，指导举办景东县乌骨鸡“鸡王”大赛活动2届，其中由浙江大学帮扶的场、村、户收获了大赛全部一、二等奖。

七是建立产业扶贫新模式——“核心场＋规模化养殖大户＋个体农户”。对龙街乌骨鸡生态庄园等规模化养殖大户（场）进行机器孵化、保温育雏、饲料配制、消毒防疫等技术帮扶，指导申报云南省畜禽标准化养殖示范基地建设、生态庄园建设项目，提高了大户带动力和示范效应；探索建立了乌骨鸡“种鸡培育——集中育雏—生态放养”产业扶贫模式，形成了纵向一条线（原种鸡场—扩繁场—孵化场—大户—散户）、点上形成片（乡镇、村庄养殖连片、技术服务齐备）的产业扶贫新格局。

八是关爱到户，对建档立卡贫困乡镇进行全方位养殖指导服务。以大朝山东镇、曼等乡等建档立卡贫困乡镇为重点，在景东县农科局、县乌骨鸡产业办公室等单位的支持配合下，指导帮扶建档立卡贫困农户养殖增收，包括鸡舍建设、种苗引进、饲养管理、产品销售等开展全面科技指导和服务。

九是广泛吸引社会力量参与乌骨鸡产业帮扶，形成扶贫合力。学校校友基金会与宁波镇海遂真投资管理有限公司达成“景东无量山乌骨鸡品种保护和选育利用项目”捐赠意向，并签订了2018年首期专款捐赠50万元的协议；参加2015年景东县在浙江的招商引资活动，重点进行乌骨鸡品种资源及项目推介和宣传；组织宁波振宁牧业有限公司等浙江省大型养鸡企业负责人前往景东考察，达成了合作。

十是扶贫与提智相结合，拓展学校人才培养新途径。组织引导大学生80余人次参与景东乌骨鸡产业扶贫一线，理论联系实际，提高分析问题和解决问题的能力。指导博士生完成了乌骨鸡产业扶贫开发社会实践，选择“景东无量山乌骨鸡遗传评估及重要性状基因克隆”“乌骨鸡生长肉质关键基因遗传效应及表达分析”作为硕士生、博士生论文研究课题，为无量山乌骨鸡种质科学利用和产业扶贫提供技术支持。

五、湖南大学：贫困地区人居环境治理模块化系统解决方案

湖南大学定点扶贫湖南省隆回县。学校针对贫困地区存在的普遍性问题和特异性问题采取模块化细分，开发设计了一系列乡村整体规划、农村废污无公害技术治理、厨卫改造和“厕所革命”等等治理模块，探索出一套贫困地区人居环境治理模块化系统解决方案。逐步为隆回县虎形山地区营造出良好农村人居环境。

一是系统构建，规划统筹。2015 年 11 月至 2018 年 1 月，规划团队介入了崇木凼村、大托村、草原村的规划，对崇木凼村前期规划予以修整，深化排水与排污部分的内容；深化大托村安置区的设计，研究了土地的集约利用的途径；在草原村规划中，重点研究乡村规划与水源地保护之间的关系，对该村山地高原水库的水体保护、景观营造与旅游发展进行综合协调。

二是观念更新，教育宣导。贫困地区人居环境综合提质，一方面依靠基础设施的整体改善，另一方面也有赖于贫困人口自身环保意识的综合提升。本团队以“在地式”陪伴乡建，全程在地督造重点示范案例；多次举办学术研讨会与培训班；激发村民内生动力，使其有意识的主动建设、使用环保技术，自发维护环境卫生，保持乡村人居环境的可持续发展。

三是创新示范，砖木改良。虎形山的瑶族建筑，风貌独特，崇木凼村于 2013 年进入国家历史文化名村名录。但传统木结构防水、防火不利，易腐坏，耐久性差。本项目基于“形态延续，外观一致，材料更新，设施完善”原则，通过材料更新、构造改良，提升房屋性能，延续传统风貌，适应现代功能需求。2013 年至 2018 年，本项目在花瑶地区推广改良型砖木结构，提出“框架结构 + 家具填充”模块，完成富寨村小学、虎形山民族团结小学、传统民居改造等示范。

四是民宿提质，共同发展。农村住宅是农民生活、生产的复合空间。农村住宅的品质，直接关乎农民生活品质的提升；也是开展农业生产，实施旅游服务的基础平台；是乡村经济发展，农民生活水平提升以及生态环境优化的关键。本团队通过土地集约化利用，2013 年至今已完成白水洞民居改造 4 栋，崇木凼民居改造 13 栋，大托村民居改造 21 栋。

五是厕所革命，厨房改造。厨卫空间的提质，有助于改善农民生活水平，提

高旅游接待水平，是贫困地区人居环境治理的关键。2016 年至 2017 年，本团队开展崇木凼厨卫改造工作。改造设计尊重当地经济基础，少数民族饮食习俗，解决了空间结构、采光照明、给水排水、通风排烟、物料储存等问题；先后完成农户的厨房、卫生间改造 13 家。

六是社区更新，重塑邻里。尊重民族文化、地方习俗，利用空间设计，为非物质文化遗产传承，村民公共交往提供平台。2016–2017 年，在崇木凼村建设“火塘客厅”，将火塘、熏肉房一体化设计，建造 90 平方米左右的“火塘客厅”，是村民聚会，游客休闲的空间；是村落认同，农民增收的平台。2018 年，全国性的学术会议“西南聚落青年论坛”在此举行。

七是污染整治，技术介入。生活废污是困扰贫困地区人居环境发展的重要问题。2013–2018 年，本团队完成了不同空间尺度上的村庄规划、厨卫空间改造、村落管沟和水渠规划等。这些实施案例在水污染整治方面探索了基于雨洪管控以及水污染整治的村落规划、雨污分流、生活污水的在地组团式处理。

八是循环经济，还利于民。规划中，充分应用可持续发展思维服务乡村，将产品规划、产业规划与空间规划结合，实现农业发展、旅游发展、生活提质一体化设计。水源利用中，注重利用花瑶地区的地貌特征与自然资源，构建的雨水、井水、山泉水等多水源的综合利用系统。污水整治中，农户、邻里采用三格化粪池对生活污水进行初级处理，后期根据规划，利用生态湿地、生态鱼塘对污水做进一步回收处置。

六、电子科技大学：智慧岑巩，脱贫奔小康

电子科技大学定点扶贫贵州省黔东南苗族侗族自治州。学校和岑巩县委县政府通力合作，携手共建脱贫攻坚命运共同体。在实施精准扶贫、精准脱贫一揽子计划过程中，校地双方突出一个核心，抓党建不断增强扶贫组织力；搭建一个桥梁，用“电子信息 +”聚合起“金山银山”；聚焦六大版块，全面推进智慧城乡建设。截至去年底，该县贫困发生率从 2014 年的 31.1% 下降到 10.5%。

一是实施智慧城乡智囊团帮扶行动。组建了“定点帮扶岑巩专家智囊团”，为县域经济发展规划和重大决策等提供智力支持。同时还选派优秀博士、优秀辅导员十余名到岑巩县政府和企事业单位担任顾问。投入 50 余万元专项资金、历时近一年时间，完成《智慧岑巩总体规划》及建设标准，得到评审专家及黔东南州委州政府主要领导的高度评价，并建议将该项目作为政府数据“聚通用”的县级试点。

二是实施智慧城乡人才支撑行动。聚焦电子商务、大数据、农文旅、新型

城镇化建设等，举办中小学校长、科级干部、教育系统骨干人员及后备干部培训班。接收岑巩青年干部到电子科大科研中心、校友企业及下属各部门开展为期3个月的计算机能力提升培训及挂职锻炼。接收17名岑巩籍建档立卡贫困家庭学生，开展为期2.5年的计算机专业大专学历培养，该批学生的学费与生活费通过学校减免、企业赞助、县政府补贴等形式实现了零负担。协助岑巩县政府在全国知名高校选聘毕业生，累计引进81名优秀学子。

三是实施智慧城乡产业助推行动。积极联系校友企业成电医星有限公司，投入1000万元全面实施乡镇卫生院规范化数字预防接种门诊建设、远程医疗建设，医药监管平台建设，县级公立医院接入省级预约挂号统一平台和区域人口健康信息平台建设。积极推动岑巩将电子商务作为供给侧改革和县域经济转型发展的重要战略来落实，成功引进京东入驻电商产业园，协助岑巩成功申报国家级电子商务进农村综合示范县，安厨电子商务有限公司成功签约入驻岑巩。

四是实施智慧城乡资本运作行动。岑巩智慧城乡一期工程包中各子项目已全部通过发改部门立项审批，总投资规模高达18.89亿元，PPP模式的“两报告一方案”也于2017年10月获有关部门批复，并顺利申报纳入财政部的PPP项目库。大力促成一个社会投资人采购，岑巩智慧城乡一期工程按照PPP模式招标社会投资人采购，上海飞乐音响股份有限公司牵头的社会联合体中标。

五是实施智慧城乡软硬件提升行动。投入200万元研发“精准扶贫作战信息指挥系统”，覆盖全县129个村寨、16695个贫困户和64743名贫困群众。目前，结对帮扶干部已累计使用该系统回访贫困户15.13万次。出资20万元加强岑巩中小学校信息化建设，帮助建设学生创新工作室，打造机器人竞赛亮点，推动岑巩县域所有学校信息化设施达到国家验收标准，在贵州省黔东南州率先实现校校有电脑教室，中小学全面实现“班班通”。

六是实施智慧城乡传播塑品行动。与岑巩县委县政府合力借助各种新媒体平台，建设“今日岑巩”“岑巩组工”“魅力塔山”等传播平台，大力宣传推广岑巩风土民情、特色农产品、优质旅游资源，扩大岑巩在省内外的知名度。充分运用传统媒体和互联网媒体平台，广泛动员师生、校友、企业等力量参与，为精准扶贫工作和脱贫攻坚事业营造良好的社会氛围和舆论环境。

七、中国药科大学：镇坪县飞渡峡“中药康养小镇”建设项目

中国药科大学定点扶贫陕西省安康市镇坪县。学校经过5年多的不懈努力，促成常州方圆制药有限公司、香港长江实业集团共同投资10亿元建设中药配方颗粒项目——陕西安康普欣药业，并以该项目建设为抓手，按照“立足当前、着

眼长远、突出重点、分步推进”的原则，推进镇坪中药康养基地建设，促进镇坪中药一二三产业融合，确保整县脱贫攻坚建立在一个可靠的产业发展基础上。在学校积极推进下，与长江实业集团和常州方圆集团签订共同打造“镇坪飞渡峡中药康养小镇”的合作协议，该小镇计划总投资 15 亿，项目建设期限 5 年。2018 年计划投资 8000 万元，首批到位资金 1740 万人民币。

飞渡峡中药康养小镇是以康养项目为核心产业，依托中国药科大学一流学科“中药学”的科技力量，通过对镇坪飞渡峡地区中药资源的充分挖掘，以道地中药材种植、中药健康产品研发、中医药疗养为支持产业。依托镇坪“自然国心”的长寿文化，大量发展长寿经济、形成以中药食疗养生和气候养生为核心，以中药养生产品为辅助的中药康养基地。该项目规划面积 5 万亩，由中药主题康养区、中药文化体验区、中药养生观光区、高端养生体验区等 4 个区域组成。建成后将提供 300–400 个工作岗位，带动周边 1 万人左右增加收入，推动以景区为核心的镇坪县全域的中药康养计划，预计 2020 年本项目收益可达 1 亿元左右，带动地方经济税收。目前，学校正整合科技研发团队从事中药芳香疗法、中药降糖降压保健品、中药药妆、中药药膳等中药大健康产品研发，为中药康养建设项目提供强有力的科技支撑。该项目具有以下几个特点：

一是把准脉，强化顶层设计。学校党委高度重视定点扶贫工作，成立领导小组，形成全校一盘棋的工作合力。分步精准选派四位专家教授挂职镇坪县副县长，2018 年，为巩固前期扶贫成果，选派专门从事中药配方颗粒研究的专家任镇坪县副县长，主抓中药配方颗粒项目，确保项目见实效。

二是抓根本，做好智力扶助。编制并实施《镇坪县中药材产业发展规划》《安康市生物医药产业发展规划》。举办镇坪管理与技术骨干培训班，组织 20 多位教授深入田间地头，培训 1000 余人次。组织 60 余人次专家团队参与镇坪第四次全国中药资源普查，建立药材产业信息平台，找准中药材在县域产业体系中的定位。通过农村专项录取镇坪籍本科生 14 名，博士生 1 名，为镇坪县储备医药人才。

三是创品牌，提供科技支撑。每年列支 50 万元专项科研经费，组织科研团队对镇坪中药材分析鉴定，帮助镇坪黄连成功获得国家地理标志产品，吸引名企扬子江药业集团与镇坪本地企业共同打造镇坪黄连种植示范基地，提升了品牌知名度。建立“安康市秦巴中药材工程技术研究中心”“中药配方颗粒标准化工程技术研究中心”，邀请权威专家为做大做强安康镇坪中药产业建言献策。支持安康振兴药业成功申报工信部中药材种植生产基地建设项目，获得资金 500 万元。

四是架鹊桥，助力产业发展。积极推介安康镇坪优势资源，促成广药集团等

10多家知名药企与镇坪签订中药材长期购买合同。普欣药业中药配方颗粒项目建成后，将形成年产500余味中药配方颗粒15亿袋，中药饮片3000余吨的生产能力，年工业总产值预计达12亿元。预计可直接带动800余户贫困户实现增收脱贫。同时引进常州玫瑰风情园生态农业科技公司到镇坪投资，扬子集团下属企业中华茉莉谷与镇坪南江湖旅游扶贫开发公司牵手合作，为镇坪县康养旅游发展注入活力。

八、中国农业大学：党建扶贫“1234培养”“一懂两爱”农业队伍

中国农业大学定点扶贫云南省临沧市镇康县。学校协调整合校内外资源，以乡村振兴战略为引领，坚持“党建带扶贫、扶贫促党建”，积极构建学校党委引导、党员干部教师示范，创新定点扶贫工作模式，高举1个党建扶贫大旗，选择2个乡试点示范，建设3个平台，提升发展4大特色产业，形成了独具特色的党建扶贫“1234”模式，造就了“一支永不走的扶贫工作队”，大大激发了基层党员群众的内生动力，培养了一大批“懂农业、爱农村、爱农民”的基层党员群众，带动了区域特色农业产业发展。

一是高举党建扶贫大旗，切实加强组织保障。精心选派挂职干部。结对定点帮扶以来，中国农业大学累计选派挂职干部9人，全部为中共党员、副处级（副高级）以上人才，大部分担任过学校党的基层支部书记或者支部委员工作，基层党建工作经验丰富。广泛发动党员教授。学校党委号召学校党员教授积极参与国家脱贫攻坚工作，动员教师深入镇康县农业生产一线，开展科技培训，研发推广农业新技术和农作物新品种，取得了显著的帮扶成效，也进一步增强了农村基层党组织的凝聚力。有十几位党员先后到镇康县开展科技扶贫，在蔬菜栽培新技术新品种引进、肉牛养殖新模式和新配方、中草药栽培、甘蔗栽培与病虫害防治、柑橘病虫害防治技术等领域进行了十余场培训会，帮助引进和推广新技术、新品种，推动农业产业发展。

二是选择重点贫困乡试点示范，敢啃硬骨头。镇康县一共有七个乡镇，其中木场乡和忙丙乡是条件最差的两个贫困乡。学校与乡党委紧密联系，依托村党支部，量身定做脱贫方案，培养基层党员群众、带动农民增产致富、让建档立卡贫困户直接获益。在忙丙乡，党员教授把脉马鞍山村茶叶发展，倡导绿色有机农业生产，有效提高了农产品附加值，增加了农民收入。在木场乡，党员教授建成“科技小院”，推广示范高原特色农业新技术，致力于解决小农户增产增收的问题。

三是依托三个建设平台，各项工作精准落地。学校先后在镇康县成立了“教授服务团/工作站”“科技小院”“博士服务团”，实现了“职责精准、需求精准、供给精准”，形成了“教授到乡，学生住乡”的局面。一是职责精准，校县明确

直接参与定点扶贫工作的相关部门，共建平台制定职责、指定负责人；二是需求精准，共建平台梳理需求上报学校，技术需求精准到乡、培训需求精准到村、捐赠需求精准到人；三是供给精准，根据镇康之所需、学校之所能，制定扶贫项目实施方案，确定扶贫项目负责人，实现供给精准。

四是捐助党费设立扶贫项目，巩固党建扶贫成效。按照工作进度安排，镇康县将在 2018 年实现脱贫摘帽。在学校各个学科党支部发挥自身优势实施行之有效的定点帮扶措施之外，学校党委研究决定捐献党费200万元，设立党建扶贫项目。集中学校的资金、人才、技术优势，采取“基层党支部 + 合作社 + 建档立卡贫困户”的方式，与镇康县委政府一起帮助忙丙乡和木场乡的建档立卡贫困户实现稳定脱贫，帮助镇康县实现 2018 年如期脱贫摘帽。

五是开设田间地头微型党课，同步学习技术时政。学校与乡党委、村党支部精准对接，结合实际需求，坚持现场指导和就近培训原则，深入田间地头，开设“微型党课”，“围绕一个支柱产业、选择一位党员教授、宣讲一项国家时政、推广一批适用技术”，打造脱贫攻坚新平台，开拓脱贫攻坚新路径。在忙丙乡，学校中共党员、中国有机农业产业发展联盟主席杜教授，针对镇康县茶叶产业附加值不高，农民使用化肥农药过量等问题，现场指导农民采用新的化肥和农药施用技术，进行规模化无公害栽培示范，推广有机茶叶栽培技术。

六是培育发展四大特色产业。学校党委通过村党支部协调，通过基层党员群主组织，激励农业合作社吸纳建档立卡贫困户，依托教授服务团、科技小院等平台，精准梳理镇康需求，选择重点培育发展马鞍山普洱茶、冬桃、中草药、野山茶等四大特色产业提供产业技术跟踪指导，从培训基层党员农户，到带动普通农户使用新技术，最终产品由合作社统一收购加工销售，形成了“全链条设计、一体化实施”的模式，确保建档立卡贫困户收入有保障。

五年来，学校直接投入资金、物资 600 余万元，帮助引进各类资金 1800 万元，帮助上项目 7 个，获得“2013、2014 年度国务院扶贫办定点扶贫先进单位”“2017 年教育部精准扶贫精准脱贫十大典型项目”荣誉称号。

九、同济大学：规划引领，绘就美丽乡村新蓝图

同济大学定点帮扶云南省大理白族自治州云龙县。学校首先选派规划、环境、材料和新农村建设领域专家赴云龙县实地考察，厘清云龙县扶贫开发过程中面临的现实障碍和瓶颈问题。随后，同济大学建筑与城市规划学院、上海同济城市规划设计研究院深入定点扶贫第一线，做好云龙县县城总体规划、漕涧镇总体规划等 13 项规划编制、建筑设计等帮扶工作，为云龙县建立了较为完善的规划管理

体系。

一是编制城乡总规，引领精准扶贫，统筹全县的发展方向与重点。组织开展了《云龙县县城总体规划》和《云龙县漕涧镇总体规划》编制工作，重新调整了县城的功能，将其定位为县域的服务中心，不发展大规模工业，集中打造美丽宜居白族特色小城，以旅游、文化等服务设施建设带动县城周边区域的发展，形成区域发展的新引擎。在总规的引领下，云龙县政府集中发展县城和漕涧镇，加大生态及文化遗产保护力度，有重点地加强了村镇基础设施和公共服务设施建设，为实现乡村振兴、扶贫攻坚打下坚实基础。截至 2018 年上半年，全县共建成 11 个为民服务中心，投资 2.84 亿元，新建校舍 230 栋、加固改造校舍 53 栋；提升改造乡镇卫生院 11 个、村卫生室 47 个，另有 39 个村卫生室正在改造之中。

二是修订交通规划，实现“高速”梦想，为云龙插上脱贫的翅膀。《云龙县县城总体规划》修正了云南全省高速路网云龙段方案，设计了县域高等级公路网。2015 年起，在云龙县同济大学挂职干部的牵线搭桥、多方协调下，开展了大理—漾濞—兰坪高速公路线路调整申请工作。交通部规划研究院设计所充分认可《云龙县县城总体规划》的高速公路设计线形，并据此编制了《云龙县十三五交通综合规划》《云龙县 2030 年综合交通规划》，加快了该项目的立项审批及后续设计工作。2016 年 11 月，大理—漾濞—兰坪段高速公路正式开工，将云龙县段包含在内，实现了云龙多年的“高速梦”。

三是实施多规合一，整合空间资源，提高政府脱贫攻坚工作效能。为更好地消除各部门规划的不一致，2015 年同济规划院为云龙县编制了多规合一规划。该规划是对城市总体规划的再一次提升，建立统一工作空间平台，针对精准扶贫中的项目空间落地，梳理各部门支持资金与项目，形成扶贫建设项目库和部门协同联审机制，大大加快了项目落地时间，为打赢扶贫攻坚战提供了强有力的机制保障。

四是打造旅游规划，寻找脱贫支点，将绿水青山转化为金山银山。编制了《云龙县全域旅游规划》，重点打造县城旅游服务中心、天然太极景区和诺邓火腿小镇。加快盐马古道国家步道的基础建设和宣传推广，设计了具有吸引力的乡村旅游线路和产品，建立特色村庄旅游引导体系。目前云龙县旅游委与大理州旅游投资集团共同成立旅游投资管理平台，吸引社会资本参与云龙旅游开发。诺邓古村、天然太极、虎头山等景区基础设施正逐步建设完善，累计投资达 2.29 亿元。2017 全年旅游收入为 3.62 亿元，占 GDP6.87%。旅游从业人员大幅增加，年均游客增长 30% 左右，旅游经济呈现出强劲的后发优势。

五是聚焦专项规划，创建特色小镇，努力实现城乡一体共同富裕。2015 年以来，同济规划院先后开展了云龙县城控制性详细规划、县城地下综合管廊规划、县城建筑立面整治规划、县城色彩专项规划、县城生态廊道专项规划、县城景观照明专项规划、县城人防专项规划和县城抗震防灾专项规划等 9 个系列规划的编制工作。在这些规划的指导下，县一中、县医院、游客服务中心、规划展示馆、综合环境整治等一大批项目陆续启动，有效地增强了县城服务能级，带动周边乡村发展，改善了人居环境。

六是优化产业规划，推介农特产品，校县双方联手探索致富新路。推介 200 余种云南特色产品入驻上海云品中心展示并举办“大理西三县农特产展”，诺邓火腿成功进入“上海国际食品博览会”“十一届昆明泛亚国际农业博览会”和“十三届中国国际农产品交易会”，产品荣获优质农产品金奖。推动云龙县与上海郑明现代物流有限公司签订 5000 支诺邓火腿和 5000 份盐泥肉订单。2016 年 –2017 年，学校采购云龙泡核桃 90 万元，推动校友企业和附属医院采购云龙农特产品 13 余万元。2017 年，学校将校门前临街铺面租借给云龙县，免收 2017–2020 年全部租金 53 万元，供其开设云龙高原农特产品销售中心（上海），为滇西特色农特产品入沪提供全方位支持。

七是依托高校资源，采取有效举措，全力助推脱贫规划落地落实。全面启动实施 471 个、总投资 3.12 亿元的义务教育基本均衡规划项目。申请中央专项彩票公益金润雨计划项目资金 140 万元用于强化基层义务教育阶段教学基础。推动云龙一中与同济一附中、二附中、云南省腾冲一中等多个学校结对。通过各种方式捐资助学 130 余万元，直接捐赠或引进捐赠各类物资折合 300 余万元。选派 18 名研究生赴云龙县团结、长新两所中学开展为期一年支教，200 余人次师生志愿者通过实践团方式赴云龙县短期支教；通过“同济云龙大讲坛”等方式持续深化推动云龙县干部教育培训工作，累计参训 5600 余人次。选派 13 批次 130 余名专家赴云龙县举办“同济医疗活动周”。接受云龙人民医院业务骨干进修 100 余人次，附属东方医院免费接受云龙县 10 余名先心病儿童来沪救治。与大理州签署 25 项协议，在城乡统筹、乡村建设、历史文化保护三个重点领域给予其智力和技术支持。

十、华中科技大学：科技创新培育特色产业，绿水青山就是金山银山

华中科技大学定点扶贫云南省临沧市临翔区。学校在临翔区建成首个与地方政府共建的综合服务型云南省院士（专家）工作站，作为帮扶的综合性平台，成为脱贫攻坚的桥头堡。投入 700 余万元开展科技扶贫项目研发，通过深入调研临翔区特色资源和独有生态环境，利用学校科技优势，积极发挥高校社会服务功能，

建立以当地特色资源为依托、以现实需求为导向，以精准脱贫为目标的"科技+产业"帮扶模式，育成"纯造普洱"和"叫雨山仙草"金线莲两大特色科技产业。

支持龙头企业，做强茶叶产业。学校与临翔区政府联合，通过技术、资金和人脉等优势挖掘茶产业的增收潜力。1.学校产业集团及其下属六家公司联合，捐赠360万元定点帮扶蚂蚁堆乡贫困村发展茶产业，在该乡蚂蚁堆村全额捐建集初制、精制、体验制作于一体的年产100吨规模的综合性茶叶加工厂，建成"纯造普洱"全自动智能化生产线，扩大高品质"纯造普洱"熟茶产量。2.充分发挥40万校友的人脉资源优势支持临翔茶产业发展，先后两次发出茶叶认购活动。目前，已销售产品34500饼，实现销售金额近590万元，为临翔区筹集扶贫资金近104万元。3.引进云南裕元祥茶文化传播有限公司，通过生产和营销高品质"纯造普洱"品牌产品获得显著经济效益，不断发展壮大；并通过采取"公司+建档立卡贫困户+产业基地"的运营模式，实现农户、公司和社会效益多赢，回馈社会，带动贫困户脱贫。公司收购全区10个乡（镇、街道）（重点是南美乡和邦东乡）建档立卡贫困户的原料进行加工，共生产扶贫专号普洱茶4.67吨，13093片。4.临翔区政府积极促成龙头企业与云南白药、云南龙润集团等著名企业合作，共同开发生产以"纯造普洱"为高端原料的系列保健茶产品，延伸产业链，拓宽普洱茶的销售渠道，增加临翔区茶产业和茶农收入，不断提升临沧"纯造普洱"品牌。5.龙头企业积极响应国家"一带一路"倡议，不断加强"一带一路"沿线国家的市场推广，加速临沧好茶走出国门。目前，已在阿拉山口市签订了出口蒙古国茶叶意向合同1000吨（2016年整个云南省普洱茶出口量仅为516吨），使云南省普洱茶出品量翻了一番，预计产值约合人民币5到10亿元。

创新运作模式，做大金线莲产业。1.建立了"政府+高校+企业+基地+农户"的运作模式，做到政府"帮"，即党委政府给予资金、项目、政策的扶持，推动企业发展；高校"助"，即派出专家团队实地培训人员、指导种苗繁殖和林下种植推广，并不断优化技术；企业"做"，即建设种苗繁殖室、大棚栽培基地，积极进行示范和种植推广；基地"实"，即建成种苗繁殖室2800平方米，炼苗棚2个，共400平方米，种植大棚3200平方米；农户"惠"，即在取得林下种植成功基础上，带动更多贫困群众发展金线莲种植，使农户得到更多实惠。临翔区建立了两个规模化金线莲组培厂，并从当地村民中选拔培养了一批熟练掌握金线莲组培技术的工人并走上技术岗位。2.成功实现金线莲林下种植推广，2017年收获310公斤金线莲干品，按照市值价格不低于8000元/公斤计算，产值超过248万元。目前，临翔区政府和金线莲公司新融资建成了年生产金线莲组培苗5000万株的生产线，可供近300亩的林下种植用苗，按98%的移栽成活率计算，经过3年左右的林下种植推广，将可实现种植面积达1000亩，带动至少1000农户增收。随着后续迅速扩大种植规模，可逐步实现推广种植1万亩，带动至少5000农户增收，且户均增收5000元以上。目前，金线莲产业项目的扶贫模式已在全区20个贫困村中开始全面推广，成为贫困村集体创收的典型项目，预期可带动全区1.7万贫困人口实现脱贫。3.临翔区政府积极谋划，在学校科技支持下，延伸金线莲产业链，增加附加值，促使金线莲种植公司与临沧融锦生物科技有限公司等加工企业合作，开展金线莲精加工及系列高端产品研发与规模化生产销售，目前金线莲精深加工车间即将投产。

项目成效显著，获得广泛认可。临翔区获2017年度中国茶业扶贫示范县称号，中央电视台新闻频道和财经频道、云南卫视新闻联播、新华网、人民网、云南日报等主流媒体对华中科技大学与临翔区联合进行特色产业培育和产业扶贫给予了多方位报道，尤其对“纯造普洱”和“叫雨山仙草”金线莲两大特色品牌产业发展进行了报道。目前，科技创新“纯造普洱”品牌落地临翔区蚂蚁堆乡的茶厂扶贫模式已入选农业农村部系列培训案例、中国电子商务协会国家电子商务进农村综合示范项目。

科学技术部扶贫开展情况

2018 年，科技部以习近平新时代中国特色社会主义思想为指导，深入学习贯彻习近平总书记关于扶贫工作的重要论述，全面落实党中央、国务院脱贫攻坚三年行动决策部署，针对贫困地区突出存在的科技和人才短板，聚焦深度贫困地区和特殊贫困群体，创新驱动精准扶贫精准脱贫，统筹推进行业、片区、定点扶贫，增强贫困地区内生动力和自我发展能力，不断提升扶贫精准性、可持续性和有效性，取得较好成效。科技部定点扶贫县江西省永新县如期脱贫摘帽，科技部中国农村技术开发中心被评为 2018 年中央和国家机关脱贫攻坚先进集体。

一、强化责任担当，认真落实中央脱贫攻坚决策部署

（一）强化理论武装。

以习近平新时代中国特色社会主义思想为指导，认真学习贯彻习近平总书记关于扶贫工作的重要论述，以《中共中央 国务院关于打赢脱贫攻坚战三年行动的指导意见》为指南，把实施科技扶贫作为全国科技系统践行“两个维护”的重要内容，强化科技部和省、市、县科技管理部门四级联动工作机制，动员全社会科技力量开展科技精准帮扶行动。

（二）加强组织领导。

以党组书记、部长王志刚为组长，党组成员、副部长徐南平为副组长的科技扶贫领导小组敢于担当、切实履职，全面负责科技扶贫工作的规划指导、统筹协调、工作推进、督导检查。2018 年党组会 4 次专题研究科技扶贫工作。将科技扶贫作为中西部省份开展部省会商工作的重要议题，合力抓实抓好。2018 年部班子成员 12 人次深入定点县、秦巴山片区、原中央苏区等贫困地区和革命老区，调研指导科技扶贫。坚持“纵向到底”，深化科技部和省、市、县科技行政管理部门四级抓扶贫的联动机制。坚持“横向到边”，联合科学口部门、国务院扶贫办，调动全社会科技力量投身服务于脱贫攻坚，形成全国一盘棋的科技扶贫大格局。

（三）优化政策供给。

坚持抓战略、抓政策、抓规划、抓服务，2018 年科技部印发《深入推进科技扶贫助力打赢脱贫攻坚战三年行动实施方案》（国科发农〔2018〕172 号），部办公厅印发《关于深入实施科技扶贫“百千万”工程助力深度贫困地区脱贫攻坚有关工作的通知》（国科办农〔2018〕31 号），部科技扶贫办公室印发《科技部 2018 年科技扶贫工作要点及任务分工》（国科扶贫办〔2018〕1 号）等 8 个政策文件，围绕智力

引进、产业支持、成果转化、创新创业等重点任务，系统部署年度科技扶贫各项工作。

（四）加大投入力度。

一是加大经费投入。2018 年科技部和省级科技管理部门投入科技扶贫经费 10 多亿元。中央引导地方科技发展专项资金投入 2.23 亿元。二是加大人力投入。2018 年全国科技系统选派到贫困地区挂职扶贫人数为 8454 名，其中深度贫困地区 208 名；2018 年科技系统组织参与脱贫攻坚的科技特派员 60925 名。

二、聚焦重点难点，集中支持深度贫困地区脱贫攻坚

（一）深入开展调研。

科技部深入新疆和田、西藏白朗、四川凉山州、甘肃临夏州等深度贫困地区调研科技扶贫，走访少数民族贫困群众，了解深度贫困地区科技扶贫需求，进一步明确工作思路。

（二）大力实施“三区”人才支持计划科技人员专项计划。

科技部印发《关于在“三区三州”大力实施“三区”人才支持计划科技人员专项计划工作方案的通知》（国科发农〔2018〕41 号），中央财政投入经费 3.2 亿元，向中西部 22 个省份和新疆生产建设兵团的 1118 个“三区”贫困县选派科技人才 18078 名，培训本土科技人员 3542 名，为深度贫困地区精准输送了一批急需的科技服务和创业带动紧缺人才。2018 年 10 月在西北农林科技大学和四川农业大学举办“‘三区三州’深度贫困地区创业扶贫带头人集中培训班”，培训涉农企业及专业合作社负责人 200 名；督促指导“三区三州”所在省集中培训创业扶贫带头人 1000 名，进一步壮大深度贫困地区创业队伍、增强创业力量。

（三）支持深度贫困地区开发式扶贫。

坚持新增项目、资金、举措向深度贫困地区倾斜，在国家重点研发计划“中医药现代化研究”“畜禽疫病防控”等专项中设立“青藏高原主导畜种选育及健康养殖技术”等课题，支持藏药、草畜等主导产业发展。围绕“三区三州”和秦巴山片区贫困县脱贫主导产业亟需技术，向涉农院校和科研机构定向征集先进适用技术成果 239 项。组织 20 余名知名专家深入宁夏六盘山等深度贫困地区，围绕草畜、冷凉蔬菜、小杂粮等 5 大地方特色产业进行帮扶对接，协调宁夏科技厅投入 2100 万元专项资助，为脱贫攻坚插上“科技翅膀”。2018 年“三区三州”六省科技管理部门整合经费 1.68 亿元，实施 120 余个技术成熟、贫困地区便于示范推广、贫困群众易于掌握且经济效益好的特色产业示范项目。

（四）为深度贫困地区办实事。

开展“2018 年科普援藏”“科技列车云南行”等活动，向深度贫困地区捐赠科

普资金、展品、实验室等。依托国家临床医学研究中心，将滇西边境片区、秦巴山片区 85 家医疗机构纳入北京阜外医院、湖南湘雅医院等知名医院协同创新网络，提升深度贫困地区临床服务技术水平。为“三区三州”贫困县免费推送《农村科技口袋书》和“星火科技 30 分”电视节目，向深度贫困地区大力传播先进适用技术。

三、统筹创新资源，扎实推进科技精准帮扶

（一）深入推行科技特派员制度，为贫困地区提供智力支撑。

落实《国务院办公厅关于深入推行科技特派员制度的若干意见》（国办发〔2016〕32 号），动员科技特派员深入一线参与扶贫开发，推进科技特派员对贫困村科技服务和创业带动全覆盖。截至 2018 年底，科技特派员覆盖贫困村数达到 48259 个，服务贫困村专业合作组织 65326 个，在贫困村建立科技示范基地 35542 个，开展科技培训 18.2 万场，培训农民 682.9 万人次，培育科技示范户、致富带头人 26.3 万户，帮扶建档立卡贫困户 79.7 万户，带动脱贫 41.6 万户，帮助贫困村集体经济增收 38.3 亿元。

（二）推广先进适用技术成果，夯实贫困地区稳定脱贫产业基础。

实施科技扶贫项目 242 个，增强贫困地区产业发展动能。围绕贫困地区产业发展中的关键性技术瓶颈，引进推广新品种新技术 64010 项，有力支持贫困地区扶贫特色产业发展。

（三）建设创新创业平台载体，激发贫困地区产业发展内生动力。

深入实施科技扶贫“百千万”工程，搭建创新创业平台载体，培育创新创业主体。2018 年有 10 个贫困县列入首批创新型县（市）建设名单，累计在贫困县建设各类平台载体 746 个，其中国家农业科技园区 53 个，国家级星创天地 219 家，国家可持续发展实验区 16 个，为贫困地区创新创业增添了内生动力。

（四）凝聚扶贫合力，推进东西部扶贫协作和秦巴山片区扶贫。

2018 年引导东部发达地区高校院所、龙头企业等与贫困地区新建帮扶结对 1248 对，帮扶主体投入资金 3.35 亿元，建设示范基地 1987 个，示范推广新成果 4181 项，培训人员 36.1 万人次；新增就业岗位 53635 个，带动贫困村 5115 个、贫困户 67481 户、农民 32 万人，增收 12 亿元。2018 年 7 月在复旦大学、西北农林科技大学举办“第四期秦巴山片区科技特派员农村科技创业骨干培训班”，时长 150 天，为秦巴山片区培训创业扶贫骨干 152 名。

（五）加强宣传引导，营造科技扶贫良好氛围。

出版《凝聚创新精神 汇聚创业英才一科技特派员农村科技创业扶贫典型事例汇编》，推介 84 位优秀典型人物。编发 10 期《科技扶贫工作简报》，在科技部门户网站、“锐

科技”官方微博、微信平台发布科技扶贫简讯 200 余条，宣传全国科技扶贫最新进展、典型案例和成功经验，讲好科技扶贫故事。

四、严格对标对表，强力推进定点扶贫

（一）认真完成中央单位定点扶贫任务。

严格落实中央单位定点扶贫责任书，2018 年通过国家重点研发计划、中央引导地方科技发展专项、引智项目等，在 5 个定点县实际投入帮扶资金 5615 万元，引进社会帮扶资金 17579 万元；培训基层干部 340 名、技术人员 747 名。部系统工会、机关服务局共计购买定点县羊肉、小米、绿豆等农产品 81.4 万元，帮助销售农产品 86.5 万元。

（二）坚持四级联动尽锐出战。

建立健全科技部和省、市、县科技管理部门四级联动定点扶贫组团式工作机制，组建第 30 届科技扶贫团，派出 9 名优秀年轻干部到定点县挂职；定点县所在省、市、县科技管理部门分别选派干部协助执行团开展工作。做好挂职扶贫干部服务保障，落实生活补助、人身保险、家属探亲等待遇。

（三）实施科技项目支持产业发展。

2018 年在定点县投入 4380 万元，实施 22 个科技扶贫项目；继续推进 2016、2017 年立项的 31 个科技扶贫项目取得实效。佳县推广渗水地膜高粱 3 万亩、谷子 3 千余亩，带动 13 个镇 148 个村（含 3 个深度贫困村）5800 多户农民（其中贫困户 1463 户）增收或脱贫。井冈山市积极培育茶叶、蔬菜农业产业化龙头企业，带动当地就业 1 万余人，其中建档立卡户 877 人。永新县优质果园高接换种 1200 亩、新发展 4620 亩，增加就业 400 多人，带动贫困户数 1479 户。屏山县建立川南佛手瓜种植科技示范基地，带动贫困户 39 户、131 人脱贫，辐射带动全县 500 余户、2000 多人种植佛手瓜。柞水县打造柞水木耳品牌，建成年产 2000 万袋木耳菌包厂 5 个，推广种植吊袋木耳和地栽木耳 2300 亩，采收干木耳 1085 吨，带动 4827 户贫困群众户增收。

（四）多方拓展渠道办实事。

为定点贫困县捐建 2 个“科技创新操作室”，捐赠中小学教学设备和厨房设备，捐赠大病保险、修路、助学等帮扶资金，为基层党支部赠阅科技报刊，捐赠现金和物资达 320 万元。加强人才引进培育，选派“三区”人才和科技特派员 330 名，培训农村实用技术人才近 7000 名。为定点县引入国家重点实验室、院士工作站，支撑扶贫特色产业发展。

五、突出目标导向，开展科技扶贫领域作风问题专项治理

落实国务院扶贫开发领导小组关于开展扶贫领域作风问题专项治理要求，以作风建设成果提升科技扶贫工作成效。一是强化组织领导。部科技扶贫工作领导小组负责扶贫领域作风问题专项治理，各成员单位党委（支部）纪委书记（纪检委员）担任联络员，协调推进工作。二是及时部署任务。制定《科技部关于印发科技扶贫领域作风问题专项治理实施方案的通知》（国科发农〔2018〕71号），组织部系统开展自查，推动各省市科技管理部门加强扶贫领域作风建设，坚决纠正和防止脱贫攻坚工作中的形式主义、官僚主义。三是加强督导督办。部班子成员在贫困地区调研中，督促地方党委政府切实承担脱贫攻坚主体责任，确保中央各项政策措施落实落地。

（科技部农村科技司基层科技与扶贫处 霍季春）

专栏1

科技助推井冈山茶产业提质增效

2016年以来，井冈山将茶叶产业作为推动精准扶贫的重要抓手，按照“一户一丘茶园，一户一片竹林，一户一块果园，一户一人务工”四个一的要求，全力实施“231”富民工程。科技部充分发挥部门优势，对定点扶贫县井冈山市从科技项目实施、平台建设、人才支撑和技术成果转化上进一步加大支持力度，推动该市茶产业提质增效，增强了井冈山贫困群众的自我发展能力，有力促进了井冈山市脱贫攻坚。2017年2月，井冈山市在全国率先脱贫。

一是大力提供项目支撑。在井冈山市实施中央引导地方科技发展专项，支持龙头企业井冈山茶厂实施茶树品种改良及加工关键技术开发项目，投入资金500万元，新建高标准有机茶园500亩，购置茶叶生产、加工、检测、包装和冷藏储存设备，建成茶叶加工、茶农培训及科技推广示范中心。通过项目实施，让新的茶叶种植技术和新的茶叶加工工艺在井冈山全面落地，实现茶叶产量增收、成本降低、品质提升。二是支持建设创新创业平台。完成1200亩标准化茶园示范基地建设，形成集研究开发、技术服务、茶叶采制、观光休闲、茶艺表演为一体的茶产业科技示范博览园——大井茶博园。积极推进井冈山茶厂电商超市“星创天地”和井冈山市电子商务产业园“众创空间”建设，凝聚创新创业资源，组建线上、线下销售团队，在京东、天猫网络销售交易平台建立井冈翠绿旗舰店，通过京东、天猫网络销售产品3万多件，销售收入500多万元，有效节约了物流、人力等企业运行成本，推动了茶产业发展。三是促进科技成果转化。推进井冈山和安徽农大合作，设立安徽农业大学井冈山茶叶试验站，引进安吉白茶、金观音、黄金芽、黄观音、龙井43号等茶叶新品种，建立了100亩新产品示范基地，推动茶叶先进生产技术成果在井冈山落地转化。四是提供人才支持。深入推行科技特派员制度，选派茶叶专家8人，组建茶叶科技特派团，对该市茶叶种植乡镇、种植大户和贫困村提供科技服务和创业带动。2018年，茶博园开展茶叶种植及加工技术培训8期294人次，开展红色培训30000多人次，通过一对一结对服务、现场指导、实用技术培训，增强了井冈山群众茶叶生产加工技能。五是深入推进东西部扶贫合作。推动江苏省与井冈山市合作，设立农村科技服务超市井冈山茶产业分店，为贫困群众发展茶产业提供全面的科技服务。

目前，该市发展茶叶基地2万余亩，形成完整的种植、生产、加工、销售的茶叶一条龙产业链，产品种类包括绿茶、红茶、白茶三大茶类，年产值达8000余万元。井冈山茶厂共带动728户农民年增收80万元，带动200户贫困户年增收15万元，帮助1250户贫困户实现就业。

（科技部农村科技司基层科技与扶贫处 霍季春）

专栏2

渗水地膜旱地穴播技术提升佳县农业产业

渗水地膜旱地穴播技术是一项节水、省工、增产的技术，让作物少间苗、不锄草，具有较好的渗水、保墒作用，促进作物生长发育进程，大幅提高作物产量。该技术可以解决农村劳动力缺乏和间苗困难的问题，减少繁重的间苗工作量，对半干旱地区农作物机械化生产、规模化种植及产业化发展起到极大的促进作用。

2017年，在科技部支持下，佳县科技扶贫团从山西省农科院引进渗水地膜旱地穴播技术，在杂粮主产区3个乡镇4个村试验示范1000亩谷子，选用晋谷29、晋谷21、汾选3号、张杂13号等优良谷子品种，采用薄膜质量标准的渗水地膜和2MB–1/4专用谷子穴播机组织实施。示范取得良好效益，谷子长势喜人，大田管理期间既没间苗，又没锄草，农民赞不绝口。经测产，1000亩渗水地膜谷子亩产商品谷子405.7公斤，实现了产量翻番的预期目标。119户农民种植（其中有贫困户52户），户均种植8.4亩，贫困家庭户均增收8000元。

2018年，佳县启动实施渗水地膜高粱和谷子产业扶贫项目，在13个镇148个村5800多户农民（其中贫困户1463户）种植渗水地膜高粱和谷子34040.5亩（其中高粱30871.5亩、谷子3169亩），并试验100亩全生物降解地膜。

在项目实施中，佳县坚持“政府＋专家＋农户（贫困户）＋公司”的运营模式，实行“统一免费供种、统一免费耕地、统一免费覆膜、统一田间管理、统一保底收购”五统一优惠政策，重点向贫困村、贫困户倾斜，特别是对贫困户实行全部免费种植，免费培训，减轻贫困户种植投资。经测产高粱亩产达 1300 斤，农民收益 1200 元 / 亩，谷子亩产可达 1000 斤以上，农民收益 1400 元 / 亩，均创陕北种植记录。

渗水地膜旱地穴播技术有效解决了佳县旱作农业地理气候环境差、劳动强度大、产量低、经济效益低下等弊端，把农业科技成果转化和扶贫攻坚、农民增收真正对接起来，开辟了一条特色农业产业扶贫的新途径，极大推动了佳县精准脱贫攻坚工作。

（科技部农村科技司基层科技与扶贫处 霍季春）

工业和信息化部扶贫开展情况

2018 年是全面贯彻党的十九大精神开局之年，是打赢脱贫攻坚战三年行动的第一年和作风建设年。工业和信息化部（以下简称“工信部”）始终将脱贫攻坚作为重要政治任务，以习近平总书记关于扶贫工作的重要论述为指导，全面贯彻落实党中央、国务院决策部署，坚持精准扶贫精准脱贫基本方略，坚持现行扶贫标准，以深度贫困地区脱贫攻坚为重点，充分发挥行业优势，紧紧围绕“定点”“片区”“网络”“产业”等重点任务，加强统筹协调力度，建立健全工作机制，积极创新推进方式，协调调动各方资源，凝聚全系统力量加大力度推动脱贫攻坚各项工作。

一、坚持理论指导，强化统筹协调

一是以习近平总书记关于扶贫工作的重要论述统领脱贫攻坚工作。部党组组织深入学习习近平总书记关于扶贫工作的重要论述，举办“习近平扶贫论述展览”，召开 3 次党组会、1 次部长办公会、2 次扶贫工作领导小组（扩大）会议，及时传达学习习近平总书记重要讲话和有关会议精神。二是加强统筹协调。印发《2018 年脱贫攻坚工作计划》，围绕六方面重点任务，制定了 24 项具体工作举措，并召开年度计划宣贯座谈会。制定了贯彻落实《中共中央 国务院关于打赢脱贫攻坚三年行动的指导意见》涉部重要政策举措分工方案，建立按季度督促推进机制。三是强化作风建设。印发《扶贫领域作风问题专项治理方案》，苗圩部长等所有部领导都赴联系帮扶地区开展了专题调研，各司局各单位赴贫困县调研、对接、落实工作 40 余次。牵头完成国务院扶贫开发领导小组赴吉林省脱贫攻坚专项督查工作。四是加大扶贫干部选派力度。2018 年，共选派 15 名干部赴老少边穷地区挂职扶贫。其中，新选派 5 名定点县扶贫干部、6 名燕太片区县扶贫干部，统筹协助推进定点、片区县脱贫攻坚工作。陈肇雄副部长、辛国斌副部长先后组织召开挂职扶贫干部座谈会。

二、定点扶贫取得明显成效

我部全力做好河南洛宁县、汝阳县，四川南充嘉陵区、南部县等四个定点县扶贫工作任务，指导部属 4 个高校履行帮扶责任。一是强化顶层设计。印发《定点扶贫“升级版”实施方案》，聚焦六个方面，提出 14 项具体举措，确保帮扶责任到位，敦促检查到位。印发《定点帮扶行动计划（2019-2020 年）》，对 4 个定点县（区）分别提出帮扶措施。二是加大专项扶贫力度。制定《定点扶贫项目（资金）管理办法》，十八大以来累计安排帮扶资金 4800 万元，实施民生改善、产业培育、信息化提升等精准扶贫项目 120 余项。三是培育特色产业。充分发挥我部行业优势，加快促进当地特色优势产业发展，协助推动新能源汽车、绿色建材、农村电子商务等特色产业布局落户，支持地方龙头企业实施技术改造和转型升级，协调解决重大基础设施项目落地。四是大力开展智力帮扶。部属高校充分发挥教育资源优势，累计开展短期支教 473 人次，长期支教 39 人次。部属高校的附属学校与贫困县当地小学结成手拉手共建校，两地中小学师生互访、教科研互动和跟班影子培训已成常态。举办 7 次扶贫干部和技术人员培训班，重点帮助贫困县基层扶贫干部、挂职扶贫干部和技术人员提升脱贫攻坚能力。

截至 2018 年底，四川省南充市嘉陵区顺利实现脱贫摘帽，河南省洛宁县接受省级专项评估检查，河南省汝阳县成为“互联网 +”健康扶贫全国唯一县级试点，四川省南部县在 2017 年脱贫摘帽的基础上，持续巩固脱贫成效，荣获 2018 年度脱贫攻坚组织创新奖，八尔湖镇纯阳山村作为全国六个基层单位之一，参加全国“决胜 2020—脱贫攻坚展”。

三、片区扶贫取得积极进展

我部积极履行燕山－太行山片区牵头职责，加强沟通协调，注重以脱贫攻坚促进区域发展，助力解决区域性整体贫困。一是完善政策措施。印发《关于全国工业和信息化系统支持集中连片特殊困难地区发展的意见》，支持 14 个集中连片特困地区扶贫开发与区域发展。与发展改革委、环保部等部门联合印发《京津两市对口帮扶河北省张承环京津有关地区工作方案》，引导张承地区特色产业积极融入京津冀协同发展。二是增加资金投入。通过工业强基、技术改造、工业转型升级等现有资金渠道，支持燕太片区所在三省（区）项目共 33 项，中央投资 4.13 亿元。制定《燕山－太行山片区扶贫项目（资金）管理办法》，2014-2017 年累计安排帮扶资金 2800 万元，实施基础设施改善、产业培育、光伏扶贫、电商扶贫等项目 55 项。三是引导产业集聚。支持河北承德县大数据、张北县大型数据中心和山西大同矿山机械等燕山－太行山片区县建设国家新型工业化产业示范基地。四是加强部省合作。定期召开部省部际联系会议，总结交流经验做法，协调重点项目，推进片区规划实施。与河北省政府签订《推进河北省转型升级绿色发展战略合作协议》。

从 2013 年到 2018 年，片区贫困人口由 165 万减少至 40 万；贫困发生率由 17.9% 下降到 3.4%。片区基础设施建设和生态文明建设不断加强，公共服务条件和生产生活条件有效改善，通宽带、有卫生站的自然村比重居 14 个片区前列。

四、网络扶贫全面深入实施

加快宽带网络覆盖贫困村是我部的牵头任务。我部以电信普遍服务为抓手，实施网络通信扶贫工程，不断完善贫困地区互联网基础设施以及提升公共服务均等化水平。一是加强顶层谋划。苗圩部长多次组织专题会议研究部署，陈肇雄副部长组织召开网络扶贫现场推进会、全国电信普遍服务工作电视电话会议等推进网络扶贫工作，组织开展燕太片区普遍服务和数字乡村专题调研。二是加强政策指导。联合国务院扶贫办、中央网信办、发改委共同牵头印发了《2018 年网络扶贫工作要点》。

印发《关于推进网络扶贫的实施方案（2018-2020年）》，重点部署未来三年网络扶贫工作。联合国务院扶贫办印发《关于持续加大网络精准扶贫工作力度的通知》，引导基础电信企业对建档立卡贫困户使用通信服务资费套餐给予最大幅度折扣优惠。三是组织试点示范。部署电信普遍服务试点工作，协调中央财政和电信企业累计投入500多亿元，对特殊贫困地区加大财政补贴比例，共支持13万个行政村（其中建档立卡贫困村4.3万个）宽带网络通达和改造升级。目前，贫困村宽带网络覆盖率超过95%。四是推广网络应用。积极配合有关部门推进教育、医疗、电子商务等领域的宽带应用，联合卫健委推进“互联网+健康扶贫”试点；配合教育部开展农村学校联网攻坚行动。

五、产业扶贫体系逐步完善

产业扶贫是稳定脱贫的根本之策。我部坚持因地制宜，结合联系帮扶地区实际，通过规划引导、搭建平台、项目支持，引导贫困地区培育发展特色产业，谋划持续增收和稳定脱贫长效机制。一是加强政策指导。积极推进绿色建材、中药材、设计扶贫等特色产业扶贫，印发《设计扶贫三年行动计划（2018-2020年）》《中药材产业扶贫行动计划（2017-2020年）》，指导部分贫困县编制特色产业发展规划。二是组织产业对接。开展“百企帮百县活动”，先后协调农产品深加工、中药材等10余家企业与贫困县开展产业扶贫精准对接活动，推动企业签约落户。三是促进金融扶贫。协调推动中国平安与河南省汝阳县签订扶贫战略合作协议和金融支持框架合作协议。联合国家开发银行协调推进开发性金融支持特色产业精准扶贫项目试点。与中国农业银行联合印发《关于推进金融支持县域工业绿色发展工作的通知》。

六、充分调动各方力量

我部坚持大扶贫格局，充分发动自身优势，积极协调部系统、各类企业、社会组织等各方力量共同参与扶贫工作，努力营造“携手联动脱贫攻坚”的良好氛围。一是加强宣传报道。苗圩部长发表署名文章《在伟大旗帜下自觉担当工信系统精准扶贫历史使命》。编撰扶贫年鉴和产业扶贫典型案例集，加强经验交流和宣传推广。在“扶贫日”期间，举办专题展览、“网络扶贫”论坛、推送扶贫日公益短信、特色农副产品消费活动，营造人人关注、人人关心、人人参与的氛围。二是促进消费扶贫。协调京东、苏宁、公益中国等电商企业，建立部属单位、部属高校购买扶贫特色产品渠道，全年累计购买和帮助销售贫困县特色农产品87万余元。三是开展结对帮扶活动。通过“一对一”爱心助学活动共帮扶品学兼优的定点县贫困中小学生440人次，捐赠资金60余万元。四是动员社会力量。协调乳业企业、中国青少年发展服务中心、照明企业、光伏企业等单位向贫困户捐赠乳制品、书籍、提供净水设备、灯具光源和太阳能光伏离网系统。

（工业和信息化部扶贫工作领导小组办公室供稿）

国家民族事务委员会扶贫开展情况

2018 年，国家民委以习近平新时代中国特色社会主义思想为指引，深入贯彻落实党的十九大和十九届二中、三中全会精神，认真学习贯彻习近平总书记关于民族工作、扶贫工作的重要论述，按照《中共中央 国务院关于打赢脱贫攻坚战的决定》《中共中央 国务院关于打赢脱贫攻坚战三年行动的指导意见》等工作部署和新的要求，把脱贫攻坚作为当前民族工作的重大政治任务来抓，坚持精准扶贫精准脱贫基本方略，聚焦深度贫困民族地区、武陵山集中连片特困地区、定点扶贫县三类特殊困难民族地区，抓好兴边富民行动、扶持人口较少民族发展、少数民族特色村镇保护发展三项特色扶贫工作，举全委之力推动民族地区脱贫攻坚。据统计，2018 年民族八省区贫困人口从上年的 1032 万人减少到 603 万人，减贫速度为 41.6%，比上年高 14.6 个百分点，贫困发生率从上年的 6.9%下降到 4%，下降 2.9 个百分点。全国 153 个已宣布脱贫摘帽的县中，民族八省区有 80 个，占 52.3%。民族地区脱贫攻坚取得突破性进展，为民族地区经济高质量发展、社会和谐、民族团结、边疆稳固，为各族人民不断铸牢中华民族共同体意识发挥了重要作用。

一、深入学习贯彻习近平总书记关于扶贫工作的重要论述

国务院扶贫开发领导小组《关于深入学习〈习近平扶贫论述摘编〉的通知》印发后，国家民委第一时间制定《国家民委系统学习贯彻〈习近平扶贫论述摘编〉工作方案》。将学习《习近平扶贫论述摘编》（以下简称《摘编》）列入委党组中心组专题学习会议内容，并以国家民委主任巴特尔名义撰写《摘编》学习体会文章。要求委机关各部门、直属各单位把学习《摘编》作为当前和今后一段时期脱贫攻坚工作的重大政治任务。通过学习《摘编》，推动民委系统广大干部用习近平总书记关于扶贫工作的重要论述武装头脑、指导实践，创新推动民委扶贫工作。国家民委及委属单位紧紧围绕《摘编》加强学习宣传，联系中央媒体下基层看扶贫写扶贫，进行有针对性的采访和挖掘，以鲜活生动的事例反映习近平总书记关于扶贫工作的重要论述在各地的生动实践。

二、推进“三区三州”等深度贫困民族地区脱贫攻坚

制定下发《国家民委关于进一步加强深度贫困民族地区脱贫攻坚工作的通知》，从经济发展、文化教育、民族团结、干部人才等方面提出了 10 条支持深度贫困民族地区脱贫攻坚的举措。积极配合财政部加大中央财政专项扶贫资金（少数民族发展支出方向）对深度贫困民族地区的投入力度，在资金分配上加大深度贫困因素权重。2018 年安排中央财政专项扶贫资金（少数民族发展支出方向）65.5 亿元，其中新增 10 亿元资金的 60%用于“三区三州”。举办“三州基层干部精准扶贫能力建设研讨班”，

帮助三州的基层民族干部、扶贫干部系统学习习近平总书记关于扶贫工作的重要论述，学习脱贫攻坚方针政策，增强干事本领，来自四川凉山州、云南怒江州、甘肃临夏州及所辖29个县（市）民族和扶贫部门有关负责同志共70人参加培训。

三、加强定点扶贫工作

调整扩充国家民委定点扶贫工作领导小组，将委机关各部门、直属各单位全部纳入，全国政协副主席，中央统战部副部长，国家民委党组书记、主任巴特尔任组长，举全委之力加大对巴林右旗、德保县的帮扶。巴特尔、刘慧、石玉钢、张京泽等委领导亲自带队赴定点扶贫县调研指导定点扶贫工作。召开国家民委定点扶贫工作领导小组全体会议，研究部署今后3年国家民委定点扶贫工作，审议通过并印发《国家民委2018年帮扶定点扶贫县（旗）工作计划》。向巴林右旗、德保县分别投入中央财政专项扶贫资金（少数民族发展支出方向）1020万元、822万元，分别拨付定点扶贫工作补助经费160万元、220万元，支持两县（旗）脱贫攻坚和民族团结进步创建工作。赴巴林右旗开展“送党课下基层”“党课联学联讲”活动，为基层党员群众深入解读习近平新时代中国特色社会主义思想和党的十九大精神，特别是新时代党建工作总要求。据统计，巴林右旗2018年农村居民人均可支配收入达到10352元，已实现脱贫摘帽。德保县计划于2019年实现脱贫摘帽。

四、做好武陵山片区脱贫攻坚联系工作

向武陵山片区派驻79名司处级联络员，加大对片区脱贫攻坚工作的联系指导力度。举办国家民委第5期派驻武陵山片区联络员培训班。召开武陵山片区试点联系工作领导小组全体会议，全面总结武陵山片区脱贫攻坚取得的成效和经验，协调各成员单位加大对武陵山片区支持力度，研究部署今后三年支持武陵山片区脱贫攻坚工作。印发《支持武陵山片区打赢脱贫攻坚战未来三年办实事清单》，为片区办实事解难题。动员组织派驻片区联络员和定点扶贫挂职干部填报优质农产品信息600多项，向央联食品保障分会推介武陵山片区优质农产品，协调央联有关负责人赴农产品原产地调研，帮助片区拓宽当地优质特色农产品销售渠道，为片区精准扶贫作贡献。组织25名武陵山片区基层民族工作干部赴香港参加第221期香港工商业研讨班。深入开展民族团结进步创建工作。截至2018年，武陵山片区农村贫困人口已减少到111万人，比上年减少77万人，贫困发生率降为3.8%，比上年下降2.6个百分点；国家民委已在武陵山片区挂牌命名41个全国民族团结进步创建示范区（单位），有力促进了片区各族群众交往交流交融。

五、扶持人口较少民族发展

2018年，协调配合国家发展改革委安排中央预算内投资人口较少民族专项8亿元，用于人口较少民族聚居村乡村基础设施、基本公共服务设施、生态环境和人居环境整治、民族文化传承等领域项目建设，支持人口较少民族地区率先脱贫、率先奔小康。

举办人口较少民族地区基层干部第222期香港工商业研讨班。开展《“十三五”促进民族地区和人口较少民族发展规划》中期评估调研，汇总有关扶持人口较少民族发展工作进展情况和“推进人口较少民族整族整村精准脱贫”实施情况。截至2017年底，有444个人口较少民族聚居的建档立卡贫困村脱贫（2016年202个村，2017年242个村），符合60%以上预期目标要求。

六、推动少数民族特色村镇保护与发展

落实2018年中央财政对特色村寨建设补助资金7.3亿元，支持少数民族特色村寨建设。召开少数民族特色村镇建设助推精准脱贫现场会，进一步明确少数民族特色村镇保护与发展工作的定位、原则和目标。截至2018年，国家民委命名挂牌“中国少数民族特色村寨”1057个，直接受益人口近百万人。出台相关工作的指导意见，推动少数民族特色村镇保护与发展工作持续健康开展，加快村镇提档升级。开展少数民族特色村寨保护与发展宣传工作。出版“走进中国少数民族特色村寨系列丛书”之《司城村》，编辑少数民族特色村寨电子期刊，对少数民族特色村寨进行集中重点宣传。

七、推进兴边富民行动

调整扩充兴边富民行动协调小组，成员扩大到50家中央部委、人民团体、国有企业和11个省（自治区、兵团）政府，形成强大工作合力。配合国家发展改革委继续安排中央预算内投资兴边富民专项11亿元，用于基础设施建设、科教文卫事业、发展生产、实用技术培训等项目，助推边疆贫困地区脱贫攻坚。制定出台优惠扶持政策，推动边境地区脱贫攻坚和民族团结进步创建工作，促进边境地区加快对外开放步伐。召开全国兴边富民行动暨全国民委系统对口支援新疆西藏工作会议，总结交流各地经验做法，研究分析当前形势任务，安排部署下一阶段工作。受中组部委托，承办了为期5天的边境地区脱贫攻坚研究班，来自全国9个边境省（自治区）和新疆生产建设兵团的51个边境县（市、区、旗、团场）党委、政府的领导干部参加了培训。

（国家民委经济发展司扶贫处 张峻梧）

民政部扶贫开展情况

2018 年，民政部党组以习近平新时代中国特色社会主义思想和习近平总书记关于扶贫工作的重要论述为指引，认真落实《中共中央 国务院关于打赢脱贫攻坚战的决定》和《中共中央 国务院关于打赢脱贫攻坚战三年行动的指导意见》精神，加强组织领导和工作协调，民政领域脱贫攻坚和片区扶贫、定点扶贫工作取得新的进展和成效。

一、全面部署民政领域脱贫攻坚工作

民政部党组着力提升政治站位，把脱贫攻坚作为重要政治责任，先后召开 14 次会议传达学习习近平总书记关于脱贫攻坚工作的重要论述和有关指示批示精神。部党组将民政领域脱贫攻坚摆上重要工作日程，及时调整充实部扶贫工作领导小组，明确职责分工，制定工作要点，分解工作任务，层层落实责任。及时制定《民政部贯彻落实〈中共中央 国务院关于打赢脱贫攻坚战三年行动的指导意见〉行动方案》（民发〔2018〕91 号），细化民政领域脱贫攻坚工作任务；会同财政部、国务院扶贫办制定《关于在脱贫攻坚三年行动中切实做好社会救助兜底保障工作的实施意见》（民发〔2018〕90 号），部署各地做好农村低保兜底保障等工作；出台推进深度贫困地区民政领域脱贫攻坚工作的具体措施，从政策、资金、项目、人才等方面加大对深度贫困地区的支持力度；与国务院扶贫办、卫生健康委、中国残联开展低保对象与建档立卡贫困人口、因病致贫人员、残疾人数据比对，动态掌握兜底保障工作底数，强化工作部署与推动；组织 32 个蹲点调研组对各省（区、市）和新疆生产建设兵团的脱贫攻坚兜底保障等工作开展调研，推动工作落实。

二、充分发挥社会救助兜底功能

一是强化低保兜底保障。民政部指导各地进一步完善农村低保制度，健全低保对象认定方法，将未脱贫的建档立卡重度残疾人、重病患者等完全丧失劳动能力和部分丧失劳动能力且无法依靠产业就业帮扶的贫困人口纳入低保。动态监测各地农村低保标准调整情况，确保以县为单位的农村低保标准始终达到或超过国家扶贫标准。截至 2018 年底，全国农村低保标准达到 4833 元 / 人 · 年，22 个脱贫攻坚任务重的省份农村低保标准达到 4125 元 / 人 · 年。截至 2018 年底，全国共有 1813 万建档立卡贫困人口纳入农村低保或特困人员救助供养（已脱贫 1225 万人、未脱贫 588 万人）。二是健全完善特困人员救助供养制度。民政部会同发展改革委、国务院扶贫办等部门印发《深度贫困地区特困人员供养服务设施（敬老院）建设改造行动计划》（民发〔2018〕127 号），明确深度贫困地区供养服务设施建设改造有关要求，细化中央预算内投资对深度贫困地区的重点支持措施。指导和督促各地进一步规范特困人员认定，加强农村特困人员供养服务机构建设管理服务，优先集中供养生活不能自理特困人员，落实分散供养特困人员照料服务，确保实现“应救尽救、应养尽养”。三是进一步加强和改进临时救助工作。民政部会同财政部印发《关于进一步加强和改进临时救助工作的意见》（民发〔2018〕23号），指导各地进一步发挥临时救助制度效能，切实解决城乡群众遭遇的突发性、紧迫性、临时性基本生活困难。四是深入开展农村低保专项治理工作。民政部印发《全国农村低保专项治理方案》（民发〔2018〕50号），建立健全典型案例定期报告和定期通报制度，组成工作组赴河北、黑龙江等5省开展实地调研督查，指导各地民政部门深入开展治理工作，有效提升农村低保经办的规范化水平。五是资金分配重点向贫困地区倾斜。民政部协调财政部在分配中央财政困难群众救助补助资金过程中新增“深度贫困”因素，对贫困发生率18%以上的深度贫困县所在省份予以倾斜支持。

三、积极引导动员社会组织参与脱贫攻坚

一是召开动员会议引导动员。组织中国扶贫基金会、中国慈善联合会等180家全国性社会组织，连续召开5场脱贫攻坚动员会议，号召全国性社会组织加大对“三区三州”等深度贫困地区的扶贫工作力度。二是积极配合行业主管部门推动扶贫。加强与有关业务主管单位和行业管理部门沟通，积极推动社会组织参与脱贫攻坚。与国务院扶贫办建立长效沟通机制，促进贫困地区扶贫需求和社会组织对接，及时解决社会组织参与脱贫攻坚工作中存在的困难和问题。三是在贫困地区开展培训。在四川省凉山州、新疆和田地区、云南昭通镇雄县开展3期社会组织培训，近300家社会组织参加培训，并与深度贫困地区的30多个相关部门和19个深度贫困县对接需求。四是推动各地开展对口帮扶。召开社会组织登记管理机关视频会议，专题部署省级民政部门引导动员社会组织参与脱贫攻坚工作。在昆明、成都两地开展省级民政部门社会组织培训，引导社会组织在脱贫攻坚工作中切实发挥作用。五是营造扶贫工作氛围。对25家全国性社会组织参与脱贫攻坚工作通报表扬，在中国社会组织公共服务平台增设社会组织参与脱贫攻坚栏目，宣传报道超过200篇。结合社会组织舆情、年度报告信息和各地报送信息，编发各类信息超过2000条，营造社会组织广泛参与脱贫攻坚的氛围。

四、加强贫困地区农村基层政权建设

一是创新贫困地区农村社区治理。将加强贫困地区农村社区治理创新纳入全国社区建设部际联席会议2018年工作要点。指导河南嵩县、贵州贵定等地开展全国农村社区治理实验区建设，建立健全脱贫攻坚与乡村治理协同推进机制。二是推动贫困地区改进村规民约工作。会同中央组织部等6部门，研究起草关于加强村规民约工作的指导意见，引导村民破陋习、讲文明、树新风，凝神聚气打赢脱贫攻坚战。三是配合做好基层队伍建设。举办第六届全国村官大讲堂，联合中央组织部召开部分省区市村（居）委会换届选举座谈会，指导贫困地区提升村干部脱贫攻坚工作本领。

同时推动全国人大将村委会任期由 3 年改为 5 年，保持队伍稳定，增强村干部开展脱贫攻坚等工作的积极性。四是印发《民政部关于贯彻落实〈中共中央　国务院关于开展扫黑除恶专项斗争的通知〉的意见》（民发〔2018〕48 号），切实防范涉黑涉恶势力插手把持贫困地区村级事务。五是指导贫困地区建立健全脱贫攻坚等事务的议事协商办法。加强村务监督委员会建设和村级档案管理，探索推进基层政府政务公开与村务公开有效衔接，保障村民知情权、参与权和监督权。六是健全乡村便民服务体系，指导各地贯彻落实《城乡社区服务体系建设规划（2016-2020 年）》，加快改善贫困地区农村社区服务条件，率先推进易地搬迁安置区农村社区服务设施建设，引导搬迁群众融入新社区新生活。七是推进加强乡镇政府服务能力建设，举办新疆、西藏和四省藏区、脱贫攻坚重点区域乡镇政府服务能力建设示范培训班，加强对脱贫攻坚重点区域工作指导。

五、做好农村留守儿童和留守老年人关爱保护服务

一是做好农村留守儿童关爱保护工作。民政部报请国务院同意建立农村留守儿童关爱保护和困境儿童保障工作部际联席会议制度，召开全体会议通报工作情况，明确职责分工，部署重点工作。推动基层儿童工作队伍建设，全国已设立乡镇（街道）儿童督导员 4.5 万名、村（居）儿童主任 62 万名，并实行登记实名制管理，基本实现全覆盖。完善动态监测机制，定期更新信息，全国农村留守儿童数量从 2016 年的 902 万名下降到 697 万名，下降 22.7%；组织各地推动建立困境儿童信息台账，已录入信息 295 万名。加强贫困地区家庭监护教育引导，由部际联席会议办公室、民政部、中国建筑集团有限公司联合举办全国农村留守儿童关爱保护“百场宣讲进工地”活动，受众达 3 万多人，指导各地加强政策宣传，强化家庭监护意识，增强亲情沟通，努力营造良好社会氛围。连续三年组织开展农村留守儿童关爱保护第三方评估，共完成 18 个省 38 个县的评估调查。承办中央组织部委托的“农村留守儿童关爱保护和困境儿童保障”专题研究班，组织举办“深度贫困地区农村留守儿童关爱保护和困境儿童保障培训班”。指导各地完善困境儿童分类保障体系，加强对事实无人抚养儿童帮扶救助。大力支持中西部省份基层儿童福利服务体系建设。会同有关部门加强对农村留守妇女关爱服务及就业创业培训支持。二是做好农村留守老年人关爱服务。建立健全留守老年人定期探访和信息台账制度。截至 2018 年底，全国有 20 个省份出台农村留守老年人关爱服务专项文件，覆盖“三区三州”深度贫困区和集中连片特困地区相关省份。民政部将包括农村留守老年人信息统计功能的全国养老服务信息系统纳入“金民信息工程”，推动建立农村留守老年人信息系统。民政部会同财政部组织开展居家和社区养老服务改革试点，实施包括建设运营农村居家和社区养老服务设施等在内的试点任务。全国 90 个试点地区已覆盖 12 个集中连片特困地区和 21 个深度贫困县。持续推进全国养老院服务质量建设专项行动，着力提高农村敬老院兜底保障能力和服务水平。进一步建立健全老年人福利政策，实现高龄津贴制度省级全覆盖，老年人护理补贴、养老服务补贴制度分别覆盖 29、30 个省（区、市）。

配合全国人民代表大会常务委员会修订《中华人民共和国个人所得税法》，将赡养老人纳入个人所得税专项附加扣除范围，为家庭养老提供支持。

六、做好定点和片区扶贫工作

一是加快推进民政领域政策落实。民政部积极协调江西、湖南两省加强罗霄山片区市、县基层民政工作力量，建立健全临时救助制度，做好村（居）委会换届选举、乡镇政府服务能力建设，优化行政区划设置，增强城市对罗霄山片区辐射带动作用，落实经济困难的高龄、失能老年人补贴，建立健全农村留守老年人关爱服务政策，加快农村养老服务设施建设，落实孤儿保障制度，做好孤儿基本生活费发放工作，并将片区纳入社会工作专业人才服务“三区”专项计划重点支持范围。二是持续加大项目支持和资金投入。民政部门安排农村低保资金 83.9 亿元，救助两省农村低保对象 295.2 万人，切实兜住贫困人口基本生活底线。民政部协调发展改革委、财政部等部门，安排中央预算内投资 6941 万元、困难群众生活补助资金 19.39 亿元、彩票公益金 9305 万元，支持片区养老服务、社会福利、殡葬设施等民政设施建设，有力助推片区区域发展和脱贫攻坚工作。三是选派优秀干部扎根扶贫一线。民政部选派 3 名干部到片区挂职锻炼，帮助开展脱贫攻坚工作，其中赵康同志被评为“中央和国家机关扶贫攻坚先进个人”。挂职干部聚焦精准帮扶，积极发挥桥梁纽带作用，争取有关部门政策倾斜，引进社会资金，为片区县脱贫摘帽作出积极贡献。四是积极动员社会组织参与定点扶贫。连续组织 3 场供需对接会，帮助遂川、莲花两个定点扶贫县与部直管社会组织对接需求，动员 40 多家部直管社会组织发挥特色优势，支援两县脱贫攻坚项目资金 5000 余万元，为两县按照时间节点打赢脱贫攻坚战提供有力支持。

（民政部规划财务司供稿）

财政部扶贫开展情况

2018年，财政部深入学习领会习近平总书记关于扶贫工作的重要论述，认真贯彻落实党中央、国务院关于脱贫攻坚的决策部署，始终把脱贫攻坚摆在财政工作突出位置，切实履行好脱贫攻坚政治责任，不断提升财政扶贫开发水平，全力支持打赢脱贫攻坚战。

一、切实强化脱贫攻坚投入保障

（一）加大财政扶贫投入力度。

中央财政继续把脱贫攻坚摆在优先位置，加大对贫困地区的一般性转移支付力度，引导相关专项转移支付向贫困地区和贫困人口倾斜。一是加大对贫困地区的转移支付力度。加大对老少边穷地区支持力度，2018年分别切块下达有关地区革命老区转移支付、民族地区转移支付、边境地区转移支付110.6亿元、770.9亿元、200.4亿元。二是持续大幅增加财政专项扶贫资金规模，2018年中央财政专项扶贫资金规模达到1061亿元，较上年增长23.2%，实现连续三年保持200亿元增量。三是安排专项彩票公益金20亿元用于支持贫困革命老区小型生产性公益设施建设，帮助贫困革命老区加快脱贫攻坚步伐。四是在核定2018年分地区地方政府债务新增限额时，明确要求各地优化债务资金支持重点，安排债务资金1090.8亿元用于支持脱贫攻坚。五是指导督促东部地区继续做好东西部扶贫协作工作。

（二）加大对深度贫困地区倾斜支持。

2018年安排“三区三州”专项扶贫资金120亿元，占当年专项扶贫资金增量的60%，同时要求“三区三州”所属省份，切实优化资金投向结构，加大对“三区三州”的倾斜支持力度，避免资金投入上的“挤出效应”。

（三）深入推进贫困县涉农资金整合试点。

继续将贫困县涉农资金整合试点作为强化资金投入保障的重点工作，印发《关于2017年贫困县涉农资金整合试点工作推进情况的通报》和《关于做好2018年贫困县涉农资金整合试点工作的通知》，对进一步抓好整合试点提出明确要求，推动试点深入有序开展。截至2018年12月底，全国832个贫困县实际整合涉农资金3277.6亿元。

（四）通过税收政策引导社会力量支持脱贫攻坚。

印发《财政部关于贯彻落实支持脱贫攻坚税收政策的通知》（财税〔2018〕131号），

系统梳理了支持脱贫攻坚的各项税收政策。联合税务总局印发《关于公益性捐赠支出企业所得税税前结转扣除有关政策的通知》（财税〔2018〕15号），明确企业用于包括扶贫在内的慈善活动和公益事业捐赠支出，符合相关政策规定的准予结转三年扣除。完善对金融扶贫、小微企业、重点群体创业就业的税收优惠政策，鼓励金融机构参与脱贫攻坚、小微企业带动创业就业。

二、积极支持做好行业扶贫相关工作

（一）支持推进产业扶贫工作。

通过农业生产发展资金、农业资源及保护补助资金、土地整治工作专项资金、农业综合开发补助资金、农村综合改革转移支付资金等渠道，支持贫困地区因地制宜统筹用于发展优势特色产业，加强农田基础设施建设，强化农业生态资源保护。协同推进生态扶贫工作，支持贫困群众通过护林员等公益岗位增收，在保护好生态环境的基础上，利用生态资源加快旅游等产业发展。

（二）支持推进教育扶贫工作。

2018年，在分配下达教育相关转移支付时，重点向深度贫困地区倾斜，其中新增安排“三区三州”教育脱贫攻坚资金30亿元。积极支持农村义务教育，安排360.5亿元支持地方全面改善贫困地区薄弱学校基本办学条件；支持地方稳步推进贫困地区农村义务教育阶段学生营养改善计划。安排学生资助资金357亿元，落实完善普通高中、中职、高校家庭经济困难学生国家资助政策。

（三）支持推进健康扶贫工作。

2018年城乡居民医保政府补助标准提高到每人每年490元，着力推动提高农村贫困人口基本医疗保障水平。中央财政安排补助资金240亿元用于城乡医疗救助投入，着力增强托底保障能力，资金分配向脱贫攻坚任务较重省份和深度贫困地区倾斜。对贫困人口参加新型农村合作医疗个人缴费部分由财政给予补贴，将贫困人口全部纳入重特大疾病医疗救助范围。

（四）支持强化贫困群众社会保障。

加强农村低保制度与扶贫开发政策衔接，2018年中央财政安排困难群众救助补助资金1401亿元，支持各地统筹做好贫困户政策性兜底保障，资金分配重点向贫困程度深的地区倾斜。下达农村危房改造补助资金266亿元，将“三区三州”四类重点对象存量危房改造任务一次性全部安排，并增加深度贫困地区任务因素，提高对深度贫困地区省份的户均补助水平。

（五）支持改善贫困地区基础设施条件。

2018年中央基建投资预算安排支持脱贫攻坚资金992亿元，重点支持易地扶贫搬迁工程、以工代赈示范工程、农村扶贫公路、农村电网改造升级、农村饮水安全巩固提升等项目。截至 2018 年 10 月底，累计安排贫困地区车辆购置税收入补助地方资金 2144 亿元，支持贫困地区改善交通条件。安排地方水利发展资金 560.75 亿元，支持各地有关水利建设，资金分配时包括 20% 权重的政策因素，主要向贫困县、革命老区县、民族县、边境县倾斜。单独设立光伏扶贫补贴目录，2018 年下达补助资金 48.6 亿元，惠及贫困户 96.5 万户。

（六）规范调整易地扶贫搬迁融资方式。

贯彻落实党的十九大关于打好三大攻坚战的决策部署和习近平总书记在第五次全国金融工作会议上的重要讲话精神，针对部分地区易地扶贫搬迁融资中出现的新情况、新问题，联合相关部门印发《关于调整规范易地扶贫搬迁融资方式的通知》，将易地扶贫搬迁贷款融资统一调整规范为发行地方政府债券融资。

（七）支持推进金融扶贫工作。

2018 年，中央财政拨付普惠金融发展专项资金 100 亿元，部分用于对全国 832 个贫困县个人创业担保贷款的三年全额贴息支持。2018 年 8 月，部署开展三大粮食作物完全成本保险和收入保险试点，支持有条件的地区对建档立卡贫困户自缴部分保费给予减免。规范 PPP 的发展，示范项目评审时优先支持贫困地区符合条件项目，第四批 PPP 示范项目分布在连片特困地区的有 68 个，占比 17.2%。截至 2018 年 9 月底，全国 832 个贫困县入库项目投资额 1.2 万亿元。

三、全面加强各级各类扶贫资金管理

制定印发《财政部关于全面加强脱贫攻坚期内各级各类扶贫资金管理的意见》，建立“1+4”的扶贫资金管理机制。“1”即围绕全面加强各级各类扶贫资金管理这个中心任务，进一步理顺各级各类扶贫资金管理体系，确定扶贫资金总台账并强化管理。“4”就是 4 方面的主要措施：一是探索建立财政扶贫资金动态监控机制。将探索建立动态监控机制作为提升扶贫资金监管水平的重要抓手。以预算编制为源头，以绩效目标为依据，以支付环节为依托，整合信息系统资源，运用现代信息技术，针对纳入总台账的 42 项中央财政扶贫资金，研究建立财政扶贫资金动态监控体系，取得阶段性进展。二是部署实施扶贫项目资金全面绩效管理。制定《扶贫项目资金绩效管理办法》，要求建立扶贫项目资金“花钱必问效、无效必问责”的绩效理念，特别是资金使用部门要承担起绩效主体责任，对扶贫项目资金管理各环节实施全流程跟踪，做到预算“编制有目标、执行有监控、事后有评价、结果有应用”。三是建立完善扶贫资金项目公开公示制度。配合国务院扶贫办印发《关于完善扶贫资金项目公告公示制度的指导意见》，督促地方按照“两个一律”公开的要求，公开扶贫项目资金使用管理情况，自觉接受群众和社会监督。同时，在财政部门户网站设立“扶贫资金政策专栏”，结合公众号等新媒体，专题公开有关扶贫政策、中央财政各项扶贫资金分配结果及地方财政支持脱贫攻坚的经验做法。四是做好扶贫资金日常监管和专项核查。不定期组织地方财政部门和专员办开展财政支持脱贫攻坚政策落实情况专项核查，加强对各级各类扶贫资金的日常监管，依法处理检查发现的各类违规违法问题。督促各地抓好 2017 年脱贫攻坚成效考核、专项扶贫资金绩效评价发现问题整改，举一反三、完善制度，并组织开展“回头看”调研。积极配合纪检监察、审计等部门开展的扶贫领域监督检查工作，支持民主党派中央开展脱贫攻坚民主监督。

四、扎实做好财政部定点扶贫工作

坚持把定点扶贫作为财政扶贫重点工作，与其他脱贫攻坚工作统筹推进。部定点扶贫工作领导小组先后 5 次召开会议专题研究定点扶贫工作，完善工作机制，充实成员单位。刘昆部长等负责同志先后带队赴定点扶贫县考察调研，了解脱贫进展情况，加强工作指导。同时，按照尽锐出战的要求，增派扶贫挂职干部和驻村第一书记，加大政策支持力度，分类制定帮扶举措，帮助两个定点县培育特色产业、劳务输出就业、加强技能培训、开展干部培训、吸引社会力量帮扶。发挥党建引领作用，部内 10 个单位党组织结对帮扶定点扶贫县 10 个村级党组织，帮助建强村级组织班子，通过结对帮扶帮助贫困村脱贫。经过多年努力，定点帮扶的湖南省平江县顺利脱贫摘帽。

（财政部农业农村司扶贫开发处供稿）

自然资源部扶贫开展情况

2018 年，自然资源部坚持以习近平新时代中国特色社会主义思想为指导，深入学习贯彻习近平总书记关于扶贫工作的重要论述，按照党中央、国务院决策部署，把扶贫工作作为重要政治任务，聚焦“两不愁三保障”目标标准，抓住政策扶贫和对口扶贫两条主线，加强组织领导，完善工作机制，认真落实《中共中央 国务院关于打赢脱贫攻坚战三年行动的指导意见》，扎实推进扶贫工作。

一、聚焦“两不愁三保障”目标标准，助力精准扶贫精准脱贫

发挥部门优势，围绕保障贫困群众住房安全、解决饮水安全问题、促进扶贫产业发展等方面重点发力。

（一）全力支持易地扶贫搬迁，着力保障贫困群众住房安全。

专项安排用地指标，实施特殊审批政策，保障易地扶贫搬迁项目落地。推进落实增减挂钩节余指标省域内流转和跨省域调剂，为贫困地区实施易地扶贫搬迁提供有力资金支撑。在贫困地区调查地质灾害隐患 1100 多处，加强地质灾害监测预警示范点建设，支撑地方政府数百个城镇选址和村镇搬迁避灾，保障贫困群众住得安全。

（二）发挥地质调查技术优势，着力解决贫困群众饮水安全问题。

实施水文地质调查和饮水示范工程，在“三区三州”等深度贫困地区、赣南老区、乌蒙山等连片特困地区施工探采结合井 145 眼，探明地下水水源地 50 处，建设饮水示范工程 9 处，直接解决近 3 万人安全饮水难题，可满足 20 多万人安全饮水需求。

（三）支持发展扶贫产业，促进贫困群众稳定脱贫。

既注重促进扶贫产业发展，又坚持通过产业发展带动贫困人口脱贫；既注重促进区域发展，又坚持守住生态保护底线；既注重支持贫困地区如期完成脱贫任务，又坚持通过大力发展扶贫产业、增加贫困人口劳务性收入等措施，建立稳定收入保障机制。在贫困地区圈定富硒土地资源 270 万亩，指导建立了农业科技示范园 5 个，发展特色农业，近 30 万贫困群众受益。结合赣州市赣县区夏潭村实际情况，在定点扶贫县持续投入定点扶贫专项资金，扶持发展贫困人口直接受益的蔬菜、甜叶菊、脐橙、油茶、乡村旅游等产业扶贫项目，建立合作社让贫困群众入股分红，实现稳定脱贫。

二、深化和落实自然资源扶贫政策，持续加大支持力度

落实国务院办公厅印发的《跨省域补充耕地国家统筹管理办法》和《城乡建设用地增减挂钩节余指标跨省域调剂管理办法》，配套出台了增减挂钩节余指标跨省域调剂和跨省域补充耕地国家统筹等 2 个实施办法，细化调剂流程，明确操作规范，完善

配套措施，强化监测监管。同时，发挥国土空间规划、用途管制、生态修复和自然资源开发利用保护等职责，聚焦深度贫困地区，加大政策、项目、资金、人才支持力度。

（一）加强扶贫用地保障。

对全国 834 个深度贫困地区、集中连片特困地区、国家扶贫开发工作重点县，专项安排每县新增建设用地计划 600 亩。对深度贫困地区实施特殊用地审批政策，涉及农用地转用和土地征收的，在做好补偿安置前提下，可以边建设边报批；涉及占用耕地的，允许边占边补，确实难以落实占优补优、占水田补水田的，可按补改结合方式落实，并按用地审批权限办理用地手续。制定出台《自然资源部 农业农村部关于加强和改进永久基本农田保护工作的通知》，明确提出深度贫困地区、集中连片特困地区、国家扶贫开发工作重点县省级以下基础设施、易地扶贫搬迁、民生发展等建设项目，确实难以避让永久基本农田的，可以纳入重大建设项目范围，由省级自然资源主管部门办理用地预审，并按照规定办理农用地转用和土地征收。对急需开工建设的易地扶贫搬迁等工程项目，可以办理先行用地。

（二）推进增减挂钩节余指标省域内流转和跨省域调剂。

28 个省（区、市）享受增减挂钩节余指标省域内流转政策，2018 年省域内流转 15 万亩，实现收益约 500 亿元。落实增减挂钩节余指标跨省域调剂办法，下达年度跨省域调剂任务，8 个帮扶省份已全部确认完成调剂任务，确认调剂资金共计 743.78 亿元，超额完成 100 多亿元。

（三）支持贫困地区实施土地整治重大工程。

印发通知，明确在脱贫攻坚期间主要支持贫困地区、革命老区和边疆地区实施土地整治重大工程，适当加大中央财政资金支持比例。配合财政部下达甘肃东部和陕西延安治沟造地土地整治重大工程中央财政支持续建资金 16 多亿元，新增支持 6 省（区）实施土地整治重大工程中央财政补助资金 40.5 亿元。

（四）促进贫困地区生态保护修复。

会同有关部门根据全国生态安全战略格局安排 25 个山水林田湖草生态保护修复工程试点，下达年度奖补资金 170 亿元。在试点选择上向生态环境脆弱的贫困地区倾斜，试点涵盖乌蒙山、祁连山等多个贫困地区。

（五）矿产资源勘查开发政策继续向贫困地区倾斜。

聚焦绿色发展，实施能源矿产地质调查、地质遗迹调查，新发现矿（化）点 420 处、找矿靶区 271 处、矿产地 70 处。在南疆和田地区新发现一批大型－超大型矿床，形成了火烧云铅锌、大红柳滩锂和玛尔坎苏富锰矿 3 处大型资源基地，奠定了南疆地区矿业开发的资源基础。同等条件下对贫困地区新设稀土矿钨矿探矿权、采矿权给予支持，促进贫困地区在保护生态环境的条件下推动资源优势向经济优势转化。发现地质遗迹点 600 余处，其中国家级 16 处，省级 143 处，支撑申报省级以上地质公园8处，建成地质文化村1处。

（六）多措并举抓政策落实。

开展调研评估，坚持问题导向，及时有针对性研究解决政策落实中存在的问题。开展扶贫培训，举办深度贫困地区510名自然资源部门干部脱贫攻坚政策培训班，指导基层用好政策。开展扶贫宣传，召开扶贫政策新闻发布会，举办扶贫用地政策分论坛，面向全社会深入宣传自然资源扶贫政策。

三、推动定点和片区扶贫，认真落实部门职责

自然资源部承担江西省赣州市赣县区、兴国县、于都县、宁都县，黑龙江省绥化市海伦市，海南省琼中黎族苗族自治县等6县（市、区）定点扶贫任务，牵头联系乌蒙山片区区域发展与脱贫攻坚工作。

（一）统筹做好定点扶贫工作。

认真落实《中央单位定点扶贫工作责任书（2018年度）》任务目标，部领导5人次深入定点扶贫县调研指导工作；从部机关新选派8名扶贫挂职干部和村“第一书记”；出台支持赣州定点扶贫县2018年度“订单式”政策；在定点扶贫县投入帮扶资金1.1亿元，帮助引进资金11.4亿元；采购定点扶贫县特色农产品81万元，帮助销售贫困地区农产品344万元；培训定点扶贫县基层干部、技术人员1700人。

（二）认真做好牵头联系工作。

在贵州毕节召开乌蒙山片区区域发展与脱贫攻坚部际联系会议，全面总结一年来片区脱贫攻坚成效，交流了各部门支持片区脱贫攻坚工作情况和经验，对做好下一步工作提出了新的要求。发挥片区部际联系会议机制作用，协调中央国家机关、东西部扶贫协作省市和定点扶贫部门等52家成员单位重点向片区深度贫困地区倾斜支持，就片区四川、贵州、云南三省提出的脱贫攻坚中存在的突出问题．协调20个部委提出38项答复意见。就三省脱贫攻坚需要我部支持的事项提出了答复意见，积极指导片区推进落实自然资源扶贫政策。

四、扎实开展扶贫领域作风问题专项治理

按照中央关于脱贫攻坚作风建设年的有关要求，把作风问题专项治理贯穿扶贫工作全过程。出台工作方案，派出3个工作组对9省（区、市）开展了抽查核查。按照部领导批示要求，结合抽查核查情况，印发《自然资源部办公厅关于切实加强扶贫领域作风问题专项治理加快落实脱贫攻坚责任的通知》，对全系统进一步做好作风问题整改提出具体要求。中央纪委国家监委驻部纪检监察组专门印发《关于扶贫领域监督执纪问责专项工作方案》，召开全系统电视电话会议部署落实，并通过召开扶贫工作座谈会、深入定点扶贫县调研、听取扶贫工作汇报等方式，加强对部扶贫作风专项治理的监督指导。

（自然资源部扶贫办　李东法）

交通运输部扶贫开展情况

2018 年是全面贯彻落实党的十九大精神的开局之年，是打赢脱贫攻坚战三年行动起步之年。交通运输部深入贯彻习近平总书记关于扶贫的重要论述和指示批示精神，统筹脱贫攻坚、服务乡村振兴战略和“四好农村路”建设等工作，切实加大工作力度，扎实有序推动交通扶贫、定点扶贫、对口支援和联系六盘山片区等各项工作向纵深发展，圆满完成 2018 年各项目标任务，为革命老区、民族地区、边疆地区、贫困地区脱贫攻坚提供坚实有力的保障。交通运输部在 2018 年中央单位定点扶贫工作考核中获得了第一档“好”的考核等次，交通运输部综合规划司被评为“中央和国家机关脱贫攻坚先进集体”。

一、行业扶贫情况

（一）全面加强组织领导。

交通运输部将扶贫开发和农村公路工作领导小组调整为交通运输部服务乡村振兴战略、推进“四好农村路”建设和脱贫攻坚领导小组，部主要负责同志担任组长，党组所有同志全面参与，形成党组领导、领导小组主抓、司局落实的责任体系。2018 年部党组会、部务会、领导小组会共计 21 次传达学习习近平总书记重要指示精神，研究部署推动交通扶贫脱贫攻坚工作。部主要负责同志 10 次带队督查调研交通扶贫工作，党组其他同志调研指导扶贫 12 次。三个部管国家局党组结合实际，发挥优势支持贫困地区脱贫攻坚。

（二）健全规划计划体系。

交通运输部在《“十三五”交通扶贫规划》《支持深度贫困地区交通扶贫脱贫攻坚实施方案》的基础上，2018 年制定了《交通运输脱贫攻坚三年行动计划（2018-2020 年）》，健全“五年规划 + 三年行动计划 + 年度计划”的“5-3-1”规划计划体系，逐年分省细化攻坚目标、分年度计划，有序推进项目、政策落实落地。

（三）持续加大资金投入。

2018 年交通运输部合计安排车购税资金 2144 亿元用于贫困地区交通基础设施建设，较 2017 年增长 22.2%，带动全社会投入约 9900 亿元。安排超过 883 亿元用于贫困地区农村公路建设，约占全国农村公路补助资金的 76.8%。2018 年贫困地区新增 86 个乡镇、4245 个建制村通硬化路，建成资源路旅游路产业路 9284 公里，截至 2018 年底，贫困地区 99.3% 的乡镇和 98.7% 建制村通了硬化路，有效解决了贫困地区“出行难”问题。

（四）倾斜支持深度贫困地区。

交通运输部以“三区三州”等深度贫困地区为重点，新增资金、新增项目、新增举措进一步向“三区三州”倾斜，其中“三州”纳入国家规划的公路项目车购税补助标准提高到本省藏区政策持平。2018 年安排涉及“三区三州”国家高速公路、普通国道等重点项目中央资金 436 亿元，比 2017 年增长 72%，“三区三州”农村公路切块资金规模比“十三五”原定规模增长了 7.5 亿元。

（五）稳步推进“四好农村路”建设。

交通运输部深入贯彻落实习近平总书记关于“四好农村路”重要指示批示精神，不断完善农村公路制度保障体系，出台《农村公路建设管理办法》，联合中央编办、国家发展改革委、财政部共同研究制定《深化农村公路管养体制改革的意见》，协助修订《中华人民共和国公路法》。积极指导各地开展省级“四好农村路”示范县创建，联合农业农村部、国务院扶贫办创建“四好农村路”全国示范县 117 个，其中贫困县 52 个，通过示范引领推进“四好农村路”建设高质量发展。

（六）加快提升运输服务水平。

交通运输部以“具备条件的建制村通客车”为攻坚目标，将建制村通客车作为交通运输民生实事，明确参考标准，并加快大力推广应用“通村村”APP 等定制农村客运，指导支持各地加快工作进度。截至 2018 年底，实现 98% 的乡镇和 94% 的建制村通客车。此外，交通运输部加快完善农村物流体系，印发《农村物流网络体系建设指南》，推动农村地区整合交通运输、农业、供销、商务、邮政等资源，以乡镇级农村物流节点为重点，大力加快统筹推进农村物流网络节点体系建设。2018 年，新增邮乐购站点 5 万个，快递企业打造服务农业“一地一品”项目 905 个。

（七）注重行业“扶志”“扶智”。

交通运输部 2018 年选派 11 名干部赴贫困地区挂职，接收贫困地区的干部到部机关挂职 7 名。开展交通扶贫干部轮训，举办交通精准脱贫攻坚专题培训班，参加培训共计 90 人次。加大对贫困地区教育培训的支持力度，全年实施 42 个教育扶贫培训项目，投入资金 299.2 万元，举办 14 期专题培训、15 期讲师团“送教上门”、12 个远程网络培训项目。动员鼓励贫困群众参与农村公路建设，吸纳贫困家庭劳动力参与养路护路。

（八）深入开展腐败和作风问题专项治理。

交通运输部将 2018 年作为交通扶贫脱贫攻坚作风建设年，制定《交通扶贫领域腐败和作风治理 2018 年工作要点》，召开全国交通运输行业加强作风建设电视电话会议，深入开展交通扶贫领域腐败和作风问题专项治理、交通扶贫目标任务督导核查工作。组织开展“四好农村路”建设及交通扶贫督导考评，督促地方切实做好问题整改，针对问题突出省份开展专项约谈。2018 年 10 月，交通运输部以高度的政治自觉性主动性坚定性，接受了中央巡视组开展的脱贫攻坚专项巡视。

（九）交通扶贫宣传成效良好。

交通运输部始终注重做好交通扶贫宣传引导。2018 年开展“小康路 · 交通情”重大主题宣传活动，在中国交通报官方微博开设“小康路 · 交通情”专栏，“交通发布”头条号开设“小康路 · 交通情”话题。会同中宣部组织中央媒体记者，开展“四好农村路”主题采访活动，配合央视焦点访谈栏目播出节目《别了，溜索！你好，大桥！》，举办“10.17”扶贫日论坛交通扶贫分论坛。开展“感动交通十大年度人物推选宣传活动”，向社会广泛宣传扶贫事迹，树立行业扶贫典型。

（十）扎实推进对口支援和联系六盘山片区工作。

2018 年交通运输部按照国务院部署要求，认真推进对口支援和联系六盘山片区工作。组织召开六盘山片区部际联系会议，协调 20 个中央部门研究解决片区脱贫攻坚问题。深化结对帮扶工作机制，各个结对帮扶工作组制定年度帮扶计划，细化帮扶举措，深入开展消费扶贫、电商扶贫、党建扶贫、捐资助学等帮扶工作。截至 2018 年，对口支援的安远县和牵头联系的六盘山片区均提前实现了具备条件的乡镇和建制村 100%通硬化路任务，贫困人口逐年大幅减少，贫困发生率分别由 2014 年的 16.9%和 19.2%下降至约 0.72%和 4.5%。

二、定点扶贫情况

（一）落实部领导定点扶贫责任。

交通运输部党组将定点扶贫作为重要政治任务纳入年度工作重点，2018 年召开党组会、部务会 14 次，传达学习习近平总书记脱贫攻坚重要指示精神，研究推进定点扶贫等脱贫攻坚工作。2018 年召开 5 次领导小组会议，研究定点扶贫工作。2018 年，李小鹏部长赴黑水县调研并主持召开定点扶贫工作推进会，其他部领导分别赴小金县、壤塘县、色达县调研指导。

（二）注重发挥交通行业优势。

交通运输部指导阿坝州制定《交通定点扶贫项目建设行动方案（2018—2020 年）》，2018 年投入车购税资金 8.38 亿元，并协调四川省安排补助资金 2.8 亿元，支持四县普通国省道和农村公路建设。其中，建设国省道 258.2 公里（含续建里程）、通村硬化路 605.1 公里、旅游路 97 公里、农村路网 82.4 公里，加宽窄路基路面农村公路 74.8 公里，实施农村公路安全生命防护工程 991.1 公里。指导四县制定“四好农村路”建设方案，加快“四好农村路”建设。立足四县实际情况，因地制宜开展“交通 + 特色农业 + 电商”“交通 + 文化 + 旅游”“交通 + 健康 + 教育”“交通 + 就业 + 公益岗位”等扶贫模式，整合资源，帮助贫困群众稳定脱贫。

（三）多措并举履行帮扶责任。

交通运输部制定《2018年定点扶贫工作要点》和4个结对帮扶工作计划，督导四县制定打赢脱贫攻坚战三年行动实施方案。增派3名挂职干部，充实定点扶贫联络组，形成了州、县、乡、村全覆盖的定点扶贫干部队伍。深化结对帮扶机制，四个帮扶工作组分别制定工作清单，调动各方力量开展捐款捐物、捐资助学等多样化帮扶。注重志智双扶，通过学院进修、送教上门、专题培训等形式开展教育培训，协调教师跟岗学习、捐赠书籍和基层培训经费等多种方式开展帮扶。开展消费扶贫，2018年，组织工会购买农产品358万元，帮助贫困县销售农产品18.7万元；驻村第一书记组织创建“冰山小丫头食品有限责任公司”，拓展村组农畜产品销路；协调商务部、全国供销合作总社帮助拓宽农特产品销售渠道。

（四）强化问题整改和工作督导。

交通运输部对照2017年定点扶贫考核和脱贫攻坚专项巡视发现的问题，召开党组会、部务会和领导小组会，系统部署整改工作。主要领导带队赴定点扶贫县督导，将2017年定点扶贫考核反馈问题的整改、深入开展扶贫领域腐败和作风问题专项治理，以及常态化过程督导等统筹结合起来，督促推动四县抓好工作落实。2018年5—9月，4个结对帮扶工作组先后对四县开展“回头看”督查调研，检查问题整改落实、扶贫领域腐败和作风问题专项治理情况。2018年12月，部扶贫办会同结对帮扶工作组联合检查四县年度任务完成情况，压实地方主体责任。

（交通运输部投资计划处（扶贫处） 汪忠 赵辉）

水利部扶贫开展情况

一、水利行业扶贫

2018 年，水利部党组坚持以习近平新时代中国特色社会主义思想为指导，全面贯彻落实党的十九大精神和党中央、国务院关于打赢脱贫攻坚战的决策部署，坚持精准扶贫精准脱贫基本方略，落实扶贫责任，强化工作举措，圆满完成年度各项水利扶贫任务。全年安排贫困地区水利建设投资 1242.8 亿元，其中中央投资 750.6 亿元。

（一）加强组织领导，高位推动水利扶贫工作开展。

一是深入学习研讨，学深悟透扶贫论述。多次举办党组中心组（扩大）学习班，深入学习习近平总书记关于扶贫工作的重要论述和重要讲话、指示。鄂竟平部长撰写学习习近平扶贫论述征文文章。举办习近平扶贫重要论述专题培训班。魏山忠副部长参加国务院扶贫开发领导小组举办的“学习贯彻习近平新时代中国特色社会主义思想，坚决打好精准脱贫攻坚战”省部级专题研讨班。二是配合中央巡视，推动工作责任落实。2018 年 10 月 19 日至 11 月 30 日，中央第九巡视组对水利部党组进行了脱贫攻坚专项巡视。部党组高度重视，多次召开党组会议研究部署巡视工作，自觉接受巡视监督。印发了《中共水利部党组关于建立配合中央脱贫攻坚专项巡视工作机制的意见》，成立由部党组书记、部长鄂竟平担任组长的配合中央脱贫攻坚专项巡视工作领导小组，组建巡视联络组、工作组、整改组、保障与维稳组。三是调整加强机构，充实扶贫工作力量。部机构改革到位后，全面调整并顶格配置了部扶贫领导小组及其办公室，由部党组书记、部长担任组长，所有副部长担任副组长，领导小组成员由 15 个增加到 22 个，覆盖了部机关所有司局的一把手。提升领导小组办公室规格，由部领导兼任办公室主任，办公室副主任由 6 个业务司领导担任。四是定期召开会议，研究部署攻坚工作。鄂竟平部长多次主持召开部党组会、专题会，传达学习中央决策部署，研究部署水利扶贫工作。会同林草局召开滇桂黔石漠化片区区域发展与扶贫攻坚现场推进会，联合国务院扶贫办召开实施水利扶贫三年行动暨坚决打赢农村饮水安全脱贫攻坚战视频会议，召开水利部定点扶贫工作座谈会，5 次召开部扶贫领导小组会议。五是深入贫困地区，开展实地调研督导。鄂竟平部长率先垂范，深入云南省、重庆市等贫困地区调研水利扶贫工作。国务院扶贫领导小组成员魏山忠副部长带队，会同全国妇联，完成西藏自治区脱贫攻坚督查工作。2018 年，部领导开展 18 次水利扶贫调研考察，推进水利扶贫工作开展。六是制定配套文件，出台系列政策举措。印发或联合印发《水利扶贫行动三年（2018—2020 年）实施方案》《水利部关于进一步加强贫困地区水利建设资金和项目管理有关工作的通知》《关于坚决打赢农村饮水安全脱贫攻坚战的通知》等9个文件，发布《农村饮水安全评价准则》。

（二）加大支持力度，持续推进贫困地区水利基础设施建设。

一是全力实施农村饮水安全巩固提升工程。各地共完成农村饮水安全巩固提升工程建设总投资523亿元，受益人口7814万人，其中建档立卡贫困人口436万人。二是大力推进农田水利灌排工程建设。支持贫困地区56处大型灌区实施续建配套与节水改造，对湖南、陕西、甘肃3个省部分贫困地区的13处大型灌排泵站进行更新改造，支持贫困县开展田间渠系配套、“五小水利”等小型农田水利二程建设，支持贫困地区发展高效节水灌溉面积598.5万亩。三是稳步开展防洪抗旱减灾工程建设。支持西南五省等贫困地区41座中型水库建设，支持贫困地区36座小型水库建设，推进雅鲁藏布江、澜沧江、白龙江、乌江等贫困地区主要支流治理，开展贫困地区中小河流治理，在710个贫困县开展山洪灾害防治项目建设，支持贫困地区新建、改建水文（位）、雨量站140余处。四是切实加大水土保持和生态工程建设力度。完成水土流失综合治理面积7430平方公里，完成坡耕地治理面积68万亩，除险加固病险淤地坝362座。支持贫困地区河湖水系连通项目建设。五是积极实施农村水电和水库移民扶贫工程。支持湖北、湖南、广西、重庆、贵州和陕西等6个省份落实农村水电扶贫项目37个，截至2018年底，有3万个建档立卡贫困户从2016、2017年项目中受益。通过实施贫困水库移民避险解困、产业发展、技能培训、村庄整治等，帮助30万贫困移民脱贫。六是加快推进重大水利工程项目建设。云南麻栗坝灌区、四川向家坝灌区一期等6个重大水利工程开工建设，截至2018年底，已开工的133项节水供水重大水利工程涉及贫困地区有75项。

（三）落实帮扶责任，统筹做好重点区域水利扶贫工作。

一是落实滇桂黔石漠化片区联系责任。组织三省（自治区）提出需要成员单位支持的区域发展与脱贫攻坚重大事项，积极协调有关部委给予帮助解决。深入石漠化片区县开展调查研究，督促指导片区区域发展与扶贫攻坚规划实施，解决脱贫攻坚有关问题。二是加大深度贫困地区水利支持力度。督促指导“三区三州”六省区编制深度贫困地区脱贫攻坚水利扶贫方案。召开“三区三州”深度贫困地区农村饮水安全巩固提升工作座谈会。加强技术指导，开展专项调研，推进深度贫困地区农村饮水安全巩固提升工程建设。解决“三区三州”深度贫困地区109.57万建档立卡贫困人口饮水安全问题。加快灌溉、防洪、水土保持等民生水利工程建设。三是做好革命老区水利扶贫工作。督促指导革命老区有关贫困地区加大投入力度，加强组织实施，加快推进农村饮水安全巩固提升等民生水利工程建设进度，做好水利建设各项工作，助力革命老区脱贫攻坚。支持甘肃引洮供水二期、四川黄石盘水库、广西驮英水库及灌区等革命老区重大水利工程建设。四是抓好对口支援地区水利扶贫工作。督促指导有关省级水行政主管部门，加大对口支援各地水利建设倾斜支持力度，推动青海贵德、江西宁都、河北阜平、甘肃临夏、安徽金寨“十三五”水利扶贫专项规划或实施方案实施。

（四）瞄准人才短板，继续抓好技术智力帮扶工作。

一是严格干部挂职选派管理。择优选派21名干部到贫困地区挂职交流，接收3名西部贫困地区、革命老区干部到部机关挂职交流。截至2018年底，贫困地区共有扶贫挂职干部34人。组织完成17名扶贫挂职干部期满考核工作。提拔使用3名在岗扶贫干部。二是加大水利人才培训力度。积极推广水利人才“订单式”培训创新模式，开展“菜单式”培训。水利部机关举办15期水利扶贫专题培训班。水利部及各地全年共培训贫困地区水利干部15000多人次。三是加大水利技术帮扶力度。组织部署有关单位专家帮助贫困地区解决技术问题和难题，指导地方做好水利前期工作。继续集中选派24名技术专家“组团式”技术支持西藏阿里7个县。接收西部贫困地区水利干部到部直属单位学习锻炼。落实贫困地区水利技术示范项目7个，加强先进适用技术宣传推广。四是加大水利劳务扶贫力度。采取多种形式，促进有劳动能力的贫困人口参与水利工程建设。全年共有47万人次在水利工程建设与管护岗位就业或短期打工，人均增收7019元。

（五）紧盯作风建设，切实加大水利扶贫领域督导检查。

一是制定工作方案。根据国务院扶贫开发领导小组的部署，及时制定了专项治理工作方案，明确治理目标任务、方法步骤和时间安排，集中开展6个方面22项专项治理工作。二是建立工作机制。明确专项治理分管领导、责任部门和联络员，建立台账管理制度，定期梳理水利扶贫领域作风问题专项治理进展情况。三是开展监督检查。采取明察和暗访相结合的方式，加大监督检查力度。驻部纪检监察组多次对滇桂黔石漠化片区和定点扶贫县水利扶贫工作进行监督检查。水利部派出7个工作组，对河北、湖南、江西等省（自治区）进行专项督导检查。四是组织自查自纠。按照边查边整的要求，对查找出的问题，及时进行纠正。为减轻各级水行政主管部门的考核负担，及时取消了水利扶贫考核。根据定点扶贫调研检查发现的问题，及时印发文件要求从产业扶贫、帮扶扶持标准等6个方面进行自查自纠。

（六）采取多种手段，不断强化水利扶贫工作保障措施。

一是大兴调查研究之风。部扶贫领导小组各成员单位结合业务工作，加大贫困地区水利建设资金和项目实施监督调研。组织开展农村饮水安全精准扶贫专题调研。二是大力加强统计工作。组织开展水利扶贫、定点扶贫和劳务扶贫统计，及时完成了季报、年报任务。三是认真开展中期评估。主要对“十三五”规划目标完成情况、主要任务推进落实情况、革命老区扶贫任务进展情况、投资完成情况等方面进行评估，完成评估报告。四是加大水利扶贫宣传。充分利用中央媒体、水利媒体水利扶贫三年行动暨坚决打赢农村饮水安全脱贫攻坚战视频会、“10·17”扶贫日活动等水利扶贫重要活动和会议进行采访、报道。中国水利报开设“精准扶贫　改善民生”“打赢脱贫攻坚战”“驻村手记”“记者手记”等水利扶贫宣传栏目。组织开展学习习近平扶贫重要论述和中国扶贫 40 周年征文活动，征集文章 47 篇。编辑印发 12 期水利扶贫简报和 4 期信息专报，国务院扶贫办编印 4 期简报反映我部工作情况。组织记者赴深度贫困地区挖掘水利扶贫工作典型案例，采编《深度贫困地区水利扶贫在行动》一书。

二、水利部定点扶贫

2018 年，水利部党组认真贯彻落实中央单位定点扶贫工作推进会精神，督促指导定点扶贫县（区）党委政府落实脱贫攻坚主体责任，调动各方力量，整合扶贫资源，加大帮扶力度。2017、2018 年连续两年水利部定点扶贫工作考核等次为“好”，我部原农村水利司被中央和国家机关工委评为 2018 年中央和国家机关脱贫攻坚先进集体。

（一）调整工作部署，明确帮扶任务。

机构改革后，主动将原三峡办、原南水北调办分别负责的定点扶贫县（区）重庆市万州区和湖北省郧阳区纳入水利部统一帮扶范畴，定点扶贫县（区）由原重庆市城口县、丰都县、巫溪县、武隆区 4 个县（区）增加到 6 个县（区），定点扶贫对口帮扶组由原 4 个组 62 个单位增加到 6 个组 84 个单位。及时制定印发《水利部定点扶贫三年工作方案（2018—2020）》，明确实施水利行业倾斜支持、贫困户产业帮扶、贫困户技能培训等新“八大工程”。6 个定点扶贫对口帮扶组对各组定点扶贫工作方案和年度计划进行了修订调整。

（二）夯实扶贫责任，加大帮扶力度。

与国务院扶贫领导小组签署《中央单位定点扶贫责任书（2018 年度）》后，及时将责任书任务分解到 6 个定点扶贫对口帮扶组，并签订帮扶责任书，压实帮扶责任。全年 6 个对口帮扶组投入捐助帮扶资金 923.33 万元，完成任务的 124.3%；引进帮扶资金 1.36 亿元，完成任务的 264.1%；培训基层干部 367 名，完成任务的 151%；培训技术人员 1052 名，完成任务的 262.3%；安排贫困家庭勤工俭学学生 212 名，完成任务的 117.8%；部机关工会组织购买定点扶贫县（区）农副产品，部机关和直属单位职工积极参与“选购农副产品、支持定点扶贫”活动，购买定点扶贫县（区）农副产品 206.54 万元，完成任务的 500.7%；协调北京市东城区和郧阳区举办农特产展销会等，帮助销售农产品 1145.91 万元，完成任务的 102.1%。

（三）合力帮扶攻坚，实施“八大工程”。

实施水利行业倾斜支持工程，安排水利建设投资 14.98 亿元，其中中央投资 5.04 亿元。实施贫困户产业帮扶工程，投入 229.06 万元贴息或担保资金撬动 6477.6 万元贷款，安排股权帮扶金额 320 万元，共计帮扶 2570 个贫困户。实施贫困户技能培训工程，投入 898.86 万元资金，举办 169 期 4585 人次培训班，水利部部属单位吸纳 289 人次贫困户劳动力在安保、保洁等岗位就业。实施贫困学生勤工俭学帮扶工程，安排贫困家庭212个学生进行勤工俭学，平均增加收入2900元。实施水利建设技术帮扶工程，安排285人次进行技术帮扶，帮助编制13个规划（方案、计划），开展了15个前期工作。实施专业技术人才培训工程，投入68.34万元资金，举办47期578人次培训班。实施贫困村党建促脱贫帮扶工程，与6个贫困村支部开展共建，安排166.2万元党费，支持26个贫困村修缮党组织活动场所、更新教育设施，举办5期170人次党支部书记、创业致富带头人培训班。实施内引外联帮扶工程，与有关部委沟通协调引进9886万元资金解决8个问题，牵线搭桥引入21家企业签署框架性投资协议10.5亿元，协调北京尤迈慈善基金会组织北京协和医院知名专家远程会诊贫困户病人113人次。

（四）强化监督指导，推动工作落实。

针对中央定点扶贫单位试考核反馈意见，组织对口帮扶组完成了整改落实工作。组织开展对6个定点扶贫县（区）落实脱贫攻坚主体责任专项督导检查，并以“一县一单”的方式印发各定点扶贫县（区）党委政府整改落实。委托第三方独立机构对定点扶贫县（区）脱贫攻坚以及定点扶贫“八大工程”实施情况开展跟踪监测评估。全年由司局级领导带队调研定点扶贫工作41人次，6个帮扶组共召开21次专题会议，研究部署定点扶贫帮扶工作。

（水利部水库移民司（扶贫办）靳宏强 蓝希龙 周旷）

农业农村部扶贫开展情况

习近平总书记多次强调，发展产业是实现脱贫的根本之策，要把培育产业作为推动脱贫攻坚的根本出路。近年来，农业农村部坚持把发展产业作为实现贫困人口稳定脱贫的根本途径和长久之策，加强协调推动，聚力精准施策，突出规划引领、主体培育、产销对接、技术服务等关键环节，狠抓帮扶措施落实，扎实推进产业扶贫工作，取得了重要进展，为打赢脱贫攻坚战取得决定性成就提供了有力支撑。

一、政策支撑体系不断完善

坚持中央统筹、省负总责、市县抓落实的管理机制，农业农村部联合国家发展改革委、国务院扶贫办等8部门印发《关于实施产业扶贫三年攻坚行动的意见》等文件，进一步明确产业扶贫重点任务，落实到村到户到人精准帮扶举措。各地围绕促进特色产业发展、扶持新型经营主体、创新产业精准带贫机制、加大产业扶贫项目支持等，出台了一系列含金量高的政策举措，扎实开展产业扶贫工作。会同国务院扶贫办印发《关于建立贫困户产业发展指导员制度的通知》，部署各地建立贫困户产业发展指导员队伍。截至2018年底，指导22个扶贫任务重的省份建立贫困户产业发展指导员26万人，提高产业发展帮扶服务精准度。

二、新型主体带贫能力明显提升

支持贫困地区积极培育龙头企业、农民合作社、家庭农场等带贫新型经营主体，引导贫困地区总结推广产业带贫减贫机制，强化新型经营主体龙头带动和全产业链服务功能，切实提高产业发展精准脱贫质量。各地通过订单生产、土地流转、就地务工、股份合作、资产租赁等方式，构建以“龙头企业+合作社+贫困户”为主的多种带贫模式，贫困群众从产业发展中获得实实在在的好处。截至2018年底，全国832个贫困县已发展市级以上龙头企业1.4万家，平均每个贫困县近17家。12.6万个贫困村已发展农民合作社26万个，平均每个贫困村2个。

三、农产品产销对接深入推进

落实习近平总书记指示要求，制定《贫困地区农产品产销对接实施方案》，实施“互联网+”农产品出村工程，开展2018年贫困地区农产品产销对接行动，利用各类展销活动和媒体平台宣传推介贫困地区农产品，推动龙头企业、批发市场、大型超市与贫困地区精准对接，建立长期稳定的供销关系。2018年，北京、兰州、和田、长沙、郴州、商丘等地举办了7场贫困地区农产品产销对接活动，为全国600多个贫困县提供营销推介服务，展示展销贫困地区农产品万余种，开展品牌推介活动20

多场，近 3000 家经销商、采购商参与对接采购，现场签约金额超过 190 亿元。在第十六届中国国际农产品交易会上，专门设置扶贫展区，集中展示贫困地区优质农产品。各地积极开展贫困地区农产品进机关、进学校等展示展销活动。

四、精准帮扶举措进一步强化

调动全国农业科技系统力量为贫困地区产业扶贫提供技术服务支撑，指导 832 个贫困县组建产业扶贫技术专家组 4100 多个，开展决策咨询和生产技术指导。加强贫困地区基层农技推广体系建设，在 22 个扶贫任务重的省份实施农技推广服务特聘计划，621 个贫困县招募特聘农技人员 3000 多名，不断提升产业扶贫技术支撑保障水平。依托国家现代农业产业技术体系专家团队，组建 6 个科技服务团、544 个产业扶贫技术专家组，对口“三区三州”科技帮扶工作，覆盖“三区三州”165 个贫困县。面向贫困地区开展农村实用人才带头人示范培训，举办农业农村系统产业扶贫培训班，累计培训 3 万多人次，有效提高了各地推进产业扶贫的能力和水平。

五、扶贫特色产业加快发展

指导各地认真落实产业扶贫规划或实施方案，推动各地科学确定产业、精准设计项目、明确带动主体，确保产业对人、人对产业。各地充分发挥资源优势，因地制宜加快发展对贫困户增收带动作用明显的种植养殖业、林草业、农产品加工业、特色手工业、休闲农业和乡村旅游等特色优势产业，积极培育和推广有市场、有品牌、有效益的特色产品。在总结推广洛川苹果、赣南脐橙、定西马铃薯等 13 个产业扶贫范例的基础上，围绕产业扶贫重点关键环节，进一步总结遴选了产业扶贫 10 大机制创新典型，在 2018 年产业扶贫论坛上进行集中宣传推介，进一步推动各地优化产业扶贫政策供给，完善产业扶贫精准帮扶机制。

六、定点扶贫工作扎实推进

农业农村部定点帮扶湖北咸丰县、来凤县，湖南永顺县、龙山县和贵州剑河县。部领导多次带队深入定点县开展调研，组织召开定点扶贫座谈会，谋划推动脱贫攻坚和特色产业发展。制定《农业农村部 2018 年定点扶贫工作实施方案》，明确帮扶措施和工作要求。完善部领导联系定点扶贫县工作机制，明确 5 位部领导分别对口联系 5 个定点扶贫县，推动落实各项帮扶措施。召开定点扶贫县工作对接会，加强需求对接和精准帮扶。坚持扶贫与扶志扶智相结合，十八大以来，选派 4 批 44 名优秀干部到定点扶贫县挂职锻炼。深入开展以党建促扶贫帮扶活动，组织部内 22 个司局和直属单位党组织与贫困村党支部结对帮扶，开展联学共建、规划编制、项目支持、捐资捐物等丰富多彩的帮扶活动。我部在中央单位定点扶贫工作考核中，连续两年获得等次为“好”的成绩。

经过各方面共同努力，产业扶贫工作取得显著成效，贫困地区建设了一大批特色产业生产基地，培育了一大批带动能力强的新型经营主体，形成了一大批知名农产品品牌。越来越多贫困群众通过产业发展实现脱贫增收。据统计，建档立卡贫困户中，参与产业发展的贫困户占92%以上，已脱贫人口中，主要通过发展产业和就地产业务工实现脱贫的占67%以上。贫困地区农民可支配收入保持较快增长，2018年贫困地区农民可支配收入达到10371元，增速达到10.6%，高出全国平均水平1.8个百分点。

下一步，农业农村部将继续深入学习贯彻习近平总书记关于扶贫工作的重要论述，落实中央打赢脱贫攻坚战三年行动指导意见，全力抓好中央专项巡视整改，加快提升特色产业发展水平，积极培育新型经营主体，加强农产品市场营销，强化科技人才支撑，全面提升产业扶贫工作质量，为打牢脱贫基础、巩固脱贫成果、打赢打好脱贫攻坚战提供坚实保障。

（农业农村部 杨军 周磊）

国家卫生健康委员会扶贫开展情况

国家卫生健康委深入学习贯彻习近平总书记关于脱贫攻坚一系列重要指示精神，贯彻落实党中央、国务院脱贫攻坚决策部署，把健康扶贫作为全民健康、全面小康的重大政治任务、底线任务予以推进。围绕实现贫困人口“基本医疗有保障”目标，认真贯彻精准扶贫方略，把防止因病致贫返贫作为主攻方向，按照“大病集中救治、慢病签约服务、重病兜底保障”的策略，采取了一系列针对性措施，深入推进健康扶贫工程，取得明显阶段性成效。

一、实行分类施策，绝大部分贫困患者已经得到基本救治

核查贫困人口患病情况，建立动态系统，基本实现健康扶贫精准到人、精准到病。实施大病专项救治，选择群众反映集中、费用负担重、诊疗路径清晰、诊疗效果明确的病种，确定定点医院、诊疗方案、单病种付费标准，为罹患 25 种大病的患者提供规范化治疗。针对慢性病患者，开展家庭医生签约服务，重点加强对高血压、糖尿病、结核病、严重精神障碍等慢性病患者的规范管理。截至 2018 年底，已有 1213 万人得到分类救治，覆盖 95% 的大病和慢性病患者。

二、加强综合保障，贫困人口医疗费用负担明显减轻

推动将建档立卡贫困人口全部纳入城乡居民基本医保、大病保险和医疗救助制度保障范围，实行倾斜照顾。推动各地对贫困人口采取特殊保障措施，安排专项资金，通过政府直接兜底、医保制度兜底、建立补充医疗保险制度兜底、专项救助基金兜底等形式，对经城乡居民医疗保险、大病保险、医疗救助补助后的个人自付医疗费用再次给予补偿或救助，将农村贫困人口住院医疗费用个人自付比例控制在可承受范围以内。中央财政安排专项资金 100 亿元支持深度贫困地区农村贫困人口托底医疗保障工作，2018 年已下达 40 亿元。同时，为贫困人口提供县域内住院“先诊疗、后付费”和“一站式”即时结算等方便措施。2018 年贫困患者医疗费用个人平均自付比例下降到 10% 左右。

三、多措并举，贫困地区医疗卫生服务能力逐步提升

实施全民健康保障工程建设规划，87.5% 的中央投资用于支持贫困地区医疗卫生基础设施建设。协调中央财政补助资金 23.3 亿元，专项用于 832 个贫困县县级医院和基层医疗卫生机构临床服务能力建设。抓住县医院这个龙头，加快业务用房建设和设备配置，组织 963 家三级医院对口帮扶 832 个贫困县的所有县级医院，每个县医院都有一支或多支团队持续蹲点帮扶，全面建立远程医疗网络。扭住乡镇卫生

院这个枢纽，2015年以来，中央累计支持了贫困地区3438个乡镇卫生院标准化建设，实施全科医生特岗计划、农村订单定向医学生免费培养项目，累计为贫困地区乡镇卫生院补充全科医生1.4万人。托住村卫生室这个网底，2015年以来，中央支持了贫困地区1.4万个村卫生室建设，基层卫生人才能力提升项目为贫困地区培训了6万名村医，培养了3万名乡村全科执业助理医师，建立基本公卫、基本药物制度补助等补偿机制，推动解决村医待遇低和养老保障等问题，村医队伍服务能力得到加强。截至2018年底，已有773个国家级贫困县至少有1家县级医院达到二级服务水平；11358个乡镇的卫生院基础设施建设达标，12187个乡镇的卫生院至少拥有1名全科医生或执业（助理）医师；13.8万个行政村的卫生室基础设施建设达标，15.8万个行政村的卫生室至少拥有1名合格乡村医生。

四、全面加强公共卫生服务，推动疾病预防关口前移

坚持预防为主、防治结合，针对艾滋病、结核病、包虫病、大骨节病等重点传染病和地方病，采取针对性防治策略和有效措施综合防控。启动地方病防治专项行动，针对大骨节病、克山病、碘缺乏病、血吸虫病等重点地方病，开展现症病人分类救治，并着力加强重点地区地方病防治能力建设。深入开展凉山州艾滋病防治和健康扶贫攻坚行动，与2017年同期相比，凉山州病毒抑制率提高36个百分点，艾滋病母婴传播率下降25%。深入实施贫困地区儿童营养改善、新生儿疾病筛查项目，改善贫困地区6—24个月龄儿童营养状况，累计使580多万儿童受益。农村妇女宫颈癌、乳腺癌筛查、孕前优生健康检查、增补叶酸预防神经管缺陷等项目覆盖所有贫困县。加强出生缺陷综合防治，针对6大类72种结构畸形和多种遗传代谢病贫困患儿开展医疗救助。加强健康促进与教育，针对重点人群、重点疾病、主要健康问题和健康危险因素开展健康教育，通过健康讲座等多种方式，普及健康知识，倡导自身是健康第一责任人理念，引导形成健康生活方式和行为。

五、聚焦聚力深度贫困地区，攻克坚中之坚

制定印发深度贫困地区健康扶贫实施方案，召开“三区三州”健康扶贫攻坚工作座谈会，全面部署推进。一地一策，指导“三区三州”所在省份分别制定“三区三州”健康扶贫工作攻坚行动方案，聚焦短板，合力攻坚。加大支持力度，倾斜支持“三区三州”各级医疗卫生机构建设；协调中央财政补助资金4.66亿元，支持“三区三州”县级医院和基层医疗卫生机构临床服务能力建设；协调中央财政专项资金25.2亿元，支持“三区三州”农村贫困人口托底医疗保障工作。2018年新增4780万元支持西藏自治区包虫病防治工作，新增1100万元并争取盖茨基金会3年内投入450万美元支持凉山州艾滋病综合防治。创新帮扶方式，实施医疗人才“组团式”援藏援疆，从国家级医院和省级大医院选派专家组团帮扶，以“院包科”的形式帮助受援医院建设重点科室，提升服务能力。西藏实现332种“大病”不出自治区、1914种“中病”不出地市，新疆受援医院急危重症病人抢救成功率达到90%以上。

经过各方共同努力，贫困地区医疗卫生机构服务条件明显改善，服务能力明显提升，贫困群众大部分疾病都能在县域内得到及时救治，农村贫困人口医疗费用负担大幅减轻，因病致贫返贫贫困户脱贫进度与全国建档立卡贫困户的整体脱贫进度基本保持同步。

（国家卫生健康委扶贫办 朱葛）

审计署扶贫开展情况

一、审计扶贫情况

2018 年，审计署坚持以习近平新时代中国特色社会主义思想为指导，深入学习贯彻习近平总书记关于扶贫工作的重要论述，认真落实党中央、国务院关于打赢脱贫攻坚战的决策部署，积极落实国务院扶贫开发领导小组各项工作要求，不断深化与国务院扶贫办等部门的协调配合，积极推动《中共中央 国务院关于打赢脱贫攻坚战三年行动的指导意见》（以下简称《指导意见》）落实，坚持全国扶贫审计工作一盘棋，建立健全脱贫攻坚政策落实和重点资金项目跟踪审计机制，动员全国审计力量扎实推进扶贫审计全覆盖，积极发挥审计在推动打赢脱贫攻坚战中的监督和保障作用。

（一）全面部署扶贫审计工作。

2018 年 6 月 15 日，《指导意见》印发，对打赢脱贫攻坚战作出具体部署，明确要求严格扶贫资金审计，严格扶贫资金审计，加强扶贫事务公开。严肃查处贪污挪用、截留私分、虚报冒领、强占掠夺等行为。依纪依法坚决查处贯彻党中央脱贫攻坚决策部署不坚决不到位、弄虚作假问题，主体责任、监督责任和职能部门监管职责不落实问题，坚决纠正脱贫攻坚工作中的形式主义、官僚主义。

为深入贯彻落实《指导意见》，进一步做好今后三年脱贫攻坚决胜期内的扶贫审计工作，8 月 28 日，审计署印发《关于贯彻落实脱贫攻坚战三年行动指导意见 进一步深化扶贫审计的通知》（审农发〔2018〕26 号），从实现扶贫审计全覆盖、推动脱贫攻坚各项政策措施精准落实、维护扶贫资金安全、促进提高扶贫资金项目绩效、认真落实“三个区分开来”重要要求、推动建立解决问题长效机制、创新扶贫审计方式方法、严格执行各项纪律等八个方面提出具体要求和作出统一部署，持续深化全国扶贫审计工作。8 月 29 日，召开全国审计机关“聚焦脱贫攻坚三年行动进一步深化扶贫审计”视频会议，署党组书记、审计长胡泽君同志以“深入学习贯彻习近平总书记关于扶贫工作的重要论述 更好发挥审计在打赢脱贫攻坚战中的作用”为题发表重要讲话。12 月 14 日，召开扶贫审计工作座谈会，署党组书记、审计长胡泽君同志听取青海、四川、甘肃、云南 4 个深度贫困地区审计组同志的工作情况介绍，对继续深化扶贫审计工作提出进一步要求。

（二）稳步推进扶贫审计全覆盖。

审计署加强对地方审计机关的业务指导，坚持全国扶贫审计工作一盘棋，加大审计资源统筹力度，通过统一组织扶贫资金专项审计和国家重大政策措施落实跟踪审计等，积极推动审计计划统筹、审计资源整合、审计项目融合、审计成果共享，形成全国扶贫审计的强大合力。各级审计机关贯彻落实“中央统筹、省负总责、市县抓落实”的工作机制，继续紧盯扶贫审计全覆盖的目标，统筹审计资源、倒排工作计划，保障人力资源投入，确保在2020年以前实现对832个贫困县（含集中连片特困地区县）审计全覆盖的同时，扎实推进东西部扶贫协作资金、非贫困县扶贫资金的审计全覆盖，消除监督盲区。

2018年，审计署和地方审计机关通过专项审计、政策落实跟踪审计等方式，投入审计力量2200多人次，对382个贫困县开展审计，涉及2200多个乡镇、7400多个行政村，入户走访2.6万多户贫困家庭。累计抽查扶贫资金2200多亿元，依纪依法向纪检监察、司法机关等移送问题线索270余件。其中，审计署统一组织审计扶贫资金1600多亿元，依纪依法向纪检监察、司法机关等移送问题线索204件。截至2018年底，审计署统一组织全国审计机关通过“上审下”“交叉审”等方式，已累计覆盖全国832个贫困县中的766个（覆盖面为92%），涉及80%以上的深度贫困地区。全国审计机关依纪依法向纪检监察、司法机关等移送问题线索1600余件，促进追责问责470多人，推动完善制度100多项。审计查出问题金额占抽查资金比例逐步下降。

（三）坚持问题导向。

2018年，审计署沿着“政策”“资金”两条主线，突出“精准、安全、绩效”三个重点，着力查处骗取套取、截留挪用、贪污侵占、挥霍浪费扶贫资金，以及化公为私、优亲厚友等严重危害扶贫资金安全、损害贫困群众利益的问题；着力揭示扶贫资金长时间闲置、重点扶贫项目推进缓慢或损失浪费等影响扶贫资金绩效和脱贫效果的问题，推动扶贫资金统筹整合使用；着力反映精准扶贫政策措施不衔接、不落地，以及脱贫攻坚中的不实不准问题、扶贫资金阳光化管理不到位等机制体制问题，推动精准扶贫政策措施落实，维护和保障扶贫资金安全绩效。

（四）积极促进整改。

对扶贫审计发现的问题，审计署在向党中央、国务院报告的同时，每个季度依法向社会公告审计结果，通过公开促进整改，保持扶贫审计监督高压态势。审计结果受到地方各级党委政府、有关部门高度重视和社会高度关注，相关地方党委政府建立审计整改台账，明确整改时限和责任人，逐一对账销号，通过追缴被骗取套取或违规使用的扶贫资金、统筹盘活长期闲置资金、加快扶贫项目实施进度、加快下拨扶贫资金、补发扶贫款物以及完善建档立卡基础工作、严肃追责问责、制定修订规章制度等方式，推动扶贫审计整改及时、到位，保障脱贫攻坚各项工作取得实效。2018年，扶贫审计促进整改落实有关问题资金1548884万元；审计促进拨付资金到位194476万元；审计后挽回（避免）损失23133万元；核减投资额528万元；移送处理落实事项204件。审计推动被审计单位制定整改措施151项；促进被审计单位建立健全规章制度185项。

二、定点扶贫情况

2018年，审计署党组全面落实党的十九大精神以及中共中央、国务院《关于打赢脱贫攻坚战的决定》和《关于打赢脱贫攻坚战三年行动的指导意见》，认真学习习近平总书记关于扶贫工作的重要论述，全力推进定点扶贫河北顺平、贵州丹寨两县脱贫摘帽。截至2018年底，河北省顺平县地区生产总值、财政收入、农民人均可支配收入与帮扶前比，分别增长了5倍、14倍和4倍，建档立卡贫困人口由2014年的35242户、102078人下降至2018年底的1273户、2632人，贫困发生率从37.8%下降至0.98%；贵州省丹寨县累计减少贫困人口5.63万人，贫困发生率下降至1.67%；农村居民人均可支配收入从5862元增加到9060元，年均增长11.5%，增速连续六年排名贵州省前三位。2018年，中央政治局常委、全国政协主席汪洋到丹寨视察，给予"丹寨的扶贫工作是非常有成效的"的肯定。

（一）扶贫调研。

2018年，审计署党组围绕年度定点扶贫工作计划召开专题工作会，要求署领导班子成员进一步加强对脱贫攻坚的调查研究，年内至少到帮扶县调研考察一次；机关党委（人事教育司）会同办公厅做好调研计划。全年署领导先后6次赴定点扶贫县开展调研。5月，署党组书记、审计长胡泽君同志赴河北省顺平县开展定点扶贫工作专题调研，召开脱贫攻坚工作专题会暨座谈会，考察节水灌溉、扶贫产业项目并看望西南蒲村贫困户。胡泽君表示，打赢脱贫攻坚战是当前和今后一个时期的重大政治任务，要坚决把习近平总书记关于脱贫攻坚的各项要求落到实处。要继续攻坚克难，苦干实干，扎实推进精准扶贫、精准脱贫，坚决完成脱贫攻坚任务；要坚持现行标准，奋发有为，确保经得起历史和人民的检验；要切实加强基层党组织建设，充分发挥党支部战斗堡垒作用；要切实构建脱贫攻坚工作长效机制，巩固现有的扶贫工作成果。春节前，原署党组成员刘正均，原中央纪委驻署纪检组长、署党组成员郑振涛分别赴顺平、丹寨进行调研慰问并在顺平发放奖学金。7月3日，原署党组成员、副审计长陈尘肇赴贵州丹寨调研定点扶贫工作开展情况。9月26日，署党组成员、总审计师陈健赴顺平调研脱贫攻坚情况。10月10日，署党组成员、副审计长孙宝厚赴贵州丹寨调研定点扶贫工作开展情况。

（二）扶贫制度建设。

审计署通过强化扶贫审计监督、挂职扶贫干部现场督导等方式，督促顺平和丹寨根据中央精神和上级单位规定，制定、完善有关扶贫工作制度办法。顺平县出台《顺平县推进脱贫攻坚统筹整合涉农资金管理办法》《顺平县2017年度财政涉农资金统筹整合第一次调整、增补使用方案部分项目调整变更的请示》《对财政资金收益扶贫项目采取单一来源方式增加购买服务内容的决定》《顺平县2018年度财政涉农资金统筹整合使用方案》《顺平县农业保险联办共保实施方案》《金融扶贫贷款贴息实施细则》等9项政策措施。丹寨县出台《丹寨县开展"五个一"主题活动助推脱贫攻坚的实施意见》《丹寨县易地扶贫搬迁就业创业、培训后续保障工作实施方案》《丹寨县“六个一”产业扶贫工程建设专班工作方案》《丹寨县强化扶志扶智激发内生动力的实施方案》等15项政策措施，有效加快脱贫攻坚进程。

（三）扶贫培训。

2018年4月9日至13日，在审计干部教育学院举办2018年度对口支援和定点扶贫地区审计机关审计业务培训班，为2个贫困县审计局及赣州市、保定市审计局培训干部92人。2018年，坚持以党建为引领，组织对深度贫困村第一书记、致富带头人、驻村干部等开展培训330余人次。其中，丹寨300名，顺平30名，超额完成定点扶贫责任书既定任务300名的10%。另外，培训技术人员25名，其中丹寨15名，顺平10名，超额完成既定任务20名的25%。

（四）干部挂职扶贫。

2018年，在定点扶贫县原挂职干部两年期满后，除甲石村因66名村民送来请愿书恳请姜海泉同志延期挂职一年外，审计署又选派周俊、仇凯、胡光武3名优秀审计干部分赴顺平县、丹寨县挂职。仇凯同志挂任顺平县县委常委、县政府副县长，协助负责脱贫攻坚工作。胡光武同志挂任顺平县蒲上镇西南蒲村第一书记。周俊同志挂任丹寨县委副书记、县政府副县长，协助县委书记、县长负责脱贫攻坚工作。姜海泉同志挂任丹寨县排调镇甲石村驻村第一书记。2018年，周俊同志被中共丹寨县委、丹寨县人民政府表彰为“优秀援丹干部”，姜海泉同志被中央和国家机关工委表彰为“中央和国家机关脱贫攻坚优秀个人”。仇凯同志前任崔云凯同志被表彰为“2018年河北省脱贫攻坚贡献奖”。

（五）扶贫慰问。

2018年春节前夕，原署党组成员刘正均，原署党组成员、中央纪委驻署纪检组长郑振涛，带领审计署机关党委（人教司）、机关服务局等部门同志分别到顺平县、丹寨县开展扶贫慰问，发放奖（助）学金30万元，发放慰问物资和慰问金6.33万元，涉及贫困农户270余户。

（六）扶贫宣传。

2018年，审计署积极对定点扶贫和扶贫审计工作中涌现出来的先进典型事迹进行宣传，中央媒体及署管媒体对我署挂职丹寨县甲石村第一书记姜海泉同志进行系列宣传报道，中青在线刊发《审计人不一样的扶贫经》《扶贫审计人守望的“第二故乡”》，中国审计报以《来自扶贫审计一线的报道——他是我们村里的人》为题作了深度报道。还组织开展了全国审计机关驻村“第一书记”主题宣传，聚焦全国各级审计机关驻村“第一书记”先进事例，选取50名候选人并将其事迹通过署管媒体以“全国审计机关驻村‘第一书记’事迹展播”专栏形式集中展示，并同步开展投票活动，根据票选情况再进行“蹲点式”采访，推出一批感人至深的宣传作品。

（七）扶贫资金投入。

2018 年，审计署直接投入帮扶资金 176.15 万元，超额完成既定任务 40 万元的 340.38%。其中，顺平县 144.83 万元，主要是审计长奖学金 30 万，党费支持党建工作 APP 建设 15 万元，拨付第一书记开展工作党费 3.9 万元，署领导慰问品折算 4.98 万元、慰问金 0.95 万元，中央专项补助经费 90 万元；丹寨县 31.32 万元，主要是拨付第一书记开展工作党费 3.9 万元，党费支持村级党组织活动场所建设 23.6 万元，署领导慰问贫困户金额 0.4 万元，审计署武汉特派办捐款 3.42 万元。

（八）扶贫资金管理。

2018 年，在审计署统一组织领导下，河北省审计厅加强对顺平县脱贫攻坚情况审计监督，安排扶贫专项审计，抽审扶贫资金 2.33 亿元，针对顺平县在扶贫政策落实、扶贫资金管理使用等方面存在的问题，提出进一步强化精准措施落实到位、提高财政扶贫资金使用效益等审计建议，推动加强扶贫资金管理。贵州省审计厅对丹寨县易地扶贫搬迁工程资金管理使用、项目管理及政策落实等情况进行了专项审计，指出就业和社会保障等政策落实、资金筹集使用、工程建设管理、安置房分配等问题，提出主动加强对接、严格落实国家政策、规范资金管理等审计建议，推动易地扶贫搬迁政策落实到位。

（九）产业扶贫。

成功为顺平县 1 家企业引入基金资金 5000 万元，帮助企业发展的同时，增加顺平财税收入，夯实县域经济基础。筹资 60 余万元为西南蒲村、永禄村修建花卉大棚和草莓大棚，增加村集体收入，带动贫困户致富。帮助丹寨县列为全国 2018 年有机肥替代化肥试点县、农村一二三产业融合发展示范项目县，连续 3 年每年获得 2000 万元补助。推动万达集团投资建设丹寨万达小镇二期帮扶项目总计 5000 万元，助力旅游产业发展。积极协调争取杭州滨江区帮扶资金 220 万元支援丹寨县甲石村产业建设和发展，其中 100 万元用于发展食用菌产业。

（十）教育扶贫。

在顺平县设立审计长奖（助）学金，每年发放 30 万元资助贫困学生；争取 5 万余元为 10 所小学安装恒温饮水机，使孩子喝上放心安全水；组织永禄、西南蒲村考上大学的新生进行座谈并赠送行李箱和双肩包等上学必需品。为部分村小学捐赠足球等体育用品，鼓励学童锻炼身体、健康成长。协调教育部“改善普通高中办学条件中央补助资金”420 万元，用于丹寨民族高中建设和设备购置，不断优化办学条件，有效缓解丹寨高中师资力量不足的难题；协调全国知名公益网信企业、中央党校浦东干部教育学院教学定点观摩单位沪江教育集团在丹寨开展“互联网 + 乡村教育”模式。

（十一）公益扶贫。

顺平县审计局主导为顺平县优抚医院捐赠医疗仪器3.32万元，提高医疗救助水平，助力脱贫攻坚。审计署第二任审计长吕培俭同志夫人盛丽霞同志捐款50万元分三年资助丹寨高中和职业高中贫困学生完成学业，其中2018年20万元资助100名学生，每名2000元；审计署政研室捐赠甲石村幼儿园滑梯一座6000元；审计署财政审计司捐赠物资价值1万元；审计署培训中心（宣传中心）捐赠玩具、学习资料等物资折合1万元；审计署武汉特派办捐款3.42万元，捐赠冬衣棉被100余件折合金额5万元。

（十二）基础设施建设。

协调中国地质调查局在顺平县和丹寨县开展水资源利用、地质灾害评价和土壤化学元素分析等调查，2018年前三季度完成投资2617万元，包括水资源科学管理、土地合理规划、特色农业产业发展等项目。在河北省顺平县，协调水利部水利水电规划设计总院编制完成《顺平县水利中长期发展规划》，从饮水、节水、供水、河道治理、生态保护、能力建设等6个方面进行了规划；帮助协调资金4567万元，实施了高效节水灌溉、中小河流治理、高标准农田建设等项目。在贵州省丹寨县，帮助协调南方电网公司投入2059万元建设110千伏马丹线项目，有效缓解用电压力；4级审计机关通过“四个一点”的方法共同捐资，推动实现丹寨县9个深度贫困村村委会办公场所建设的全覆盖。

（十三）整村推进。

在顺平，坚持抓党建促脱贫，为部分村支部更新电脑、办公桌椅等党员教育设施，修缮党组织活动场所，增强基层党组织的战斗力；为部分村委会捐赠空调，改善村支部办公环境；筹集17万余元安装太阳能路灯，改善村容村貌，方便老百姓出行。为19个党员活动室购置冬季取暖炉，解决党支部冬季取暖问题。在丹寨，协调南方电网公司对甲石村全村进行电改，在2017年工作基础上又完成115户家庭的入户电线升级和一户一表改造。协调中国地质调查局开展水资源调蓄利用项目和土壤元素分析和改良项目，对全村各小组的输水管网和蓄水、提灌设施进行更换、扩容，对全村土壤选取250多个样本点进行50多项微量元素分析。同时，开展稻草还田种植食用菌和调整土壤种植火龙果实验，开展对全村170多栋老旧房的维修改造。

（审计署农业农村审计司 机关党委（人事教育司）供稿）

国家林业和草原局扶贫开展情况

2018年，国家林业和草原局深入学习领会习近平总书记关于扶贫工作的重要论述，认真贯彻落实《中共中央 国务院关于打赢脱贫攻坚战的决定》《中共中央 国务院关于打赢脱贫攻坚战三年行动的指导意见》，充分发挥林草行业优势，着力实施生态补偿扶贫、国土绿化扶贫、生态产业扶贫三项举措，聚焦深度贫困地区和特殊贫困群体，着力加强作风整治和监督执纪，全力做好林业草原生态扶贫工作。

一、深入贯彻落实习近平总书记关于扶贫工作的重要论述，切实增强政治责任和担当

国家林业和草原局以习近平总书记关于扶贫工作的重要论述为根本遵循，把做好林草生态扶贫工作作为重大政治任务，以务实担当的作风，探索生态脱贫新路子，完善生态扶贫思路，完善生态扶贫政策，不断推进林草生态扶贫工作再上新台阶。

（一）深入贯彻习近平总书记坚持党对脱贫攻坚的领导重要指示精神，在压实责任上下功夫。

2018年2月26日、9月21日、11月13日，局党组书记、局长张建龙同志主持召开局党组会议，传达学习习近平总书记在四川成都召开的打好精准脱贫攻坚战座谈会上的重要讲话、国务院扶贫开发领导小组第二十二次全体会议精神、胡春华副总理在中央单位定点扶贫工作推进会上的讲话精神，听取林草扶贫领域存在问题整改方案的汇报，研究部署林业草原生态扶贫工作。2018年5月，张建龙局长出席滇桂黔石漠化片区区域发展与扶贫攻坚现场推进会，部署片区林业草原生态扶贫工作。2018年11月，在贵州省荔波县召开国家林业和草原局生态扶贫暨扶贫领域监督执纪问责专项工作会议，动员做好后两年林草生态脱贫工作。局领导班子每年坚持赴贫困地区考察指导扶贫工作，坚持把生态脱贫抓在手里，扛在肩上。

（二）深入贯彻习近平总书记关于生态扶贫的重要指示精神，在深学笃用上下功夫。

局党组认真学习宣讲习近平总书记关于生态扶贫工作的重要指示精神，并撰写体会文章。组织局扶贫工作领导小组成员单位通过学习文件、会议交流等方式开展学习，用习近平总书记关于扶贫工作的重要论述武装头脑、指导实践、推动工作。在原林业扶贫开发领导小组的基础上，成立了林业和草原扶贫工作领导小组，印发了《关于成立林业和草原扶贫工作领导小组的通知》。张建龙局长任组长，李春良副局长任副组长，45个单位主要负责人为成员。层层完善了扶贫领导小组办公室、扶贫处室、扶贫推进组工作机制。与国家发展改革委等6部门联合印发了《生态扶贫工作方案》，

并配合国家发展改革委等部门认真抓好《生态扶贫工作方案》任务落实，与财政部、国务院扶贫办联合印发了《关于开展2018年度建档立卡贫困人口生态护林员选聘工作的通知》，与国家发展改革委、国务院扶贫办联合印发了《关于推广扶贫造林（种草）专业合作社脱贫模式的通知》，与国务院扶贫办联合印发了《云南省怒江傈僳族自治州林业生态脱贫攻坚区行动方案（2018—2020年）》，印发了《林业草原生态扶贫三年行动实施方案》《贯彻实施〈林业草原生态扶贫三年行动实施方案〉重要政策措施分工方案》《关于进一步加强定点扶贫工作的意见》等系列扶贫政策文件，加强对局内相关单位责任分解，加大对各相关省区市工作部署督导。

（三）深入贯彻习近平总书记关于整治问题不手软的重要指示精神，在作风建设上下功夫。

深入贯彻落实习近平总书记关于开展扶贫领域腐败和作风问题专项治理的重要指示精神，印发了《关于开展扶贫领域作风问题治理工作的通知》《关于开展扶贫领域监督执纪问责专项工作有关事项的通知》，布置开展了林草生态扶贫领域作风问题治理和监督执纪问责专项工作，使各级林业和草原主管部门以此为契机，强化政治责任，强化监督检查，强化立行立改，做好林草生态扶贫工作。

二、紧扣精准扶贫精准脱贫方略，推动林草生态扶贫取得了积极成效

我局充分发挥林草资源优势，瞄准深度贫困地区、滇桂黔石漠化片区、定点县等重点区域，因村因户因人施策，统筹推进落实生态补偿、国土绿化、生态产业等扶贫举措，在规划指引、资金项目支持、督查检查指导、人才科技支撑等方面统一部署、统一行动，林草态扶贫取得了积极成效。

（一）50万名生态护林员实现脱贫增收。

在财政部、国务院扶贫办的大力支持下，2018年中央财政新增安排生态护林员补助资金10亿元，总规模达到35亿元。截至2018年底，累计选聘建档立卡贫困人口生态护林员50多万名，精准带动180万贫困人口增收脱贫。生态护林员实现了山上就业、家门口脱贫，森林火灾、乱砍滥伐、乱捕滥猎得到有效遏制，生态环境得到有效保护，老百姓在保护绿水青山中享受金山银山带来的实惠。

（二）组建7000个扶贫造林合作社助推持续增收。

统筹中央和地方资金，积极吸引金融和社会资本投入，重点支持生态扶贫。2016年以来，我局将中央林业资金向贫困地区倾斜，将2/3以上的造林绿化任务安排到贫困地区，安排退耕还林还草近3000万亩，占全国总任务量的81%。推广组建扶贫造林（种草）合作社近7000个，山西省吕梁市林业局先行先试，荣获“全国脱贫攻坚奖组织创新奖”。通过实施退耕还林还草增加了贫困户财产性、经营性收益。160多万贫困户享受退耕还林还草补助政策，平均每户增加补助资金2500元。

（三）生态产业扶贫取得积极成效。

坚持政府引导、市场主体，出台了支持贫困地区生态产业发展的指导文件、相关规划和政策举措。全面深化集体林权制度改革，赋予贫困户承包经营山林的更多权益，贫困地区集体林权流转面积达1亿多亩，促进了地方“三变”政策实施。指导贫困地区因地制宜发展木本油料、森林旅游、林下经济、种苗花卉等生态产业。坚持长中短、种养加相结合，引导林业龙头企业开展特色产业加工，加强最终消费产品开发。积极推广“龙头企业+新型经营主体+农户”等模式，完善利益联结、收益分红、风险共担机制。作为产业扶贫有效措施，全国油茶种植面积扩大到6550万亩，林下经济示范基地面积达到2256万亩，依托森林旅游实现增收的建档立卡贫困人口达35万户。中西部22个省份2017年林业产业总产值达到3.9万亿元。

此外，我局会同国务院扶贫办组织编制了《云南怒江傈僳族自治州林业生态脱贫攻坚区行动方案（2018—2020年》，得到汪洋主席肯定批示。量身定做四川凉山州油橄榄产业脱贫，青海、西藏生态补偿脱贫，新疆林果业脱贫等深度贫困地区生态脱贫措施，为当地巩固脱贫成果提供保障。

三、开拓创新，超额完成年度中央单位定点扶贫责任书任务

我局定点帮扶贵州省黔南州荔波县、独山县，广西自治区河池市罗城县、桂林市龙胜县。2019年初，在国务院扶贫领导小组对2018年中央单位定点扶贫考核中再次获得“好”。经过全局上下的共同努力，通过资金帮扶、金融支持、捐款捐物、人员培训、购买和帮助销售农产品、结对帮扶、支部共建、科技扶贫、产业扶贫等措施，超额完成了《中央单位定点扶贫责任书》各项任务。2018年，4个定点县共实现减贫68412人，69个贫困村出列。龙胜县脱贫摘帽。

（一）加强主体责任落实，完善定点扶贫机制。

局党组加强定点扶贫工作研究部署，每年至少召开两次专题会议，协调解决定点扶贫工作中存在的困难和问题。主要负责同志每年至少到定点县调研考察一次，研究部署推动工作。分管负责同志深入定点县调研，与定点县一起研究制定定点扶贫工作年度计划。局扶贫工作领导小组办公室设在规财司，专门设立了定点扶贫处和10人“定点扶贫组”。建立定点扶贫联络人机制，选派8名业务能力强的年轻干部，每两人负责联系一个定点县和相关单位、企业，建立日常定点扶贫推进联系机制。局扶贫工作领导小组成员单位设立一名处级联络员，实施定点扶贫进展按季度报告制度。

（二）增派精兵强将，加强挂职干部队伍建设。

一是加强挂职干部互派。向滇桂黔石漠化片区共选派挂职干部18名，完善定点县所在的省（区）、市（州）、县及第一村4级挂职干部帮扶机制。2018年，向龙胜县所在桂林市、罗城县各增派1名挂职干部。定点县扶贫干部总数达到9人，4名

处级干部任定点县县委常委、副县长，全部分管扶贫工作；4 名处级以下干部任定点县林业局副局长，协助开展林草生态扶贫工作；1 名副处级干部任独山县县紫林山村驻村第一书记，主管脱贫攻坚工作，并于 2018 年 10 月被评为中央和国家机关脱贫攻坚优秀个人。二是关心关爱一线扶贫挂职干部。建立挂职干部定期工作汇报机制，要求挂职干部定期回京汇报沟通工作。2018 年 11 月，在北京召开定点扶贫挂职干部座谈会，听取挂职干部思想汇报和定点县脱贫攻坚工作情况汇报，了解定点扶贫工作存在的问题和意见建议。

（三）组织有关司局单位与定点县贫困村党支部开展共建活动。

为充分发挥党建引领作用和林草生态扶贫的独特优势，按照局党组安排部署，2018 年 12 月，我局印发了《关于开展党建共建联动促脱贫工作的通知》，规财司、西北院与独山县影山镇紫林山村、天保办与荔波县佳荣镇高里村、林科院与龙胜县瓢里镇六漫村、森防总站与罗城县纳翁乡民族村结对开展了支部共建工作，抓党建促脱贫攻坚，帮助基层加强“两委”班子建设，通过共同学习、讲授党课、支持集体经济发展、与困难党员结对等多种形式，提升贫困村党支部的战斗堡垒作用。2018 年，计划培训定点县“村两委”、技术人员各 200 名，实际完成培训 253 名、303 名，超额完成了计划任务。

（四）组织有创收能力的事业单位积极开展捐款捐物。

2018 年，组织有创收能力的事业单位共捐款 821.2 万元。中国林科院、调查规划设计院、华东调查规划设计院、中南调查规划设计院、西北调查规划设计院、昆明勘察设计院等单位，每个单位捐资 100 万元（合计 600 万元），用于帮助定点扶贫县发展产业扶贫和相关基础设施建设；局机关党委组织职工捐款（57.8 万元），支持龙胜县小寨村开展火灾后重建；利用党费（25 万元）、划拨中央和国家机关驻村第一书记专项党建经费（7.8 万元）支持紫林山村党建工作；机关服务局组织机关幼儿园为紫林山村捐赠教具、玩具等（价值 5 万元）；中国林科院捐赠（价值 71 万元），支持紫林山村甜柿、白芨和铁皮石斛仿野生科学种植、海花草加工等项目，资助油茶良种 20 万株，捐赠 4 台彩色打印机；中南调查规划设计院支持紫林山村产业发展项目（30 万元）；西北调查规划设计院向紫林山村捐赠 5 台电脑、1 台打印机（价值 2.5 万元）；中国绿色时报为紫林山村捐赠 2 台柜式空调（价值 1.3 万元）；南京警院为龙胜县开展业务培训（投入 18.8 万元）；规划财务司为紫林山村捐赠衣物（价值 2 万元）。

（五）广泛发动干部职工参与，加大消费扶贫力度支持力度。

组织局工会、老干部局、服务局以及有关直属单位制定购买、帮助销售贫困地区特别是定点县农林产品计划，局扶贫办协调中国社会扶贫网“电商扶贫平台”设立定点县农林产品销售专区。2018 年，购买贫困地区农产品 432.15 万元（其中：在定点购买 345.28 万元，在其他贫困地区购买 86.87 万元），帮助销售贫困地区农产品 1536.3 万元，均超额完成了计划任务。在局机关食堂设立新疆食品和定点县农林特色产品专卖区，通过悬挂横幅等宣传形式动员广大干部职工购买。局机关食堂组织人员专程赴定点县学习厨艺，开展了定点县美食周活动。

（六）不断开拓，积极创新定点扶贫工作亮点。

突出以“我”为主，充分发挥林草行业的优势和特点，努力增加定点扶贫工作亮点。一是创新产业扶贫。协调 17 家龙头企业与 4 个定点县分别签订合作意向书，组织有关企业赴广西罗城、龙胜两县开展了实地考察。组织调研团队到独山县调研和指导森林旅游精准扶贫，指导贫困地区积极打造森林体验和森林养生产品，逐步推进苗岭国家森林步道的规划建设工作。支持和指导罗城县有序开展全国森林旅游示范市县相关工作。二是创新科技扶贫。科技司与广西、贵州林业局签定了《定点扶贫县科技扶贫合作协议》，制定了《定点帮扶县科技扶贫工作方案》，为 4 个定点县授予“林草科技扶贫联系点”标牌，组织油茶、刺梨、铁皮石斛工程中心等相关专家，分别与定点县签订了项目实施协议。目前，共协调林科院、科技中心等 10 家单位，落实 19 个科技扶贫项目，涉及 17 个乡镇，项目资金共计 1000 万元。三是开展结对帮扶。组织局有关直属单位与定点县开展了结对帮扶活动，林科院结对帮扶龙胜县，规划院、华东院结对帮扶罗城县，中南院结对帮扶独山县，西北院结对帮扶独山县紫林山村，昆明院结对帮扶荔波县。同时，积极协调中国农工民主党解决定点县“两不愁三保障”问题，重点解决贫困人口“安全饮水”“送医入户”“教育均衡”等民生难题。

（国家林业和草原局扶贫办供稿）

国家铁路局扶贫开展情况

2018 年，国家铁路局坚决贯彻习近平总书记关于脱贫攻坚的重要指示精神，增强“四个意识”，坚定“四个自信”，做到“两个维护”，立足铁路行业实际，积极服务国家打赢精准脱贫攻坚战，落实党中央关于定点扶贫贵州榕江县、对口支援江西永丰县以及帮扶秦巴山区集中连片特困地区的部署要求，深入推进扶贫支援工作，定点扶贫县贫困发生率逐年下降，对口支援县经济社会发展势头良好，秦巴山片区基础设施明显改善，制约区域发展和扶贫攻坚的交通瓶颈有效缓解。

一、认真学习领会习近平总书记关于脱贫攻坚的重要指示精神，强化政治责任

国家铁路局党组自觉坚持以习近平新时代中国特色社会主义思想为指导，认真学习习近平总书记关于脱贫攻坚的重要指示批示精神，2018 年共组织 5 次专题学习，督促全体党员及时学习习近平总书记关于脱贫攻坚的新讲话新论述。通过反复学习，深入思考，全体党员干部深刻认识打赢攻坚战的艰巨性、重要性、紧迫性，对习近平总书记关于脱贫攻坚的重要指示批示精神，对于坚决打赢脱贫攻坚战有了更加深刻的思想认识、更加坚定的情感认同、更加坚决的行动自觉。

二、贯彻落实党中央定点扶贫决策部署，扎实推进贵州省榕江县扶贫工作

根据国务院扶贫办、中组部、中宣部等九部门《关于进一步完善定点扶贫工作的通知》（国开办发〔2015〕27 号）要求，国家铁路局承担定点扶贫贵州省黔东南州榕江县任务。榕江县是国家扶贫开发重点县、滇黔桂石漠化片区集中连片特殊困难地区县。2014 年全县建档立卡贫困户 32208 户 134618 人，贫困村 160 个，贫困发生率 40.24%。经过当地党委、政府和广大干部群众的努力、国家铁路局及有关单位的积极参与，截至 2018 年底榕江县共有 51 个贫困村摘帽脱贫，贫困发生率下降到 12.28%。

（一）强化组织领导，明确责任分工。

国家铁路局党组始终高度重视定点扶贫工作，3 次召开扶贫工作领导小组会议研究部署扶贫攻坚相关工作。在前期制定的扶贫工作规划的基础上，制订印发了《国家铁路局定点扶贫榕江县 2018 年工作推进方案》，为全年工作有序开展提供坚强保障。

（二）积极出谋划策，加强监督指导。

一是加强交流，出谋划策。为切实落实好定点扶贫工作责任，国家铁路局依托国家机关信息渠道多、资源广的优势，积极强化与榕江县的沟通交流渠道，先后与榕江县政府先后召开4次座谈，为县委县政府履行好脱贫攻坚主体责任出谋划策。二是深入调研，强化督导。为深入贯彻落实大兴调查研究之风的总体要求，2018年国家铁路局党组书记杨宇栋同志带头，先后5次组织人员到榕江县进行实地调研，掌握贫困地区第一手资料，督促扶贫项目推进情况，积极从多个方面推动定点扶贫工作。三是规范作风，加强监管。为贯彻落实习近平总书记关于开展扶贫领域腐败和作风问题专项治理的重要指示要求和党的十九大精神，国家铁路局印发了《国家铁路局开展扶贫领域作风问题专项治理工作方案》，在全局范围内开展了扶贫领域作风问题专项治理活动，推动全局扶贫领域作风明显改善，严防扶贫领域腐败问题发生。

（三）配齐配强干部，强化人才交流培养。

按照中央文件要求，国家铁路局在选派一名挂职副县长的基础上，于2018年6月再增派一名同志到榕江县高扒村任专职第一书记，进一步加大了蹲点扶贫力度。同时，为进一步深化帮扶工作，先后安排31名黔东南州干部来国家铁路局挂职锻炼，其中榕江县干部7名。

（四）多措并举，积极推进定点扶贫工作。

1. 积极探索产业扶贫。

一是向高扒村捐助70万元，帮助成立铁榕土特产开发公司，发展贫困村土特产加工产业。二是继续抓好前期捐资建设的小香鸡养殖项目、寨章村稻香鱼养殖基地及农家乐项目的经营建设推进工作。其中，小香鸡养殖场2018年陆续投放鸡苗8000羽，出栏鸡价款29万余元，以分红形式分配给高扒村贫困户。三是前斯捐款为贫困村村委会购买的商铺收入租金5.2万元，作为贫困村集体收入。四是协调铁路企业采购榕江县农副产品80万元，国家铁路局工会购买了15万元榕江特产用于中秋节职工福利。

2. 推动开进特色旅游扶贫。

一是于2018年11月9日，以“发展乡村旅游，助推脱贫攻坚”为主题，在京组织旅游宣传暨招商推介活动。邀请了21家铁路企业和多家新闻媒体参加，协助榕江县推介旅游招商项目。二是帮助榕江县于2018年11月15日以“乡村旅游助脱贫·千匠百艺奔小康”为主题组织举办了黔东南州第九届旅游产业发展大会，着力推进乡村旅游发展。

3. 协调推动交通扶贫。

一是推进涪陵至柳州、兴义至永州铁路建设，已纳入《中长期铁路网规划》。二是推进S413四格至水尾公路建设项目尽快落地。三是推进榕江公路项目建设，该项目已于 2018 年 4 月上旬开工建设。四是协调推进乐乡村旅游大桥项目。在前期立项及争取资金的基础上，该项目目前已经省、州政府批准，待相关高速公路完工后及时开工建设。

4. 持续开展教育扶贫。

一是按照“升学 1 人，就业 1 个，脱贫 1 家”的思路，协调贵阳职业技术学院、贵州铁路技师学校与榕江县建立招生合作关系。贵州铁路技师学校 2018 年在榕江县招收学生 127 名，毕业后统一由中铁五局分配安排就业。2018 年 9 月，召开铁路扶智扶贫劳动技能型人才培养供需见面会，推动贵阳职业技术学院与 8 家铁路企业签订了校企合作协议。二是协调相关单位实施“蓝天春蕾”计划，争取资金 43 万元用于资助贫困学生上学。三是协调相关单位定点帮扶榕江县高扒小学，出资 10 万元资助贫困学生。四是组织 5 名榕江县小学教师参加在北京举办的教师培训班。五是协调中交建集团出资30万元帮助高扒村小学完成了操场硬化、围墙建设等配套设施工程。

5. 充分利用政策扶贫。

一是协调国家林草局，为榕江县争取护林员名额 265 名。二是协调商务部，帮助榕江县评选为国家级电子商务示范县。三是协调贵州省发改委在高扒村开展农村人居环境整治示范项目。四是按照中央和国家机关工委要求，向国家铁路局驻贫困村第一书记转拨党费 7.8 万元用于后续三年的基层党建活动。

6. 组织开展爱心扶贫。

一是协调在中国扶贫日向高扒村小学捐赠青少年读物 1573 本。二是向乐乡村委会捐赠价值 10 余万元的电脑设备及书籍。

三、贯彻落实中央对口支援工作要求，推动原中央苏区全面振兴

根据国务院办公厅《中央国家机关及有关单位对口支援赣南等原中央苏区实施方案》（国办发〔2013〕90 号），国家铁路局承担对口支援江西省吉安市永丰县任务。2013 年以来，国家铁路局积极落实对口支援政策，主动担当作为，发挥自身优势，推动永丰县农业发展取得长足进步，交通设施不断完善，支柱产业逐步聚集，旅游产业加速推进。在省市科学发展综合考评中，2013-2017 年，永丰县连续五年列全市前三位；2013-2016 年，连续四年进入全省二类县先进行列。党的十八大以来，该县科学统筹县域发展，经济社会呈现良好发展态势。

（一）交通建设方面。

一是继续推进吉抚武温铁路建设，在前期将该项目纳入《中长期铁路网规划》的基础上，密切关注项目进程，并协助中国铁路经济规划研究院编制《新建温州至武夷山至吉安铁路运量水平及功能定位研究》，为完成吉抚武温铁路永丰段运量分析奠定基础。二是积极协调有关部门将永藤一级公路改建工程纳入交通部“十三五”国省道规划中期调整项目库。

（二）职业教育方面。

在永丰县原有与衡水铁路电气化学校、郑州铁路技师学校合作办学的基础上，进一步增加中铁十五局集团技工学校在永丰合作办学。三所铁路学校已在永丰县招录建档立卡贫困家庭子女300余人入学。同时，积极协调中铁十五局集团有限公司闽赣指挥部和技工学校在永丰设立中铁十五局集团技工学校（永丰）分校，引导技工学校逐步将国家职业技能鉴定和国家职业技能考核工作转移至永丰，帮助永丰发展铁路职业教育。

（三）开放型经济工作方面。

为积极巩固前期国家铁路局对口支援永丰县暨援县促市产业推进会成果，一是大力协调推进已签约项目落地；二是扩大招商推介范围，积极引导厦门鸿基伟业落户永丰，做大做强永丰铁路产业园；三是发挥铁路行业优势，引导永丰县循环经济产业企业顺应环保要求转型升级，拓展企业产品延伸链。四是支持帮扶挂点项目若水新材料顺利投产，加快推进铁路产业园区路网管网等配套设施建设。

四、发挥铁路行业优势，积极服务国家打赢脱贫攻坚战总体部署

党的十八大以来，全国铁路运输能力不断增强，截至2018年，铁路营业里程达13.1万公里；其中高速铁路运营里程2.9万公里以上，稳居世界第一。国家铁路局始终注重发挥铁路作为国家关键基础设施、国民经济大动脉和大众化交通工具的重要作用，坚持服务国家精准脱贫攻坚大局，着力抓好集中连片特困地区扶贫工作。

（一）重点完善集中连片特困地区铁路网规划。

在组织编制并发布《铁路“十三五”发展规划》过程中，认真贯彻落实党中央国务院决策部署，突出铁路对扶贫攻坚的重要作用，专题开展了全国14个集中连片贫困地区和五大革命老区铁路网规划的课题研究。按照规划，14个集中连片贫困区和五大革命老区2020年铁路营业里程将达到4万公里以上。

（二）积极推进集中连片特困地区铁路项目建设。

一是先后组织完成了西安至延安、重庆至黔江等铁路项目的行业评审，出具行业意见，为加快片区铁路项目实施积极创造条件。二是按照国务院扶贫办《关于进一步发挥交通扶贫脱贫攻坚基础支撑作用的实施意见》，积极推动百项交通扶贫骨干通道工程中的16个铁路项目。截至2018年底，其中12个已开工建设。

（三）针对性开展集中连片特困地区铁路发展研究。

一是组织开展《集中连片扶贫开发地区和革命老区铁路网规划》等研究课题，积极做好全国集中连片特困地区铁路发展规划基础性研究工作。二是立足构建贫困地区外通内联、高效便捷的铁路通道，开展川藏铁路、重庆至西安等重大铁路通道规划方案研究。三是在《中西部铁路发展政策研究》《提升长江经济带综合运输通

道能力的铁路规划方案研究》等区域铁路发展研究中注重向扶贫开发区域倾斜。

（四）选派挂职干部助推秦巴山区铁路规划发展。

积极承担秦巴山区协助联络单位的职能，选派3名素质高、业务强的同志分别到陕西省汉中市、四川省达州市和湖北省十堰市发改委、交通局挂职工作，积极助推秦巴山区铁路规划建设工作。

（国家铁路局直属机关党委 张海东）

全国妇联扶贫开展情况

2018年全国妇联深入贯彻落实党的十九大精神和习近平总书记关于扶贫工作的重要论述，围绕党中央、国务院关于打赢脱贫攻坚战三年行动的决策部署，把协助党和政府做好妇女脱贫工作作为责无旁贷的重大政治任务，聚焦深度贫困地区，全力推进“巾帼脱贫行动”和定点扶贫工作。沈跃跃同志赴湖南、江西等地调研指导妇女脱贫攻坚，赴河北魏县慰问留守儿童和困境儿童，送去党和政府的关怀和温暖。全国妇联党组书记处同志多次赴贫困地区调研，指导推进妇女脱贫攻坚。全年各级妇联创建各类巾帼脱贫示范基地5531个，组织225万名贫困妇女和妇女骨干参加各类培训，帮助107万名贫困妇女通过特色种养殖、手工、家政、电商实现增收，协助扶贫部门发放扶贫小额信贷51亿元，扶持13万名妇女创业增收，对1.4万余名建档立卡“两癌”患病妇女实施救助，在打赢脱贫攻坚战中贡献巾帼力量。

一、强化思想引领，深入学习贯彻习近平总书记关于扶贫工作的重要论述

党的十九大召开后，全国妇联党组多次召开会议，及时学习传达习近平总书记关于脱贫攻坚的重要讲话精神，引导各级妇联干部职工进一步提高政治站位，强化责任担当，把思想和行动统一到中央决策部署上来，在妇联系统上下迅速凝聚起打赢脱贫攻坚战的思想共识。全国妇联党组书记、副主席、书记处第一书记黄晓薇同志2018年8月任职，8-12月期间3次就抓好脱贫攻坚作出批示，3次主持党组会议，学习习近平总书记关于脱贫攻坚的重要讲话精神和《习近平扶贫论述摘编》，按照学懂、弄通、做实的要求，带头撰写学习体会文章，结合党中央、国务院关于打赢脱贫攻坚战三年行动及深度贫困地区脱贫攻坚的决策部署，研究贯彻落实举措。党组、书记处同志带领相关业务部门反复学、深入学，并在妇联系统开展习近平总书记关于扶贫工作的重要论述学习征文活动，用习近平新时代中国特色社会主义思想武装头脑、指导实践、推动工作，为推进“巾帼脱贫行动”提供强大动力。深入学习习近平总书记关于全面从严治党的重要论述，按照脱贫攻坚作风建设年的要求，切实加强妇联扶贫领域作风治理，坚持严字当头，查问题、抓整改、补短板，加强项目监督管理，不断改进工作作风，为团结动员妇女投身脱贫攻坚战提供有力政治保证。

二、加强政策宣传，开展妇女扶志教育

举办“巾帼脱贫大讲堂”、开展“小康路上姐妹同行”主题宣传教育活动、充分发挥6700多个妇联网站及新媒体平台、90多万个姐妹微信群、70万个乡（村、社区）“妇女之家”的作用，全年举办扶贫宣讲活动5万余场，在广大妇女中宣传习近平

总书记关于脱贫攻坚的最新讲话精神，宣传脱贫攻坚政策和脱贫典型，引领广大妇女在脱贫攻坚中听党话、跟党走，发扬“四自”精神，激发贫困妇女脱贫内生动力。大力开展寻找“最美家庭”和“好家庭好家风”巡讲活动，广泛宣传孝老爱亲、自力更生、移风易俗、热心公益等家庭典型，弘扬良好家风，宣扬脱贫正能量。创新开展“贫困地区妇联干部进中国农业大学”宣讲活动，引领青年学生投身农村广阔天地，投身脱贫攻坚。编发《全国“巾帼脱贫行动”典型案例》，总结推广成功经验，推动“巾帼脱贫行动”深入开展，用身边的事例激励贫困妇女，让她们学有榜样，干有遵循，依靠自己勤劳的双手脱贫。

三、加强技能培训，提高脱贫能力

以深度贫困地区为重点，组织22个省区市100名贫困县妇联主席到北京参加培训，提升基层妇联干部带领贫困妇女脱贫攻坚的能力。发放《农村妇女脱贫攻坚知识丛书》8万册。各级妇联积极争取资源，大力开展种植养殖、乡村旅游、家政服务、手工编织、农村电商等培训。全年各地妇联举办脱贫技能培训班1.37万期，培训贫困妇女和骨干72.3万人次，组织动员贫困妇女和骨干参加政府各类脱贫培训153万人次，有效提升贫困地区妇女脱贫致富能力。

四、发展妇女手工，实施巧手脱贫

突出区域特点、文化特色和民族特质，带动贫困妇女宜绣则绣，宜剪则剪，宜编则编，实现灵活就业、巧手脱贫。各地妇联大力实施“锦绣计划”“巧媳妇工程”“陇原巧手干起来”“靓丽工程”“妈妈制造”等项目，积极建立妇女手工协会，创建“巾帼扶贫车间”，全年在贫困县建立694个妇女手工协会，带动33万建档立卡贫困妇女发展手工，照顾老人和孩子的同时，实现就地就近就业。

五、聚焦深度贫困，能人引领带动脱贫

以“三州三区”等深度贫困地区为重点，全年创建“全国巾帼脱贫示范基地”150个，发挥基地在技能培训、技术推广和扶贫帮困方面的示范带动作用，共结对帮扶14230名建档立卡贫困妇女。带动各地妇联在832个贫困县创建5531个妇字号基地，扶持由妇女创办领办的家庭农场、“农家乐”和各类农业合作社，直接带动43万名农村贫困妇女发展生产、创业增收。各地妇联通过开展家政培训、电商扶贫等，帮助31.7万名贫困妇女实现就业增收。充分发挥金融扶贫作用，全年各地妇联配合扶贫部门发放扶贫小额信贷51亿元，扶持带动13万名建档立卡贫困妇女发展生产、增收脱贫。

六、加大“两癌”免费检查和救助力度，缓解贫困妇女因病致贫返贫

继续配合国家卫生健康委实施好农村妇女“两癌”免费检查项目，为1000万农

村妇女开展宫颈癌免费检查，为 120 万农村妇女开展乳腺癌免费检查，实现 832 个贫困县全覆盖。深入实施农村贫困母亲“两癌”救助项目，落实中央彩票公益金 3 亿元，救助 3 万名贫困患病妇女，其中建档立卡贫困患病妇女 1.47 万人，实现深度贫困地区和建档立卡贫困妇女“两癌”救助全覆盖。开展妇女健康宣教，全国妇联在“三区三州”举办“妇女健康大讲堂”50 场，直接培训深度贫困地区妇女群众 1.66 万人。线上线下开展“两癌”防治宣传教育，各地妇联举办健康讲座 2 万余场，为 300 万名中西部农村妇女讲授健康知识，线上参与妇女达 1288.8 万人。积极探索健康保险扶贫新模式，妇女“两癌”健康扶贫保险已覆盖贫困妇女 50 多万人。

七、凝聚社会力量，为贫困妇女儿童献爱心

中国妇女发展基金会和中国儿童少年基金会募集社会扶贫资金 7.5 亿元，实施“母亲健康快车”“春蕾计划”“消除婴幼儿贫血行动”“安康行动”等公益项目，惠及贫困妇女儿童近 770 万人次。编印“美丽女性·幸福家庭”藏汉双语丛书 32 万套、图书 128 万册，送到西藏自治区和青海、四川、甘肃、云南四省藏区的“妇女之家”和藏族姐妹手中。开展“让爱留守·关爱农村留守儿童特别行动”关爱活动 16 万余场次，363 万留守儿童参与其中，为贫困妇女儿童带去党和政府的关爱及社会大家庭的温暖。发挥女企业家协会、女科技工作者协会、女医师协会、老促会妇工委等团体会员优势，积极开展“巾帼暖人心”“女科学家走基层”“女企业家走进敦煌”“母亲健康快车·爱心巡诊周”等活动，深入调查研究，搭建帮扶平台，有针对性地为贫困妇女儿童办实事、办好事。各地妇联积极推进团体会员、社会组织和贫困村结对、巾帼文明岗与精准扶贫户结对，女企业家与贫困妇女结对，助力贫困妇女脱贫。

八、扎实做好定点扶贫工作

积极承担定点扶贫甘肃省漳县、西和县的任务，坚持“举全会之力，助两县脱贫”，立足实际，突出抓好党建促脱贫，突出提升产业帮扶层次，突出扶志与扶智，用真心真情，下“绣花”功夫，全力以赴抓好定点扶贫。全年落实帮扶资金物资 1460.27 万元，引进帮扶资金 726.32 万元；选派 48 名挂职扶贫干部和扶贫小分队队员驻县驻村开展帮扶；新建 19 个定点扶贫基地、扶贫工厂，带动 2215 名贫困群众增收；直接培训基层干部和贫困群众 3005 人次，其中在北京对漳县 135 名村党支部书记开展全覆盖培训；为两县捐赠 11 辆“母亲健康快车”，围绕“送健康理念、送健康知识、送健康服务”开展义诊活动，助力两县完成年度脱贫攻坚任务。2018 年获得甘肃省授予的脱贫攻坚“先进帮扶单位”荣誉称号、中央和国家机关脱贫攻坚先进集体荣誉称号。定点扶贫工作在中央单位 2018 年定点扶贫考核中等次为“好”。

（全国妇联妇女发展部扶贫处 符鸽）

中国国家铁路集团有限公司扶贫开展情况

2018年，中国国家铁路集团有限公司（原为中国铁路总公司，以下简称“公司”）把铁路扶贫工作摆在更加突出的位置，深入学习贯彻习近平总书记关于扶贫工作的重要论述，坚决贯彻落实党中央、国务院关于打赢脱贫攻坚战三年行动的决策部署，进一步提高政治站位，强化责任担当，坚持精准扶贫精准脱贫基本方略，坚持聚焦深度贫困地区，坚持全员参与，全力攻坚，充分发挥铁路行业专业优势，统筹抓好铁路建设扶贫、运输扶贫和定点扶贫等各项工作，取得明显成效。

一、加大贫困地区铁路建设力度

以中西部和贫困地区为重点，加大铁路建设力度。制定《铁路建设扶贫行动方案（2018—2020年）》，对14个集中连片贫困地区，特别是深度贫困地区铁路建设项目逐一规划。陆东福同志先后同西藏、四川等深度贫困地区省区主要领导共同研究铁路建设等工作，两次对川藏铁路进行现场踏勘，组织川藏铁路规划建设工作。结合开展“十三五”现代综合交通运输体系发展规划、兴边富民行动“十三五”规划等的研究，统筹规划贫困地区铁路网建设。全面推进百项交通扶贫骨干通道工程铁路项目建设，16个项目开工建设14项，完成青藏铁路格尔木至拉萨段扩能改造工程，建成投产1110公里，完成基建投资705.4亿元，其他2个项目正在推进可研报批。14项交通扶贫铁路项目施工过程中，支付当地劳务人员工资7.46亿元，培训当地劳务人员5.88万人，留给当地永久使用的道路3290公里、施工场坪580万平方米、水井425口、通讯基站92座。

二、做好贫困地区旅客运输

公司实施客运提质计划，运用新开通铁路运能，大量增开途经贫困地区的旅客列车。截至2018年底，途经592个扶贫重点县的旅客列车达到1795列，占全国铁路旅客列车总数的23.6%。2018年，贫困地区旅客发送7426万人次，同比增长11.0%，比全国水平高出1.8个百分点，其中，“三区三州”旅客发送1666万人次，同比增长9.4%。继续开好公益性“慢火车”，合理安排开行对数、停站、停点，改善站车设施，方便贫困群众携带生鲜农副产品进站上车。2018年，全路81对公益性“慢火车”日均发送旅客7.8万人次，累计发送2368万人次。其中，在南疆四地州、四川凉山州开行“慢火车”4对，累计发送328万人次。对于铁路运力无法覆盖的贫困地区，与当地政府、企业共同建设客货运输服务功能完备、公铁无缝接驳的无轨车站，为不通铁路贫困地区群众出行提供综合运输服务。2018年，先后建设具备购票、候车、高铁快运等6项功能的铁路无轨站124个。

三、加强重点物资运输保障

公司加强与贫困地区地方政府和重点企业的沟通协调，根据地方经济发展需求优化运输组织，提供安全可靠、适应需求、群众欢迎的货物运输产品。针对春耕化肥、农副产品以及新疆棉花、东北粮食等季节性强的涉农物资，提前制定运输方案，及时调配运力，组织突击抢运。组织开行跨局大宗货物直达列车和特色快运班列，为贫困地区重点物资供给、特色农产品外运等提供方便快捷的货物运输服务。全年贫困地区铁路货物发送 4.24 亿吨，同比增加 6644 万吨、增长 18.6%；货物到达 1.72 亿吨，同比增加 1589 万吨、增长 10.2%。落实国家支农惠农政策，对涉农物资实施运价优惠政策，对整车化肥、黄磷、粮食等免征铁路建设基金，为贫困地区节约物流成本。全年对贫困地区发送货物减免铁路建设基金约 8.6 亿元，其中，减免“三区三州”铁路建设基金约 2.2 亿元。

四、推动连片特困地区扶贫攻坚

参与并配合科学技术部、国家铁路局联系秦巴山片区脱贫攻坚工作，大力推进郑万、阳安复线铁路等在建项目。同时，推动开工一批连接贫困地区的国家铁路建设项目，其中，途经 14 个集中连片特困地区的有 8 个，途经“三区三州”的有 2 个，投资规模分别为 1135 亿元、245 亿元。强化与贫困地区相关的铁路建设项目的施工组织，建成渝贵、哈佳、广大新双线、哈牡、成蒲、川藏铁路成雅段等线路。2018 年中西部地区铁路项目建成投产 2918 公里，其中高速铁路 2474 公里，累计完成基建投资 3714 亿元，占全国铁路基建投资的 66.7%；14 个集中连片贫困地区、革命老区、少数民族地区、边疆地区等相关省区铁路项目投产新线 2990 公里，其中高速铁路 2685 公里，累计完成基建投资 4140 亿元，占全国铁路基建投资的 77.6%；“三区三州”铁路项目投产新线 306 公里，其中高速铁路 274 公里，累计完成基建投资 747 亿元。发挥铁路建设对贫困地区经济发展的带动作用，同等条件下优先选用贫困地区人力物力，坚持永临结合组织临建工程施工，将其打造成为贫困地区基础设施。

五、精准推进定点扶贫工作

公司定点扶贫河南省栾川县、陕西省勉县、宁夏回族自治区固原市原州区、新疆维吾尔自治区和田县。面对栾川县 2018 年脱贫摘帽，勉县、原州区和深度贫困地区和田县 2019 年脱贫摘帽的攻坚任务，2018 年公司加大投入力度，累计投入 4911 万元，引进帮扶资金 219.6 万元。组织 254 名铁路干部结对帮扶 913 户贫困户，手拉手帮扶贫困群众脱贫致富。举办全国铁路扶贫干部培训班，培训 30 名定点扶贫县区扶贫干部。坚持月度写实、年中总结和年底述职制度，加强扶贫干部日常管理。扶贫干部克服生活困难，坚持驻村，部分驻村干部每年驻村时间超过 280 天，较地方政府规定的 220 天超 60 余天。加强路地联动考核工作，用好考核结果，全年对 11 名扶贫干部提拔使用或重点培养，1 名个人荣获中央和国家机关脱贫攻坚优秀个人称号，2 个集体、3 名个人获得铁路火车头奖杯、奖章，4 个集体、12 名个人获得铁路扶贫工作先进集体、个人称号。

六、全面推动产业扶贫

落实精准扶贫精准脱贫方略，从原料采购、劳务用工、生产加工、产品销售等方面拉长产业链条，提高项目抗风险能力，创造更多就业和增收机会。建设利益联结机制。成立村集体合作社，吸引贫困户入股，促进集体经济持续发展，贫困群众稳定增收。实施规模化生产，组织村集体在土地流转、临时用工、代种代养等方面创新管理方式，为企业大规模生产创造条件。2018 年，实施产业项目 116 项，帮扶建档立卡户 3.17 万人。其中投入 100 万元在原州区开城镇柯庄村建设标准化养鸡扶贫示范车间 3 栋，协调固原新月养殖有限公司负责鸡苗饲料赊欠和活鸡收购，提前培训养殖人员，帮助产品进站上车推介销售。

七、大力推进消费扶贫

组织农副产品上列车、进车站、入食堂，组织职工直接选购，推出动车组列车互联网预订农副产品业务，在火车站举办优质农副产品展销推介会，在铁路住宅小区举办“消费扶贫直通车”等活动，帮助扶贫地区农副产品外销。累计在 62 个车站开设 157 个土特产品展示销售点，在 371 趟列车组织土特产品销售，全路购买国家级贫困地区农产品 1264.5 万元，销售特产 20 余种 4454.4 万元。

八、认真做好旅游扶贫

公司持续探索“铁路扶贫 + 旅游”模式，召开铁路旅游扶贫工作现场会，推动铁路旅游企业与当地政府签订旅游战略合作协议，联手开展大美新疆、绚丽甘肃、亮丽内蒙古、奇境栾川等旅游主题推介活动，共同开发贫困地区地域特色鲜明、比较优势明显的铁路旅游产品。投入 200 万元对定点扶贫的栾川县 77 户贫困户住房实施民宿改造，探索开发体验式农业旅游项目。利用车站墙面灯箱、列车广告等媒体加强宣传，为栾川县节约旅游推介费用 580 万元。组织赴栾川旅游专列 3 趟 1000 余人，组团 1510 人。投资 145 万元支持定点扶贫的勉县建设唐家湾农旅主题公园，设立 20 个农产品流动销售车，增开高铁旅游专列，组织 5 万余名游客到贫困村观光，推动农家驿站、特色小吃、农产品售卖等项目见效。深度开发“环西部火车游”系列产品，帮助定点扶贫的固原市原州区在铁路旅游平台发布周末游、乡村游、六盘山红色游等方案，开行“环西部火车游”5 列、入宁专列 80 列。联合旅游企业、当地景区在定点扶贫的和田县成立旅游扶贫爱心基金，开行“缘满南疆”旅游专列 9 列，组织 560 余名游客开展乡村旅游体验和“民族团结一家亲”活动，引导客流、消费流向扶贫地区聚集。2018 年，累计向贫困地区开行旅游专列 335 列，组织游客 23 万人次。

九、切实做好教育扶贫

在栾川县开展“助力扶贫、青年先行”等志愿服务活动，发放学习文具、书包等900余件，捐助校服75套。在原州区举办“国酒茅台·国之栋梁——2018希望工程圆梦行动大型公益助学”活动，为100名原州区等建档立卡户子女每人提供5000元的助学金；组织书画家、医务人员深入原州区贫困村开展“送文化、送健康、送关爱”活动，送字画100余幅、扶贫政策折页1000余册、卫生知识手册500余册。在和田县组织铁路等相关单位捐赠衣物和学习用品23.5万元。

十、加强铁路扶贫组织领导

2018年，结合扶贫工作的实际，调整公司扶贫开发领导小组组织机构，在陆东福同志担任组长基础上，增加杨宇栋同志、韩江平同志担任副组长，副组长增至4人，将公司机辆部纳入成员单位。公司扶贫开发领导小组组长陆东福同志就贯彻落实中央脱贫攻坚决策部署、做好铁路扶贫工作40余次作出批示，5次主持召开党组会议专题研究铁路扶贫工作，专程到河南省栾川县进行调研。党组副书记、扶贫开发领导小组副组长甄忠义先后2次到秦巴山片区的河南省栾川县、陕西省勉县进行调研，拟定并签署《铁路定点扶贫责任书》，明确相关铁路局集团公司党委书记、董事长和总经理的双推进责任。应地方政府要求，公司分别向勉县、原州区增派1名挂职干部，四个定点扶贫县干部达92人，全路扶贫干部规模155人。主动加强扶贫干部的管理，落实扶贫干部、驻村干部管理制度，路地联动开展强化驻村检查，组织年度述职、考核工作，督促扶贫干部转变作风、严明纪律、抓实帮扶。

（中国国家铁路集团有限公司扶贫办 任君 郭新杰 李朝飞）

中国农业银行扶贫开展情况

2018年，农业银行以习近平新时代中国特色社会主义思想为指导，深入贯彻习近平总书记关于扶贫工作的重要论述，把服务脱贫攻坚作为树牢“四个意识”，坚定“四个自信”，自觉践行“两个维护”的重大政治任务，坚决贯彻党中央国务院脱贫攻坚决策部署，全面落实打赢脱贫攻坚战三年行动指导意见，坚持目标标准，贯彻精准方略，聚焦重点区域，加大创新力度，狠抓作风建设，推动脱贫攻坚金融服务取得新的成效。

一、金融扶贫主要成效

（一）扶贫贷款投放力度持续加大。

2018年全行累计投放扶贫贷款4685亿元（包括832个国家扶贫重点县、深度贫困县投放的各项贷款），年末贷款余额11002亿元，比年初增加1293亿元，增幅高于全行贷款平均增幅1.81个百分点。

（二）金融扶贫精准度不断提高。

2018年全行累计投放精准扶贫贷款1738亿元，带动服务建档立卡贫困人口271万人；年末贷款余额3415亿元，比年初增加538亿元，增幅高于全行贷款平均增幅7.16个百分点。

（三）深贫地区金融服务进一步强化。

2018年在深度贫困地区累计投放各项贷款1328亿元，年末贷款余额3325亿元，比年初增加385亿元，增幅高于全行贷款平均增幅1.59个百分点。

（四）定点扶贫工作成效显著。

2018年在河北饶阳和武强县、贵州黄平县、重庆秀山县4个定点扶贫县累计投放贷款33.2亿元，年末贷款余额88.4亿元，比年初增长26.7%。累计投入无偿帮扶资金1746.5万元。继2017年重庆秀山县脱贫摘帽后，2018年河北饶阳县实现摘帽。

（五）基础金融服务稳步提升。

截至2018年末，在国家扶贫重点县设立物理网点3475个，设立惠农金融服务点14.3万个，对乡镇覆盖率达96.8%，行政村覆盖率达69.8%。对接商务部“电商扶贫频道”，已有20个省46个国定贫困县入驻惠农e通平台“电商扶贫”专区。

二、主要工作措施

（一）提高思想认识，坚决贯彻落实中央脱贫攻坚决策部署。

一是深入学习习近平总书记关于扶贫工作的重要论述。印发《关于深入学习〈习近平扶贫论述摘编〉的通知》，把学习《习近平扶贫论述摘编》作为重要政治任务，通过各级行党委中心组专题学、领导干部带头学、广大员工主动学，切实把思想和行动统一到中央关于打赢脱贫攻坚战的各项决策部署上来，进一步增强打赢脱贫攻坚战的紧迫感责任感使命感，坚定做好金融扶贫工作的决心和信心。二是认真贯彻中央扶贫工作部署。全年召开多次党委会，研究金融扶贫工作。年初召开全行服务“三农”暨金融扶贫工作会议、年中召开全行金融扶贫工作推进会，传达贯彻中央关于脱贫攻坚的新部署新要求。三是制定全行金融扶贫工作规划。印发了农业银行2018年服务脱贫攻坚行动实施方案和金融支持脱贫攻坚三年行动方案，明确了2018年至2020年全行金融扶贫总体目标、工作重点和政策措施。

（二）压实金融扶贫责任，明确扶贫工作目标。

一是压实各级党委脱贫攻坚责任。实行党委“一把手”负总责，在总、分行建立金融扶贫工作领导（推进）小组，完善小组议事规则，形成“总行统筹、省市分行推进、县支行抓落实”的工作机制。二是明确金融扶贫工作目标。按照贷款增速高于全行的要求，年初明确832个国家扶贫重点县新增贷款不低于800亿元、精准扶贫贷款不低于400亿元等工作目标，并分解下达落实到各分行。三是实施金融扶贫考核评价。金融扶贫考核到总行相关部室、相关一级分行和扶贫重点县支行。对832个国家扶贫重点县机构金融扶贫工作情况进行专项评价和穿透式考核。四是加大监测分析和督导指导力度。按季监测分析全行精准扶贫贷款情况，督促推进各级行工作开展。召开全行金融扶贫工作督导会，对工作开展不力的行进行约谈督导。

（三）强化金融扶贫政策和资源倾斜。

一是实行利率优惠。对贫困户生产经营类农户贷款执行基准利率。对于扶贫带动类产业贷款最低执行基准利率下浮10%，最高不超过基准利率1.3倍。二是优先保障信贷规模。单列精准扶贫贷款规模，向832个国家扶贫重点县单列各项贷款规模，保障贷款投放。三是倾斜配置财务资源。对国家扶贫重点县支行额外配置1亿元费用和1亿元工资。向扶贫重点县机构优先配置费用和固定资产计划。四是加强扶贫人才队伍建设。启动新一轮县域青年英才选拔工作，在832个国家扶贫重点县储备培养青年英才3607人。选派33名干部到新疆、西藏分行工作，1865名扶贫干部到基层挂职。五是加大捐赠资源配置力度。全行捐赠资源主要向贫困地区倾斜。开展“金穗圆梦”助学活动，通过单位捐赠和员工自愿捐款，共募集善款5178万元，按每人5000元标准，精准资助3996名来自“三区三州”深度贫困县等地区的贫困家庭大学生。六是加大扶贫队伍培训力度。全行培训扶贫干部570人，培训深度贫困县支行党委书记、行长190人。七是员工招聘向深度贫困地区倾斜。实施“千人计划”，从2018年起，在深度贫困地区招聘贫困家庭应届大学毕业生，计划三年招聘1000人。八是进一步加大定点扶贫支持力度。全额保障定点扶贫县支行信贷规模，执行差异化信贷政策。增派3名干部挂职贫困村“第一书记”，投入项目帮扶资金1365万元。

（四）积极推动金融扶贫创新。

一是推动扶贫产品创新。截至2018年末，在贫困地区共设立了19个“三农”产品创新基地，累计创新推出甘肃精准脱贫贷、安徽扶贫快捷贷等79项精准扶贫贷款产品。二是推动扶贫模式创新。总结形成了小额信贷扶贫、政府增信扶贫、特色产业扶贫等10大模式、22个具体案例，在全行推广。与国家农业信贷担保联盟体系建立战略合作关系，共同推进金融扶贫工作。三是推动业务流程创新。将832个国家扶贫重点县信贷业务全部纳入优先审批范围，并进一步优化信贷方案，引导分支行注重精准扶贫实效。

（五）着力提升基础金融服务。

一是优化网点布局。按照中央“延伸服务网络”的要求，加大在县域网点建设力度，将城区低效网点向县域迁移。目前，实现贫困地区县域机构全覆盖，也是唯一一家在深度贫困地区县域都有机构的国有大型商业银行。二是推进金穗惠农通工程。在832个国家扶贫重点县优先设立惠农金融服务点，积极代理新农合新农保，涉农财政补贴项目，以及农村公用事业代收费项目，让贫困地区农户能就近办理业务。三是实施互联网金融服务“三农”工程。在国家扶贫重点县推广“惠农e商”平台，帮助当地茶叶、菌菇、枸杞等300余种农产品实现产地直销。在惠农金融服务点，加快上线以扫码聚合支付为特点的“惠农e付”功能。在287个国家扶贫重点县开办“惠农e贷”政府增信扶贫小额贷款。

（六）开展金融扶贫领域作风问题治理。

一是部署开展作风专项治理。印发《中国农业银行扶贫领域作风问题专项治理工作方案》，从6个方面、22项具体治理内容入手，在全行部署开展自查自纠工作。2018年以来，全行金融扶贫督导调研累计达1000余次。二是开展金融扶贫审计巡视。对贵州、西藏、青海、宁夏等22家分行，开展精准扶贫贷款和扶贫资金专项审计。在对湖南、广西、江西、河北等10家分行的巡视中，将金融扶贫纳入巡视范畴。三是做好中央专项巡视配合及问题整改。积极配合中央第十五巡视组开展脱贫攻坚专项巡视工作。坚持立行立改，及时部署已发现问题整改工作，两次召开全行金融扶贫领域典型问题警示教育大会。

三、下一步工作打算

今明两年是全面建成小康社会的关键时期，是打赢脱贫攻坚战和实施乡村振兴战略的历史交汇期。农业银行将以更加有力的举措、更加务实的行动、更加有效的服务，着力提高金融服务脱贫攻坚质量和实效，全面完成党中央赋予农行的脱贫攻坚政治任务。

一是提高政治站位，强化政治担当。通过各级党委集中学习、“农行大讲堂”、党员干部培训等形式，深入学习习近平总书记关于扶贫工作的重要论述，准确把握其中的精神实质和科学内涵，自觉用习近平新时代中国特色社会主义思想指导全行做好金融扶贫工作。严肃政治纪律和政治规矩，强化各级党委“一把手”负总责的金融扶贫领导责任制，压实五级经营机构党组织政治责任，将金融扶贫作为重大政治任务抓在手上，真管严管、长管长严。

二是加强统筹领导，增加各项资源投入。统筹全行资源向贫困地区机构倾斜，强化监督检查，健全工作机制，完善考核体系，力争全年在832个国家扶贫重点县新增各项贷款不低于1000亿元，全行新增精准扶贫贷款不低于400亿元，两类贷款增速均高于全行平均增速。

三是聚焦深度贫困，加大扶贫帮扶力度。将“三区三州”作为全行金融扶贫工作重中之重，力争全年在深度贫困地区新增各项贷款不低于250亿元，精准扶贫贷款不低于130亿元，两类贷款增速均高于全行平均水平。

四是围绕精准扶贫，在贫困人口增收脱贫上下功夫。立足贫困地区发展基础和资源禀赋，按照“六个精准”要求，对有劳动能力、有致富渠道、有贷款需求的贫困人口，加大信贷支持和金融服务力度；发挥农业银行产业扶贫优势，精准选择、大力支持有带贫能力的优质客户和重点项目，加强贫困户与产业主体间的利益联结机制，强化金融对产业扶贫的扩增效应。

五是做好定点扶贫，打造全行金融扶贫标杆和典范。按照中央单位定点扶贫工作要求，继续在资金上提供支持、人才上提供支撑、工作上提供指导，加大对定点扶贫县脱贫攻坚工作的支持力度。对已脱贫摘帽的秀山县和饶阳县，保持帮扶政策不变，帮扶力度不减。

六是加大创新力度，提高金融扶贫服务能力。大力推进金穗惠农通工程和互联网服务“三农”一号工程，延伸线上、线下服务网络。推动特色扶贫产品和政策创新，复制推广金融扶贫典型模式，促进贫困地区贷款投放。实施更为优惠的利率定价政策，对包括扶贫小额贷款在内的贫困人口生产经营类贷款执行基准利率。

（中国农业银行扶贫开发金融部 惠超）

地 区 篇

河北农村减贫情况

2018年，河北省委、省政府坚持以习近平新时代中国特色社会主义思想和党的十九大精神为指导，认真学习贯彻习近平总书记关于扶贫工作的重要论述和重要指示精神，全面落实党中央决策部署，把打赢脱贫攻坚战作为增强“四个意识”、做到“两个维护”、当好首都政治“护城河”的现实检验，全省脱贫攻坚工作持续推向深入。据2018年农村贫困监测调查相关数据显示，河北贫困地区[①]农民收入增长较快，贫困人口大幅减少，贫困发生率不断下降。农民生活质量显著提升，基础设施及公共服务水平持续改善，脱贫攻坚成效明显。

一、扶贫成效显著

按照现行国家农村贫困标准测算，2018年，河北农村贫困人口为63万人，比上年减少61万人。贫困发生率为1.1%，比上年下降1.1个百分点。

（一）贫困地区贫困人口减少42万人。

2018年，全省农村贫困人口63万人，减少61万人，减贫幅度为49.2%。其中，贫困地区贫困人口56万人，减少42万人，减贫幅度为43.3%。

①河北省贫困地区包括国家扶贫开发工作重点县和燕山－太行山连片特困地区贫困县，共计45个。其中扶贫开发工作重点县39个，连片特困地区22个，16个县相重合。

表 1　2013 年以来河北农村贫困人口规模及减贫情况

单位：万人

年　份	全省农村		贫困地区	
	贫困人口	减贫人口	贫困人口	减贫人口
2013 年	366	71	304	50
2014 年	320	46	265	39
2015 年	241	79	197	68
2016 年	188	53	147	50
2017 年	124	64	97	50
2018 年	63	61	56	42

（二）全省农村贫困发生率降至 1.1% 。

2012 年 -2018 年，河北农村贫困发生率由 7.8% 下降到 1.1%，下降 6.7 个百分点。其中河北贫困地区农村贫困发生率由 23.8% 下降到 4.0%，六年间下降 19.8 个百分点。

图 1　2012 -2018 年贫困发生率下降情况

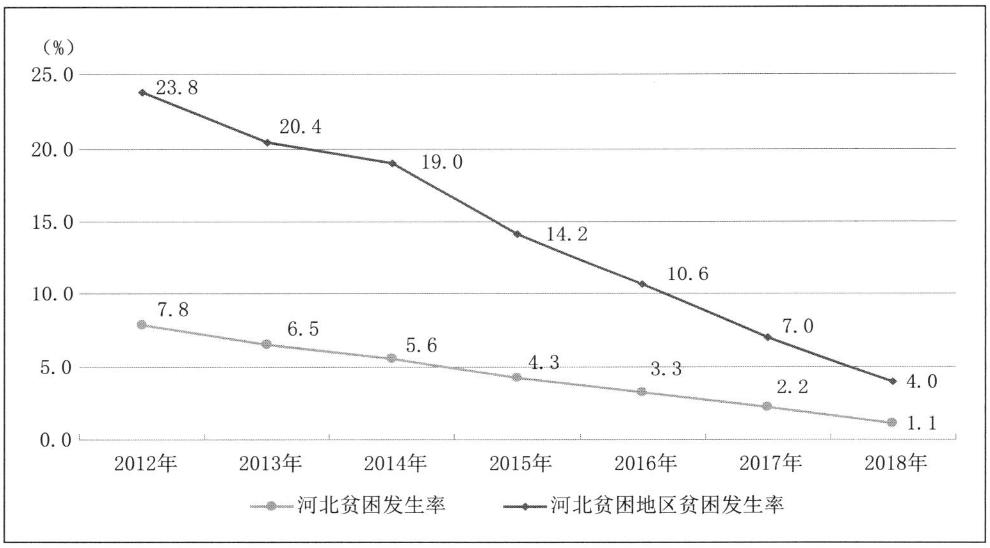

二、贫困地区农村居民收入稳步增长

据贫困监测调查数据显示：2018 年河北贫困地区农村居民人均可支配收入为 10393 元，比上年增加 1062 元，增幅为 11.4%，高于同期全省农村平均水平 2.5 个百分点，高于全国贫困地区农村平均增速 0.8 个百分点，呈良好发展的态势。

（一）工资性收入和转移净收入仍是拉动农村居民收入的主要动力。

2018 年通过对贫困群众开展订单、定向、定岗式就业技能培训，实现跨省就业 36202 人，省内就业 171040 人；实现就地就近就业（县内）151465 人，就业人口增加拉动农村居民收入增长。2018 年河北贫困地区农村居民人均工资性收入 5140 元，同比增长 10.0%，占可支配收入的 49.5%，拉动可支配收入增长 5.0 个百分点；人均转移净收入2332元，同比增长21.6%，占可支配收入的22.4%，拉动可支配收入增长4.5个百分点。

（二）财产净收入快速增长。

2018年河北通过大力发展农业产业化新型经营主体，龙头企业、股份合作组织、合作社及家庭农场。健全完善利益联结和带贫益贫机制，规范资产收益扶贫，实行“所有权归村集体、经营权归企业、收益权归贫困户”，确保贫困户持续稳定受益。全年贫困地区农村居民财产净收入161元，增长32.0%，占可支配收入的1.6%，拉动可支配收入增长0.4个百分点。

（三）经营净收入稳步增长。

2018年在推广旅游扶贫、电商扶贫、特色种养等扶贫模式的基础上，大力推广科技扶贫和生态扶贫，实施科技结对帮扶行动和贫困地区国土绿化行动，向贫困地区安排生态补偿类资金，进行人工造林和发展经济林，建立观光采摘基地和高标准现代林果示范园区。全年贫困地区农村居民人均经营净收入2759元，同比增长5.4%，占可支配收入的26.5%，拉动可支配收入增长1.5个百分点。

三、贫困地区居民生活水平进一步改善

随着贫困地区居民收入水平的不断增长，居民消费也稳步提升。2018年河北贫困地区农村居民人均消费支出8913元，较上年增加1067元，增长13.6%，消费支出增速连续五年持续走高。

表2　2018年河北贫困地区农村居民人均消费支出情况

指标名称	金额（元）	增加（元）	增速（%）
人均消费支出	8913	1066	13.6
1. 食品烟酒	2749	112	4.3
2. 衣着	521	-7	-1.2
3. 居住	1719	55	3.3
4. 生活用品及服务	520	97	23.0
5. 交通通信	1044	103	10.9
6. 教育文化娱乐	947	192	25.4
7. 医疗保健	1257	493	64.5
8. 其他用品和服务	156	21	15.7

（一）消费结构优化。

随着脱贫攻坚工作持续深入推进，贫困地区居民消费结构也不断发生变化，食

品烟酒和衣着消费支出增速逐步放缓，居住、教育、医疗支出不断增加，保持高速增长态势。

图 2　2013-2018 年居住、教育、医疗消费支出对比图

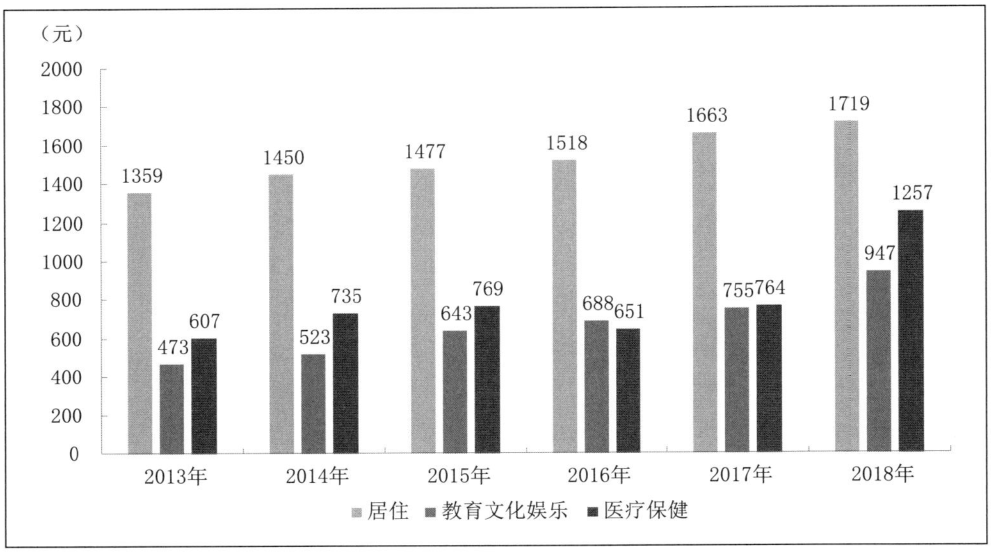

（二）居住和生活条件不断改善。

2018 年，贫困地区农村居住竹草土坯房的农户比重为 1.9%；使用管道供水的农户比重为 71.9%；使用经过净化处理自来水的农户比重为 55.6%；饮水无困难的农户比重为 95.5%；独用厕所的农户比重为 99%；炊用柴草的农户比重为 26.9%。

图 3　2013-2018 年贫困地区农村住户住房及家庭设施状况

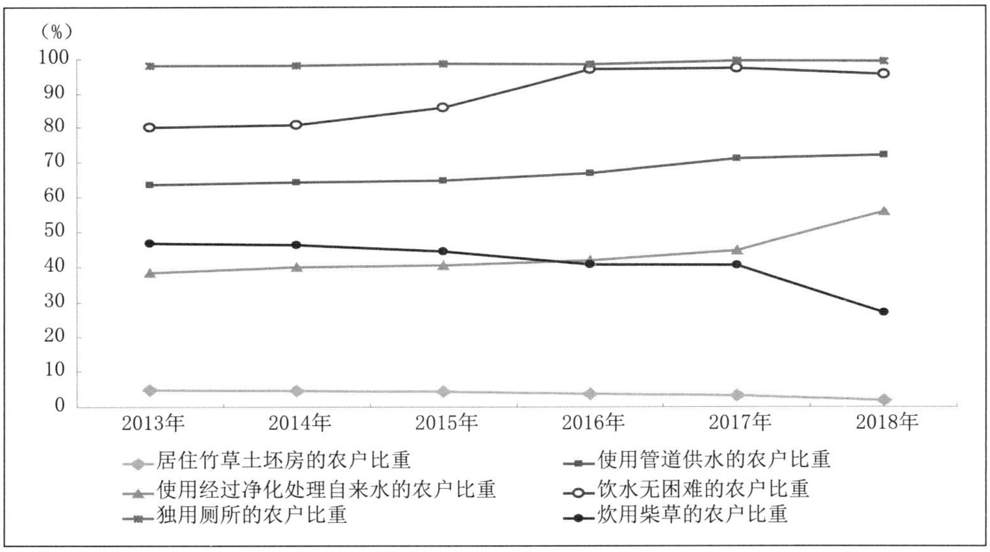

（三）耐用消费品拥有量增加。

随着农村居民生活水平的不断提高，家庭耐用消费品拥有量也不断增加。截至 2018 年底，贫困地区农村居民每百户主要耐用消费品拥有量较上年相比均有所增加。汽车拥有量由 15.9 辆增加到 26.4 辆；洗衣机由 86.4 台增加到 91.4 台；电冰箱由

79.4 台增加到 89.8 台；移动电话由 200.8 部增加到 220.8 部；计算机由 20.5 台增加到 24.1 台。

四、贫困地区整体面貌不断提升

从贫困监测调查数据来看，贫困地区整体面貌不断提升，基础设施条件不断改善，公共服务水平不断提高。

（一）基础设施条件不断改善。

截至 2018 年底，河北贫困地区所在自然村通电话的农户比重 100%，与上年一致；所在自然村进村主干道路硬化的农户比重 99.2%，较上年提高 0.5 个百分点；所在自然村能便利乘坐公共汽车的农户比重达 87.9%，较上年提高 2.9 个百分点；所在自然村通宽带的农户比重达 99.4%，较上年提高 1.2 个百分点；所在自然村通公路的农户比重 99.7%，较上年下降 0.3 个百分点；所在自然村能接收有线电视信号的农户比重 97.2%，较上年下降 1.3 个百分点。

（二）公共服务水平不断提高。

截至 2018 年底，河北贫困地区所在自然村能集中处理垃圾的农户比重达到 84.9%，较上年提高 26.6 个百分点；所在自然村上幼儿园便利的农户比重达到 91.5%，较上年提高 2.6 个百分点；所在自然村上小学便利的农户比重达到 93.1%，较上年提高 6.9 个百分点；所在自然村有卫生站的农户比重达到 98.0%，较上年下降 0.9 个百分点。

（国家统计局河北调查总队 水宁）

山西农村减贫情况

2018 年以来，山西省委省政府坚持以习近平总书记关于扶贫工作的重要论述为根本遵循，积极贯彻落实习近平总书记视察山西重要讲话精神，扎实推进脱贫攻坚各项政策举措落地生根，贫困地区农村居民收入和生活水平明显提高。

一、山西脱贫攻坚成效明显

按照现行国家农村贫困标准测算，2018 年末，山西农村贫困人口 74 万人，比上年末减少 60 万人；贫困发生率 3%，比上年下降 2.5 个百分点。党的十八大以来，山西农村贫困人口从 2012 年末的 359 万人减少至 74 万人，累计减少 285 万人；贫困发生率从 2012 年的 15% 下降至 3%，累计下降 12 个百分点。

图 1　2012-2018 年山西农村贫困人口及贫困发生率

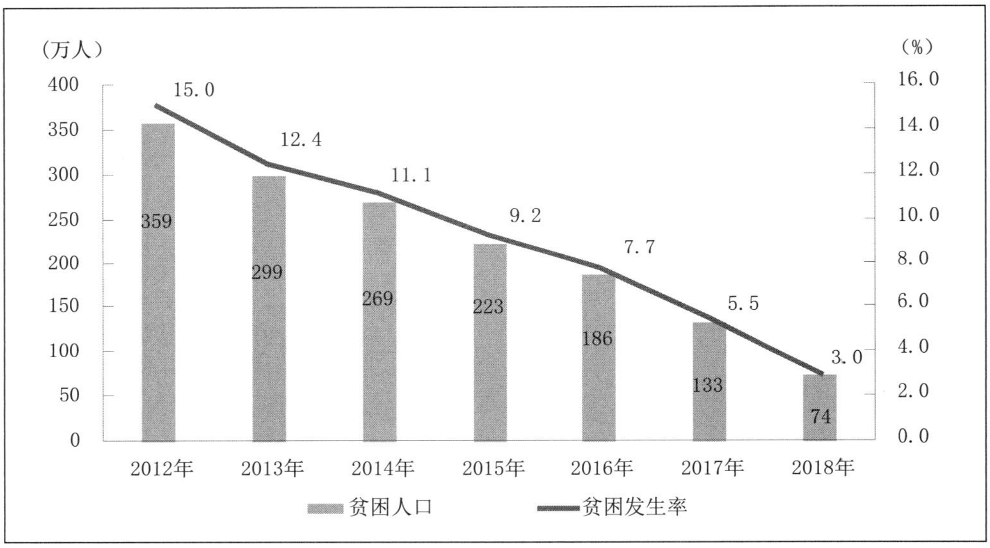

二、贫困地区农村居民收入水平稳步提高

2018 年，山西贫困地区农村居民人均可支配收入为 8250 元，比上年增加 920 元，增长 12.6%，增速比上年快 1.9 个百分点。

（一）与全省农村居民收入差距进一步缩小。

2018 年全省上下精准发力、综合施策，采取产业扶贫、易地搬迁扶贫、生态扶贫、社会扶贫等多轮驱动的办法，全面推进精准扶贫，对推动贫困地区农村居民增收效果明显。2018 年，山西贫困地区农村居民人均可支配收入增速比全省农村居民人均可支配收入增速（8.9%）高 3.7 个百分点，比全国贫困地区农村居民人均可支配收入增速（10.6%）高 2 个百分点；绝对额占全省农村和全国贫困地区农村平均水平的比重分别为 70.2% 和 79.5%，分别比上年提高了 2.3 和 1.3 个百分点。山西贫困地区农村居民收入与全省、全国差距进一步缩小。

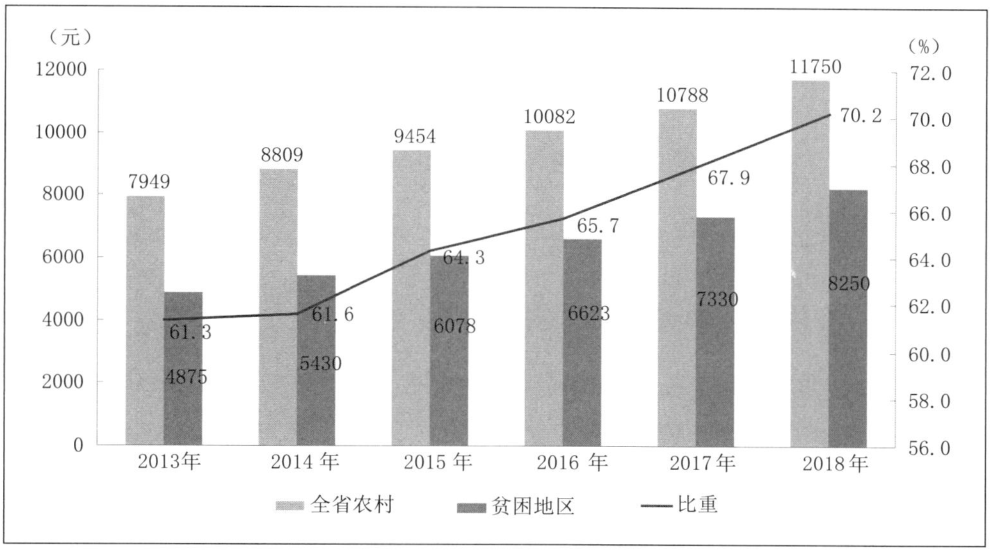

图 2　2013-2018 年山西全省和贫困地区农村居民收入对比

（二）四大类收入全面增长。

工资性收入较快增长。2018 年山西贫困地区农村居民人均工资性收入为 3156 元，比上年增加 231 元，增长 7.9%，对贫困地区农村居民人均可支配收入增长的贡献率为 24.9%，拉动可支配收入增长 3.2 个百分点。

经营净收入稳步增长。2018 年山西贫困地区农村居民人均经营净收入为 2399 元，比上年增加 153 元，增长 6.8%，对贫困地区农村居民人均可支配收入增长的贡献率为 16.7%，拉动可支配收入增长 2.1 个百分点。

财产净收入快速增长。2018 年山西贫困地区农村居民人均财产净收入为 98 元，

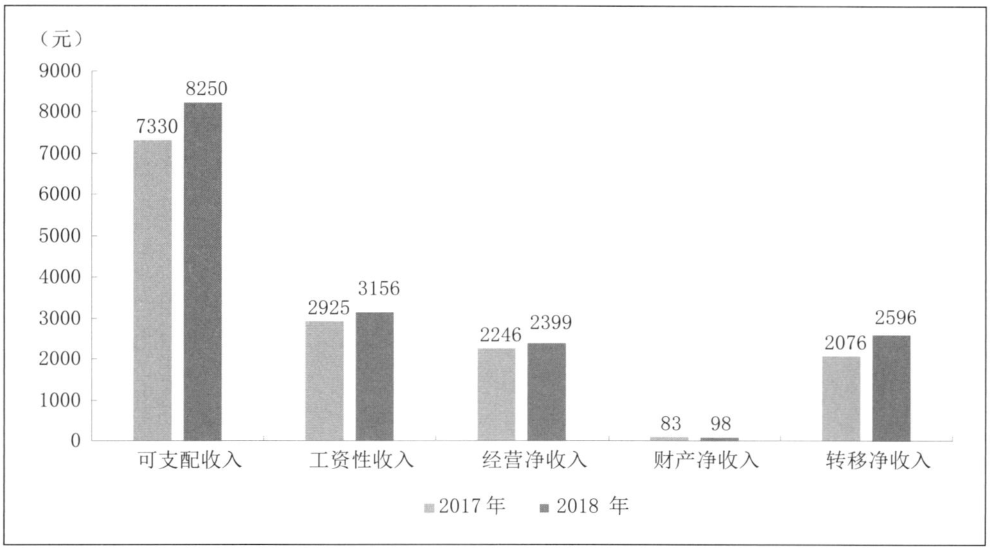

图 3　2017-2018 年山西贫困地区农村居民可支配收入

比上年增加 15 元，增长 18.3%。其中，转让土地承包经营权租金净收入增长较快，比上年增长 1.1 倍。

转移净收入大幅增长。2018 年山西贫困地区农村居民人均转移净收入为 2596 元，比上年增加 521 元，增长 25.1%，为四项收入中增速最快、增量最多的一项，对贫困地区农村居民人均可支配收入增长的贡献率为 56.6%，拉动可支配收入增长 7.1 个百分点。

从四项收入构成来看，结构呈现"二升二降"的特点。转移净收入和财产净收入占可支配收入的比重分别为 31.5% 和 1.2%，占比较上年上升了 3.2 和 0.1 个百分点；工资性收入和经营净收入占可支配收入的比重分别为 38.3% 和 29.1%，下降了 1.7 个百分点和 1.6 个百分点。

（三）多因素拉动贫困地区收入增长。

一是山西经济向好发展，为稳定增收提供保障。2018 年，山西省经济在实现"两转"的基础上稳中有进，持续向好。产业结构继续优化，财政收入快速增长，工业企业效益明显改善，第三产业蓬勃发展，企业用工需求增加，农民就业渠道和收入水平不断增加。就业扶贫力度持续加大，通过加强劳务协作、技能培训等举措，促进贫困劳动力就地就近就业。全年共培训贫困劳动力 5.3 万人，转移就业 9.79 万人；建设扶贫车间 476 个，带动 2.3 万贫困劳动力就近就业；新增公益性岗位吸纳贫困劳动力 3000 余人，有力促进了贫困地区农民就业创业。随着省人社厅《关于进一步加大就业扶贫政策支持力度着力提高劳务组织化程度的通知》的落实，贫困地区劳动力就业前景将更加广阔。

二是脱贫攻坚持续发力，有力拉动转移净收入增加。山西省委省政府认真贯彻落实习近平总书记视察山西重要讲话精神，各级财政投入力度加大，光伏扶贫、电商扶贫、产业扶贫、教育扶贫、消费扶贫、旅游扶贫等扶贫政策强力推进，特别是对深度贫困地区集中资金倾斜、项目倾斜、政策措施倾斜，扶贫成效明显。特色农业扶贫带动 95 万贫困人口增收；光伏扶贫 2859 座光伏扶贫村级电站基本实现并网发电，惠及 16.3 万贫困户；旅游扶贫 534 个示范村带动 6.15 万贫困人口增收等，省委省政府对贫困地区的精准扶贫、精准脱贫政策措施对助农增收成效明显。

三是紧抓政策机遇，民生投入带动增收。山西实施乡村振兴战略和打赢脱贫攻坚战三年行动同步推进，基础建设大力发展，民生投入不断增加。山西有序推进贫困村提升工程，在 6432 个村实施 1.92 万个提升工程；生活用电改造完成 674 个村，惠及 10.29 万贫困人口；危房改造完成 8.11 万户；新建、改扩建农村卫生室 2747 所；新改建农村公路、旅游公路 1.29 万公里，贫困村面貌明显改善。易地扶贫搬迁成效显著，规划建设的 1502 个集中安置点竣工 1463 个。这些工程的实施和推进提供了大量的工作岗位，促进农村贫困劳动力就近就业。

三、贫困地区农村居民消费能力不断增强

随着脱贫攻坚持续深入推进，贫困地区农村居民收入水平不断提高，生活消费能力逐步增强。2018 年，山西贫困地区农村居民人均消费支出为 7006 元，比上年增加 732 元，增长 11.7%；比 2013 年增加 2376 元，增长 51.3%。

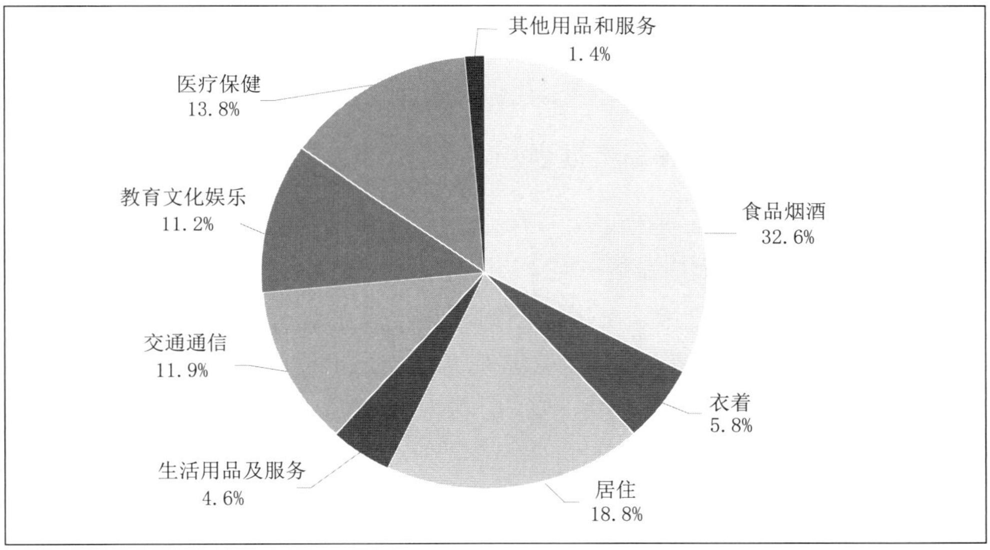

图 4　2018 年山西贫困地区农村居民消费情况

地区篇

（一）基本消费比重降低。

2018 年山西贫困地区农村居民“吃穿住”等消费支出占生活消费支出总额的 57.2%，比重比上年下降了 2.5 百分点，基本消费虽仍占据贫困地区农村居民生活消费支出的主导地位，但比重在不断下降。其中，人均食品烟酒消费支出 2284 元，占 32.6%，比重比上年下降了 0.6 个百分点；人均衣着消费支出 406 元，占 5.8%，下降了 0.1 个百分点；人均居住支出 1315 元，占 18.8%，下降了 1.8 个百分点。

（二）发展型和享受型消费支出增长较快。

山西加快推进贫困地区基础设施建设和人居环境改善，各类扶持政策落地生根，加之贫困地区农村居民收入水平逐步提高，农村居民在满足了基本生活消费的基础上消费观念逐步转变，向改善生活状况、提高生活品质方向发展。2018 年山西贫困地区农村居民人均医疗保健消费支出 967 元，比上年增长 19.9%；人均交通通信消费支出 837 元，增长 23.4%；人均教育文化娱乐消费支出 783 元，增长 16.1%；人均生活用品和服务消费支出 319 元，增长 19.8%。医疗保健等四项消费支出占生活消费支出总额的 41.5%，占比较上年上升了 2.8 个百分点。

四、贫困地区农村居民生活条件进一步改善

脱贫攻坚三年行动实施以来，山西加快贫困地区道路交通、水利电力、网络覆盖等基础设施建设，不断推进科教文卫事业稳定发展，为贫困地区发展破除瓶颈制约，

贫困地区农村居民生活条件进一步改善。

（一）生活质量持续向好。

2018 年山西贫困地区农村居民主要耐用消费品拥有量有所增加。从洗衣机、冰箱等传统耐用消费品来看，每百户拥有量分别为 81.8 台和 70.3 台，比 2017 年增加 0.8 台和 19.4 台。从汽车、手机、计算机等现代耐用消费品来看，每百户拥有汽车 12.5 辆，增加 5.2 辆；拥有移动电话 193.9 部，增加 27.5 部；拥有计算机 19.5 台，增加 3.4 台。贫困地区农村居民生活条件改善，生活质量明显提升。

（二）基础设施建设稳步推进。

2018 年山西贫困地区所在自然村进村主干道路硬化达到全覆盖，贫困地区道路建设基本完善；所在自然村能便利乘坐公共汽车的农户比重为 91%，比 2017 年上升 3.5 个百分点，出行更加方便。贫困地区所在自然村电话通讯全部覆盖，通信网络基本畅通；所在自然村通宽带的农户比重为 95.9%，上升 8.5 个百分点，网络覆盖更加全面；所在自然村垃圾能集中处理的农户比重为 81.9%，上升 15.5 个百分点，村容村貌更加整洁。

（三）公共服务水平继续提升。

从“三保障”实现程度来看，贫困地区 75.6% 的农户所在自然村上幼儿园便利，79.2% 的农户所在自然村上小学便利，比 2017 年分别上升 3.9 和 8.2 个百分点，教育条件有所改善。96.4% 农户所在自然村有卫生站，同比上升 7.2 个百分点，医疗覆盖面进一步扩大。91.7% 的农户饮水无困难，83.5% 的农户可以实现管道供水，68.3% 的农户可以使用经过净化的自来水，上升 10.4、10.7 和 30.7 个百分点，饮水更加安全卫生；居住竹草土坯房和炊用柴草的农户比重分别为 2% 和 17%，下降 3.6 个和 9.8 个百分点，农村居民居住环境不断优化。山西贫困人口“义务教育、基本医疗、住房安全”保障水平明显提高。

五、促进山西贫困地区农村居民增收的几点建议

（一）拓宽贫困地区农村居民增收渠道。

进一步落实《关于坚持农业农村优先发展做好“三农”工作的若干意见》《关于打赢脱贫攻坚战三年行动的指导意见》《关于推进乡村振兴战略的实施意见》等政策举措要求，强化组织保障，加大投入力度，加大监管力度，确保政策落地。通过完善就业培训、劳务输出、岗位开发等手段，增加工资性收入；加快推进农业供给侧改革，大力发展贫困地区特色农业，鼓励农民工返乡创业等手段增加经营性收入；积极发展壮大农村集体经济，培育和健全土地承包经营权流转市场，促进贫困地区土地流转和使用，增加财产性收入；强化扶贫政策、资金整合，将精准扶贫落细落实，增加转移性收入。

（二）稳定贫困地区农村居民产业基础。

大力实施消费扶贫，深入贯彻落实《关于深入开展消费扶贫助力打赢脱贫攻坚战的指导意见》，调动贫困人口依靠自身努力实现脱贫致富的积极性，促进贫困人口稳定脱贫和贫困地区产业持续发展。进一步拓展贫困地区农村销售途径，扩展电子商务在农产品销售中的应用，鼓励龙头企业、农产品批发市场、电商企业、大型超市采取“农户 + 合作社 + 企业”等模式，在贫困地区建立生产基地，提高农产品供给的规模化组织化水平，增强农产品持续供给能力，带动贫困地区农村居民持续增收。

（三）解决贫困地区特殊群体的后顾之忧。

贫困人口中的失能失劳、重病重残等特殊群体是脱贫攻坚中的重点对象。针对这类人群要分类施策，多措并举，加大政策保障力度，实行社会保障兜底应兜尽兜，应保尽保，确保他们能脱贫，不返贫，可持续。要进一步落实《关于在脱贫攻坚三年行动中进一步做好社会救助兜底保障工作的通知》《关于加强农村留守老年人关爱服务工作的实施意见》等政策，不断提高养老、医疗等各类社会保障标准，针对依靠自身能力无法脱贫的群体进一步完善制度和保障措施，使他们能够与全体人民一道共享改革发展成果。

（四）巩固贫困地区脱贫成果。

要进一步聚焦深度贫困县和影响“两不愁三保障”的突出问题，攻克坚中之坚、解决难中之难，全力打赢脱贫攻坚战。同时要巩固好现有脱贫成果，落实好已摘帽贫困县、已退出贫困村和脱贫人口的后续扶持政策，建立返贫预警机制，减少和防止脱贫人口返贫，切实做到“不摘责任、不摘政策、不摘帮扶、不摘监管”。要建立完善的脱贫成果巩固提升考核办法，完善稳定增收机制，深入研究细化产业就业扶贫后续措施，增强贫困地区持续发展能力。

（国家统计局山西调查总队 杨力军 樊美艳）

内蒙古农村减贫情况

2018年，内蒙古坚持聚焦精准扶贫脱贫，紧紧围绕“两不愁三保障”，按照“五个一批”“六个精准”，把乡村振兴战略同脱贫攻坚有机结合，瞄准贫困村、贫困人口，促进产业发展、基础设施建设和壮大集体经济；坚持群众参与，发挥贫困群众的主体地位和作用，通过以工代赈、生产奖补、就业扶贫等措施，引导贫困人口积极参与扶贫项目建设，扶贫成效显著。2018年，内蒙古贫困地区农牧民可支配收入和生活消费支出双双突破万元大关，人居生活环境明显改善，农牧民获得感、幸福感进一步提升。

一、贫困人口明显减少，贫困发生率显著下降

（一）内蒙古农村牧区贫困人口减少23万人。

按照现行国家农村贫困标准测算，2018年末，内蒙古农村牧区贫困人口为14万人，比2017年减少23万人；贫困发生率为1.0%，比2017年下降1.7个百分点，减贫速度为62.7%，是近年来减贫速度最快的一年。

（二）贫困地区农村牧区贫困人口减少20万人。

2018年内蒙古31个扶贫开发工作重点县农村牧区贫困人口为13万人，比2017年减少20万人；贫困发生率为1.9%，下降2.9个百分点。贫困地区农村牧区贫困人

表1　2012-2018年内蒙古和31个扶贫开发重点旗县农村牧区贫困人口、贫困发生率及下降情况对比

年份	内蒙古				31个扶贫开发重点旗县			
	贫困人口		贫困发生率		贫困人口		贫困发生率	
	规模（万人）	比上年末减少（万人）	贫困发生率（%）	比上年末下降（百分点）	规模（万人）	比上年末减少（万人）	贫困发生率（%）	比上年末下降（百分点）
2012年	139	21	10.6	1.6	134	19	19.7	4.8
2013年	114	25	8.5	1.5	110	24	16.0	1.5
2014年	98	16	7.3	1.2	95	15	13.4	1.2
2015年	76	22	5.6	1.7	66	29	9.3	4.1
2016年	53	23	3.9	1.7	47	19	6.6	2.7
2017年	37	16	2.7	1.2	34	13	4.8	1.8
2018年	14	23	1.0	1.7	13	20	1.9	2.9

口明显减少，贫困发生率显著下降。

（三）减贫速度加快，有望提前实现消灭贫困人口目标。

2012-2018 年期间，内蒙古自治区农村牧区贫困人口累计减贫 125 万人， 年均减贫人口 20.8 万人；贫困发生率从 2012 年的 10.6% 下降至 1.0%，累计下降 9.6 个百分点。内蒙古 31 个扶贫开发重点旗县农村牧区贫困人口累计减贫 121 万人，年均减贫 20.2 万人；贫困发生率从 2012 年的 19.7% 下降至 1.9%，累计下降 17.8 个百分点，31 个扶贫开发重点旗县贫困发生率下降速度明显快于全区农村牧区贫困发生率下降速度。

二、贫困地区农牧民可支配收入突破万元大关

2018 年，内蒙古贫困地区农村牧区常住居民人均可支配收入突破万元大关，达到 10965 元，同比增长 11.3%，增速比 2017 年提高 1.5 个百分点。

（一）增速快于全区、全国贫困地区，差距进一步缩小。

2018 年内蒙古贫困地区农牧民人均可支配收入增速比全区农牧民人均可支配收入高 1.6 个百分点；收入水平比全国贫困地区农村平均水平高 594 元，在全国有贫困监测调查的 22 个省（市、区）中居第 7 位，增速快于全国贫困地区农村居民 0.7 个百分点，居第 6 位。

十八大以来，内蒙古贫困地区农牧民可支配收入累计增加 5395 元，累计增长 96.9%，年均增长 10.2%，高于同期全区农牧民人均可支配收入增速 2.0 个百分点，保持了较快的增长速度。与全区农牧民收入差距进一步缩小，收入比由 2012 年的 1:1.43 下降为 1:1.26。

（二）四大项收入呈全面增长态势，结构进一步合理。

2018 年，内蒙古贫困地区农牧民人均工资性收入 2095 元，同比增长 13.0%，占可支配收入的比重为 19.1%，拉动可支配收入增长 2.4 个百分点；人均经营净收入 5773 元，同比增长 11.5%，占可支配收入的比重为 52.6%，拉动农牧民可支配收入增长 6.1 个百分点；人均财产净收入 226 元，同比增长 2.4%，止跌回升，拉动可支配

表 2　2018 年内蒙古贫困地区农牧民人均可支配收入情况

指标名称	金额（元）	比上年增长（%）	占可支配收入比重（%）	拉动可支配收入增长（%）
人均可支配收入	10965	11.3	--	
1. 工资性收入	2095	13.0	19.1	2.4
2. 经营净收入	5773	11.5	52.6	6.1
3. 财产净收入	226	2.3	2.1	0.1
4. 转移净收入	2871	10.4	26.2	2.7

收入增长 0.1 个百分点；人均转移净收入为 2871 元，同比增长 10.4%，占可支配收入比重 26.2%，拉动可支配收入增长 2.7 个百分点。

（三）贫困地区农牧民人均可支配收入增长因素。

1. 农牧产品量价双增带动农牧民收入的增长。2018 年内蒙古谷物价格上涨 9.7%。其中，玉米平均价格 1.6 元 / 公斤，同比上涨 12.0%。牛、羊产量和出栏增加，出售价格快速增长。2018 年牛出栏 375.1 万头，增速 3.3%，牛肉产量为 61.4 万吨，增速为 3.3%；牛平均价格为 25.1 元 / 公斤，同比上涨 7.8%；羊出栏 6390.7 万只，增速 2.1%，羊肉产量为 106.3 万吨，增速为 2.1%，羊平均价格 22.9 元 / 公斤，同比上涨 13.4%。玉米及牛羊肉价格的上涨，直接带动了农牧民收入的增长。

2. 产业扶贫助力农牧民收入的增长。2018 年，内蒙古聚焦精准脱贫，重点支持贫困地区，因地制宜确定了肉羊、肉牛、生猪、家禽、玉米、饲草料、蔬菜、马铃薯等 8 大扶贫优势特色产业，支持引导农牧业龙头企业和农畜产品加工企业减贫带贫。同时通过“合作社 + 基地 + 贫困户“模式，吸纳贫困户加入合作社发展产业经营，采取订单生产、保底收购等方式，把贫困户纳入产业链条中，带动贫困建档立卡户增收。

3. 金融扶贫多元供给促进农牧民收入的增长。2018 年，内蒙古继续推进“金融扶贫富民工程”，探索出一条“政府主导、银行参与、市场化动作”的新模式，撬动更多的金融资金参与扶贫，形成金融扶贫多元供给格局，为贫困旗县脱贫致富提供资金支持；创新贷款提供模式，变无偿使用资金为有偿贷款，采取“联户联保、村委会担保、保险公司履约保险”等模式，降低贫困农牧民提供门槛；采取 3 户富裕户带动 2 户贫困户、2 户富裕户带动 1 户贫困户等模式，形成大户带小户、富户带穷户，确保贫困农牧户直接受益，使贫困农牧民有能力改善生产经营条件，进一步增收致富。

三、贫困地区农牧民消费层次进一步提升

随着国家和内蒙古各项惠农政策的实施及农牧民收入的增加，农牧民的生活消费结构也随着发生了很大变化，购买力有所增强，消费水平也随着收入的增长进一步升级，人居生活环境明显改善，农牧民获得感、幸福感进一步提升。2018 年，内蒙古贫困地区农牧民人均生活消费支出达到 10206 元，比上年增加 1094 元，同比增长 12.0%；扣除物价因素，实际增长 9.9%。

2012-2018 年，内蒙古贫困地区农牧民人均消费支出累计增加 4721 元，累计增长 86.1%，年均增长 9.3%，保持了较快的增长速度。

（一）增速快于全区农牧民平均水平。

随着贫困地区农牧民收入水平较快增长，农牧民生活消费支出也在持续增长，消费能力逐年提高。2018 年，内蒙古贫困地区农牧民人均生活消费支出同比增长 12.0%，与全国贫困地区持平，比全区农牧民平均水平高 9.0 个百分点。2012-2018 年，贫困地区农牧民人均生活消费支出增速明显快于全区农牧民，农牧民消费规模越来

越大，消费要求也越来越高。

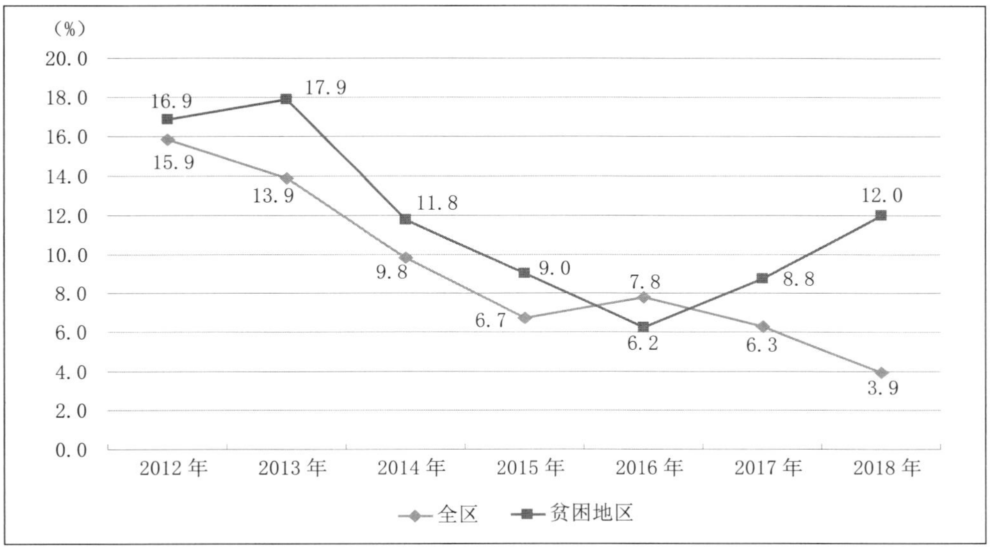

图 1 2012-2018年全区与贫困地区农牧民消费支出增速对比

（二）贫困地区农牧民消费结构进一步优化。

吃、穿、住及生活用品及服务等基本消费支出平稳增长。2018 年，内蒙古贫困地区农牧民食品烟酒支出远远高于其他消费支出，为 2916 元，比上年增加 148 元，增长 5.4%，占消费支出的 28.6%，比上年下降 1.8 个百分点；衣着支出人均 551 元，比上年增加 35 元，增长 6.8%，占消费支出的比重为 5.4%，较上年下降 0.3 个百分点；居住人均 1675 元，比上年增加 107 元，增长 6.8%，占消费支出的 16.4%，较上年下降 0.8 个百分点；生活用品和服务人均 433 元，比上年增加 47 元，增长 12.2%，占消费支出的比重为 4.2%，与上年持平。

交通通信、教育文化娱乐、医疗保健、其他用品和服务等发展型消费支出快速增长。2018 年，内蒙古贫困地区农牧民交通支出人均 1609 元，较上年增加 219 元，增长 15.8%，其中，交通支出人均 1137 元，增长 25.5%；教育文化娱乐支出人均 1337 元，较上年增加 131 元，增长 10.9%；医疗保健支出人均 1505 元，较上年增加 373 元，增长 33.0%；其他商品和服务支出人均 179 元，较上年增加 32 元，增长 21.5%。

（三）服务性消费支出快速增长。

在贫困地区农牧民消费需求由生存型、温饱型向发展型和享受型消费转变的过程中，农牧民从商品性消费中得到基本生活需求的满足后，用于文化和生活方面的非商品性消费支出也在逐年增加，在消费支出中所占的比例不断提高。2018 年，内蒙古贫困地区农牧民人均服务性消费支出为 3877 元，比上年增加 491 元，同比增长 14.5%，保持了快速增长；占消费支出的比重为 38.0%，比上年提高 0.8 个百分点。

（四）食品支出比重下降。

2018 年，贫困地区农牧民食品烟酒消费占消费支出总额的比重，由 2017 年的

30.4%下降为28.6%，下降1.8个百分点。

2012-2018年，贫困地区农牧民食品支出占消费支出的比重逐年下降，由2012年的37.5%下降至2018的28.6%，下降8.9个百分点。食品支出比重的下降，反映出贫困地区农牧民收入的增加，腰包鼓起来了，食品支出所占比例越来越小，非食品性支出总体在上升；也反映出贫困地区农牧民消费观念的改变，不再处于简单的温饱型饮食消费，开始追求食品的享受性和饮食质量。

四、贫困地区农牧民生活及居住条件明显改善

（一）住房面积增加，居住条件明显改善。

随着内蒙古扶贫政策的实施，贫困地区农牧民居住条件明显改善，住房面积增加且更加坚固。2018年，内蒙古贫困地区农牧民户均住房面积为79.6平方米，比2012年67.3平方米增加了12.3平方米；居住在钢筋混凝土、砖混及砖瓦砖木结构的农牧户比重为94.4%，比2012年提高29.6个百分点；居住竹草土坯房的农牧户比重为4.8%，比2012年下降18.9个百分点。住宅外道路为硬化路面的农牧户比重为95.4%，比2012年提高55.2个百分点。

（二）生活设施进一步改进，生活品质明显提高。

随着内蒙古各项扶贫工程的深入开展，贫困地区农牧民生活设施进一步得到改善，生活品质明显提高。2018年，内蒙古贫困地区农牧民使用管道供水的农牧户比重为51.8%，比2013年提高21.6个百分点；使用净化自来水的农牧户比重为46.2%，比2013年提高2.9个百分点；获取饮用水无困难的农牧户比重为96.5%，比2013年提高8.3个百分点。使用炊用柴草的农户比重为54.3%，比2013年下降23.6个百分点。

表3 2013-2018年内蒙古贫困地区农户家庭设施情况

单位：%

指标名称	2013年	2014年	2015年	2016年	2017年	2018年
使用管道供水的农户比重	33.9	35.2	39.2	51.7	52.5	51.8
使用净化自来水的农户比重	29.0	29.2	32.5	43.9	43.3	46.2
饮水无困难的农户比重	90.3	91.6	91.6	94.9	93.5	96.5
炊用柴草的农户比重	77.9	77.5	75.1	70.2	70.0	54.3

（三）耐用消费品拥有量迅速提高。

随着贫困地区农牧民家庭收入的增加，生活条件的进一步改善，日常耐用消费品拥有量随之迅速提高。2018年，内蒙古贫困地区农牧民每百户洗衣机、电冰箱拥有量分别为92台和96.9台，比2012年分别增加29.1台和28.9台。每百户接入有

线电视网的农户比重为 61.5%，比 2012 年提高 20.5%；每百户移动电话、计算机拥有量分别为 273.3 部、23.2 台，比 2012 年分别增加 76.1 部、18.7 台；每百户家用汽车拥有量 27.3 辆，比 2012 年增加 23.7 辆；每百户助力车拥有量 42.4 辆，比 2012 年增加 36.4 辆。

五、基础设施持续改善，公共服务水平提高

（一）“四通”覆盖面不断扩大。

2018 年，内蒙古贫困地区通电、通电话、通有线电视基本实现全覆盖。所在自然村通宽带的农户 94.3%，比上年提高 13.8 个百分点。

贫困地区公路通达情况基本实现全覆盖，但交通便利情况有所下降。2018 年，所在自然村通客运班车的比例为 68.5%，能便利乘坐公交车的农户比重为 76.6%，比上年下降 8.5 个百分点。主要原因是 2018 年部分旗县发生洪涝灾害，造成部分公路的损坏，无法通车；此外有部分线路乘车人员少，处于赔钱状态，所以部分线路停运。所在进自然村主干道路面经过硬化处理的自然村比重为 88.2%，比上年增加 0.9 个百分点。

（二）教育设施持续改善，便利程度提高。

从上学便利方面来看，2018 年，所在自然村上幼儿园、上小学便利的农户比重分别为 79.5%、78.9%，分别比上年提高 3.9 和 4.1 个百分点，均比上年有所改善。义务教育阶段，96.3% 的孩子上学花费的时间在 30 分钟以内。其中，81.5% 在 15 分钟以下，14.9% 在 15-29 分钟，仅有 3.7% 在半小时以上。普通高中教育阶段 ，近八成学生上学花费时间在半小时以内，其中，51.4% 在 15 分钟以内，27.6% 在 15-30 分钟之间，21.1% 的学生上学路途较远，路上花费的时间在一小时以上。

从对师资的满意程度来看，中等职业教育阶段对学校师资条件的评价普遍较高。其中，68.9% 认为非常好，31.1% 认为比较好。普通高中教育阶段对学校师资条件的评价较高，其中，64.3% 认为非常好，26.8% 认为非常好，8.9% 认为一般。义务教育阶段，58.7% 对师资评价非常好，32.5% 认为比较好，8.1% 认为一般，0.7% 认为比较差。

（三）医疗卫生条件改善。

2018 年，内蒙古贫困地区医疗卫生保障水平提高，所在自然村垃圾能集中处理的农户比重为 72.2%，比上年提高 15.1 个百分点。有卫生室的行政村的比重为 95.1%，拥有合法行医证医生（卫生员）的行政村比重为 87.2%，未参加医疗保险的人口比重为 0.9%，较上年降低 0.1 个百分点；有病不能及时就医的人口比重为 1.3%，比上年下降 1.1 个百分点；报销医疗费占医疗总支出比重为 19.4%，较上年提高了 0.8 个百分点。

六、内蒙古贫困地区农牧民增收面临的问题

（一）农牧业产品价格的波动，给农牧业收入带来不确定性。

近年来，由于农牧业产品价格的波动性较大，从而使得农牧民收入也具有极大的波动性及不确定性；此外，由于农牧业生产所需要的化肥、农药、草料等农牧业生产资料价格的不断上涨，抵消了农牧民收入增长的空间，给农牧民收入的持续增长带来了难度。

（二）转移性收入比例较大，造成内生动力不足。

贫困地区农牧民人均可支配收入中，人均转移性收入为2871元，占可支配收入的26.2%，占比接近三成。高比例的转移性收入，使得部分贫困人群产生了依赖，有了“等、靠、要”的思想，不愿脱贫、不想脱贫，而靠政府救济，这部分人群已成为脱贫攻坚的障碍。

七、做好贫困旗县农牧民增收工作的几点建议

（一）加强思想扶贫力度，加快转变思想观念。

脱贫先脱思想贫，扶贫先扶精气神。当前，部分贫困户在思想上缺乏一定的认识，“等、靠、要”的思想比较严重，认为扶贫就是相关单位、部门给钱给物，而不是想方设法通过自己的劳动来脱贫致富。因此，扶贫首先要在“思想脱贫”上下功夫，加强扶贫政策的宣传，使扶贫与扶志、扶智、扶技、扶德相结合。加强文化教育，增强贫困户自我脱贫的意识；引导贫困群众转变思想观念，让贫困群众主动从“等、靠、要”固旧观念思想中解放出来，树立自己要致富、自己能致富的信心，实现贫困户从“要我脱贫”到“我要脱贫”的转变。

（二）加大“造血式”扶贫力度，提高自主创收能力。

根据市场用工需求以及现代农业的发展，有针对性地开展职业技能培训，提高农牧民综合素质，提升就业竞争力；拓展贫困地区劳动力就业空间，大力支持家庭服务、物流配送、养老服务等产业发展，带动扶贫对象就业；提高农牧民对信息化的认识，依托线上线下和微信为一体的电商扶贫服务平台，鼓励贫困户依托电商就业创业，引导农牧民走上致富的道路，加快贫困地区农牧民脱贫致富的步伐。

（三）发展现代农牧业，提升增收空间。

加大农牧业基础设施的投入力度，提高农牧业综合生产能力，从根本上改变贫困地区农牧业基础设施长期薄弱的局面，增强抗御自然灾害的能力；加大农牧业科技的投入，加快推进农业机械化，提高劳动生产率，降低农牧业生产成本；创建农牧产品品牌效应，打造粮食生产功能区、优质牧业产品生产保护区、特色农牧业产品优势区和现代农业产业园；提高农牧业保险理赔标准，完善农牧业再保险体系，

以持续稳健的农牧业保险助力现代农牧业发展。

（四）调整种养结构，拓展增收空间。

引导农牧民根据产业需求、市场需求发展生产，合理调整粮食作物、经济作物、饲草作物种植比例；进一步扩大绿色农牧业，推进标准化生产，增加优质、安全、有机的农牧业产品供给，为农牧业可持续协调发展、降本增效奠定基础；发展畜产品精深加工，突出发展包括物流、金融服务业等多方面内容的畜牧服务业；以“互联网 +”为驱动，依托电商服务平台，扩展农牧业产品的销售渠道，提高农牧民生产经营性收入，拓展增收空间，从而逐步降低转移性收入比例，优化农牧民收入结构。

（国家统计局内蒙古调查总队 宗哲丽）

吉林农村减贫情况

党的十八大以来，特别是"十九大"召开之后，吉林省委、省政府坚持以习近平新时代中国特色社会主义思想为指导，认真学习贯彻习近平总书记关于扶贫工作重要论述，围绕十九大报告中提出的"坚决打好精准脱贫攻坚战、决胜全面小康社会"的要求，深入落实党中央关于新时代脱贫攻坚工作的新战略新部署，始终把脱贫攻坚作为重大政治任务和第一民生工程，紧紧抓住"两不愁、三保障"的目标，持续发力，全省脱贫攻坚工作持续推向深入。据2018年全省城乡居民收支调查及农村贫困监测调查相关数据显示，全省农村贫困人口总量继续减少，贫困地区农村居民收支水平稳步提高，农村居民生活质量显著提升，基础设施及公共服务水平持续改善，脱贫攻坚成效明显。

一、全省农村贫困人口减少，贫困发生率进一步降低

按照现行国家农村贫困标准测算，2018年，吉林省农村贫困人口为26万人，比上年减少15万人。农村贫困发生率为1.8%，比上年减少0.9个百分点。吉林省农村贫困人口总量约占全国总量的1.57%，是全国农村贫困人口发生率在3%以下的23个省份之一。

表1　十八大以来吉林省农村贫困人口及发生率情况表

	贫困人口（万人）	发生率（%）
2012年	103	7.0
2013年	89	5.9
2014年	81	5.4
2015年	69	4.6
2016年	57	3.8
2017年	41	2.7
2018年	26	1.8

二、贫困地区农村居民收入稳定增长，增幅持续高于全省平均水平

据贫困监测调查数据显示：2018年全省贫困地区农村居民人均可支配收入为9330元，比上年增加969元，增幅为11.6%，高于同期全省农村平均水平5.4个百分点，继续呈现良好发展的态势。

从收入来源上看，贫困地区农村居民人均工资性收入1970.6元，比上年增加

262.1 元，增长 15.3%，对收入增长的贡献率为 27%；人均转移净收入 1743.8 元，比上年增加 288.4 元，增长 19.8%，贡献率为 29.7%；人均经营净收入 5226.2 元，比上年增加 423.7 元，增长 8.8%，贡献率为 43.7%，人均财产净收入 389.6 元，同比减少 4.6 元，降幅 1.2%。与全省农村居民收入相比，收入结构比例大致相同，但受扶贫政策影响，贫困地区农村居民转移净收入占可支配收入的构成比例明显高于普通农民，这也是贫困地区农民收入构成的显著特征。

表 2 2018 年贫困地区与全省农村居民收入的对比

指标名称	贫困地区农村			全省农村		
	绝对值（元）	构成（%）	增速（%）	绝对值（元）	构成（%）	增速（%）
人均可支配收入	9330	100.0	11.6	13748	100.0	6.2
1. 工资性收入	1971	21.1	15.3	3522	25.6	16.7
2. 经营净收入	5226	56.0	8.8	7756	56.4	4.8
3. 财产净收入	390	4.2	-1.2	257	1.9	-11.3
4. 转移净收入	1744	18.7	19.8	2214	16.1	-1.3

十八大以来的六年，是全省贫困地区农村居民收入增长最快的六年，贫困地区农民收入从 2012 年的 4732 元增长到 2018 年的 9330 元，增加 4598 元，年均增速达到 12.0%，高于同期全省农村居民人均可支配收入增速 4.1 个百分点，2018 年贫困地区农民可支配收入水平相当于全省农村居民收入水平的 67.9%，比 2012 年提升了 13.8 个百分点。

表 3　十八大以来贫困地区与全省农村居民收入对比

年　份	全省贫困地区农村居民人均可支配收入（元）	增速（%）	年均增速（%）	全省农村居民人均可支配收入（元）	增速（%）	年均增速（%）
2014 年	6414	13.2		10780	10.2	
2015 年	7045	9.8		11326	5.1	
2016 年	7669	8.9		12123	7.0	
2017 年	8361	9.0		12950	6.8	
2018 年	9330	11.6		13748	6.2	

三、贫困地区基础设施条件持续改善，公共服务水平大幅提升

打赢脱贫攻坚战，基础设施水平和公共服务是关键，从监测结果上看，贫困地区基础设施条件持续改善，公共服务水平大幅提升。主要表现有，“三通一硬化”

提前两年实现全覆盖。2018 年末，全省贫困地区 “三通” （通电、通电话、通有线电视信号）农户比重、所在自然村进村主干道硬化的农户比重均达到 100%。所在自然村通宽带农户比重达 98.2%、能便利乘坐公交汽车的农户比重为 88.5%，比上年提高了 1.5 个百分点和 5.2 个百分点。

表 4　2017-2018 年贫困地区基础设施条件和公共服务状况

单位：%

指标名称	2017 年	2018 年	增长（百分点）
所在自然村通电农户比重	100.0	100.0	0.0
所在自然村通电话农户比重	100.0	100.0	0.0
所在自然村通有线电视信号农户比重	100.0	100.0	0.0
所在自然村通宽带农户比重	96.7	98.2	1.5
所在自然村进村主干道硬化的农户比重	94.2	100.0	5.8
能便利乘坐公交汽车的农户比重	83.3	88.5	5.2

教育基础设施发展较快。2018 年，全省贫困地区所在自然村上幼儿园、上小学便利的农户比重是 83.5% 和 90.7%，比上年分别提高 13.8 个和 14 个百分点。医疗卫生配套加速推进。2018 年，全省贫困地区所在自然村有卫生站的农户比重为 99.0%，比 2017 年提升 11 个百分点，自然村垃圾集中处理的农户比重为 69.0%，同比增长 23.2%。

表 5　2017-2018 年贫困地区基础设施条件和公共服务状况（续）

单位：%

指标名称	2017 年	2018 年	增长（百分点）
所在自然村上幼儿园便利农户比重	69.7	83.5	13.8
所在自然村上小学便利农户比重	76.7	90.7	14.0
所在自然村有卫生站农户比重	88.0	99.0	11.0
所在自然村垃圾集中处理农户比重	45.8	69.0	23.2

四、贫困地区农民居住和生活条件进一步改善，消费结构不断优化

随着脱贫攻坚工作持续深入推进，加快发展，惠及民生的效果逐步体现，集中表现在贫困地区农民居住及生活条件不断改善。据监测结果显示，2018 年全省贫困地区农村居民人均住房建筑面积达到 30.7 平方米，比 2017 年的 28.6 平方米增加 2.1 平方米。2018 年，贫困地区农户使用管道供水、净化自来水、无饮水困难及独立用厕所的比重分别为 96.1%、98.6%、98.3% 和 99.7%，分别比 2017 年提高了 8.4、26.2、3.8 和 0.1 个百分点。居住竹草土坯及使用炊用柴草的农户比重分别为 1.5% 和 77.3%，比 2017 年下降了 5.8 个和 2.7 个百分点。

表 6　2017-2018 年全省贫困地区农户居住及生活条件

指标名称	2017 年	2018 年	增加
现住房建筑面积（平方米）	28.6	30.7	2.1
居住竹草土坯房农户比重（%）	7.3	1.5	-5.8
使用管道供水农户比重（%）	87.7	96.1	8.4
使用净化自来水农户比重（%）	72.4	98.6	26.2
饮水无困难农户比重（%）	94.5	98.3	3.8
独立用农户厕所农户比重（%）	99.6	99.7	0.1
炊用柴草农户比重（%）	80.0	77.3	-2.7

生活条件改善的另一个表现就是耐用消费品数量持续增加，消费水平明显提升。传统耐用消费品中，2018 年贫困地区每百户拥有洗衣机和电冰箱为 91.5 台和 89.5 台，分别比上年增加 1.7 台和 4.5 台。小汽车、移动电话、计算机等现代耐用消费品数量也快速增长。2018 年，每百户汽车、移动电话、计算机的拥有量分别为 19.1 辆、201.2 部、31.2 台，分别比上年增加 5.7 辆、10 部、0.3 台。

表 7　2017-2018 年贫困地区农户每百户耐用消费品拥有量

指标名称	2017 年	2018 年	增加
小汽车（辆）	13.4	19.1	5.7
洗衣机（台）	89.8	91.5	1.7
电冰箱（台）	85.0	89.5	4.5
移动电话（部）	191.2	201.2	10.0
计算机　（台）	30.9	31.2	0.3

表 8　十八大以来贫困地区生活消费与全省农村对比

年份	贫困地区（元）	增速（%）	年均增速（%）	全省（元）	增速（%）	年均增速（%）
2012 年	4953	-	9.7	6327	-	9.4
2013 年	5344	7.9		7523	18.9	
2014 年	5948	11.3		8140	8.2	
2015 年	6607	11.1		8783	7.9	
2016 年	7272	10.1		9521	8.4	
2017 年	7647	5.2		10279	7.9	
2018 年	8653	13.2		10826	5.3	

伴随收入增加，贫困地区农村居民消费也稳步提升。党的十八大以来，全省贫困地区农村居民人均生活消费支出从2012年的4953元提升至2018年的8653元，年均增速为9.7%，跑赢了全省农村居民消费年均增速。

2018年，全省贫困地区农村居民人均食品烟酒支出2682元，恩格尔系数为31%，比2012年的42.7%下降了11.7个百分点。衣着消费支出占比6.36%，交通通信支出占比12.72%，教育文化娱乐支出占比11.15%，医疗保健支出占比14.57%。在基本生存型支出下降的同时，发展改善型消费支出相应提高，2018年，衣着消费、交通通讯、文化教育娱乐、医疗保健四项消费支出合计占比44.8%，比2012年的39.6%提高了5.2个百分点。

表9 2012年与2018年全省贫困地区消费结构对比

指标名称	2012年		2018年	
	绝对额（元）	构成（%）	绝对额（元）	构成（%）
人均消费支出	4442	100.0	8653	100.0
1. 食品烟酒	1895	42.7	2682	31.0
2. 衣着	307	6.9	550	6.4
3. 居住	511	11.5	1614	18.7
4. 生活用品及服务	144	3.2	354	4.1
5. 交通通讯	482	10.9	1100	12.7
6. 教育文化娱乐	348	7.8	965	11.2
7. 医疗保健	620	14.0	1261	14.6
8. 其他商品和服务	133	3.0	126	1.5

五、存在的问题不容忽视

截至2018年末，全省农村贫困人口还有26万，要坚决打赢脱贫攻坚战，确保到2020年现行标准下吉林省农村贫困人口脱贫，贫困县全部摘帽，彻底解决区域性整体贫困，未来两年面临的压力仍不小，同时在监测调查中发现的问题也不容忽视：

表10 2014-2018年全省贫困地区与全国贫困地区农民可支配收入比较

年 份	省内贫困地区（元）	增速（%）	全国贫困地区（元）	增速（%）	与全国差距（元）
2014年	6414	-	6852	-	-438
2015年	7045	9.8	7653	11.7	-608
2016年	7669	8.9	8452	10.4	-783
2017年	8361	9.0	9377	10.9	-1016
2018年	9330	11.6	10371	10.6	-1041

（一）贫困地区农民可支配收入水平与全国差距逐年拉大。

从 2014 年起，省内贫困地区收入增速始终低于全国贫困地区收入增速，2018 年增速首次超过全国平均增速，但绝对值与全国水平的差距逐年拉大，绝对值的差距从 2014 年的 438 元拉大至 2018 年的 1041 元。贫困地区农民收入结构比较单一，偏重依赖农业，粮食收成及农产品价格波动是影响农民稳定增收的主要因素。

（二）贫困地区农村劳动力文化素质偏低，职业技能有限。

全省贫困地区农村劳动力素质有待提高。据监测数据显示，当前劳动力平均受教育年限约为 8.9 年，全部约 73.2 万劳动力中，初中及以下文化程度的劳动力占比为 83.7%，高中及以上文化程度的劳动力占比仅为 16.3%。文化水平和职业技能的欠缺成为影响脱贫的重要因素。

（三）现有劳动力产业结构单一，收入渠道狭窄。

据监测数据显示，贫困地区现有的农村劳动力中，从事第一产业的占比为 91.46%，从事第二、三产业的占比仅为 8.54%，产业结构单一，收入来源渠道受限也成为增收发展的“瓶颈”。

六、相关建议

（一）立足产业扶贫，以产业发展助力脱贫。

对于有劳动能力的贫困人口，谋划产业发展，通过劳动实现脱贫是最主要的手段。前面提到贫困地区农户整体上面临产业结构单一、低效率农业生产经营为主的特点。对此，加快农业产业化发展步伐，发展特色产业，生产相对高附加值的农产品或利用规模化经营吸纳贫困人口在其中转移就业，是带动贫困人口增收的有效方式。

（二）着力提升贫困人口劳动技能水平，拓宽就业渠道。

推进贫困地区剩余农村劳动力转移就业是拉动增收的重要渠道。实现转移就业需要相应的劳动技能和文化知识作为支撑。面对贫困地区劳动力职业技能不足和教育水平偏低的现状，要持续开展有针对性的技能培训，帮扶劳动力掌握一技之长，拓宽就业渠道。在就业途径上，要发挥政府和社会组织的桥梁纽带作用，积极鼓励企业和各类行业组织开发就业岗位，为贫困劳动力创造更多的就业机会。

（三）织密现有的社会保障网，为特殊贫困群体“保驾护航”。

在现有的贫困群体中，年老、患病、残疾、低保和五保等特殊群体是脱贫攻坚工作中需要特殊关注的。监测数据显示，在贫困地区常住从业人员中，不健康人口比重约占全部人口的 6.2%，60 岁以上老龄人口占比约为 17.4%，这其中也包含相应的低保、五保人群，要不断提高“老保”“医保”等社会保障的标准，努力使之与经济发展水平相适应，对丧失劳动能力无法依靠自身实现脱贫的群体建立完善的制度和保障措施，用保障兜底的方式助力脱贫，使之能够和全体人民一道共享全面小康的成果。

（四）扶贫与扶志相结合，进一步激发贫困户内生动力。

坚持扶志与扶智相结合，针对部分有劳动能力但因资金、技术、土地等因素导致贫困的人群，通过奖补措施激励其发展农业生产、家畜养殖、庭院经济等活动实现自主脱贫；针对部分无法从事农业生产的贫困群众开展外出务工、发展个体经济等，提高其“造血”能力；针对既无法从事生产劳动又无法外出务工的，发挥公益服务效能，采取“扶贫收益+公益岗位+贫困户”的方式，让这部分贫困群众“动起来、干起来”。坚持用身边人、身边事示范带动，破除积习陋习，营造浓厚实干氛围，让“勤劳致富、脱贫光荣”深入人心。

（国家统计局吉林调查总队 陈鑫）

黑龙江农村减贫情况

2018 年，黑龙江省委、省政府坚定不移把脱贫攻坚作为重大政治任务和第一民生工程来抓，层层压实各级党委、政府脱贫攻坚责任，持续加大资金投入，健全完善与打赢脱贫攻坚战三年行动相适应的多元保障体系，出台涉及“两不愁三保障”、产业扶贫、就业扶贫等各类政策文件，进一步健全完善脱贫攻坚政策体系，主攻产业扶贫，加强“两不愁三保障”建设，加快贫困地区基础建设，持续深化社会扶贫，深入开展扶志扶智专项行动，全省精准扶贫脱贫工作取得显著成效，贫困地区农村居民人均可支配收入呈现较快增长，消费水平明显提高，生活环境持续改善。

一、全省农村扶贫工作卓有成效

（一）农村贫困人口总量大幅减少，减贫人口多于上年。

据全省农村居民收支调查和农村贫困监测调查数据显示，按照现行国家农村贫困标准测算，2018 年末全省农村贫困人口为 27 万人，比上年末减少 24 万人，减贫人口比上年多减 6 万人。其中，全省贫困地区农村贫困人口降至 22 万人，比上年末减少 16 万人。

（二）减贫速度快于上年，近六年年均减贫速度超过 20%。

2018 年，全省农村贫困人口减贫速度为 47.3%，比上年加快了 20.4 个百分点，快于全国 1.8 个百分点。其中，贫困地区农村贫困人口减贫速度为 42.1%，比上年加快了 12.5 个百分点，快于全国贫困地区 0.8 个百分点。2013-2018 年，全省农村贫困人口累计减少 103 万人，年均减贫速度达 23.0%。

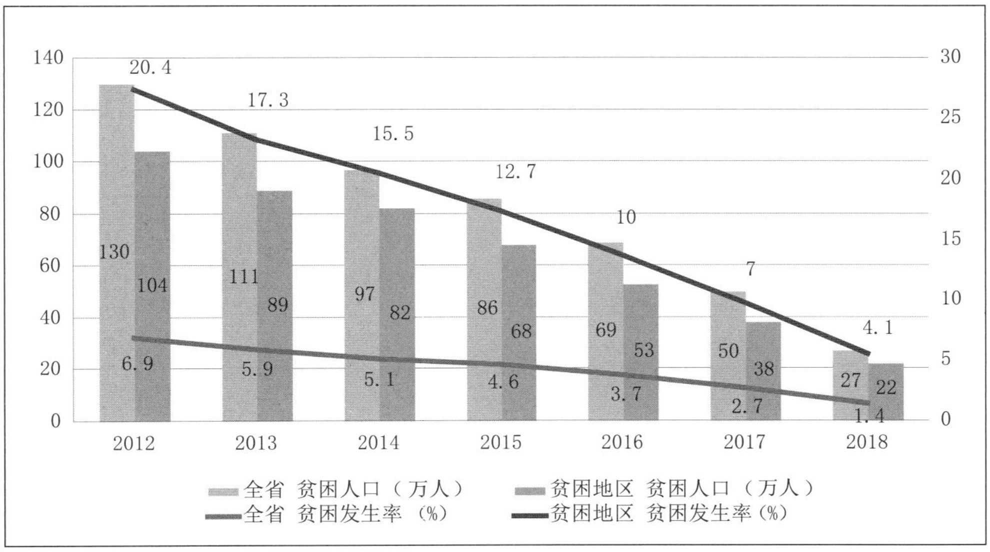

图 1 2012-2018 年全省和贫困地区贫困人口及贫困发生率

地区篇

（三）贫困发生率继续下降，比率低于全国平均水平。

2018 年末，全省农村贫困发生率为 1.4%，比上年下降 1.3 个百分点，降幅为近六年最大，低于全国农村 0.3 个百分点。其中，贫困地区农村贫困发生率为 4.1%，比上年下降 3.0 个百分点，低于全国贫困地区 0.1 个百分点。2013-2018 年，全省农村贫困发生率累计下降 5.5 个百分点，贫困地区农村贫困发生率累计下降 16.3 个百分点。

二、贫困地区农村居民人均可支配收入增速高于全国贫困地区和全省农村增长水平

2018 年，全省贫困地区农村居民人均可支配收入增长较快，增幅高于全国贫困地区和全省农村增长水平。根据农村贫困监测调查数据显示，2018 年全省贫困地区农村居民人均可支配收入为 9621 元，比上年增长 12.2%，比全国贫困地区增速高 1.6 个百分点，比全省农村增速高 3.2 个百分点。十八大以来全省贫困地区农村居民人均可支配收入年均增长速度达 11.7%，高于同期全省农村居民人均可支配收入平均增速 3.0 个百分点（见表 1）。

表 1　2012-2018 年全省和贫困地区农村居民人均可支配收入及增速

年份	全省农村居民人均可支配收入（元）	增速（%）	年均增速（%）	全省贫困地区农村居民人均可支配收入（元）	增速（%）	年均增速（%）
2012 年	8367	--		4942	--	
2013 年	9369	12.0		5896	19.3	
2014 年	10453	11.6		6450	9.4	
2015 年	11095	6.1	8.7	7174	11.2	11.7
2016 年	12123	6.6		7828	9.1	
2017 年	12665	7.0		8572	9.5	
2018 年	13804	9.0		9621	12.2	

表 2　2018 年贫困地区农村居民人均可支配收入构成

指标名称	2012 年		2018 年		构成增减百分比
	绝对值（元）	构成（%）	绝对值（元）	构成（%）	
人均可支配收入	4942	100	9621	100	--
1. 工资性收入	667	13.5	983	10.2	-3.3
2. 经营净收入	2991	60.5	5506	57.2	-3.3
3. 财产净收入	421	8.5	470	4.9	-3.6
4. 转移净收入	863	17.5	2663	27.7	10.2

2018 年，全省贫困地区农村居民人均可支配收入四项构成的比例与 2012 年相比呈现较大变化，转移性净收入占比提高了 10.2 个百分点，其他三项收入占比呈下降趋势（见表 2）。

（一）工资性收入增长 7.9%，拉动人均可支配收入增长 0.8 个百分点。

2018 年，黑龙江坚持因地制宜推动就业扶贫，做到项目到户、就业到人，深入实施贫困地区特色产业提升工程，加快发展旅游、电商等扶贫新产业、新业态。全省特色农业产业项目落地 4715 个，培育贫困村创业致富带头人 5387 人，建设扶贫车间 217 个，创业带动就业，实现跨省就业 19915 人、省内就业 77311 人，其中贫困劳动力就地就近就业 60033 人。2018 年，黑龙江贫困地区农村居民人均工资性收入 983 元，比上年增长 7.9%，拉动人均可支配收入增长 0.8 个百分点。

表 3　2018 年贫困地区农村居民人均可支配收入增长情况

指标名称	绝对值（元）	增幅（%）	拉动收入增长（百分点）
人均可支配收入	9621	12.2	--
1. 工资性收入	983	7.9	0.8
2. 经营净收入	5506	9.8	5.7
3. 财产净收入	470	22.7	1.0
4. 转移净收入	2663	17.6	4.7

（二）经营净收入增长 9.8%，拉动人均可支配收入增长 5.7 个百分点。

2018 年，黑龙江继续推进农业供给侧结构性改革，优化调整农作物种植结构，加大农业科技投入，强化农田基础设施建设，全年粮食总产增收 19.3 亿斤，玉米价格回升。同时，黑龙江大力抓产业扶贫，强化农业产业指导和典型模式推广，建设旅游扶贫村 113 个，创建省级乡村旅游示范点 132 家，旅游扶贫带动贫困人口 1.7 万人。20 个贫困县全部开展“国家电子商务进农村综合示范县（市）”建设，建成县乡村级电子商务公共服务中心（站、点）2066 个，培训贫困人口 5813 人次，服务贫困人口 4.1 万人次。黑土小镇、五色谷等 22 个贫困县农特产品品牌入选商务部扶贫品牌。2018 年，黑龙江贫困地区农村居民人均经营净收入为 5506 元，比上年增长 9.8%，拉动人均可支配收入增长 5.7 个百分点。

（三）财产净收入增长 22.7%，拉动人均可支配收入增长 1.0 个百分点。

2018 年，黑龙江继续加大光伏扶贫产业推进，加快建设村级光伏扶贫电站，全省建成并网村级光伏扶贫电站 1456 个、规模 55.58 万千瓦，受益贫困户 9.94 万户。

同时，通过土地流转促进农村居民稳定增收。2018 年，贫困地区农村居民人均财产净收入为 470 元，增长 22.7%，拉动人均可支配收入增长 1.0 个百分点。

（四）转移净收入增长 17.6%，拉动人均可支配收入增长 4.7 个百分点。

2018 年，黑龙江省贫困地区农村居民人均转移净收入为 2663 元，增长 17.6%，拉动人均可支配收入增长 4.7 个百分点。一是完善保障措施，提高政策标准。建立贫困老年人定期探访、信息台账、关爱服务清单、风险评估等制度，把关爱服务纳入政府购买服务目录。强化农村低保制度与扶贫开发政策有效衔接，低保标准由上年的 3780 元提高到 3900 元，比上年增长 3.2%，全省贫困户享受低保政策新增 16325 人，做到“应保尽保”。全省城乡居民基本养老保险标准从 2018 年 1 月 1 日起每人每月由 80 元提高到 108 元，比上年增长 35%。二是引导企业和社会组织扶贫。推进“百企帮百村联万户”精准扶贫行动，全省精准扶贫台账记录的民营企业 975 个，实施项目 1740 个，投入资金 14.6 亿元，帮扶 1161 个村、贫困人口 8.9 万人。全省参与扶贫的省级社会组织 23 个，帮扶 47 个乡（镇）村（屯）、贫困人口 2.3 万人，投入资金和物资（折合人民币）954 万元。三是扎实推进志愿服务扶贫。广泛开展扶贫志愿服务活动，全省参与的志愿服务团队 167 个、57564 人、服务时长 281.3 万小时，助力脱贫攻坚。全省累计注册贫困户、爱心人士、信息管理员 13.74 万人；开展消费扶贫活动，累计组织 2897 家单位、117493 名干部参与消费贫困地区农副产品等，实现消费扶贫 1.1 亿元。四是促进农业结构调整，提高大豆生产者补贴标准。针对近年来大豆面积下滑、产量徘徊不前、农民种豆积极性下降等情况，国家加大了大豆生产扶持力度，提高大豆生产者补贴，提升了大豆的生产效益。2018 年，黑龙江省大豆生产者价格补贴为 320 元 / 亩，增长 84.5%。

三、贫困地区农村居民生活消费增长较快，生活质量进一步提升

随着收入的增加，黑龙江贫困地区农村居民的消费水平也在不断提升。2018 年，

表 4　2012-2018 年全省和贫困地区农村居民生活消费支出及增速

年份	全省农村居民人均生活消费支出（元）	增速（%）	年均增速（%）	贫困地区农村居民人均生活消费支出（元）	增速（%）	年均增速（%）
2012 年	6035	--		4446	--	
2013 年	7192	19.2		5006	12.6	
2014 年	7830	8.9		5612	12.1	
2015 年	8391	7.2	11.2	5930	5.7	10.6
2016 年	9424	12.3		6471	9.1	
2017 年	10524	11.7		7283	12.5	
2018 年	11417	8.5		8132	11.7	

贫困地区农村居民人均生活消费支出为 8132 元，增长 11.7%，与收入增长基本保持同步，比全省农村增速高 3.2 个百分点。用于衣、食、住和生活用品及服务等基础消费比重为 58.4%，比上年下降 1.8 个百分点；用于交通通信、教育文化娱乐、医疗保健等发展消费比重为 39.8%，比上年提高 2.1 个百分点。

（一）住房及家用设施条件明显改善。

随着脱贫攻坚工程持续深入，危房改造、安全饮水和街道路面硬化项目的完工，黑龙江农村居民生活条件不断改善。据调查结果显示，2018 年，全省贫困地区农村居民人均住房建筑面积达到 28.7 平方米，比上年增加了 2.3 平方米。年末每百户家庭拥有家用汽车 15.5 辆、电冰箱 87.5 台、移动电话 199.2 部，分别比上年增长 61.5%、6.1% 和 1.8%；使用管道供水和净化自来水的农户比重分别提高 18.9 和 30.1 个百分点，住土坯房和炊用柴草的农户比重继续下降。

表 5　2018 年贫困地区农村居民住房及饮水安全情况

指标名称	2018 年（%）	比上年增减（百分点）
居住竹草土坯房农户比重	7.6	-5.6
使用管道供水农户比重	79.8	18.9
使用净化处理自来水农户比重	76.8	30.1
饮水无困难的农户比重	85.2	1.2
独用厕所的农户比重	99.9	持平
炊用柴草的农户比重	84.3	-10.7

（二）基础设施、公共服务和社会保障水平进一步提升。

2018 年，黑龙江继续加大农村基础设施建设投入，贫困地区农村居民的生活环境得到极大改善，拥有文化场所、主干道硬化、通宽带和有限电视信号的自然村比重均比上年提高，有病能及时医治的人口占比继续提升。

表 6　2018 年贫困地区农村居民基础设施情况

指标名称	2018 年（%）	比上年增减（百分点）
通有线电视信号的自然村比重	100	0.8
通宽带的自然村比重	97.7	4.4
主干道路面经硬化处理的自然村比重	100	7.5
有文化活动室的村比重	92.0	14.6
有病不能及时就医人口比重	2.5	-3.2

五、脱贫攻坚面临的困难和挑战

截至 2018 年末，全省农村贫困人口还有 27 万人，其中贫困地区农村贫困人口 22 万人，占全省农村贫困人口的 81.5%。就当前全省的扶贫工作而言，剩余的贫困人口分布区域相对集中、贫困程度深、脱贫难度大。根据 2018 年农村贫困监测调查数据分析，当前决胜脱贫攻坚面临以下困难和挑战。

（一）贫困人口面临文化水平低、发展能力受限的挑战。

调查数据显示，全省贫困地区（20 个贫困监测调查县）农村居民家庭常住从业人员中，初中及以下文化程度的人口占 91.8%。文化水平偏低、受教育程度有限是脱贫最大的制约因素。

（二）贫困家庭面临产业结构单一、增收渠道狭窄的挑战。

调查数据显示，2018 年在贫困地区生产经营户中，单一从事农业的生产经营户占比为 90.2%。产业结构单一、农业生产经营效益有限且波动性较大是减缓农村脱贫步伐的重要原因之一。

（三）贫困家庭面临青壮劳动力流失、增收后劲不足的挑战。

调查数据显示，2018 年末贫困地区农村居民家庭常住成员年龄结构中，50 岁以上人员比例为 50.2%，比上年提高 12.8 个百分点。其中，60 岁以上人员比例为 26%，比上年提高 7.0 个百分点。贫困地区农村居民青壮劳动力人口的不断流失，使得留守人员中“老、弱、病、残”比例逐渐提高，贫困地区农村居民家庭增收缺乏后劲。

（四）贫困家庭面临生活刚性支出大、因病影响生活质量的挑战。

调查数据显示，2018 年贫困地区农村居民家庭人均用于食品消费、医疗的支出占生活消费支出的比重分别为 28.3% 和 15.9%，家庭刚性生活支出比例较大。贫困地区农村家庭居民身体不健康或生活不能自理的比重相对较大，“因病致贫”“因残致贫”是贫困群体面临的严峻问题。

六、打赢脱贫攻坚战的对策建议

（一）加大精准扶贫脱贫力度，将扶贫政策转化成农民收入。

加大创业担保贷款贴息及奖补政策力度，对于通过创业带领贫困户家庭成员就业的，经有关部门审核后，应给予适当的政策优惠和经济奖补。继续推进政府扶贫精度，持续加大社会化扶贫开发力度，组织动员全社会力量共同参与扶贫开发，使扶贫项目和资金细化到村，集中抓好贫困地区的生产生活条件改善。开展各地特色农业种植基地建设，优化贫困地区产业结构，实现农村居民家门口就业。建设生态农业试点，创新社会经济主体参与扶贫开发激励机制，使扶贫成果进一步普惠贫困农民，从而实现精准扶贫。

（二）大力推进产业发展，广开增收渠道。

对于有劳动能力的贫困人口，要通过谋划产业发展增强其自身“造血”机能带动脱贫，这是实施精准扶贫、精准脱贫的最主要手段。从全省居民收支调查和贫困监测调查的基本情况看，黑龙江省农户产业结构单一、小农经济生产方式为主是制约脱贫的主要原因。对此，一方面应加速农业产业化步伐，针对不同区域特点因地制宜发展“特色农业”；另一方面要依托旅游资源，发展特色民俗游、生态游，发展非农产业，促进农民增收。

（三）积极应对牧业养殖效益不稳和稻谷最低收购价格下调影响，稳定农户种植养殖效益。

加强市场风险研判和预警，对大型养殖企业和规模养殖户进行科学引导，规范养殖市场秩序，降低养殖成本，拓宽销售渠道。深入推进农业供给侧结构性改革，统筹稳产能、保供给、保收入、保生态，不断提高农业发展的质量效益和竞争力，实现农业增效农民增收。

（四）提升贫困人口知识技能水平，适应就业创业需要。

随着民生政策的完善和落实，农村的教育环境和教育条件得到极大改善，农村家庭基础教育阶段的负担获得缓解。现阶段，针对农村贫困人口素质提升，宣传引导至关重要。要借助舆论宣传，提高农民尤其是贫困农民利用知识、技能改变生活现状的思想认识，克服保守、懒惰以及知识无用的传统思想，鼓励其发挥主观能动性，自觉投身到知识和技能的学习中。要创造条件、开拓渠道，为广大农村贫困人口提供更多的就业创业的机会。

（五）强化社会保障力度，因户施策加大扶贫力度。

对于有劳动能力的扶贫开发户，部分是因为人口多劳力少、缺乏文化技术和致富技能、缺少生产资料造成的，也有的是因为思想观念落后、“等靠要”思想严重造成的，应因户、因人采取不同方式开展有针对性的帮扶。要不断完善拓宽农村的“低保”“五保”“农保”“医保”的覆盖面，编织社会保障的“安全网”，针对失去劳动能力和缺少就业技能而无法从事生产经营活动的特殊人群，以制度保障为其“兜底”，推动“农村贫困人口全部脱贫”目标的最终实现。

（国家统计局黑龙江调查总队 王楠）

安徽农村减贫情况

2018 年，在各级党委、政府的共同努力下，安徽省民生投入和扶贫攻坚力度进一步加大，乡村振兴战略开局良好，贫困地区农业农村各领域改革不断深化，促进了全省贫困地区农民收入的稳步增长、贫困人口大幅减少、农村环境逐步改善。

一、贫困人口持续减少

近年来各项政策措施的效果逐渐显现，截至 2018 年底，全省农村贫困人口 67 万人，比上年减少 91 万人；贫困发生率为 1.3%，比上年下降 1.7 个百分点。

表 1　安徽省近年减贫情况

指标名称	2013 年	2014 年	2015 年	2016 年	2017 年	2018 年
农村贫困人口（万人）	440	371	309	237	158	67
农村贫困发生率（%）	–	6.9	5.8	4.4	3.0	1.3
比上年减少（万人）	62	69	62	72	79	91

图 1　安徽省近年减贫幅度趋势

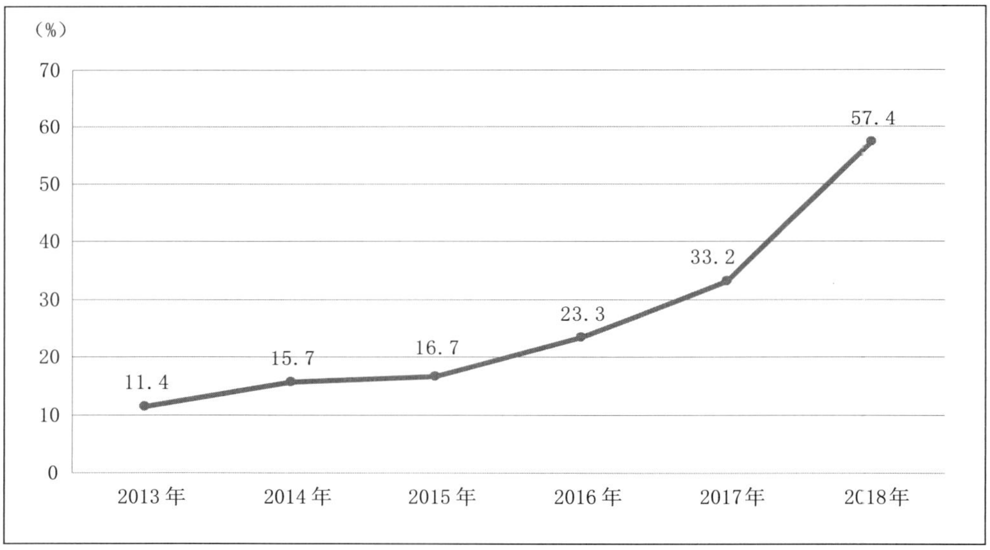

由表 1 和图 1 可以看出，近年来安徽省减贫幅度呈不断加速上扬的趋势，贫困人口稳定减少。在 20 个国家级贫困县，农村贫困人口 57 万人，比上年减少 52 万人；贫困发生率为 2.9%，比上年下降 2.6 个百分点。

二、农村居民收入平稳增长

安徽省贫困监测调查结果显示，2018 年国家级贫困县农村居民人均可支配收入 12078 元，在全国 22 个贫困监测省份中排名第 2；比上年同期增长 10.5%，增速比全国平均增速低 0.1 个百分点，比全省农村平均增速高 0.8 个百分点。

（一）四项收入均快速增长。

2018 年安徽贫困地区农村居民人均工资性收入 3928 元，同比增长 11.4%；经营净收入 4457 元，同比增长 10.2%；转移净收入 3546 元，同比增长 9.4%；财产净收入 147 元，同比增长 24.0%。（见表 2）

表 2　2017-2018 年安徽省贫困地区农民人均可支配收入

类　别	2017 年（元）	2018 年（元）	增幅（%）	增长贡献率（%）
人均可支配收入	10931	12078	10.5	100
1. 工资性收入	3527	3928	11.4	35.0
2. 经营净收入	4043	4457	10.2	36.1
3. 财产净收入	119	147	24.0	2.4
4. 转移净收入	3242	3546	9.4	26.5

（二）经营净收入对农村居民增收贡献最大。

人均可支配收入四个大项中，贫困地区农村居民经营净收入增长贡献率最大，为 36.1%；工资性收入和转移净收入贡献率分别为 35.0% 和 26.5%；财产净收入贡献率为 2.4%。

近年来，安徽农业现代化进程不断加快，农民不断自主创新经营模式，各级政府高度重视产业扶贫项目，有效推进了相关产业发展。贫困地区农村居民人均经营净收入 4457 元，同比增长 10.2%。从产业类型看，第一产业经营净收入增长 1.2%，第二产业经营净收入增长 26.8%，第三产业经营净收入增长 35.4%。其中第一产业占经营净收入 66%，表明安徽贫困地区农业、林业、牧业、渔业仍是居民经营收入最重要来源。

（三）转移净收入增速放缓。

2018 年安徽贫困地区农村居民人均转移净收入 3546 元，同比增长 9.4%，增速低于可支配收入增速 1.1 个百分点。其中政策性生活补贴、社会救济和补助、养老金或退休金增长最快，同比分别增长 102.7%、23.9% 和 12.0%。

从去年四季度开始，转移净收入增速已连续五个季度低于可支配收入，主要原因是家庭外出从业人员寄带回收入增速放缓。

（四）财产净收入增长较快。

2018 年安徽贫困地区农村居民人均财产性收入 147 元，同比增长 24.0%。其中，转让承包土地经营权租金净收入是财产收入的主要来源，占财产净收入比重为 54.8%。

三、生活质量大幅提高

（一）消费水平全面提高。

十八大以来，安徽扶贫攻坚力度不断加大，贫困地区农民收入不断增长，消费水平也有了显著提高。贫困监测调查结果显示，2018 年安徽 20 个国家级贫困县农村居民人均生活消费支出 11210 元，比上年增加 1118 元，增长 11.1%。

具体分类来看，贫困地区农村居民八大类消费支出全部上涨，详情见表 3。

表 3　2017-2018 年安徽省贫困地区农民人均消费支出

指标名称	2017 年（元）	2018 年（元）	增幅（%）	增长贡献率（%）
人均消费支出	10092	11210	11.1	100.0
1. 食品烟酒	3270	3481	6.5	19.0
2. 衣着	473	507	7.2	3.1
3. 居住	2610	3033	16.2	37.9
4. 生活用品及服务	599	668	11.5	6.2
5. 交通通信	949	960	1.3	1.1
6. 教育文化娱乐	1024	1241	21.3	19.5
7. 医疗保健	978	1078	10.3	9.0
8. 其他用品和服务	192	240	25.1	4.3

（二）消费结构优化升级。

首先是食品烟酒、居住等“硬性”消费比重下降。食品烟酒消费支出占生活消费支出 31.1%，比上年下降 1.3 个百分点；居住消费支出占生活消费总支出 21.1%，比去年下降 4.8 个百分点；其次教育文化娱乐、医疗保健、生活用品及服务等“软性”消费所占比重都有所上升。

（三）教育支出大幅增长。

随着安徽省脱贫攻坚不断深入，贫困地区农村居民对子女教育的重视和投入也不断上升。2018 年安徽贫困地区农村居民人均教育文化娱乐支出 1241 元，同比增长 21.3%，其中教育支出同比增长 16.8%，教育支出占家庭消费支出 8.8%，同比上升 0.5 个百分点。

四、项目扶贫和公共服务稳步推进

（一）农户参与扶贫项目积极性上升。

安徽省农村贫困监测调查结果显示，2018 年我省有 26.6% 的农户参与了村级扶贫项目选定，比去年增加了 5.2 个百分点；有 24.8% 的农户参与了扶贫项目户的确定，比去年增加了 3.9 个百分点；有 12.0% 的农户认领了扶贫项目，比去年增加了 1.1 个百分点。

与此同时，村级扶贫项目的制定和扶持力度也全面加大。全年全省贫困地区有 72.7% 的村成立了小额信贷组织或村民互助资金组织，比去年增加了 7.4 个百分点；有 94.75% 的村制定发布了扶贫开发项目，比去年增加了 8.7 个百分点；93% 的村参加过扶贫开发项目，比去年增加了 16.6 个百分点。

在具体扶贫项目上，种植业和养殖业项目的参与度最高，在总参与户数里的占比分别为 32.3% 和 29.3%；从扶贫资金的投向上看，村村通公路、农村危房改造和农业这三个方向上投资最多，占扶贫资金的比例分别为 33.8%、12.7% 和 8.6%。

（二）基础设施和公共服务全面优化。

据安徽省农村贫困监测调查数据，与去年相比，调查户所在自然村垃圾能集中处理的比重为 89.5%，上升 3.5 个百分点；所在自然村进村主干道路硬化的农户比重为 100%，上升 0.2 个百分点；所在自然村能便利乘坐公共汽车的农户比重为 72.5%，上升 6.9 个百分点；饮用水经过集中净化处理的自然村比重为 75.2%，上升 10.2 个百分点；实现卫生厕所全覆盖的自然村比重为 49.6%，上升 20.4 个百分点。

随着脱贫攻坚战略深入实施，相关政策持续加密，扶贫资金不断地投入，贫困地区农村的技术设施和公共服务在这一年中有了全面提升。但从数据中也能看出，2018 年虽然垃圾能集中处理的自然村比重比去年上升了 3.5 个百分点，但仍有 10.5% 的农户表示所在自然村未能集中处理垃圾，这对村容村貌和环境的影响较大，也对居民生活造成了很多不便。

五、增收政策建议

2019 年贫困地区农民增收各种因素更加复杂，而随着脱贫攻坚进入“啃硬骨头”的阶段，增收的难度也将加大。由于宏观经济的下行，企业经营压力增大，贫困地区外出务工人员的就业和工资均难以提高。因此，应该从以下几方面继续促进贫困地区农民增收。

（一）选准当地产业扶持项目。

工资性收入一直是安徽贫困地区农村人口收入的一个稳定增长点，而且在未来仍有很大的增长潜力。各地要因地制宜，根据各自的资源和劳动力情况，鼓励发展劳动密集型产业，多在“农”字上作文章，发展特色种养业、农业服务业、乡村旅游、农村电子商务等，既通过产业融合发展推动区域发展，又积极创造了就业机会，引导村民就近就业，降低贫困地区农民由于外出务工而产生的高生活成本。

（二）拓宽渠道，提高财产性收入。

一是继续完善农村土地经营权、房屋及宅基地产权流转制度，增加资产和租金收入；二是拓展贫困地区产业发展空间，大力发展乡村旅游、培育新型农村经营主体、大力支持返乡创业，积极鼓励农民以现金或者扶贫资金入股新兴产业主体，并给予贫困户使用自筹资金和各类补助资金通过产权量化入股，使缺乏劳动力或经济实力的贫困户享受股份分红，从而获得稳定的财产性收入。

（三）完善基础设施建设，改善产业扶贫环境。

集中力量配套完善道路、农田、饮水、电力、电信等基础设施，加快改水改厕和农民住房建设改造步伐，改善我省脱贫的生产生活条件。

（四）坚持产业扶贫同壮大村级集体经济相结合。

重点推广资源开发型、资产经营型、产业发展型、服务创收型、股份合作型、联合发展型等多种集体经济发展模式；鼓励农村集体经济组织利用未承包到户的集体“四荒”地、果园、养殖水面等资源，集中开发或者通过公开招投标入股等方式发展现代农业及相关产业。

（五）加强引导，充分发挥和推动全社会力量参与扶贫。

社会上有能力、有意愿参与扶贫的企业、组织、个人越来越多，社会扶贫隐藏着巨大潜力。要加强平台机制建设，畅通社会力量扶贫渠道。省市各级应加快创新慈善事业制度，加快实现慈善事业与社会保障救助制度互补衔接，并积极推动企业与村户结对帮扶。

（国家统计局安徽调查总队 郝黎）

江西农村减贫情况

2018年，在省委、省政府的坚强领导下，江西省深入推进脱贫攻坚“十大工程”，踏实推进脱贫攻坚“春季攻势”“夏季整改”“秋冬会战”行动，全面打响脱贫攻坚战，精准扶贫、精准脱贫取得显著成效。贫困地区农村居民收入保持平稳增长，农村贫困人口进一步减少，贫困发生率持续下降，减贫幅度高于全国平均水平，贫困地区农村居民生活水平稳步提高，生活消费水平和质量大幅提高，生活条件和环境明显改善，为2020年迈入全面小康社会打下了坚实的基础。

一、农村贫困人口大幅减少，贫困发生率持续下降

2018年江西省农村贫困人口63万人，比上年下降44万人，是全国农村贫困发生率低于2%的20个省份之一，贫困发生率基本达到全国平均水平。贫困地区贫困发生率呈现连年下降趋势，2018年贫困人口为38万，贫困发生率为3.1%，比上年下降2.8个百分点，减贫速度快于全省、全国，但贫困发生率和全省平均水平、全国平均水平相比仍然较高，贫困地区面对的脱贫任务仍然较重。

表1　江西省历年农村贫困发生率

指标名称	2014年	2015年	2016年	2017年	2018年
全国贫困人口（万人）	7017	5575	4335	3046	1660
全国贫困发生率（%）	7.2	5.7	4.5	3.1	1.7
江西省贫困人口（万人）	276	208	155	107	63
江西省贫困发生率（%）	7.7	5.8	4.3	3	1.8
江西省贫困地区贫困人口（万人）	176	141	103	71	38
江西省贫困地区贫困发生率（%）	14.9	11.6	8.5	5.9	3.1
江西省贫困人口占全国贫困人口比例（%）	3.9	3.7	3.6	3.5	3.8
贫困地区占全省贫困人口比例（%）	63.8	67.8	66.5	66.3	60.3

注：数据来源于国家贫困监测调查资料

二、贫困地区农村居民收入保持较快增长，增速高于全国、全省平均水平

对江西省24个国家扶贫开发工作重点县及罗霄山连片特困县贫困监测调查显示，2018年贫困地区农村居民人均可支配收入达到10635元，比上年增加1033元，增长达到10.8%，比全省农村居民人均可支配收入增长幅度高1.6个百分点，比全国贫困

地区农村居民人均可支配收入增长高 0.2 个百分点，扣除价格因素，实际增长 8.4%。贫困地区收入水平达到全省农村居民平均水平的 73.5%，比上年提高了 1.0 个百分点。同时，全国贫困地区农村居民人均可支配收入是全国农村居民平均水平的 71.0%，江西省占比超过全国 1.5 个百分点，贫困地区农村居民收入与全省农村居民收入差距进一步缩小。

图 1　全国、江西省不同地区农村居民人均可支配收入情况

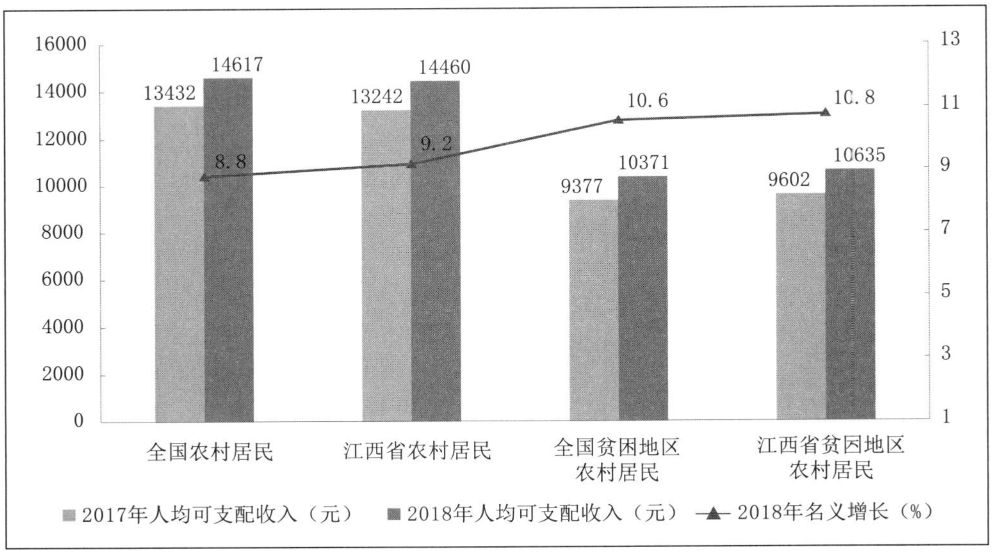

三、江西省贫困地区农村居民收入主要影响因素

一是工资性收入增长较快。江西省贫困地区农村居民人均工资性净收入增长较高，达到 4993 元，比上年增加 778 元，增长 18.5%。二是家庭经营净收入有所降低。2018 年，全省农产品价格指数同比下降 2.6%，粮食产量微跌，生猪价格指持续下跌，林业、渔业产品价格指数略有上涨，但受环保整治影响，养殖业产量下降，对家庭经营产生不利影响。贫困地区农村居民人均家庭经营净收入为 2936 元，比上年减少 538 元，降低 15.5%。三是财产净收入大幅下降。2018 年江西省贫困地区人均财产净收入为 74 元，比上年减少 46 元，降低幅度较大。四是转移净收入增长较快，随着江西省脱贫攻坚整改工作进一步抓紧实施，江西各地推动实施脱贫攻坚项目的发

表 2　江西省贫困地区农村居民人均可支配构成情况

指标名称	2017 年绝对值（元）	2018 年绝对值（元）	比上年增加（元）	比上年增幅（%）
人均可支配收入	9602	10635	1033	10.8
1. 工资性收入	4215	4993	778	18.5
2. 经营净收入	3474	2936	-538	-15.5
3. 财产净收入	120	74	-46	-38.5
4. 转移净收入	1794	2632	839	46.7

展和产业扶贫贷款的发放，通过产业发展实现脱贫增收，开展就业扶贫，同时外出务工寄回带回也有一定增长，多因素共同作用，贫困地区人均转移净收入为 2632 元，比上年增加 839 元，增长 46.7%。

四、贫困地区农村居民生活消费水平进一步提高，生活质量不断改善

从消费方面来看，江西省贫困地区农村居民生活消费水平、村居环境得到极大改善和提高，恩格尔系数下降显著，生活水平进一步提高。

（一）消费保持较快增长。

2018 年江西省贫困地区农村居民人均生活消费支出为 8984 元，比上年增加 910 元，增长 11.3%，扣除价格因素实际增长 8.9%。

（二）消费结构明显优化，恩格尔系数下降。

2018 年人均生活消费支出中，人均食品烟酒消费支出为 2975 元，比上年增加 166 元，增长 5.9%；人均衣着消费支出为 371 元，减少 3 元，降低 0.9%；人均居住消费支出为 2536 元，增加 526 元，增长 26.2%；人均生活用品及服务支出为 557 元，增加 48 元，增长 9.4%；人均交通和通信消费支出为 854 元，增加 37 元，增长 4.5%；人均教育、文化娱乐消费支出为 842 元，增加 45 元，增长 5.7%；人均医疗保健支出为 731 元，增加 124 元，连续两年高速增长，增长 20.4%；其他商品和服务人均支出为 119 元，减少 31 元。贫困地区农村居民生活各项支出均有稳定增加，对生活品质有了更高的要求，恩格尔系数从上年的 34.8% 下降到 33.1%。

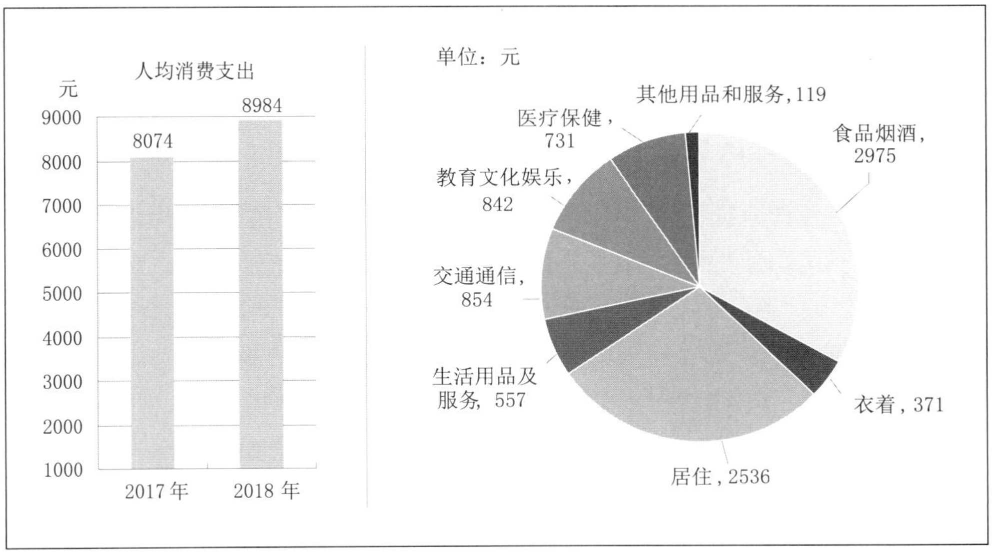

图 2　江西省贫困地区农村居民消费构成

五、贫困地区村庄建设加快发展，居住、卫生、用水、用电状况明显改善

（一）居住环境持续改善。

2018 年江西省贫困地区土坯房改造取得明显成效，农村居民居住混凝土和砖混材料结构住房的比重达到 89.9%，比上年上升 5.1 个百分点；居住砖木结构住房的比重为 9.1%，下降 4.6 个百分点；居住竹草土坯结构的农户比重为 0.5%，下降 0.5 个百分点，还有其他结构住房 0.5%。房前屋后使用水泥或柏油路面的农户比重达到 87%，比上年上升 14.3 个百分点；使用沙石或石板等硬质路面的农户比重为 8.5%，比上年下降 7.4 个百分点；使用其它路面的农户比重为 4.5%，比上年下降 6.9 个百分点。农村居民家庭环境得到改善，屋内地面比较干净的比重为 92.9%，比上年上升 4.7 个百分点，屋内经常有泥土、畜禽粪便的占 7.1%。

图 3　江西省贫困地区住房结构示意图

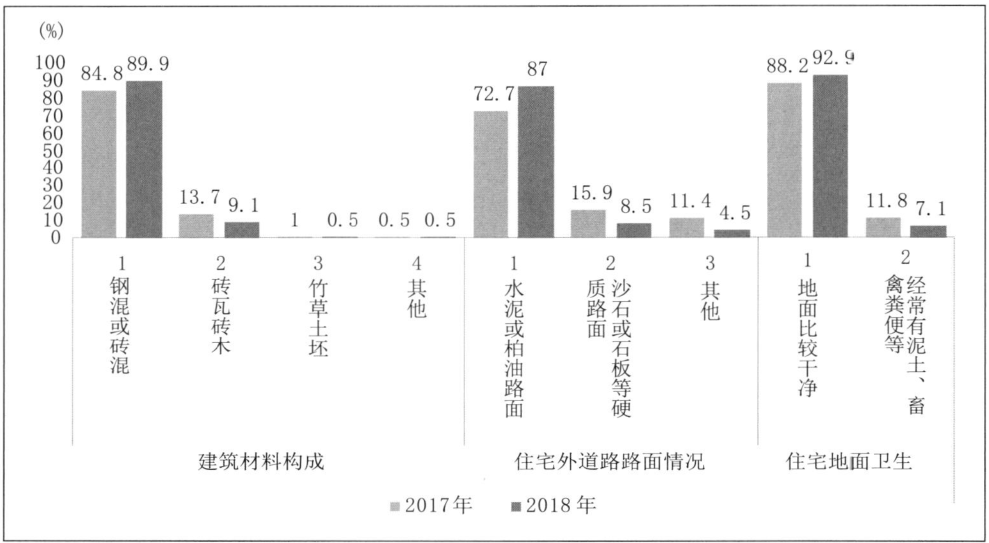

（二）贫困地区居民家庭耐用品拥有量不断增加。

据贫困监测调查显示，2018 年江西省贫困地区每百户居民家庭耐用品拥有量进一步增加，贫困地区人民生活质量得到极大提升。汽车每百户拥有量达到 22.3 辆，比上年增加 10.9 辆；摩托车每百户拥有量为 71.5 辆，比上年减少 9.0 辆；助力车每百户拥有量为 54.7 辆，比上年增加 2.1 辆；洗衣机每百户拥有量为 58.4 台，比上年增加 9.6 台；电冰箱每百户拥有量为 90.5 台，比上年增加 9.5 台；微波炉每百户拥有量 10.4 台，比上年增加 1.6 台；彩色电视机每百户拥有量 118.9 台，比上年减少 3.4 台；空调每百户拥有量 47.3 台，比上年上升 15.5 台；热水器每百户拥有量达到 72.5 台，比上年增加 9.8 台；排油烟机每百户拥有量为 30.0 台，比上年上升 13.1 台；移动电话拥有量继续增长，每百户拥有量达到 273.7 部，北上年增加 43.2 部，其中联网的移动电话为 163.7 部，比上年增加 87.0 部；计算机每百户拥有

量达到 20.8 台，比上年增加 3.6 台。

表 3　江西省贫困地区每百户农民家庭拥有耐用消费品情况

指标名称	单位	2017 年	2018 年	增加值
1. 家用汽车	辆	11.4	22.3	10.9
2. 摩托车	辆	80.5	71.5	-9.0
3. 助力车	台	52.6	54.7	2.1
4. 洗衣机	台	48.8	58.4	9.6
5. 电冰箱（柜）	台	81.0	90.5	9.5
6. 微波炉	台	8.8	10.4	1.6
7. 彩色电视机	台	122.3	118.9	-3.4
8. 空调	台	31.8	47.3	15.5
9. 热水器	部	62.7	72.5	9.8
10. 排油烟机	台	16.9	30.0	13.1
11. 移动电话	部	230.5	273.7	43.2
其中：接入互联网	部	76.7	163.7	87.0
12. 计算机	台	17.2	20.8	3.6

（三）卫生状况进一步改善。

江西省“厕所革命”三年攻坚行动取得显著成效，2018 年贫困地区农村居民使用水冲式厕所的农户比重为 89.4%，比上年提高 24.2 个百分点；使用卫生旱厕的农户比重为 2.5%，下降 6.4 个百分点；仍然使用普通旱厕的农户比重为 7.6%，下降 16.1 个百分点；没有厕所的农户比重占 0.5%，比上年下降 1.7 个百分点。贫困地区统一供热水洗澡的农户比重为 1.6%，与上年持平；家庭自装热水器的农户比重上升

表 4　江西省贫困地区农村居民家庭卫生情况

卫生情况	分类	2017 年占比（%）	2018 年占比（%）	增加（百分点）
住户厕所类型	1. 水冲式厕所	65.2	89.4	24.2
	2. 卫生旱厕	8.9	2.5	-6.4
	3. 普通旱厕	23.7	7.6	-16.1
	4. 无厕所	2.2	0.5	-1.7
农户洗澡设施情况	1. 统一供热水	1.6	1.6	0.0
	2. 家庭自装热水器	54.4	65.4	11.0
	3. 无良好洗澡设施	44.0	33.0	-11.0

到 65.4%，提高 11 个百分点；没有良好洗澡设施的占 33%，下降 11 个百分点。

（四）饮用水和能源使用状况得到改善。

2018 年贫困地区农村居民在饮用水取用方面，无用水困难的农户为 96.8%，比上年上升 4.5 个百分点；取水时间超过半个小时或者间断缺水的农户比重为 2.4%，比上年下降 0.4 个百分点；连续缺水超过 16 天的农户比重为 0.8%，比上年下降 4.1 个百分点。

饮用水安全也得到进一步提高，其中经过净化处理的自来水的农户比重达到 47.9%，比上年提高 16.9 个百分点；使用受保护的井水和泉水的农户比重为 40%，提高 0.5 个百分点；使用不受保护的井水和泉水的农户比重为 10.5%，降低 15.4 个百分点；使用其它来源饮水的农户比重为 1.6%。

图 4　江西省贫困地区饮用水来源结构示意图

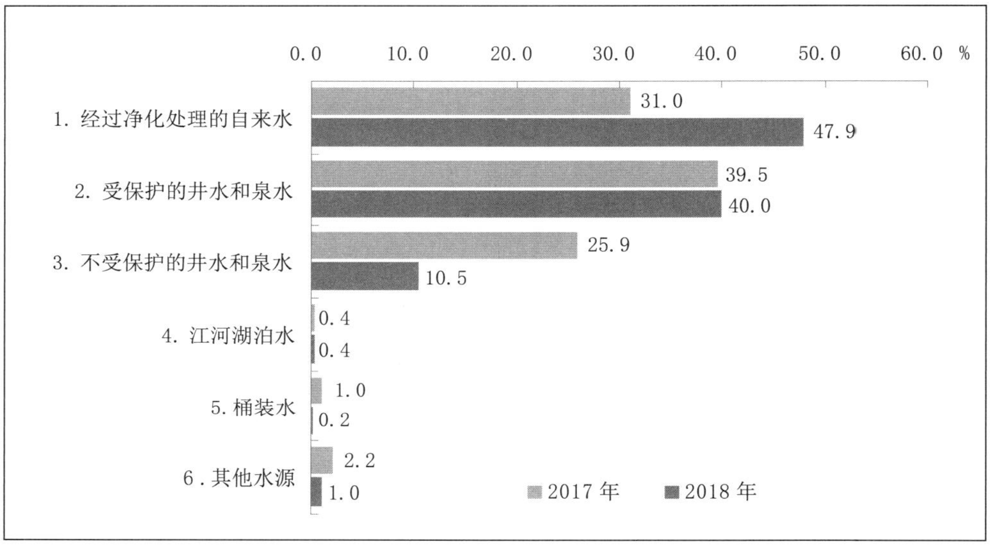

在能源使用情况上，2018 年使用柴草作为炊用能源的农户比重为 42.7%，比上年降低 15.5 个百分点；使用煤炭的比例为 4.7%，比上年下降 1.2 个百分点；使用罐装液化石油气作为主要能源的农户比重为 41.3%，比上年提高 14.0 个百分点；使用电作为主要能源的占 9.6%，比上年增加 0.3 个百分点；使用其他能源的农户比重为 1.7%。

表 5　江西省贫困地区炊用能源使用情况分布表

主要炊用能源状况	2017 年占比（%）	2018 年占比（%）	增加（百分点）
1. 柴草	58.2	42.7	-15.5
2. 煤炭	3.5	4.7	1.2
3. 罐装液化石油气	27.3	41.3	14.0
4. 电	9.3	9.6	0.3
5. 其他	1.7	1.7	0.0

六、贫困地区基础设施建设得到进一步提升

随着江西省扶贫项目的实施，贫困地区村庄改造不断推进，调查户所在的社区或自然村，实现通电、通电话 100% 全覆盖；有线电视基本覆盖，比重为 99.1%；主干道路经过硬化处理的自然村比例为 99.4%，与上年持平；通客运班车的比重为 57.9%，比上年提高 2.4 个百分点；通宽带的自然村比重达到 98%，比上年提高 2.6 个百分点；被通信信号覆盖的自然村的比重达到 95.6%，比上年提高 0.1 个百分点；有健身器材的自然村比重为 19.9%，与上年持平；饮用水经过集中净化处理的比重为 49.6%，比上年提高 15.6 个百分点；实现卫生厕所全覆盖的自然村比重为 71.8%，比上年提高 15.9 个百分点。贫困地区村庄基础设施建设得到进一步提升，农村生产、生活的基础条件有较大改善。

表 6　江西省贫困地区自然村基础建设情况

指标名称	单位	2017 年	2018 年	增加
主干道路面经过硬化处理的自然村比重	%	99.4	99.4	0
通客运班车的自然村比重	%	55.5	57.9	2.4
通电的自然村比重	%	100	100	0
通电话的自然村比重	%	100	100	0
通有线电视信号的自然村比重	%	99.1	99.1	0
通宽带的自然村比重	%	95.4	98	2.6
被通信信号覆盖的自然村比重	%	95.5	95.6	0.1
有健身器材的自然村比重	%	19.9	19.9	0
饮用水经过集中净化处理的自然村比重	%	34	49.6	15.6
实现卫生厕所全覆盖的自然村比重	%	55.9	71.8	15.9

七、存在的问题

（一）农业经营成本上升，农业增收不稳定。

近年来市场上农业投资成本上升，例如化肥、农药等生产资料的价格上涨，带动农业经营成本上升，市场农产品价格上涨空间有限，造成种养户经济效益下降。另一方面，由于山区、丘陵地带较多，存在耕地资源有限、交易成本高、经营方式落后、人力成本逐年上涨等因素，制约贫困地区家庭经营进一步发展。而短期务工效益超过水稻种植，市场替代效应造成农村居民水稻种植意愿下降，大都改种一季稻维持家庭口粮需求，部分地区弃耕现象加重。

（二）经济下行趋势持续，部分企业经营困难较多，影响务工机会。

近年来，国际经济形势波动，贸易争端频发，国内经济形势下行压力增大，长期积累的风险隐患有所暴露，小微企业受影响较大，外出务工机会减少，农民工就业不稳定可能性增加，影响收入增长。二是“新生代农民工”生活方式和消费观念发生变化，在外消费高，寄回带回的现金收入不多，外出务工推动农村居民增收后续乏力。

（三）农民家庭经营二、三产业增收较慢。

江西省农村居民从二、三产业获得的收入较少，发展较慢。主要原因是江西省农村劳动力创业观念与沿海省份有差距，更多地愿意选择打工。另一方面，工业企业带动中小企业发展的能力较弱，贫困户从事的私营活动以个体商业为主，活动地点主要在本村，私营活动规模较小，交易范围小，导致贫困户的私营收入水平较低，使农村二、三产业发展较落后，农民从事二、三产业机会较少。

（四）贫困地区劳动力人口文化教育程度偏低。

据贫困监测调查显示，2018年全省劳动力文盲比重有所下降，但是仍然达到4.9%，贫困地区劳动力受教育年限仅为7.8年。从分项来看，初、高中教育程度比重有所下降，女性劳动力受教育程度明显低于男性，受教育年限仅为7.1年，男性劳动力受教育年限为8.5年，教育性别不平等现象仍然存在。贫困人员个人素质低和社会培训制度不完善，成为了制约农村地区居民就业和发展经济的重要因素。贫困人员个人素质的高低决定了人力资源的高低，也决定了可持续性发展能力的高低。需进一步加强引导和宣传，帮助贫困人口提高脱贫能力，树立脱贫信心，以劳动力素质提高的为手段，达到可持续性发展和脱贫致富的目的。

表7 劳动力受教育程度分布表

单位：%

劳动力文化程度	全体劳动力人口		男性劳动力人口		女性劳动力人口	
	2017年	2018年	2017年	2018年	2017年	2018年
1. 不识字或识字不多	7.2	4.9	3.2	1.9	11.2	8.0
2. 小学	31.5	41.8	25.1	33.6	38.0	50.2
3. 初中	47.2	42.3	53.8	48.8	40.6	35.6
4. 高中	11.2	7.9	14.6	12.0	7.7	3.8
5. 大专及以上	2.9	3.1	3.3	3.7	2.5	2.4

（五）贫困地区人口老龄化现象加重。

贫困地区人口老龄化现象对贫困地区的影响较大，青壮年劳动力容易流动，成为进城务工人口，造成常住人口老龄化比重进一步上升，加重家庭养老负担并削弱脱贫创收能力。据江西省贫困监测调查显示，2018 年全省贫困地区 66 岁及以上老年人占全部人口比重达到 9.5%；壮年人口比重为 49.2%，青年人口比重为 13.1%，青壮年人口比重都比上年有所下降；19 岁及以下少年得益于二胎政策放开，比重所有上升，达到 28.2%。江西省贫困地区人口老龄化比重已经较高，考虑到农村贫困地区青壮年外出务工较多，老龄化形势更为严峻。

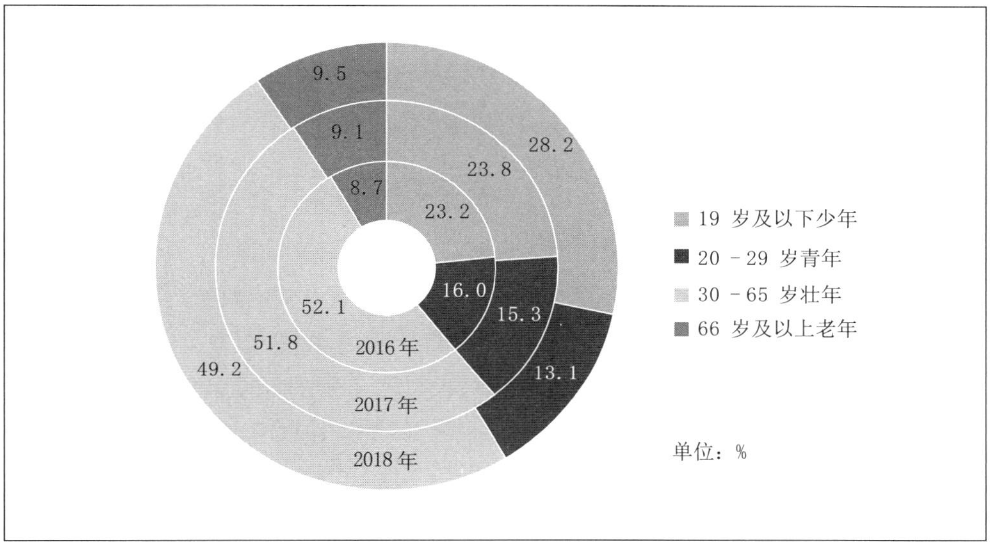

图 5　江西省贫困地区住户人口年龄结构示意图

（六）贫困地区建设存在发展不平衡、不充分现象。

从调查资料研究数据来看，江西省贫困地区贫困村、非贫困村分组的居民生活质量指数已经形成明显差距，主要体现在村居环境建设上。江西省新农村建设取得了较大成绩，但是偏重于贫困村集中建设，使得非贫困村建设较为滞后，形成了新的发展不平衡问题。另外，贫困地区的土坯房改造推进力度较大，但是后续跟进不足，一部分贫困地区农村居民在入住新房后没有资金和能力购买家电，以至于短期内生活质量反而下降，形成了部分新房里面摆着旧板凳的发展不充分现象。

八、几点建议

（一）加强扶贫项目实现扶贫产业可持续、针对性。

扶贫项目的实施要把做大做强村实体经济、带动贫困户增收作为扶贫攻坚工作的重点，以拓宽市场销售渠道为导向，而不应立足于短期目标考核。扶贫项目的实施需要以人为本，以贫困地区农村居民的实际需求为导向，以本村庄的实际情况为立足点，防止片面的突击式、应付式的项目建设，产业扶贫车间需结合本村庄的经济特点、地理位置进行规划与设计。

（二）加强扶贫政策宣传，促进社会资源平等共享。

强化各级政府服务职能，促进公共事务的运作，使扶贫措施、财政措施公开化、透明化、法制化；加强扶贫政策宣传，充分利用各地传统媒体广播、电视等对扶贫工作加大宣传力度，树立政府扶贫形象，进一步开拓微信、抖音等新媒体渠道对扶贫政策、扶贫成果、扶贫事迹等进行宣传，推动社会对扶贫的关注与参与。

（三）强化社会保障制度，因户施策、区别对待加大扶贫力度。

对于有劳动能力的扶贫开发户，部分是因为人口多劳力少造成的，部分是缺乏文化技术、致富技能造成的，部分是缺乏生产资料造成的，还有的是思想观念落后或“等靠要”思想依赖造成的，应针对不同情况采取不同的扶持方式。

（四）加强实施精神扶贫。

要打赢扶贫攻坚战，需要物质扶贫与精神扶贫相结合，将“授之以鱼”与“授之以渔”相结合，大力弘扬社会主义核心价值观，促进精神文明建设，凝聚社会正能量，加强精神文化生活建设，推进贫困群众精神扶贫，采取“文化教育、道德引领、精神激励”多管齐下的方式让基层群众自觉从思想和行为上脱贫，从精神层面上杜绝“等靠要”“以贫困为荣”等惰性思想，使贫困地区农村居民思想从“要我脱贫”转变为“我要脱贫”，从主观层面上形成脱贫的内生动力，从而实现居民自我脱贫能力的可持续性发展。

（五）统筹兼顾贫困村与非贫困村新农村建设。

在脱贫攻坚工作过程中，相对而言对贫困村资源投入力度较大，非贫困村基础建设发展规划较慢，村庄建设不平衡性越来越大，建议加大对非贫困村投入，统筹贫困村、非贫困村建设，使农村地区整体均衡发展。

（六）农村饮用水处理和垃圾处理需进一步加强。

贫困地区农村饮用水来源大部分还是自然水体，提高自来水通达率面临着自然条件限制等客观困难，建议进一步加强安全饮用水建设，加强建设以自然村为单位进行自然水体的净化过滤的水利设施。另外，虽然垃圾集中处理比率有较大提高，但是垃圾处理手段还是较为粗放，多为收集、简单焚烧或掩埋，建议在垃圾分类清运后借助市场力量进一步科学、有效的进行处理。

2018 年，江西省贫困地区精准脱贫取得的显著成效，贫困地区农村居民收入、消费、居住、卫生水平进一步提高，贫困人口大幅减少，不仅对减贫作出了突出贡献，而且也为到 2020 年全面建成小康社会奠定了坚实基础，但脱贫攻坚任务还十分艰巨，贫困地区发展建设仍旧存在不少问题，必须认真贯彻习近平总书记在深度贫困地区脱贫攻坚座谈会上的重要讲话精神，坚持用“绣花”功夫和“钉钉子”劲头，坚决打赢深度贫困地区脱贫攻坚这场“硬仗中的硬仗”，为确保到2020年所有贫困地区和贫困人口一道迈入全面小康社会的宏伟目标实现而努力奋斗，向党和人民提交一份更加优异的答卷。

（国家统计局江西调查总队 肖曦）

河南农村减贫情况

2018年，河南各级党委和政府认真贯彻落实中央脱贫攻坚重大决策部署，坚持精准扶贫、精准脱贫基本方略，加大工作力度，转变方式方法，统筹推进脱贫攻坚各项工作，重点解决实现“两不愁三保障”面临的突出问题，落实对特殊贫困人口的各项保障措施，有效促进了农村贫困地区居民收入的增长和生活质量的提高，贫困地区经济社会得到进一步发展。

一、河南贫困人口不断减少

2018年，河南脱贫攻坚工作成绩斐然，农村贫困人口实现了稳定脱贫，农村贫困人口数量进一步减少，农村贫困发生率明显下降。2018年河南农村贫困人口168万人，同比减少109万人；农村贫困发生率2.1%，同比下降1.3个百分点。

表1 河南农村贫困人口变化情况

指标名称	2014年	2015年	2016年	2017年	2018年
贫困人口（万人）	565	463	371	277	168
贫困发生率（%）	6.9	5.8	4.6	3.4	2.1

二、河南农村贫困地区居民收支水平同步增长

随着扶贫力度的不断加大，河南脱贫成效显著，2018年河南农村贫困地区居民收入和消费水平逐步提高，增幅均高于全省农村平均水平。

（一）农村贫困地区居民收入增长明显。

据调查，2018年河南农村贫困地区居民人均可支配收入11911元，与去年同期相比增加1122元，增长10.4%，比全省农村居民可支配收入增幅高1.7个百分点。

1. 工资性收入保持较快增长。

2018年河南贫困地区农村居民人均工资性收入3676元，与去年同期相比增加562元，增长18.0%。工资性收入占贫困地区农村居民可支配收入的比重为30.9%，比上年提高2.0个百分点，对收入增长的贡献率为50.1%，拉动贫困地区农村居民人均可支配收入增长5.2个百分点。

一方面，河南农民工总量不断增加、工资水平逐年提高，尤其是出省农民工人数占比增加，省外薪资水平也相对较高。另一方面，各地持续加大招商引资力度，大力推进集聚区建设和承接产业转移项目，使农村居民在本地务工机会明显增多，促使贫困地区农村居民工资性收入增长较快。

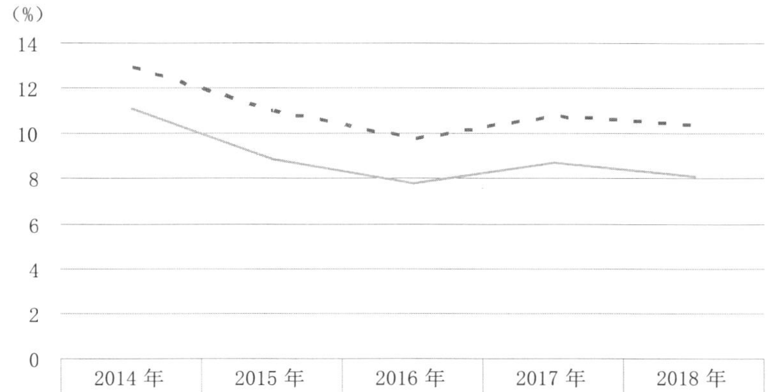

	2014 年	2015 年	2016 年	2017 年	2018 年
贫困地区	12.9	11	9.8	10.8	10.4
全省农村	11.1	8.9	7.8	8.7	8.1

图 1　河南农村贫困地区与全省农村居民收入增幅变化情况

2. 家庭经营净收入小幅下降。

2018 年河南贫困地区农村居民人均家庭经营净收入为 4179 元，与去年同期相比减少 196 元，下降 4.5%，其中第一产业经营净收入下降 11.4%，二产增长 7.4%，三产增长 16.8%。

受2018年恶劣天气和虫害影响，小麦等农作物收成不好、价格较低，大多农民惜售，以及生猪价格波动的影响，导致第一产业人均经营净收入下降，而河南贫困地区农村居民家庭经营仍以一产为主，对家庭经营净收入影响较大。

3. 财产和转移净收入增长较快。

河南贫困地区农村居民理财意识不断增强，以及土地流转等原因致使土地经营权租金增幅较大，导致财产性收入增长较快，2018 年河南贫困地区农村居民人均财产性净收入为 137 元，与去年同期相比增加 43 元，增长 46.2%。

随着河南扶贫开发工作的不断深入，扶贫政策成效的逐步凸显，以及农村各项政策性补贴、社会保障等惠农政策的不断实施，贫困地区农村居民从中得到更多实惠。随着外出农民工总量不断增加，寄、带回收入大幅增加，转移净收入增长较快。2018 年河南贫困地区农村居民人均移性净收入 3919 元，与去年同期相比增加 712 元，增长 22.2%。

（二）河南农村贫困地区居民消费支出平稳增长。

随着收入水平的稳步增长和社会保障体系的不断完善，2018 年，河南农村贫困地区居民生活消费能力逐步增强，生活质量稳步提升，生活消费支出增长明显。据调查，2018 年河南农村贫困地区农民人均生活消费支出为 8669 元，同比增加 887 元，增长 11.4%。消费占比较大的三大类支出分别为食品烟酒消费支出、居住消费支出和教育文化娱乐支出，分别占比 30%、24% 和 11%。

一是食品烟酒消费平稳增长。人均食品烟酒消费支出 2572 元，同比增加 141 元，增长 5.8%。二是衣着消费水平稳中有增。人均衣着消费支出 653 元，同比增加 45 元，

图 2　河南贫困地区居民消费支出变化情况

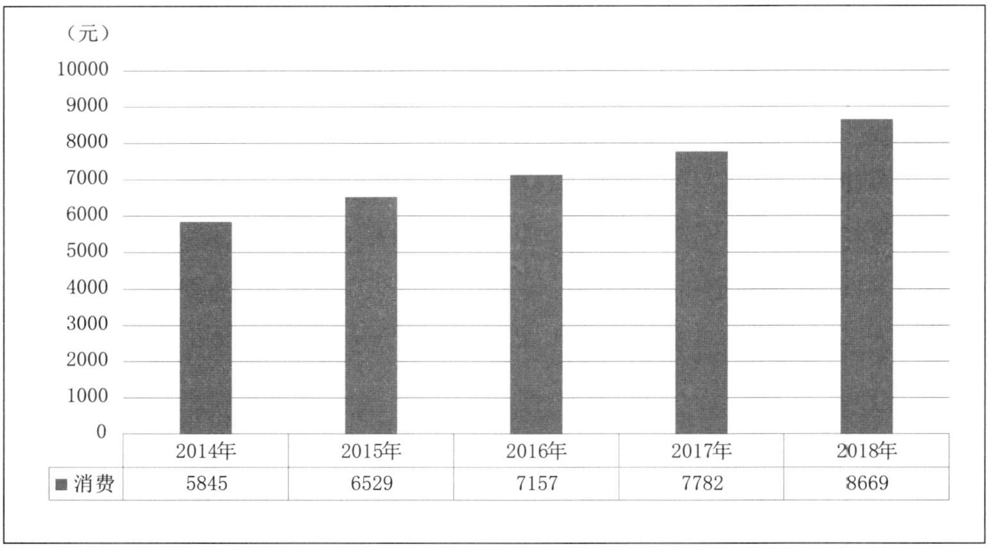

增长 7.3%。三是居住消费支出明显增长。人均居住支出 2049 元，同比增加 296 元，增长 16.9%。四是生活用品及服务消费持续增长。人均生活用品及服务消费支出 614 元，同比增加 19 元，增长 3.2%。五是教育文化娱乐和医疗保健支出大幅增长。人均教育文化娱乐消费支出 941 元，同比增加 175 元，增长 22.8%；人均医疗保健消费支出 799 元，同比增加 211 元，增长 35.9%。另外，人均交通通讯消费支出 896 元，同比增加 39 元，增长 4.6% ；人均其他用品和服务支出 145 元，同比减少 39 元，下降 21.4%。

图 3　2018 年河南农村贫困地区居民消费结构图

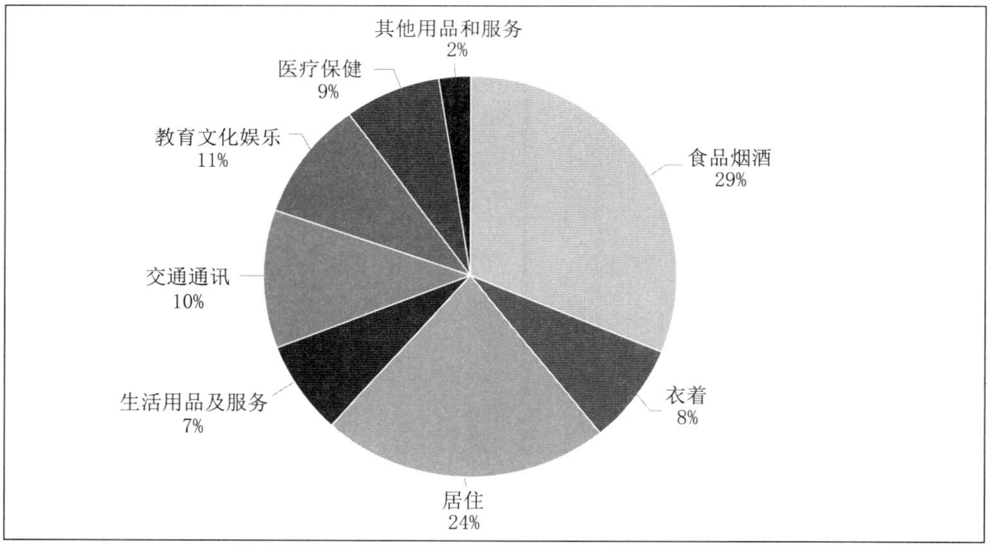

三、河南农村贫困地区基础设施及基本社会服务水平不断提高

随着政府扶贫力度的加大，以及居民收入的增加，河南农村贫困地区农民生活和居住条件持续改善，基础设施及基本社会服务水平不断提高，发展后劲不断增强。

（一）生活居住条件持续改善。

随着脱贫攻坚成效的日益显现，2018 年河南农村贫困地区居民住房及家庭设施状况持续改善。居住竹草土坯房和炊用柴草农户的比重分别为 0.2% 和 28.3%，同比分别下降 0.3 和 13.3 个百分点；使用管道供水和经过净化处理自来水的农户比重分别为 77.5% 和 69.2%，同比分别提高 4.2 和 17.1 个百分点。

表 2　河南农村贫困地区住房及家庭设施状况

单位：%

指标名称	2014 年	2015 年	2016 年	2017 年	2018 年
1. 竹草土坯房农户比重	1.8	1.3	0.6	0.5	0.2
2. 管道供水农户比重	37.7	46.3	60.7	61.3	77.5
3. 净化自来水农户比重	30.6	37.3	50.9	52.1	69.2
4. 炊用柴草的农户比重	53.0	44.6	41.7	41.6	28.3

（二）耐用消费品拥有量以增为主。

2018 年河南贫困地区主要耐用消费品数量不断增加，普及率不断提高。据调查，每百户农户拥有家用汽车 18.8 辆，同比增加 8.1 辆；拥有洗衣机 94.0 台，同比增加 0.1 台；拥有电冰箱 88.4 台，同比增加 7.8 台；拥有移动电话 246.8 部，同比增加 19.9 部。但是随着手机普及率的提高，以及手机对电脑的替代作用不断增加，每百户农户拥有计算机 17.3 台，同比减少 3.6 台。

表 3　河南贫困地区农户主要耐用消费品拥有情况

指标名称	名称	2014 年	2015 年	2016 年	2017 年	2018 年
汽车	辆 / 百户	5.4	7.4	10.1	10.7	18.8
洗衣机	台 / 百户	85.2	89.3	92.7	93.9	94.0
电冰箱	台 / 百户	62.8	70.0	79.1	80.6	88.4
移动电话	部 / 百户	190.2	204.2	220.8	226.9	246.8
计算机	台 / 百户	13.3	14.9	18.8	20.9	17.3

（三）　基础设施状况不断完善。

2018 年，河南贫困地区所在自然村通公路的农户比重、所在自然村通电话的农户比重均维持在 100%；所在自然村能接收有线电视信号的农户比重达 97.2%，同比增加 1.0 个百分点；所在自然村通宽带的农户比重 96.4%，同比增加 0.9 个百分点；所在自然村进村主干道路硬化的农户比重达到 99.7%，同比增加 0.5 个百分点；所在自然村能便利乘坐公共汽车的农户比重达到 80.1%，同比增加 8.0 个百分点。

四、影响河南农村贫困地区脱贫致富的主要问题

2018 年，尽管河南农村贫困地区经济社会发展保持了良好的发展态势，但影响脱贫致富的问题仍然存在，需要得到进一步的解决。

（一）收支水平与农村平均水平相比仍存在差距。

一是收入水平相对偏低。2018 年河南农村贫困地区居民人均可支配收入较全省农村平均水平低 1920 元，为全省平均水平的 86.1%；工资性收入较全省农村平均水平低 1660 元，为全省农村平均水平的 68.9%。二是生活消费水平差距较大。2018 年河南农村贫困地区居民人均生活消费支出较全省平均水平低 1723 元，相当于全省平均水平的 83.4%。

（二）产业结构不尽合理，生产能力有待提高。

河南农村贫困地区大多由传统农业占据主导地位，农业产业化程度低，优质、高效、生态、绿色农产品的比重偏小，粮食增产潜力不大，受自然条件影响较大，产业相对脆弱。2018 年，河南多次出现恶劣天气、病虫害等不利因素，使得农村贫困地区一产经营状况欠佳。虽然二、三产发展态势良好，但以家庭式、小作坊为主的非农产业增收能力有限，致使家庭净收入整体呈减少趋势。

（三）农村贫困地区综合发展实力相对薄弱。

一方面，农村贫困地区人口综合素质不高，普遍存在技能素养和文化层次低的特点，对新知识、新事物的接收能力不高，难以满足劳动力市场的专业化、技能化需求，就业渠道狭窄，转移就业和增收难度大。另一方面基础设施及基本社会服务水平有待进一步提高。与全省其他地区相比，农村贫困地区的基础设施建设仍然相对滞后，公共服务保障水平较低，对于因病、因残、缺乏劳动力、家庭突发变故等致贫家庭的帮扶，需得到进一步加强。

五、促进河南农村贫困地区脱贫的意见建议

（一）加大脱贫扶持力度，增强脱贫开发工作的合力。

各级党委和政府要不断加大扶贫工作力度，广泛有效地动员和凝聚各方面力量，上下一心，增强工作动力，形成强大合力。通过多种渠道增加扶贫资金投入，加大扶贫资金整合力度；增强对农村贫困地区的金融服务支持，创新发展金融产品和服务，精准对接各类金融服务需求。积极开展扶贫协作，探索经济协作的长效机制，帮助贫困地区解决实际问题。举全社会之力，共同扛起扶贫攻坚的重大责任。

（二）培育发展特色支撑产业，加强产业扶贫。

把提升产业扶贫水平作为脱贫攻坚的重要任务，积极探索多元化脱贫路子，建立贫困户与龙头企业、专业合作社等合作发展的产业项目；因地制宜，发展特色产业，

增强产业带动能力；同时加大科普宣传、农技推广、能人示范等工作力度，切实帮助贫困户掌握相关技能，减少相应的损失及风险。

（三）加强技能培训，提高劳动力素质。

充分整合各类培训资金、资源，实施新型职业农民培育工程。通过搭建培训服务平台，定期对贫困劳动力进行免费技能培训，尤其是农业实用技术等方面的培训，培养一批适应现代农业发展需要的新型职业农民，提高农村贫困地区劳动力素质，为产业发展提供人才支撑。

（四）加快基础设施建设，改善贫困地区生产生活条件。

把加强农村贫困地区基础设施建设、改善居民基本生产生活条件和促进农村贫困地区发展放在优先位置。一方面对计划实施且无资金缺口的项目，要加快施工进度，保质保量的如期完工；另一方面充分考虑当地居民需求，对群众需求迫切的项目，及时考察论证，尽快立项实施。

（国家统计局河南调查总队 李静）

湖北农村减贫情况

2018年，湖北省认真贯彻习近平总书记关于扶贫工作的重要论述和视察湖北重要讲话精神，全面落实党中央的决策部署，大力实施精准扶贫、精准脱贫，切实不断加大脱贫攻坚投入力度。全省农村贫困人口继续大幅减少，贫困地区农村常住居民收入持续保持较快增长，基础设施进一步改善，公共服务水平稳步提升，社会保障兜底更加牢靠，脱贫根基不断夯实。

一、2018湖北农村贫困人口规模减少47万人

据全省农村贫困监测调查，2018年，湖北农村贫困人口规模为67万人，比上年减少47万人，贫困发生率1.6%，比上年下降1.2个百分点。自2012年以来累计减贫328万人，贫困发生率共下降8.2个百分点。减贫效果明显（见图1）。

图1 近年来湖北农村贫困人口及贫困发生率

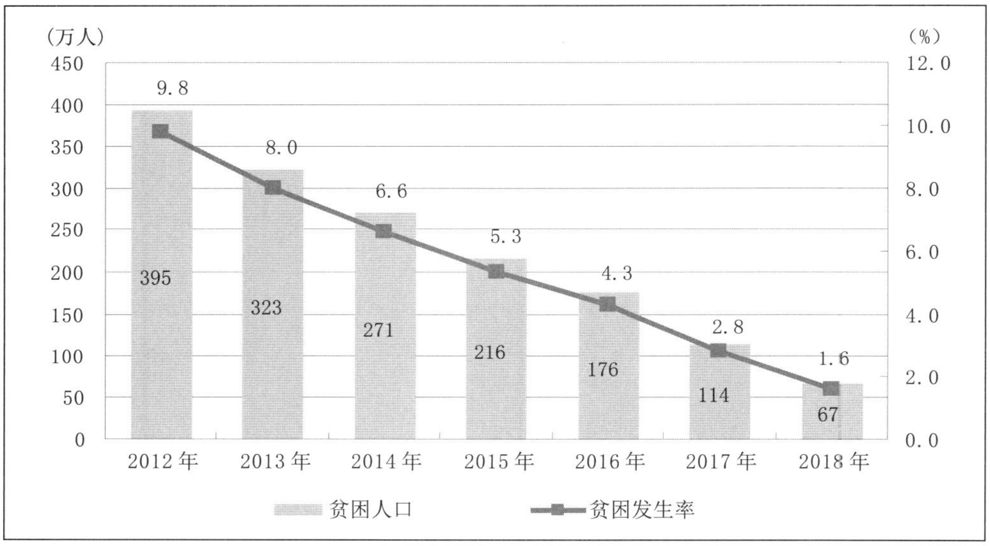

二、贫困地区农民收入增长较快

2018年，全省28个贫困地区[①]农村常住居民人均可支配收入11552元，比上年增加1081元，增长10.3%。

（一）贫困地区农民收入增幅高于全国、全省平均水平。

2018年，贫困地区农村常住居民人均可支配收入增速比全国和全省农村平均水

①湖北贫困地区，包括集中连片特困地区和片区外的国家扶贫开发工作重点县，其中集中连片特困地区覆盖26个县，国家扶贫开发工作重点县共计25个。

平分别高出 1.5 个和 1.9 个百分点，绝对额占全国和全省比重分别为 79.0% 和 77.1%，比 2014 年分别提高了 4.3 个和 4.9 个百分点。贫困地区与全省农村居民收入水平差距不断缩小。2014-2018 年，湖北贫困地区农村居民人均可支配收入年增速均高于全国及全省农村平均水平（见表 1）。

表 1　2014-2018 年全国、湖北及湖北贫困地区农村居民人均可支配收入

单位：元、%

指标名称	2014 年		2015 年		2016 年		2017 年		2018 年	
	绝对数	增幅	绝对数	增幅	绝对数	增幅	绝对数	增幅	绝对数	增幅
全国	10489	11.2	11422	8.9	12363	8.2	13432	8.6	14617	8.8
湖北	10849	11.9	11844	9.2	12725	7.4	13812	8.5	14978	8.4
贫困地区	7831	12.3	8682	10.9	9502	9.4	10471	10.2	11552	10.3

（二）贫困地区农民收入快速增长。

1. 工资性收入增长较快。2018 年，湖北贫困地区农村居民人均工资性收入 3813 元，比上年增长 10.0%，工资性收入占可支配收入比重达 33.0%，对可支配收入增长的贡献率为 32.0% ，拉动增长 3.3 个百分点，成为可支配收入重要组成部分。其增长原因：一是地区经济发展促进了贫困地区农村剩余劳动力转移就业。近年来，政府不断加大招商引资力度，大力推进集聚区建设和重点项目工程建设，优化发展环境，吸引企业本地落户，增加门口就业。二是扶贫资金投入加大，精准扶贫措施得力。各地新开工项目增加，易地扶贫搬迁安置力度加大，为贫困地区农民提供了更多的就业机会。三是各地陆续出台农民工帮扶政策，对农民工群体合法权益保障力度不断加强，保证了农民工工资及时足够发放。

2. 经营净收入稳步增长。近年来，湖北贫困地区深入推进农业供给侧结构改革，加快发展现代农业和旅游扶贫等产业化扶贫项目，鼓励创新经营模式，带动贫困地区农民经营净收入稳步增长。2018 年，湖北贫困地区农村居民人均家庭经营净收入 3860 元，同比增长 7.6%，经营净收入对可支配收入增长的贡献率为 25.2% ，拉动增长 2.6 个百分点。

3. 财产净收入大幅增长。2018 年，湖北贫困地区农村居民人均财产净收入 95 元，同比增长 23.4%。其中，出租房屋净增长是财产性收入增长的主要来源，同比增长 51.1%。虽然财产净收入增幅较高，但占比低，仅占可支配收入的 0.8%，拉动收入增长 0.2 个百分点。

4. 转移净收入增长明显。2018 年，湖北贫困地区农村居民人均转移净收入 3784 元，同比增长 13.3%。随着各级政府对贫困地区政策性扶持力度的不断加大以及各项社会保障、社会救助力度的加强，农村低保五保、养老保险及医疗保险报销等惠民措施相应落实到位。领取离退休金和养老金人数逐年增加。2018 年，湖北贫困地区农村居民人均领取养老金或离退休金收入 820 元，比上年增加 148 元，同比增长 22.0%；

报销医疗费 302 元，比上年增加 123 元，同比增长 68.7%。转移净收入对可支配收入增长贡献率为 41.1% ，拉动增长 4.2 个百分点。与上年比，转移净收入对可支配收入的贡献率提高 4.5 个百分点（见表 2）。

表 2　湖北贫困地区农村居民可支配收入总体情况

单位：元、%

指标名称	2017 年	2018 年	增加额	增幅	占比	贡献率	拉动增长
人均可支配收入	10471	11552	1081	10.3	-	-	-
1. 工资性收入	3467	3813	346	10.0	33.0	32.0	3.3
2. 经营净收入	3588	3860	272	7.6	33.4	25.2	2.6
3. 财产净收入	77	95	18	23.4	0.8	1.7	0.2
4. 转移净收入	3339	3784	445	13.3	32.8	41.1	4.2

三、贫困地区农民生活水平稳步提升

2018 年，湖北贫困地区农村居民消费八大类支出均呈现全面增长态势，消费结构进一步优化，耐用消费品数量增加，消费水平提升，生活质量不断改善。

（一）消费支出保持较快增长。

2018 年，湖北贫困地区农村常住居民人均消费支出为 10647 元，比上年增加 1190 元，增长 12.6%。增速较上年加快 1.3 个百分点。人均生活消费支出增速高出人均可支配收入增幅 2.3 个百分点。

（二）满足发展需求的消费支出稳步增长。

2018 年，湖北不断加大对贫困地区农村基础设施、教育文化、生活用品等方面的扶持力度，带动贫困地区农村居民在满足基本的吃穿住之后，呈现消费升级态势。发展型和享受型消费支出增长，湖北贫困地区农村居民人均交通通信、教育文化娱乐、生活用品服务及其他支出分别为 1082 元、1091 元、647 元、273 元，同比分别增长 7.6%、9.6%、2.7% 和 25.2%。

（三）医疗保健支出增速居首。

医保支出在八大类中增速最快。2018 年，湖北贫困地区农村居民人均医疗保健支出为 1346 元，比上年增加 440 元，同比增长 48.6%，占生活消费支出的比重为 12.6%，比上年同期提高 3.0 个百分点。其中，医疗器具及药品支出 326 元，同比增长 20.0%；医疗服务支出 1020 元，同比增长 60.9%（见表 3）。

（四）耐用消费品拥有量增加。

随着扶贫政策的有效落实，湖北贫困地区农村居民收入水平不断提高，消费结构持续升级。家用汽车、电冰箱、移动电话、计算机等新型耐用消费需求旺盛。2018 年，

表 3　湖北贫困地区农村居民消费支出及构成

单位：元、%

指标名称	2017 年	2018 年	增加额	增幅	2018 年占比
人均消费支出	9457	10647	1190	12.6	-
1. 食品烟酒	2913	3247	334	11.5	30.5
2. 衣着	515	569	54	10.5	5.3
3. 居住	2274	2392	118	5.2	22.5
4. 生活用品及服务	630	647	17	2.7	6.1
5. 交通通信	1006	1082	76	7.6	10.2
6. 教育文化娱乐	995	1091	96	9.6	10.2
7. 医疗保健	906	1346	440	48.6	12.6
8. 其他用品和服务	218	273	55	25.2	2.6

湖北贫困地区农村居民每百户拥有家用汽车、移动电话、计算机分别为 20.0 辆、255.9 部、26.3 台，比上年增加 7.4 辆、32.0 部、4.7 台；每百户拥有洗衣机、电冰箱分别为 85.0 台和 96.5 台，同比增加 7.0 台和 6.9 台（见表 4）。

表 4　湖北贫困地区每百户农民家庭拥有耐用消费品情况

消费品名称	单位	2017 年	2018 年	增加
家用汽车	辆	12.6	20.0	7.4
洗衣机	台	78.0	85.0	7.0
电冰箱	台	89.6	96.5	6.9
移动电话	部	223.9	255.9	32.0
计算机	台	21.6	26.3	4.7

四、贫困地区农村基础设施和生活条件持续改善

（一）居住条件和卫生环境继续改善。

近年来，贫困地区加大危房改造投入力度，农村居住条件得到明显改善，2018 年，贫困地区农村居住混凝土和砖混材料结构住房的农户为 78.5%，比 2016 年提高 7.2 个百分点；居住砖瓦砖木结构住房的农户为 17.5%，比 2016 年下降 1.8 个百分点；居住竹草土坯结构住房的农户为 7.0%，比 2016 年下降 4.4 个百分点（见表 4）。

2018 年，贫困地区农村居民使用独用厕所的农户比重为 97.0%，比 2016 年提高 3.5 个百分点；使用管道供水的农户比重为 87.6%，比 2016 年提高 19.5 个百分点；使用经过净化处理自来水的农户为 59.4%，比 2016 年提高 19.3 百分点；饮水无困难的农户比重为 95.7%，比 2016 年提高 7.3 个百分点（见表 5）。

表 5 近三年湖北贫困地区住房类别占比情况

单位：%

指标名称	2016 年	2017 年	2018 年
居住钢筋混凝土住房的农户比重	17.5	18.6	21.9
居住砖混住房的农户比重	53.8	53.7	56.6
居住砖瓦砖木房的农户比重	19.3	18.7	17.5
居住竹草土坯房的农户比重	7.0	7.0	2.6
其它类型房	2.4	2.0	1.4

表 6 近三年湖北贫困地区卫生和饮用水占比情况

单位：%

指标名称	2016 年	2017 年	2018 年
独用厕所的农户比重	93.5	94.2	97.0
使用管道供水的农户比重	68.1	72.7	87.6
饮水无困难的农户比重	88.4	92.5	95.7
使用经过净化处理自来水的农户比重	40.1	43.9	59.4

（二）基础设施建设和公共服务能力进一步提升。

2018 年调查的所在自然村通公路的农户比重和通电话的农户比重均为 100%；所在自然村进村主干道路硬化的农户比重为 99.3%。所在自然村垃圾能集中处理的农户比重为 87.3%；所在自然村有卫生站的农户比重为 95.3%；农村公共服务状况有大幅改善，有线电视和宽带覆盖面进一步扩大，能接收有线电视信号的农户比重为 98.8%；所在自然村通宽带的农户比重为 99.0%；所在自然村上幼儿园便利的农户比重为 88.9%；所在自然村上小学便利的农户比重为 89.0%。比重均持续提高（见表 7）。

表 7 近三年湖北贫困地区基础设施情况

单位：%

指标名称	2016 年	2017 年	2018 年
所在自然村主干道路面硬化的农户比重	97.8	99.2	99.3
所在自然村垃圾能集中处理的农户比重	56.7	70.2	87.3
所在自然村有卫生站的农户比重	91.9	94.1	95.3
所在自然村能接收有线电视信号的农户比重	93.7	98.1	98.8
所在自然村通宽带的农户比重	87.3	92.2	99.0
所在自然村上幼儿园便利的农户比重	76.0	85.0	88.9
所在自然村上小学便利的农户比重	81.1	87.4	89.0

（三）文化教育卫生事业不断发展完善。

2018 年贫困地区农村居民有文化活动室的村比重为 95.6%，比上年同期提高 10.2 个百分点；拥有合法行医证医生或卫生员的村比重为 97.2%，比上年同期提高 6.0 个百分点。

四、脱贫攻坚措施得力成效显著

（一）攻坚机制更完善。

一是“十不准”根治作风顽疾。省政府出台《脱贫攻坚作风建设“十不准”规定》，并制定扶贫领域腐败和作风问题专项治理工作方案和实施方案，全省各地“出重拳”“下狠手”“给猛药”，坚决根治作风顽疾，扶贫干部作风明显好转。

二是“三大机制”力促工作落实。建立约谈机制。对扶贫领域责任不到位、政策不落实、措施不精准、作风不扎实等问题约谈问责，传导压力。建立会商机制。对脱贫攻坚中的共性、全局性问题开展专题会商，统筹解决政策到村到户问题。建立问题督查通报机制。突出问题导向，直接进村入户，常态化开展暗访调查。全年组织 129 个暗访组，深入 16 个市州 74 个县 365 个村暗访，全面解决精准脱贫工作落实问题。

三是“三个新增”攻克深度贫困。在 2017 年湖北出台的 13 条支持政策的基础上，又出台 22 条硬措施，实现新增资金、项目、举措向深度贫困地区倾斜。仅财力倾斜方面，2018 年对深度贫困地区转移支付补助占其财政总收入来源的 80%，远远高于全省转移支付 54% 的平均水平。更多的投入支持、政策支持、项目支持，加快了深度贫困地区脱贫步伐。

（二）攻坚举措更精准。

一是产业扶贫，打造强劲引擎。坚持把产业扶贫作为治本之策强力推进，贫困地区培育各类主体 66199 家，贫困村专业合作社覆盖率达到 96.88%。37 个贫困县开展电商扶贫，覆盖 6549 个行政村。35 个贫困县实施旅游扶贫工程，带动 17.78 万贫困人口增收。稳步推进光伏扶贫，已纳入第一批国家光伏补贴目录项目 2119 个，关联 14.13 万户贫困户。建成扶贫车间 4333 间，带动 6.7 万余名贫困人口就近稳定就业。产业扶贫成为脱贫奔小康的强劲引擎。

二是易地搬迁，筑起温馨家园。严守人均建房不超面积、不因建房举债、建新必拆旧的“三条红线”，全面落实“交钥匙”工程。全年“交钥匙”9.57 万户 26.75 万人，全省 32 万户 89 万人的易地扶贫搬迁建设总任务全面完成，安置区基础设施、公共服务同步配套，确保了搬得出、稳得住、能脱贫。

三是健康扶贫，遏制因病致贫。健全完善基本医保、大病保险、医疗救助、补充医疗保险“四位一体”机制，实行先诊疗后付费和“一站式”结算模式，37 个贫困县全年投入 7.1 亿元为贫困人口购买医疗保险，因病致贫、因病返贫得到有效遏制。

四是教育扶贫，阻断代际贫困。建立完善资助体系，决不让一名贫困户子女因贫失学。全年落实困难学生资助资金 40 亿元、资助学生 150 万人次，37 个贫困县全部通过义务教育均衡发展验收，贫困家庭子女义务教育阶段入学率达 100%。

五是保障扶贫，兜牢民生底线。社会的温度，取决于底线的刻度。实行低保制度和扶贫开发政策有效衔接，对完全丧失劳动能力和部分丧失劳动能力且无法依靠产业就业帮扶脱贫的贫困人口提供兜底保障。全省农村低保平均标准达到 5194 元，农村特困人员救助供养平均标准达到 9265 元。

（三）攻坚保障更有力。

一是资金投入创新高。2018 年，省级财政投入扶贫资金 32.84 亿元，市县财政投入扶贫资金 103.63 亿元。28 个国定贫困县整合资金 220.51 亿元。承接金融机构政策性专项贷款 220.07 亿元、地方债券 141.58 亿元、国家专项建设基金 50 亿元；发放扶贫小额贷款 85.53 亿元，18.22 万户贫困户获贷，各类扶贫资金投入再创新高。

二是政策倾斜给真力。全省新增建设用地计划指标优先保障扶贫开发用地需要，2018 年，组织实施城乡建设用地增减挂钩节余指标交易 6383 亩，交易金额 32.49 亿元；强化人才支持，向深度贫困县选派干部 7129 人、技术人员 1325 人；动员全社会科技力量投入脱贫攻坚主战场，推进贫困县市扶贫产业快速发展。

三是“盯短板”惠民生。2018 年，解决 52.98 万贫困人口饮水安全问题，“十三五”规划内贫困人口饮水安全问题基本解决；实施农村危房改造 13.06 万户；完成 1560 个中心村电网改造，实现 4964 个行政村通电机井（泵站）、16142 个自然村通动力电，贫困县未通动力电情况全部消除；新改建农村公路 13506 公里，实现所有贫困村道路硬化目标；加强信息化建设，全省行政村实现光纤、4G、宽带全覆盖；完成 1126 个贫困村人居环境改善工程。贫困地区生产生活条件得到明显改善，乡村面貌焕然一新。

四是干部驻村真帮扶。坚持“全脱产、硬抽人、抽硬人”原则，共选派 21534 个工作队、78500 名干部，点对点、人对人、面对面精准帮扶，实现 4821 个贫困村全覆盖；落实驻村工作考核、正向激励、反向召回制度，驻村帮扶，进一步促进了政策落实，提升了乡村治理水平，密切了干群关系，实现党心民心空前同心。

（国家统计局湖北调查总队 郁雁）

湖南农村减贫情况

2018年，湖南省委省政府按照党中央统一部署，把提高脱贫质量放在首位，强化责任落实、政策落实、工作落实，脱贫攻坚取得重大进展。据国家统计局湖南调查总队农村贫困监测调查，2018年湖南贫困地区①农村居民收入持续快速增长，贫困发生率明显下降，群众的获得感、幸福感、安全感进一步提高。

一、2018年湖南农村减贫成效显著

（一）脱贫规模居全国第一，贫困发生率降至2%以下。

按照现行国家农村贫困标准测算，2018年末，湖南农村贫困人口为105万人，较上年减少127万人，是2013年精准扶贫以来减贫人数最多的一年，脱贫规模继续保持全国首位。农村贫困发生率为1.8%，较上年下降2.3个百分点。

党的十八大以来，湖南农村贫困人口由2013年末的640万人减少至105万人，累计减少535万人， 下降幅度为83.6%，平均每年减少107万人；农村贫困发生率由2013年末的11.2%下降至1.8%，累计下降9.4个百分点，平均每年下降1.9个百分点。

表1　湖南历年农村贫困人口情况

年　份	农村贫困人口		农村贫困发生率	
	数量（万人）	下降（万人）	水平（%）	下降（百分点）
2013年	640	-	11.2	-
2014年	532	108	9.3	1.9
2015年	434	98	7.6	1.7
2016年	343	91	6.0	1.6
2017年	232	111	4.1	1.9
2018年	105	127	1.8	2.3

（二）贫困地区减贫速度低于全省，脱贫任务仍然艰巨。

按现行农村贫困标准测算，2018年末，湖南贫困地区的农村贫困人口82万人，比上年减少58万人，下降41.7%；农村贫困发生率4.1%，下降2.9个百分点。

脱贫攻坚越到最后骨头越难啃，贫困地区的贫困人口规模较大，贫困程度较深，减贫难度更大，面临的任务仍然十分艰巨。2018年末，湖南贫困地区农村贫困人口

①湖南贫困地区，包括集中连片特困地区和片区外的国家扶贫开发工作重点县，共40个县。其中集中连片特困地区覆盖37个县，国家扶贫开发工作重点县共计20个，集中连片特困地区包含17个国家扶贫开发工作重点县。

82 万人，占全省的 78.1%，比上年提高 18.2 个百分点；减贫速度为 41.7%，比全省低 13.2 个百分点。

二、贫困地区农民收入持续快速增长

（一）贫困地区农村居民收入增速快于全国、全省农村。

2018 年，湖南贫困地区农村居民人均可支配收入为 9875 元，比上年增长 10.9%，较全国农村居民增速高 2.1 个百分点，较全省农村居民增速高 2.0 个百分点。

集中连片特困地区、国家扶贫开发工作重点县和深度贫困县的农村居民人均可支配收入增速均高于贫困地区。2018 年，集中连片特困地区农村居民人均可支配收入 9932 元，增长 11.3%，比贫困地区增速高 0.4 个百分点；国家扶贫开发工作重点县农村居民人均可支配收入 9469 元，增长 11.0%，比贫困地区增速高 0.1 个百分点；深度贫困县农村居民人均可支配收入达到 8736 元，增长 12.1%，比贫困地区增速高 1.2 个百分点。

（二）贫困地区农村居民收入水平与全省农村相对差距进一步缩小。

党的十八大以来，湖南贫困地区农村居民人均可支配收入年均名义增长 11.6%，扣除价格因素，年均实际增长 9.9%，实际增速比全省农村平均增速高 2.2 个百分点。2018 年贫困地区农村居民人均可支配收入相当于全省农村平均水平的 70.1%，比 2012 年上升 10.0 个百分点。

（三）增收质量稳步提高，收入结构稳中趋优。

表 2　2018 年湖南贫困地区农村居民收入情况

指标名称	绝对值（元）	增加值（元）	名义增幅（%）	贡献率（%）	占比（%）
人均可支配收入	9875	967	10.9		
1. 工资净收入	4161	355	9.3	36.7	42.1
2. 经营净收入	2707	212	8.5	21.9	27.4
3. 财产净收入	99	26	35.4	2.7	1.0
4. 转移净收入	2909	375	14.8	38.8	29.5

1. 转移性收入和工资性收入是农民增收主要动力。2018 年湖南贫困地区农村居民人均转移净收入 2909 元，比上年增加 375 元，增长 14.8%，增速比全省农村高 5.7 个百分点，对贫困地区农村居民增收贡献率为 38.8%，比上年提高 0.6 个百分点；人均工资净收入 4161 元，比上年增加 355 元，增长 9.3%，增速比全省农村高 1.3 个百分点，对贫困地区农村居民收入增长的贡献率为 36.7%，比上年提高 7.6 个百分点。

2. 贫困地区农村居民收入结构稳中趋优。2018 年湖南贫困地区农村居民收入构成有两大积极变化：

一是财产净收入快速增长。2018 年湖南贫困地区农村居民财产净收入比上年增长 35.4%，占人均可支配收入的比重由上年的 0.8% 提高到 1.0%。

二是来自第三产业的经营净收入占比明显提升。2018 年湖南贫困地区农村居民第三产业经营净收入占经营净收入的比重为 32.8%，比上年提升 5.9 个百分点。

表 3　2017-2018 年湖南贫困地区农村居民经营净收入占比情况

指标名称	绝对值（元）		占比（%）	
	2018 年	2017 年	2018 年	2017 年
人均经营净收入	2707	2495	-	-
第一产业经营净收入	1726	1752	63.8	70.2
第二产业经营净收入	92	72	3.4	2.9
第三产业经营净收入	889	672	32.8	26.9

三、贫困地区农民生活质量进一步提升

随着收入水平的持续增长和社会保障体系的日趋完善，湖南贫困地区农村居民生活消费能力逐步增强，生活质量稳步提升。2018 年湖南贫困地区农村居民人均生活消费支出 9644 元，增长 10.4%，比全省农村居民增速高 0.1 个百分点。

（一）居住、交通支出增长较快。

随着扶贫攻坚工作的持续深入推进，农村危房改造成果逐渐显现，交通通讯网络不断完善。2018 年，湖南贫困地区农村居民人均居住支出 2346 元，增长 32.0%；交通通信支出 956 元，增长 10.8%。

（二）耐用消费品拥有量不断增加。

2018 年末，湖南贫困地区农村居民家庭主要耐用消费品拥有量比上年有所增加，新型耐用消费品需求较旺，中低端耐用消费品基本普及。一是交通类耐用消费品快速增加。每百户平均拥有汽车 13.8 辆，比上年增加 6.1 辆；摩托车 70.4 辆，增加 7.6 辆；二是移动电话、计算机等信息通讯工具成为农民的“新农具”。每百户平均拥有移动电话 275.9 部，增加 35.7 部；计算机 22.2 台，增加 2.7 台；三是洗衣机、电冰箱和空调的普及率明显提高。每百户平均拥有洗衣机 84.8 台、电冰箱 95.9 台和空调 31.5 台，分别增加 14.0 台、15.6 台和 14.3 台。

（三）居住条件和卫生环境持续改善。

1. 家庭住房更宽敞，更安全。2018 年末，湖南贫困地区农村居民住房建筑面积户均为 208.6 平方米，比上年增长 8.6%。从主要建筑材料看，74.0% 的住房主要建筑材料以钢筋混凝土和砖混为主，比重分别为 21.8% 和 52.2%，分别提高 6.7 和 7.8 个百分点。

2. 生活设施更便捷，更卫生。2018 年末，93.1% 的农户获取饮用水不存在困难，比上年提高 2.4 个百分点。从供水设施看，75.3% 的农户家庭管道供水入户，提高 13.1

个百分点；从饮水来源看，40.3%的农户使用经过净化处理的自来水，提高7.5个百分点；43.1%的农户使用受保护的井水和泉水，提高6.5个百分点。98.1%的农户使用独用厕所，提高0.3个百分点；使用水冲式卫生厕所的比重为55.1%，提高27.7个百分点。

四、贫困地区社会事业快速发展

（一）基础设施不断完善。

2018年末，调查村中通公路的自然村达97.9%，比上年提高1.2个百分点；通电话的自然村达99.3%，提高0.8个百分点；通有线电视信号的自然村占90.1%，提高3.9个百分点；通宽带的自然村占89.9%，提高11.9个百分点；主干道路面经过硬化处理的自然村占89.5%，提高7.6个百分点；有健身器材的自然村占10.9%，提高3.4个百分点；饮用水经过集中净化处理的自然村占47.1%，提高9.9个百分点。

（二）文化教育卫生建设持续加强。

2018年末，调查村中91.0%的行政村有文化活动室，比上年提高2.1个百分点；51.4%的行政村有幼儿园或学前班，提高3.2个百分点；49.4%的行政村有小学且便利，提高0.5个百分点；94.5%的行政村有卫生室，提高6.7个百分点；95.5%的行政村有合法行医证医生，提高6.5个百分点。

（三）扶贫项目社会效益稳步提升。

1. 村级扶贫项目覆盖更广泛。2018年调查村中有57.0%的村当年有小额信贷组织或村民互助资金组织，比上年提高14.9个百分点；88.9%的村当年有村级扶贫规划，提高17.5个百分点；82.7%的村当年参加过扶贫项目，提高20.3个百分点。从资金投向上看，村通公路通畅、通达工程项目得到的资金最多，占23.6%；易地扶贫搬迁项目占17.3%；危房改造项目占9.6%；农业项目占8.4%。

2. 农民了解参与扶贫项目更深入。2018年调查户中有46.9%的农户参加过村务会议，比上年提高4.6个百分点；其中34.4%的农户为村级公共事务提过建议，提高4.1个百分点。在有村级扶贫规划的村中，有69.7%和36.6%的农户分别了解规划内容和参与规划制定，分别提高12.9和7.9个百分点。

在当年有新增扶持项目或扶贫资金的村中，有76.1%的农户是通过村务公开公告栏或通知了解本村的扶贫项目，提高2.5个百分点；有24.9%的农户参与村级扶贫项目选定，22.5%的农户参与扶贫项目户选定，分别提高5.0和4.7个百分点；当年有14.4%的农户参与了扶贫项目，提高1.8个百分点。

3. 易地搬迁项目让农户更有盼头。被问到最希望得到哪种扶贫项目时，首选仍然是种植业，占被调查农户的24.1%；其次是易地搬迁，占21.4%；再次是专业技能培训，占15.2%。值得一提的是，上年仅有5.5%的农户期待易地搬迁，2018年提高了15.9个百分点，

（国家统计局湖南调查总队 凌媛）

广西农村减贫情况

2018 年，广西自治区党委、政府认真贯彻党中央、国务院《关于打赢脱贫攻坚战三年行动的指导意见》，贯彻“核心是精准、关键在落实、确保可持续”的要求，紧紧围绕“两不愁三保障”目标，强化落实，因地制宜，精准施策，贫困地区农民收入水平明显提高，贫困发生率持续下降，群众获得感显著增强。据国家统计局广西调查总队贫困监测调查结果显示，2018 年广西全年减贫 106 万人，贫困地区（指 33 个国家贫困监测县，下同）农村居民人均可支配收入 10761 元，比上年增长 10.7%，高于全区农村平均水平 0.9 个百分点。

一、广西脱贫攻坚成效显著，全年减贫 106 万人

2018 年末广西农村贫困人口 140 万人，比上年减少 106 万人，贫困发生率 3.3%，比上年下降 2.4 个百分点。

2012 年以来，广西农村贫困人口由 2012 年的 755 万人减少至 2018 年的 140 万人，六年累计减少 615 万人，下降幅度为 81.5%，平均每年减少 102.5 万人，贫困发生率由 2012 年的 18.0% 下降至 2018 年的 3.3%。

表 1　2013-2018 年广西农村贫困人口和贫困发生率

年　份	贫困人口		贫困发生率	
	数量（万人）	下降（万人）	水平（%）	下降（百分点）
2013 年	634	121	14.9	2.6
2014 年	540	94	12.6	2.3
2015 年	452	88	10.5	2.1
2016 年	341	111	7.9	2.6
2017 年	246	95	5.7	2.2
2018 年	140	106	3.3	2.4

二、贫困地区农民收入持续稳定增长

（一）贫困地区农民收入增长 10.7%。

2018 年广西贫困地区农村居民人均可支配收入 10761 元，增长 10.7%；2013-2018 年，广西贫困地区农村人均可支配收入逐年上升，2018 年相比 2013 年增加了 4509 元，增长 72.1%。可支配收入增速维持 10% 以上。

从分项看，工资性收入和转移净收入增长较快。2018 年广西贫困地区农村居民

图 1　贫困地区农村人均可支配收入与增速

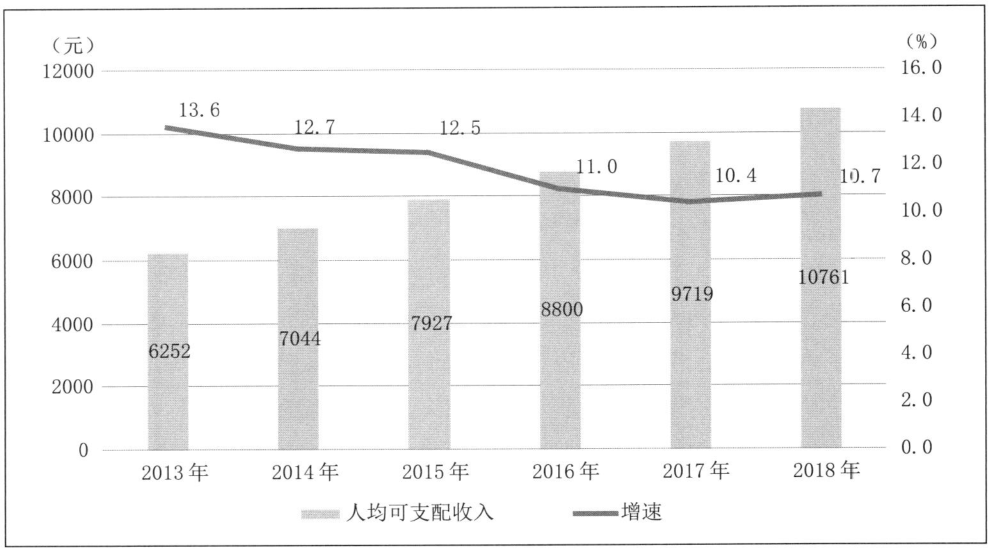

人均可支配收入 10761 元，增长 1042 元。其中，工资性收入 3032 元，增幅 14.1%，转移净收入 3010 元，增幅 12.4%，经营净收入保持平稳增长，增幅为 7.8%。拉动增长指标显示，工资性收入、经营净收入、转移净收入拉动可支配收入增长幅度较为平均，为 3.5% 左右。

表 2　广西贫困地区农村居民人均可支配收入情况

指标名称	2018 年（元）	2017 年（元）	增长（%）	拉动增长（%）
人均可支配收入	10761	9719	10.7	—
1. 工资性收入	3032	2658	14.1	3.9
2. 经营净收入	4582	4251	7.8	3.4
3. 财产净收入	136	132	3.0	0.04
4. 转移净收入	3010	2678	12.4	3.4

（二）贫困地区收入增速高于全区水平。

一是贫困地区收入水平占全区的比重继续变大。数据显示，贫困地区农村居民人均可支配收入不断提高，2018 年贫困地区农村居民人均可支配收入 10761 元，对比全区农村水平 12434 元，人均收入占全区农民收入的百分比由 2013 年的 80.2% 提高至 2018 年的 86.5%，收入差距不断缩小。

二是贫困地区收入增速持续高于全区水平。从收入增速看，2013-2018 年广西农民收入增速有所回落，但贫困地区农民收入增速持续高于全区水平，2018 年贫困地区农民人均可支配收入比上年增长 10.7%，比全区高 0.9 个百分点。

（三）消费支出涨幅扩大，居住、交通支出增长较快。

2018 年广西贫困地区农村居民人均生活消费支出 9352 元，比上年增加 1073 元，增长 13.0%，增幅比上年提高 6.2 个百分点，居住、交通通信、医疗保健等消费增长较快。

表 3　贫困地区农村居民生活消费支出情况

指标名称	2018 年（元）	2017 年（元）	增速（元）
人均消费支出	9352	8279	13.0
1. 食品烟酒	2848	2932	-2.9
2. 衣着	323	299	8.3
3. 居住	2089	1716	21.8
4. 生活用品及服务	557	456	22.1
5. 交通通信	1248	1003	24.5
6. 教育文化娱乐	1200	1001	19.9
7. 医疗保健	936	765	22.2
8. 其他用品和服务	151	107	40.6

从消费结构看，由于粮食、猪肉、水果价格下降，2018 年贫困地区农村居民人均食品消费支出为 2848 元，比上年降低 2.9%；衣着支出为 323 元，增长 8.3%；居住支出 2089 元，增长 21.8%，一是易地扶贫搬迁工作取得实效，全区易地搬迁入住 7.2 万人，建设住房竣工约 2 万套。二是居民收入提高，住房消费意愿增强，住房装潢维修消费比上年增长 45.7%；另外各项消费支出增加，生活用品及服务支出 557 元，增长 22.1%；交通通信支出 1248 元，增长 24.5%；教育文化娱乐支出 1200 元，增长 19.9%，医疗保健支出增长 22.2%。

（四）耐用消费品拥有量持续增加。

2018 年广西贫困地区农村居民每百户汽车拥有量为 14.9 辆，比上年增加 1.2 辆；百户助力车拥有量为 37.0 台，增加 2.0 台；百户空调拥有量为 24.4 台，增加 0.2 台；百户热水器拥有量为 68.7 台，增加 0.8 台；百户移动电话拥有量为 284.1 台，增加 13.7 台等。

三、农村基础设施和居民生活条件逐步改善

（一）贫困地区基础设施和公共服务状况持续改善。

2018 年，全区结合实施“美丽广西”乡村建设活动、农村人居环境整治三年行动和乡村振兴产业发展基础设施公共服务能力提升三年行动计划，进一步加强贫困村基础设施建设。2018 年贫困地区 33 个县所有乡镇中，有综合文化站和政府办卫生院的乡比例均为 100%，有全科医生的乡（镇）比例达到 89.7%，比上年提高 2.9 个百分点。全区共 4613 个村委会中，通沥青（水泥）路的村占 99.5%；通电话的村占 98.8%；通宽带的村占 98.7%，提高 10 个百分点；通有线电视信号的村占 73.8%，提

高 4.4 个百分点。另外，广西贫困地区境内二级及以上高等级公路里程 7144 公里，比上年增长 6.3%；数字电影院 39 个，增长 21.9%；有改善供水的中小学校数为 3199 个；有卫生厕所的中小学校 3948 个，增长 5.6%；广西贫困地区基础设施和公共服务状况持续改善。

（二）严格落实危改和易地搬迁政策，住房条件持续改善。

2018 年国家下达广西建档立卡贫困户等 4 类重点对象危房改造任务 12.04 万户（含 2019 年建档立卡贫困户危房改造任务），已竣工 7.72 万户，同时，全区严格落实易地扶贫搬迁政策，截至 2018 年底累计搬迁建档立卡贫困人口 69.3 万人，搬迁入住率达到 99%。住房结构方面，2018 年广西贫困地区农村居民住房建筑面积户均 173.5 平方米，比上年增长 7.1%，住房主要以钢筋混凝土和砖混结构为主，比重分别为 26.0 和 65.8%，这两种住房的比重比上年提高 6 个百分点。

（三）群众饮水和厕所使用问题得到有效解决。

全区持续着力解决贫困地区群众饮水和住户厕所使用问题，2018 年广西贫困地区有 92% 的农户获取饮用水不存在困难，比上年提高 1.7 个百分点；单次取水往返时间超过半小时的农户比重为 0.4%，比上年下降 0.5 个百分点；间断或定时供水的农户比重为 3.7%，比上年下降 0.8 个百分点； 当年连续缺水时间超过 16 天的农户比重为 3.8%，比上年下降 0.4 个百分点。同时，2018 年独用厕所的农户比重为 98.1%，与上年持平。其中，使用水冲式卫生厕所农户比重为 83.8%，比上年提高 15.7 个百分点；使用水冲式非卫生厕所农户比重为 7.8%，提高 0.2 个百分点；群众饮水和厕所使用问题得到有效解决。

（国家统计局广西调查总队 谢胜 王佳辰）

海南农村减贫情况

2018 年，海南省委省政府深入贯彻习近平总书记关于扶贫工作重要论述，持续加大扶贫投入和力度，着力提高脱贫质量，全省脱贫攻坚取得显著成效，海南农村贫困发生率明显下降，贫困地区农民收支实现较快增长。

一、农村贫困发生率明显下降，贫困人口大幅减少

根据国家统计局全国农村贫困监测调查，按现行国家农村贫困标准测算，2018 年，海南农村净脱贫人口达 15 万人，贫困人口降至 7 万人；贫困发生率从 2017 年的 3.9% 下降至 1.3%，下降 2.6 个百分点。

党的十八大以来，海南农村贫困人口累计减少 58 万人。截至 2018 年末，海南农村贫困人口从 2012 年末的 65 万人减少至 7 万人，累计减少 58 万人；贫困发生率从 2012 年的 11.4% 下降至 1.3%，累计下降 10.1 个百分点。海南农村贫困发生率比全国平均水平 1.7% 低 0.4 个百分点。

二、贫困地区农民增收保持良好态势

（一）贫困地区农民收入保持较快增长。

2018 年海南贫困地区农村常住居民人均可支配收入达 11545 元，比上年增加 1233 元，同比名义增长 12.0%，增幅高于全省农村居民可支配收入 3.6 个百分点；扣除价格因素，实际增长 9.3%。自 2015 年来，海南贫困地区农村居民可支配收入连续 4 年保持两位数增长，详见图 1。

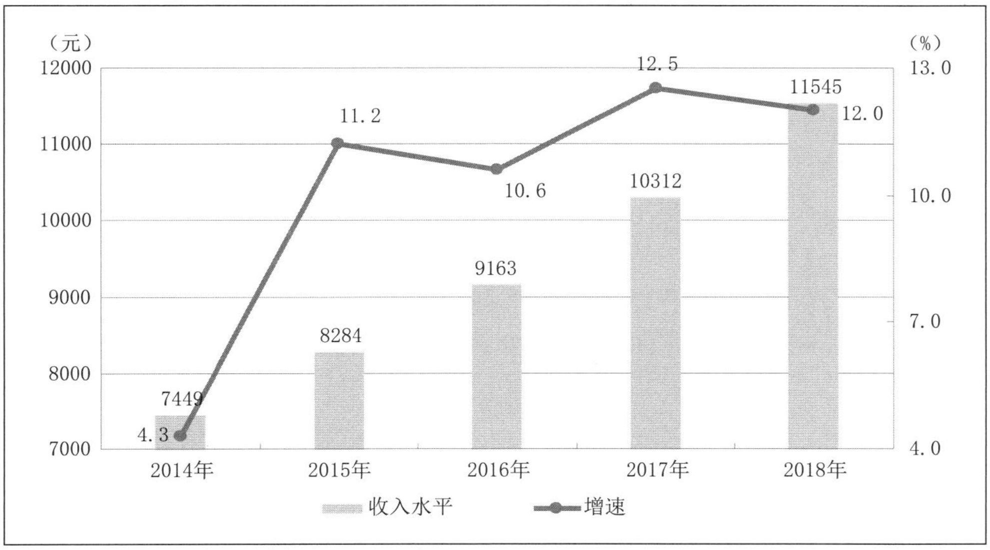

图 1　2014-2018 年海南贫困地区农村居民收入增长变化情况

（二）四大项收入全面上涨，工资性收入、转移净收入是贫困地区农民增收的两大驱动力。

从来源看，2018 年，海南贫困地区农村居民四大项收入同比全面增长，其中，人均财产净收入增长最快，人均工资性收入和转移净收入增长对农民增收的贡献率位居前两位。从构成看，四大项收入呈现“四大项降”，工资性收入、财产净收入、转移净收入比重分别为 42.9%、0.3%、21.1%，比上年同期分别提高 0.6、0.1、2.8 个百分点，经营净收入比重为 35.7%，较上年同期下降 3.4 个百分点。

1. 工资性收入增长较快，对增收的贡献率最大。2018 年，海南贫困地区农村居民人均工资性收入达到 4947 元，比上年增加 580 元，同比增长 13.3%，对可支配收入增长的贡献率为 47.1%，贡献率居四大项收入之首。工资性收入增长的主要原因：一是就业扶持政策落实到位，贫困地区农民就业机会增多，外出务工人员增加，同时近年农民工工资呈上升态势。据农民工调查数据，2018 年农民外出从业人员比上年增长 5.6%，人均月收入 2970 元，同比增长 6.9%。二是村干部、乡村教师等工资标准提升较快。

2. 经营净收入小幅增长，来自第三产业经营收入增长较快。2018 年海南贫困地区农村居民人均经营净收入为 4127 元，同比增长 2.1%。从产业看，第一产净收入下降 1.6%，其中，受瓜菜、海产品等价格上涨影响，农业、渔业经营净收入比上年分别增长 38.0%、37.2%；受橡胶和活猪价格下降影响，林业、牧业经营收入大幅下降，比上年分别下降 47.3%、40.9%。来自第三产业经营净收入则同比增长 15.2%，是影响农民经营净收入增长的主要因素。

3. 财产净收入倍增，但占比低影响小。2018 年海南贫困地区农村居民人均财产净收入为 32 元，同比增长 103.4%，占可支配收入比重仅为 0.3%。财产净收入高速增长主要原因是农村土地流转加快，使得农民转让土地承包经营权收入快速增加，促进了财产性收入大幅增长。

4. 转移净收入显著增长，贡献率仅次于工资性收入。2018 年海南贫困地区农村居民人均转移净收入为 2439 元，同比增长 29.2%，对可支配收入增长的贡献率为 44.7%。主要增长原因：一是近几年海南全面落实贫困人口新农合、大病保险、医疗救助、社会救助、低保等“五重保障”，扶贫措施力度加大；二是养老金标准提高至 178 元，较上年增长 22.8%。

（三）与全省农民平均收入水平差距继续缩小。

海南大力实施的精准扶贫、精准脱贫战略带来明显效果，贫困地区农民收入保持较快增长，与全省农民平均水平差距继续缩小。从收入水平看，2018 年海南贫困地区农村居民可支配收入水平低于全省平均水平 2444 元，差距比上年缩小了 146 元；从收入增速看，2018 年海南贫困地区农村居民收入增速快于全省农村居民 3.6 个百分点；从收入构成来看，四大项收入中除经营净收入外，其他三项收入增速均快于全省农村居民，贫困地区农村居民人均工资性收入、财产净收入、转移净收入增速分别比全省农村居民平均水平高出 4.7 个、66.9 个和 11.7 个百分点；从收入比看，贫困地区农村居民人均可支配收入占全省农村居民平均水平的 82.5%，比上年提高了 2.6 个百分点，贫困地区农民收入与全省农民的差距继续缩小。

表 1　2018 年海南贫困地区农民与全省农民可支配收入对比

指标名称	贫困地区农村居民			全省农村居民		
	收入水平（元）	结构（%）	名义增速（%）	收入水平（元）	结构（%）	名义增速（%）
人均可支配收入	11545	100.0	12.0	13989	100.0	8.4
1. 工资性收入	4947	42.9	13.3	5611	40.1	8.6
2. 经营净收入	4127	35.7	2.1	5806	41.5	4.1
3. 财产净收入	32	0.3	103.4	254	1.8	36.5
4. 转移净收入	2439	21.1	29.2	2318	16.6	17.5

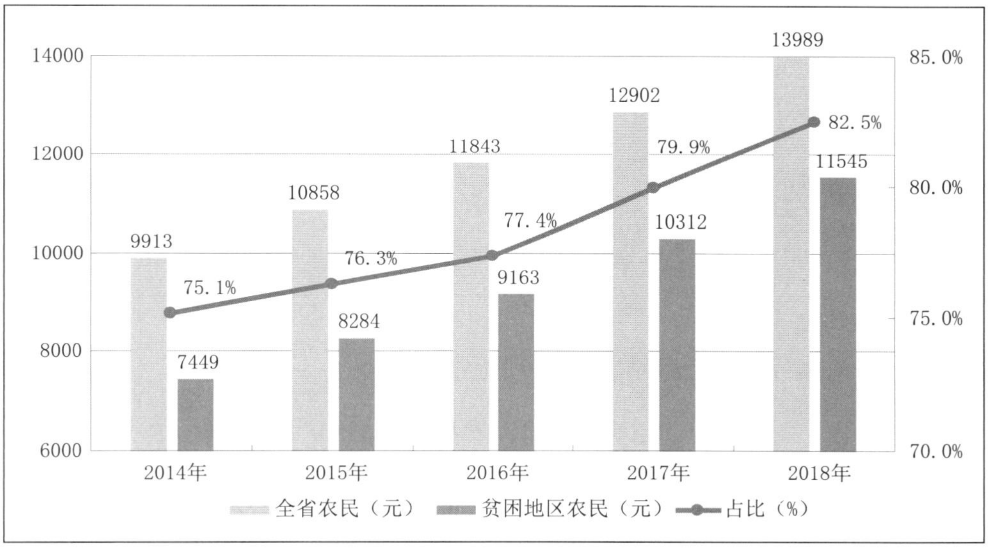

图 2　2014-2018 年海南贫困地区农村居民与全省农村居民收入

（四）海南贫困地区农村居民收入增速快于全国平均水平。

2018 年全国贫困地区农村居民人均可支配收入 10371 元，同比增长 10.6%，海南贫困地区农村居民收入水平比全国平均水平高 1174 元，增速比全国平均高 1.4 个

表 2　2018 年海南省与全国贫困地区农民收入情况表

指标名称	本年（元）	同比 ±（元）	名义增幅（%）
全国	10371	994	10.6
海南	11545	1233	12.0
海南排位	5	1	3

百分点。从排位看，在全国贫困监测调查的22个省区中，海南贫困地区农村居民收入水平排在第5位，与上年提升1个位次；增速排在第3位，比上年下降1个位次。

三、贫困地区农民生活水平持续提高

（一）生活消费支出增长快于全省和全国平均水平。

2018年，海南贫困地区农村居民人均消费支出9159元，同比增加1207元，增长15.2%，增速快于全省农村居民平均消费水平1.1个百分点。与全国相比，消费水平比全国平均水平高203元，排第10位；增幅比全国高3.2个百分点，排第1位。

图3　2014-2018年海南贫困地区农村居民消费支出情况

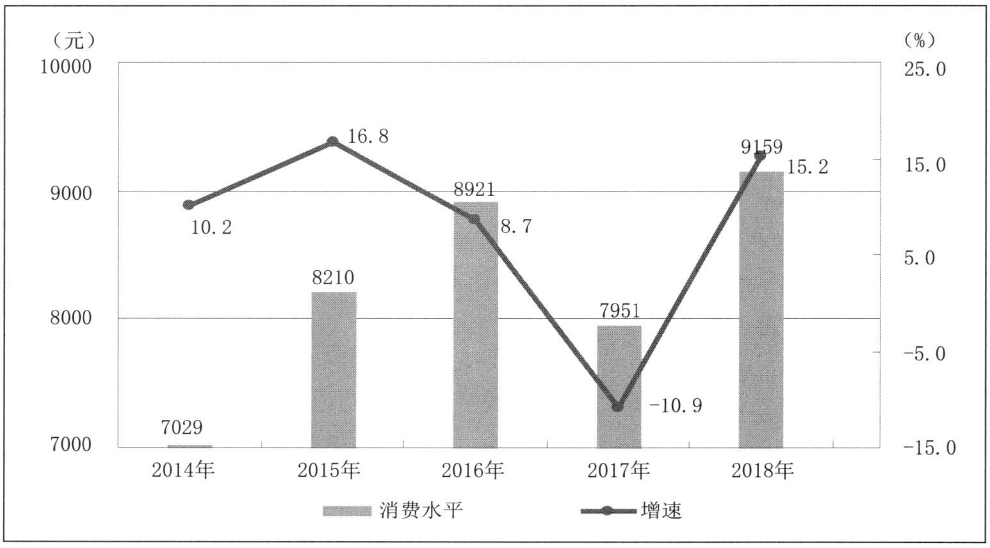

（二）生活消费支出结构逐步优化。

调查显示，2018年，海南贫困地区农民衣食住用等基本支出虽然稳步增长，但占比却有所下降。其中，贫困地区农村居民食品烟酒、衣着、居住、生活用品及服务等四类消费支出共计为6128元，比上年增加774元，增长14.5%，所占比重为66.9%，比上年下降了0.4个百分点。而随着海南不断加大扶持力度，贫困地区基础设施迅速改善，带动农村居民交通通信、教育文化娱乐及医疗保健支出快速增长，占比提高。2018年农村贫困地区农村居民交通通信、教育文化娱乐、医疗保健等三项消费支出共计2962元，比上年增加459元，增长18.3%，所占比重为32.3%，比上年同期提高0.8个百分点。

四、值得关注的问题

（一）产业结构不优，增收稳定性存在隐忧。

2018年，作为海南贫困地区农村居民主要收入来源之一的经营净收入比上年仅增长2.1%，增速明显低于其他三项收入，比全省农村居民平均水平低2.0个百分点。

表 3　2018 年海南贫困地区农村居民消费支出情况

指标名称	本年		上年		比上年 ±	
	金额（元）	比重（%）	金额（元）	比重（%）	金额（元）	增幅（%）
人均消费支出	9159	100	7951	100	1207	15.2
1. 食品烟酒	3764	41.1	3252	40.9	513	15.8
2. 衣着	328	3.6	312	3.9	16	5.1
3. 居住	1608	17.6	1465	18.4	143	9.7
4. 生活用品及服务	428	4.7	325	4.1	103	31.6
5. 交通通信	1004	11.0	905	11.4	99	10.9
6. 教育文化娱乐	1057	11.5	952	12.0	105	11.0
7. 医疗保健	901	9.8	646	8.1	254	39.4
8. 其他用品和服务	69	0.8	94	1.2	-24	-26.0

其中，经营净收入中占比最大的第一产业收入同比下降 1.6% 是主要影响因素，使得贫困地区农民增收的稳定性有所减弱。主要是产业扶贫项目仍较单一，市场价格波动对农民收入影响大。如 2018 年受生猪价格下跌影响，贫困地区农村居民牧业收入同比下降 40.9%，占可支配收入的比重由上年的 6.6% 下降至 3.5%；2018 年橡胶价格持续低迷，以橡胶产业收入为主的林业经营净收入比上年下降 47.3%，占可支配收入的比重也由上年的 10% 下降至 4.7%。

（二）贫困户自我造血功能有待加强。

2018 年，海南贫困地区农村居民人均转移净收入比上年增长 29.2%，对贫困地区农村居民收入增长的贡献率达到 44.7%，比上年提高 4.7 个百分点；占可支配收入的比重由上年的 18.3% 提升至 21.1%。一方面，说明政府在持续加大脱贫攻坚力度的同时，也加大转移支付力度，另一方面，贫困地区农民增收对政府的依赖性有所增强。当前扶贫攻坚已经进入深水区，需要多管齐下，既从物质上扶贫，防止返贫，更要从精神上扶贫，变“输血”为“造血”，切实提高贫困户自身创收、增收能力；既要对个体贫困户“精准扶贫”，也不能忽略贫困地区整体的经济和产业发展；既要鼓励贫困户发展产业，提高收入稳定性和水平，摆脱物质上的贫困，更要提高地区教育水平，需提供均等的教育资源，向贫困户传递正能量，鼓励贫困家庭通过教育改变命运，切断贫困户的代际传递。

（国家统计局海南调查总队 云宇）

重庆农村减贫情况

2018年，重庆深入学习贯彻落实习近平总书记关于扶贫工作重要论述，坚持精准扶贫精准脱贫基本方略，以实施乡村振兴战略为统揽，突出抓重点、补短板、强弱项，围绕如期稳定脱贫、巩固脱贫成果、完善长效机制，扎实有效推进脱贫攻坚工作。2018年，重庆脱贫攻坚成效显著，农村贫困人口持续减少，贫困地区农村居民收支实现较快增长，生产生活状况不断改善。

一、重庆农村贫困人口持续减少

2018年年末，重庆市农村贫困人口为13万人，同比净减少8万人，农村贫困发生率为0.6%，同比下降0.3个百分点；贫困地区[①]贫困人口为11万人，同比净减少6万人，贫困地区贫困发生率达1.3%，同比下降0.7个百分点。

二、贫困地区农民收入实现较快增长

2018年，重庆大力实施乡村振兴战略，加大脱贫攻坚力度，调整优化目标计划，聚焦解决深度贫困问题，重庆贫困地区农村居民收入实现较快增长，收入结构不断优化，同时与全市农村居民平均收入的差距持续缩小，呈现良好的发展态势。

（一）贫困地区农民收入实现较快增长。

2018年重庆贫困地区农村常住居民人均可支配收入达12470元，同比增加1197元，增长10.6%，其绝对额达全市农村常住居民平均水平[②]的90.5%，比上年提高1.3个百分点，比全国贫困地区平均水平高2099元，在全国22个涉及扶贫开发省市的同类地区中连续四年稳居第一；其增幅与全国贫困地区持平，高于全市农村1.6个百分点。

（二）贫困地区农村居民增收能力不断增强。

一是工资性收入继续呈现较快增长。近年来，重庆经济实现稳步增长，经济活力逐步增强，各级党委政府持续不断为有创业就业意愿的农村居民提供各种就业创业帮扶，不断完善劳务对接机制，本地务工收入增加，就业机会增多，农村人才回流和返乡就业创业增多，贫困地区农村居民工资性收入实现较快增长。2018年重庆贫困地区农村居民工资性收入达3752元，同比增加427元，增长12.9%，占人均可

①重庆贫困地区包括14个国家扶贫开发工作重点区县，有万州区、黔江区、开州区、武隆区、城口县、丰都县、云阳县、奉节县、巫山县、巫溪县、石柱土家族自治县、秀山土家族苗族自治县、酉阳土家族苗族自治县、彭水苗族土家族自治县。下同。

②2018年重庆全市农村常住居民人均可支配收入达13781元，同比增长9.0%。

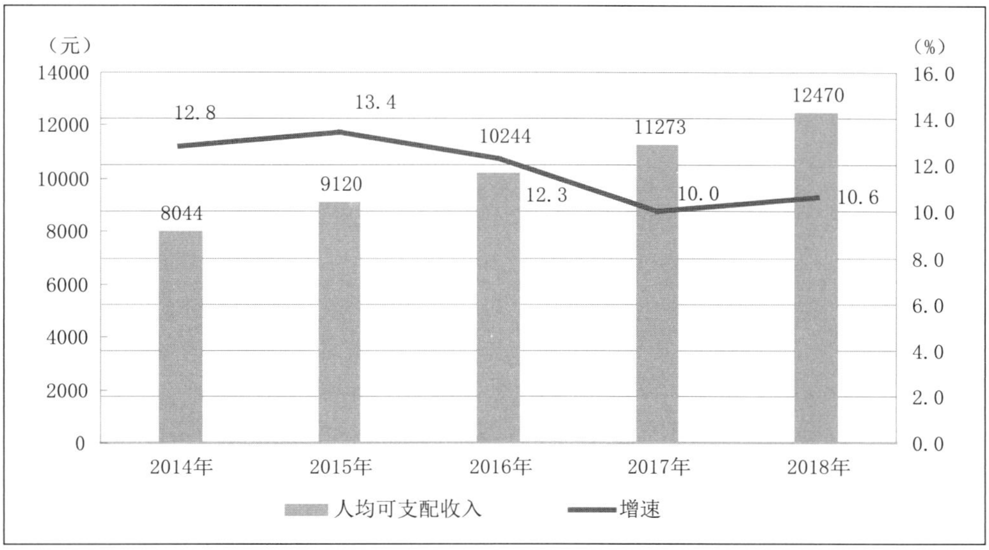

图 1　2014-2018 年重庆贫困地区农村居民收入简况

支配收入的比重达 30.1%，对人均可支配收入增长的贡献率达 35.7%，是促使贫困地区农村居民收入较快增长最重要的因素。

二是富民惠民政策助推转移性收入较快增长。2018 年重庆继续出台多项富民惠民政策，有力支撑了贫困地区农村居民转移性收入的增长。如自 2018 年 1 月 1 日起上调城乡低保标准和城乡居民基础养老金标准，均大大促进了贫困地区农村居民转移净收入增长。2018 年贫困地区农村居民转移净收入绝对额达 3715 元，同比增加 420 元，增长 12.7%，占人均可支配收入的比重达 29.8%，对人均可支配收入增长的贡献率达 35.1%。其中，政策性收入①达 1510 元，同比增加 236 元，增长 18.5%。

三是乡村振兴战略稳步推进，给农村居民经营性收入带来较强动力。2018 年重庆大力实施乡村振兴战略，重点发展柑橘（柠檬）、榨菜、生态畜牧、生态渔业、茶叶、中药材、调味品、特色水果、特色粮油、特色经济林等 10 大山地特色高效产业，同时积极推进“三变”改革，实现农村资源变资产、资金变股金、农民变股东，挖掘各种资源要素的潜力，加速激活农村现有“沉睡”资源，引导农村居民参与产业化经营，达到农村居民增收、产业增效、生态增值的目的。在“三变”改革中，重庆

表 1　2017-2018 年重庆贫困地区农村居民收入情况简况

指标名称	2017 年（元）	2018 年（元）	增加（元）	增长（%）	占比（%）	增长贡献率（%）
人均可支配收入	11273	12470	1197	10.6	100	100
1. 工资性收入	3325	3752	427	12.9	30.1	35.7
2. 经营净收入	4450	4807	357	8.0	38.6	29.8
3. 财产净收入	203	196	-7	-3.5	1.6	-0.6
4. 转移净收入	3295	3715	420	12.7	29.8	35.1

①政策性收入包括：养老金或退休金、社会救济和补助、政策性生活补贴、报销医疗费、从政府和组织得到的实物产品和服务折价、现金政策性惠农补贴。

将贫困群众与企业、合作社、家庭农场等经营主体有机连接起来，在资产入股和股权量化中，重点向贫困人口倾斜。2018 年贫困地区农村居民经营净收入达 4807 元，同比增加 357 元，增长 8.0%，占人均可支配收入的比重达 38.6%，对人均可支配收入增长的贡献率达 29.8%。其中，第一、三产业净收入绝对额分别为 3797、849 元，同比分别增加 241 元、125 元，分别增长 6.8%、17.3%。

（三）与全市农民收入差距进一步缩小。

2018 年重庆贫困地区农村居民人均可支配收入 12470 元，比全市农村居民平均水平低 1311 元，达全市农村居民平均水平的 90.5%，比上年提高了 1.3 个百分点，其差距进一步缩小。若从较长时期来看，这种差距逐步缩小的趋势则更加明显。如 2014 年，重庆贫困地区农村居民收入达 8044 元，比全市农村居民平均水平低 1446 元，仅达全市农村居民平均水平的 84.8%，而在 2014-2018 年期间，重庆贫困地区农村居民收入年均增速达 11.8%，比全市农村居民收入平均增速高 1.7 个百分点，从而较为有力地推动了差距缩小。

图 2　2014-2018 年重庆贫困地区农村居民与全市农村居民收入差距走势图

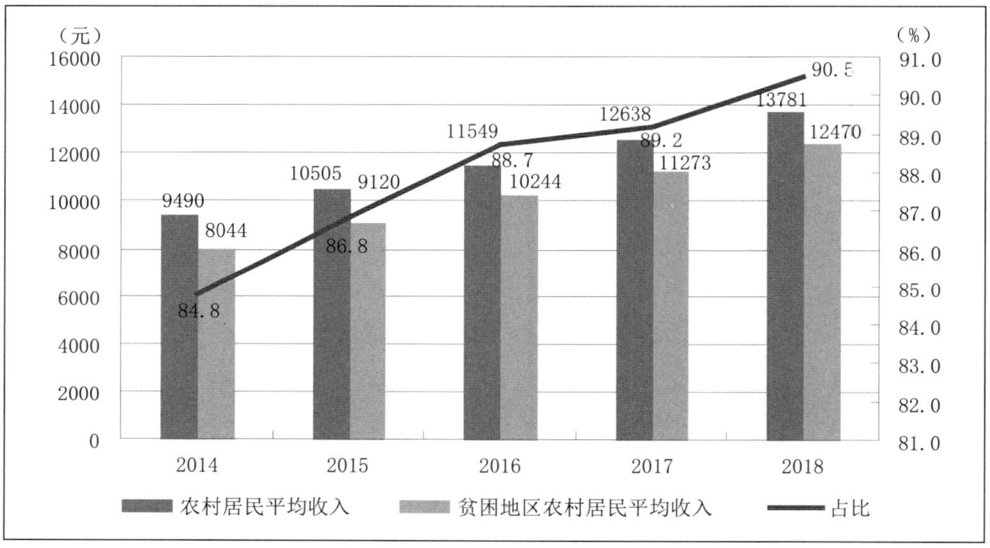

三、贫困地区农民生活消费水平不断提高

随着重庆贫困地区农村居民收入水平持续增长，贫困地区农村居民消费潜力不断释放，生活消费支出不断提高，生活品质持续改善，2018 年重庆贫困地区农村居民人均生活消费支出绝对额达 11058 元，同比增加 960 元，增长 9.5%，绝对额仅比全市农村平均水平低 919 元，占全市农村平均水平的 92.3%，比全国贫困地区平均水平高 2102 元。

（一）七项生活消费支出实现增长。

农村居民人均教育文化娱乐、居住、医疗保健、其他用品和服务消费支出快速增长，分别为 1306 元、2162 元、930 元、158 元，同比分别增加 151 元、280 元、135 元、27 元，分别增长 13.1%、14.9%、16.9%、21.0%。交通通信、食品烟酒、衣着消费支出实现稳步增长，绝对额分别为 1317 元、3843 元、624 元，同比分别增加 79 元、254 元、47 元，分别增长 6.4%、7.1%、8.2%。

表 2　2017-2018 年重庆贫困地区农村居民生活消费支出简况

指标名称	2017 年（元）	2018 年（元）	增加（元）	增幅（%）	占比（%）	增长贡献率（%）
人均消费支出	10098	11058	960	9.5	100	100
1. 食品烟酒	3589	3843	254	7.1	34.8	26.5
2. 衣着	577	624	47	8.2	5.6	4.9
3. 居住	1882	2162	280	14.9	19.6	29.2
4. 生活用品及服务	732	718	-14	-1.8	6.5	-1.4
5. 交通通信	1238	1317	79	6.4	11.9	8.2
6. 教育文化娱乐	1155	1306	151	13.1	11.8	15.7
7. 医疗保健	795	930	135	16.9	8.4	14.0
8. 其他用品和服务	130	158	27	21.0	1.4	2.9

（二）生活消费支出结构进一步优化。

随着贫困地区生活消费支出的增长，与 2017 年相比，生活消费支出结构进一步优化。食品烟酒占生活消费支出的比重达 34.8%，比上年下降 0.7 个百分点；居住、教育文化娱乐、医疗保健、其他用品和服务占生活消费支出的比重均有不同程度的提高，分别达 19.6%、11.8%、8.4%、1.4%，分别比上年提高 1.0、0.4、0.5、0.1 个百分点。此外，衣着、生活用品及服务、交通通信占生活消费支出的比重略有下降，分别达 5.6%、6.5%、11.9%，分别比上年下降 0.1、0.7、0.4 个百分点。

（三）生存型消费支出增长贡献突出。

贫困地区农村居民人均生存型消费支出达 6630 元，同比增加 582 元，增长 9.6%，占生活消费支出的 60.0%，对生活消费支出增长的贡献也是最突出的，贡献率达 60.6%，其中，食品烟酒、居住对生活消费支出增长的贡献率分别达 26.5%、29.2%；发展型消费①支出增长较快，绝对额达 3387 元，同比增加 371 元，增长 12.3%，对生活消费支出增长的贡献率达 38.6%；而享受型生活消费支出增长较为缓慢，绝对额达 1042 元，同比增加 8 元，增长 0.7%，对生活消费支出增长的贡献率仅为 0.8%。

（四）耐用消费品拥有量稳步增加。

随着收入增加，贫困地区农村居民在耐用消费品上的花费增多，耐用消费品拥

①通常将吃、穿、住等方面的消费定义为生存型消费，将教育、交通通信、医疗保健的定义为发展型消费，将娱乐文化服务、家庭设备用品、耐用消费品支出、其他商品和服务定义为享受型消费。

有量稳步增加，品质也不断提升。调查显示，2018 年贫困地区农村居民每百户汽车、洗衣机、计算机拥有量分别为 14.6 辆、91.8 台、22.6 台，分别比上年增加 0.5 辆、2.2 台、0.5 台，分别增长 3.4%、2.4%、2.6%；每百户电冰箱、移动电话拥有量分别为 101.1 台、266.3 部，分别比上年增加 8.8 台、24.1 部，分别增长 9.5%、9.9%。

表 3　2017-2018 年重庆贫困地区农村居民耐用拥有量

指标名称	2017 年	2018 年	增加	增长（%）
汽车（辆 / 百户）	14.1	14.6	0.5	3.4
洗衣机（台 / 百户）	89.6	91.8	2.2	2.4
电冰箱（台 / 百户）	92.3	101.1	8.8	9.5
移动电话（部 / 百户）	242.2	266.3	24.1	9.9
计算机（台 / 百户）	22.1	22.6	0.5	2.6

四、贫困地区农民生产生活环境持续改善

2018 年重庆聚焦深度贫困地区，统筹推进脱贫攻坚和乡村振兴，集中精力、集中火力攻克坚中之坚，着力补齐基础设施短板，改善生产生活条件再发力。

（一）基础设施状况不断改善。

重庆不断加大对贫困地区交通、网络等基础设施的投入，努力改变外部交通通道单一、内部交通网络联网差、交通通信设施薄弱的局面，彻底使“坑坑洼洼”“泥泞难行”等成为过去，贫困地区网络讯号覆盖范围更广，生产生活更加便捷，实现居民“出门有路、上路有车”，农产品“货畅其流”和“物尽其值”。调查显示，2018 年重庆贫困地区通电、通电话的自然村比重、所在自然村进村主干道路硬化的农户比重接近全覆盖；通客运班车、通宽带、主干道路面经过硬化处理的自然村比重分别为 53.7%、80.3%、84.9%，分别比上年提高 12.6 个、12.7 个、15.6 个百分点；所在自然村能便利乘坐公共汽车的、通宽带的农户比重分别为 62.1%、95.6%，分别比上年提高 1.8 个、10.8 个百分点。

（二）房屋居住条件不断改善。

重庆把贫困地区住房保障作为“两不愁三保障一达标”中最基础的工作来抓，充分调动危房改造户的积极性和参与度，适度引导低保户、分散供养特困人员等，采用租赁农村闲置房屋的方式，解决特殊群体住房保障问题，不断改善房屋居住环境，确保满足群众住房多样化需求。调查显示，2018 年重庆贫困地区，居住竹草土坯房的农户比重仅有 0.3%，比上年减少 2.8 个百分点；炊用柴草的农户比重为 45.7%，比上年减少 14.1 个百分点；使用照明电的农户比重、独用厕所的农户比重、饮水无困难的农户比重、使用管道供水的农户比重、使用经过净化处理自来水的农户比重均有不同程度的提高，分比为 99.9%、99.7%、91.8%、87.9%、60.3%，分别比上年提

高 0.8 个、0.9 个、8.8 个、18.9 个、17.2 个百分点；所在自然村垃圾能集中处理的农户比重达 85.2%，比上年提高 33.5 个百分点。

（三）教育文化就业状况不断改善。

重庆紧紧围绕脱贫攻坚总体部署，积极开展建档立卡贫困家庭子女“助学成才”社会实践支助活动，帮扶方式由原来的“现金资助”转为“助学就业资助”，进一步助推贫困区县贫困家庭大学生顺利完成学业、提供社会实践、提高就业能力。2018 年重庆贫困地区劳动力平均受教育年限达 8.1 年，比上年提高 0.5 年，增长 6.2%；所在自然村上幼儿园便利的农户比重达 81.3%，比上年提高 6.3 个百分点；所在自然村上小学不便利的农户比重达 12.3%，比上年下降 9.5 个百分点；7-15 岁非在校儿童比重仅为 0.4%，比上年下降 0.6 个百分点；16 岁以上成员均未完成初中教育农户比重达 15.2%，比上年下降 1.2 个百分点；有文化活动室的村比重达 99.3%，比上年提高 0.8 个百分点。此外，重庆围绕基础信息精准、技能培训精准、转移就业精准和劳务协作精准，全面发力，着力提高贫困家庭劳动者就业能力，全年共帮扶 4.18 万贫困劳动力实现就业。

（四）医疗卫生条件持续改善。

重庆把健康扶贫作为脱贫攻坚的重要抓手，在原医疗保障基础上，设立 4 亿元健康扶贫医疗基金，形成“三保险”（基本医保、大病保险、商业补充保险）、“两救助”（民政医疗救助、疾病应急救助）、“两基金”（扶贫济困医疗基金、健康扶贫医疗基金）的七重医疗保障体系，同时持续加大对基层医疗机构投入，着力改善村卫生室、乡镇卫生院基本条件。2018 年贫困地区所在自然村有卫生站的农户比重达 98.6%，比上年提高 4.3 个百分点；拥有合法行医证医生 / 卫生员的村比重达 97.8%，比上年提高 6.2 个百分点；有病不能及时就医人口比重仅有 0.6%，比上年下降 1.5 个百分点；报销医疗费占医疗总支出比重 17.9%，比上年提高 1.4 个百分点。

五、持续推进脱贫攻坚的几点建议

截至 2018 年底，重庆还有城口县、奉节县、巫溪县、石柱县、酉阳县、彭水县等 6 县还未实现脱贫摘帽，整体脱贫任务仍然艰巨，加之重庆贫困地区多处于武陵山区、秦巴山区，自然条件相对较差，基础设施相对落后，产业短板一时无法完全补齐，贫困地区农村居民持续增收能力有待进一步加强，仍需继续加大对贫困地区的帮扶力度，持续巩固和发展脱贫攻坚成果。

（一）注重“输血”与“造血”、“扶贫”与“扶智”相结合。

调查显示，重庆贫困地区农村居民社会救济和补助、政策性生活补贴同比分别增长 93.3%、58.2%，直补扶贫力度加大，但需更多资金支持，恐难以为继。对此，要注重“输血”与“造血”、“扶贫”与“扶智”相结合，持续加大对贫困地区基础教育投入，着力加强贫困地区农村居民技能培训，增强就业务工能力，充分运用市场手段，通过职业介绍和市场化送工促进就业，创新开发农村保洁、保绿、护林、护路等公益性岗位，提高贫困地区农民增收致富能力。

（二）大力发展特色产业，积极融入“三变”改革。

贫困地区要按照《重庆市乡村振兴战略规划（2018-2022年）》，根据各区县资源禀赋，科学合理制定产业发展规划，积极发展柑橘（柠檬）、榨菜、生态畜牧、生态渔业、茶叶、中药材、调味品、特色水果、特色粮油、特色经济林等10大山地特色高效产业，同时积极融入“三变”改革，努力探索“三变+精准扶贫”的改革模式，将贫困群众与企业、合作社、家庭农场等经营主体有机结合起来，在资产入股和股权量化中，重点向贫困人口倾斜，推动贫困户“家家有产业、人人变股东”。

（三）坚持精准识别，分户因人施策。

脱贫攻坚已到了决胜阶段，面对最后少数地区自然条件差，生存环境恶劣，自然灾害频发，一些贫困人口物质贫困与精神贫困并存，“等、靠、要”依赖性强，极易返贫的局面，务必坚持精准识别、精准脱贫原则，强化分户指导、医人分户施策，持续增强贫困人口主动脱贫的主观能动性，继续加强对因病因灾短期致贫家庭的扶持，强化对因残因智等短期内自行难以脱贫家庭的保障，在兼顾社会公平的基础上努力提高扶贫效率。

（国家统计局重庆调查总队 王帅）

四川农村减贫情况

2018年是全面贯彻落实党的十九大精神的开局之年，是打赢脱贫攻坚战三年行动计划起步之年。四川省深入贯彻落实中央关于脱贫攻坚各项决策部署，突出精准，聚焦深度，综合施策，统筹发力，减贫成效十分显著。据国家统计局四川调查总队监测调查，2018年四川农村贫困地区农村居民收入实现较快增长，贫困人口大量减少。2018年末，四川农村贫困人口98万人，比2017年末减少115万人；贫困发生率为1.4%，比2017年下降1.7个百分点。

一、脱贫攻坚成效显著

（一）收入突破万元大关。

2018年，四川贫困地区农村居民人均可支配收入突破万元大关，达到10837元，高于全国贫困地区农村居民人均可支配收入水平466元，比上年增加1078元，同比名义增长11.0%，高于全国贫困地区农村居民人均可支配收入增速0.4个百分点。在全国22个开展贫困监测的省（市、区）中，收入增速排第七位，在西部12个省（市、区）中，收入增速位居第二，实现了脱贫攻坚战三年行动计划良好开局。

（二）十八大以来收入增长已翻番。

扣除价格因素，2018年四川贫困地区农村居民人均可支配收入实际增速9.1%。按可比价计算，2018年四川贫困地区农村居民人均可支配收入比2012年累计实际增长105.9%，收入增长已翻番。

（三）收入差距进一步缩小。

2018年，四川贫困地区农村居民人均可支配收入增速高于全省农村居民收入增速2个百分点。党的十八大以来，四川贫困地区农村居民收入实现持续较快增长。2013-2018年，贫困地区农村居民人均可支配收入名义增速分别为17.0%、12.9%、12.3%、10.5%、10.9%、11.0%，年均名义增长12.4%，扣除价格因素，年均实际增长10.6%，实际增速比全省农村平均水平高1.6个百分点。2018年，全省贫困地区农村居民人均可支配收入已达全省农民收入平均水平的81.3%，比2012年提高了13.3个百分点，收入差距不断缩小。

（四）贫困人口大量减少。

2018 年末，四川农村贫困人口为 98 万，比 2017 年末减少 115 万人；贫困发生率为 1.4%，比 2017 年下降 1.7 个百分点。党的十八大以来，四川农村贫困人口从 2012 年末的 724 万人减少至 2018 年末的 98 万人，累计减少 626 万人；贫困发生率从 2012 年的 10.3% 下降至 1.4%，累计下降 8.9 个百分点。2018 年四川在消除农村贫困方面取得了决定性进展，为打赢脱贫攻坚战奠定了坚实基础。

表 1　四川近年农村贫困人口变化情况

年　份	贫困人口		贫困发生率	
	数量（万人）	下降（万人）	水平（%）	下降（百分点）
2012 年	724	–	10.3	–
2013 年	602	122	8.6	1.7
2014 年	509	93	7.3	1.3
2015 年	400	109	5.7	1.6
2016 年	306	94	4.4	1.3
2017 年	212	94	3.1	1.3
2018 年	98	115	1.4	1.7

二、农民收入稳步增长

从收入构成看，2018 年四川贫困地区农村居民四大项收入同比全面增长，其中转移净收入增长最快，对贫困地区农民增收的贡献率位居首位。

表 2　2018 年四川贫困地区农村常住居民收入情况

指标名称	2017 年（元）	2018 年（元）	比上年 ±（元）	增幅（%）	比重（%）	增长贡献率（%）
人均可支配收入	9759	10837	1078	11.0	——	——
1. 工资性收入	3400	3630	230	6.8	33.5	21.3
2. 经营净收入	3742	4004	262	7.0	36.9	24.3
3. 财产净收入	206	228	22	10.4	2.1	2.0
4. 转移净收入	2411	2976	565	23.4	27.5	52.4

（一）工资性收入增幅回落。

2018 年，四川贫困地区农村居民人均工资性收入达到 3630 元，同比增加 230 元，增长 6.8%，增幅较上年同期回落 3.6 个百分点。工资性收入占贫困地区农村居民可支配收入的比重为 33.5%，较上年同期下降 1.3 个百分点；对可支配收入增长的贡献率为 21.3%，较上年同期下降 12 个百分点；拉动贫困地区农村居民人均可支配收入增长 2.4 个百分点，较上年同期下降 1.2 个百分点。

（二）经营净收入增幅上涨。

2018 年四川扶贫产业快速发展，累计落地特色产业项目 5486 个，电商扶贫、旅游扶贫成为新的增长点，带来经营性收入的较快增长。2018 年四川贫困地区农村居民人均经营净收入 4004 元，同比增加 262 元，增长 7.0%，比上年提高 1.8 个百分点。对贫困地区农村居民收入增长的贡献率为 24.3%，比上年提高 5.0 个百分点。其中，第一产业经营净收入 3204 元，增长 2.9%；第二产业经营净收入 172 元，增长 31.3%；第三产业经营净收入 627 元，增长 26.0%。

（三）财产净收入平稳增长。

2018 年四川贫困地区农村居民人均财产净收入为 228 元，同比增长 10.4%，增幅与去年同期持平，占可支配收入比重为 2.1%。尤其是农村土地流转加快，带来承包经营权转让收入快速增加，促进了财产性收入平稳增长。

（四）转移净收入贡献最大。

全省加大脱贫攻坚投入力度，全面实施 22 个扶贫专项，深入推进住房、产业、就业等 13 项重点工作，仅 45 个深度贫困县当年就投入扶贫资金 624 亿元。坚持真抓实干，贫困对象最紧迫、最急需的住房安全、产业增收、教育扶贫、医疗救助等方面取得重大成效。2018 年贫困地区农村居民人均转移净收入 2976 元，同比增加 565 元，增长 23.4%，对贫困地区农村居民增收贡献率达 52.4%，比上年提高 7.1 个百分点，拉动贫困地区农民收入增长 5.8 个百分点，已经成为贫困地区农民持续增收的主要动力。其中，人均养老金和离退休金收入 714 元，增长 22.0%；家庭外出从业人员寄回带回收入 1284 元，增长 37.5%；人均报销医疗费 191 元，增长 55.9%。

三、生活质量不断提高

监测数据显示，2018 年，四川贫困地区农村居民人均消费支出 9652 元，比上年增加 906 元，同比增长 10.4%，高于全国贫困地区农村居民平均消费水平 696 元。人均消费支出在全国 22 个开展贫困监测的省市区中列第六位。

（一）生活消费支出稳步增长。

从构成看，八大类消费均实现稳步增长。其中其他用品和服务、交通通信、医疗保健增速较快，分别达 26.0%、21.9%、19.2%；教育文化娱乐、居住支出、生活用品及服务、衣着和食品烟酒五大类，增速分别为 12.2%、11.7% 、10.0%、9.6%、5.1%。从八大类消费对生活消费增长的贡献来看，主要得益于居住、食品烟酒、交通通信和医疗保健的支撑，贡献率分别为 21.9%、21.4%、18.6% 和 13.1%，各拉动增长 2.3 个、2.2 个、1.9 个、1.4 个百分点。

（二）恩格尔系数进一步降低。

2018 年，四川贫困地区农村居民的食品烟酒消费支出比重（恩格尔系数）为 41.0%，比上年下降 2.0 个百分点。贫困地区农村居民人均粮食消费量下降，鲜瓜果、蛋类、奶类消费量增加。其中，人均谷物、薯类、豆类消费支出 777 元，同比下降 1.4%；人均肉类消费支出 985 元，同比增长 17.7%；人均奶和奶制品消费支出 106 元，同比增长 15.3%；人均蛋类及蛋制品消费支出 108 元，同比增长 15.8%。此外，农村居民人均饮食服务支出 433 元，同比增长 17.7%，其中在外饮食支出 292 元，同比增长 16.3%。

（三）发展型消费比重不断提高。

四川贫困地区农村居民消费结构进一步优化。其中，吃、穿、住等生存型消费人均支出 6386 元，占生活消费支出的比重为 66.2%，同比下降 1.8 个百分点；教育、交通通信、医疗保健等发展型生活消费人均支出 2388 元，占生活消费支出的 24.7%，同比提高 1.6 个百分点。生存型消费比重继续下降，发展型消费比重不断提高。

（四）医疗保健消费持续增长。

2018 年四川进一步完善贫困地区基本医疗保险、大病保险、医疗救助、医疗费用兜底“四重保障”，确保贫困患者县域内住院医疗费用个人支付占比均控制在 10% 以内。政策措施的全面落实，促进贫困地区农村居民医疗保健支出持续增长。2018 年，四川贫困地区农村居民人均医疗保健支出 737 元，比上年增加 118 元，增长 19.2%。其中，医疗器具及药品消费支出 314 元，比上年增加 31 元，增长 10.9%；医疗服务消费支出 423 元，比上年增加 88 元，增长 26.2%。

（五）耐用消费品拥有量明显增加。

2018 年，全省贫困地区农民家庭年末拥有的中低档耐用消费品基本普及，新型耐用消费品需求较旺。一是交通类耐用品较快增加。每百户拥有家用汽车 14.0 辆，比上年增加 3.9 辆。二是洗衣机、电冰箱和计算机等新式家电较快增加。每百户拥有洗衣机 81.8 台、电冰箱 82.2 台、计算机 14.1 台，分别比上年增加 1.[illegible] 台、1.0 台、1.3 台。三是移动电话拥有量继续增加。每百户拥有移动电话 244.7 部，比上年增加 14.6 部。

四、农村环境持续改善

（一）基础设施条件持续改善。

2018 年四川不断加大对贫困地区基础设施建设的投入，新改建贫困地区农村道路 5.7 万公里、完成通村硬化路 3.19 万公里，改造 7568 个贫困村的配电网、实现 76.5 万贫困人口生活用电达标。调查显示，2018 年四川贫困地区通电的自然村达到 100%，较上年提高 1.9 个百分点。通有线电视信号的自然村比重达到 100%，较上年提高 4.6 个百分点。至此，四川贫困地区已实现通电、通电话、电视信号 100% 全覆盖。

通宽带的自然村比重为 93.3%，较上年提高 9.9 个百分点。而所在自然村进村主干道路硬化的农户比重为 97.7%，较上年提高 1.5 个百分点；所在自然村能便利乘坐公共汽车的农户比重为 61.8%，较上年提高 12.1 个百分点。

（二）居住生活条件持续改善。

截至 2018 年底，全省 111.2 万贫困人口享受易地扶贫搬迁政策，38.9 万户贫困户得到危房改造政策扶持；建成高效节水灌面 80 万亩，解决 248 万贫困人口安全饮水问题。调查显示，2018 年，四川贫困地区农村居民居住竹草土坯结构住房的农户比重为 5.9%，与上年下降 2.2 个百分点；使用炊用柴草的农户比重为 59.8%，比上年下降 5.4 个百分点；使用管道供水的农户比重为 70.7%，比上年提高 14.8 个百分点。使用经过净化处理自来水的农户为 31.3%，比上年提高 5.8 个百分点；饮水无困难的农户比重为 92.3%，比上年提高 8.9 个百分点。

（三）公共服务条件持续改善。

调查显示，2018 年四川贫困地区农村拥有合法行医证医生（卫生员）的村比重为 90.0%，比上年提高 0.5 个百分点；所在自然村有卫生站的农户比重为 93.7%，比上年提高 3.4 个百分点；所在自然村垃圾能处理的农户比重为 69.0%，比上年提高个 5.2 百分点；有文化活动室的村比重已达 93.5%，比上年提高 0.9 个百分点；所在自然村上幼儿园便利的农户比重达 87.5%，比上年提高 8.4 个百分点；上小学便利的农户比重达 84.7%，比上年提高 1.9 个百分点。

五、贫困地区农民增收和脱贫攻坚面临的主要问题

（一）部分贫困人口脱贫内生动力不足。

在四川贫困地区人均可支配收入中，转移性收入占比达 27.5%，高额的转移性收入，可能导致脱贫攻坚后劲不足，也可能使部分群众滋生“等、靠、要”思想，不少贫困户收入来源主要依赖国家政策扶持，一旦政策扶持力度减弱，即使脱贫也极易返贫。尤其是民族地区一些贫困群众物质贫困和精神贫困并存，脱贫奔康的主体意识不强，缺乏自力更生、勤劳致富的内在动力，把脱贫攻坚看成是政府和干部的事情，有的享受到脱贫政策扶持还嫌少，总想戴着贫困帽子捞好处，不愿为改变当前生活状况而付出更多努力，“宁愿苦熬、不愿苦干”等消极现象不同程度存在，扶贫扶志的任务还很艰巨。

（二）工资性收入持续快速增长难。

2018 年贫困地区农民人均工资性收入增速较上年同期下降 3.6 个百分点，从四川农民工监测情况看，外出农民工收入增幅也有所回落。究其原因：一是随着“三去一降一补”政策的有力实施，产业结构调整持续优化升级，部分建筑业、制造业和产能过剩行业深度调整，加之中美贸易摩擦对实体经济的冲击，部分企业用工需

求减少。二是我省农民工文化水平和技能水平总体偏低，他们又缺乏技能培训的积极性，难以适应新产业、新业态、新模式的需要，一定程度上影响了农民工实现更高质量就业和更高水平增收。三是随着大量脱贫项目的竣工，用工需求也会明显减少，将会影响工资性收入的增长。

（三）产业发展仍是薄弱环节。

一是重生产轻市场，存在同质化严重的倾向。一些地方在产业规划中缺乏远见，在发展一些特色产业时盲目跟风，同质化现象严重，待到大量盛产时，由于局部市场饱和、恶性竞争，导致价跌伤农。二是产业层级低，发展后劲不足。各地普遍以发展门槛低、见效快的传统种养业为主，基本都是生产初级产品，处于产业链条的底端，抗风险能力弱，致使收入结构单一、质量不高。三是发展机制不优。一些地方在扶贫产业发展上办法不多、作为不大、成效不显；一些地方对发展扶贫产业大包大揽，不顾农民意愿，留下不少后患；一些地方扶贫产业聚集在少数区域、少数乡镇，对面上贫困户带动能力不强；有的不重市场开拓，产销衔接不畅。四是村集体经济质量普遍不高，增长后劲不足，发展前景不乐观。

（四）均衡发展矛盾逐渐显现。

在脱贫攻坚大背景下，主要财力、物力聚焦到贫困村和贫困户，对于非贫困村、非贫困户和非贫困村中的贫困户投入较少，政策享受不一致，贫困村的巨大变化与非贫困村形成了较大反差，逐渐引发了一些矛盾和失衡。同时，由于精准识别与收入测算的复杂性，有些边缘贫困户与建档立卡贫困户之间的差距很小，也存在具体困难，但被排除在贫困户之外，容易滋生不满情绪。

（国家统计局四川调查总队 周璐）

贵州农村减贫情况

2018 年以来，贵州省深入贯彻习近平新时代中国特色社会主义思想和习近平总书记关于扶贫工作重要论述，把脱贫攻坚作为头等大事和第一民生工程，在脱贫攻坚“春风行动”“夏秋攻势”“冬季充电”等专项行动中，尽锐出战，发起全面总攻，取得显著成效。

一、农村贫困人口明显减少，贫困发生率不断下降

（一）农村减贫人口再超 100 万。

截至 2018 年末，贵州农村贫困人口 173 万人，比上年末减少 122 万人（见表 1），贫困人口规模居全国第 2 位，比上年下降 1 位。党的十八大以来，贵州农村贫困人口累计减少 750 万人，平均每年减贫人口 120 万人以上，对全国、少数民族八省区减贫的贡献分别为 9.1% 和 29.8%。

表 1　2012-2018 年贵州贫困人口规模及减贫情况

单位：万人

年　份	贵州省		全国		民族八省区	
	贫困人口	减贫人口	贫困人口	减贫人口	贫困人口	减贫人口
2012 年	923	-	9899	—	3121	-
2013 年	745	178	8249	1650	2562	559
2014 年	623	122	7017	1232	2205	357
2015 年	507	116	5575	1442	1813	392
2016 年	402	105	4335	1240	1411	402
2017 年	295	107	3046	1289	1032	379
2018 年	173	122	1660	1386	602	430

（二）贫困发生率逐年下降。

贵州农村贫困发生率从 2012 年的 26.8% 逐年下降至 2018 年 5.0%（见图 1），农村贫困发生率累计下降 21.8 个百分点，比全国平均多下降 13.3 个百分点。贫困发生率在全国列第 4 位，比去年下降 1 位。

图 1　2012-2018年全国及贵州贫困发生率下降情况

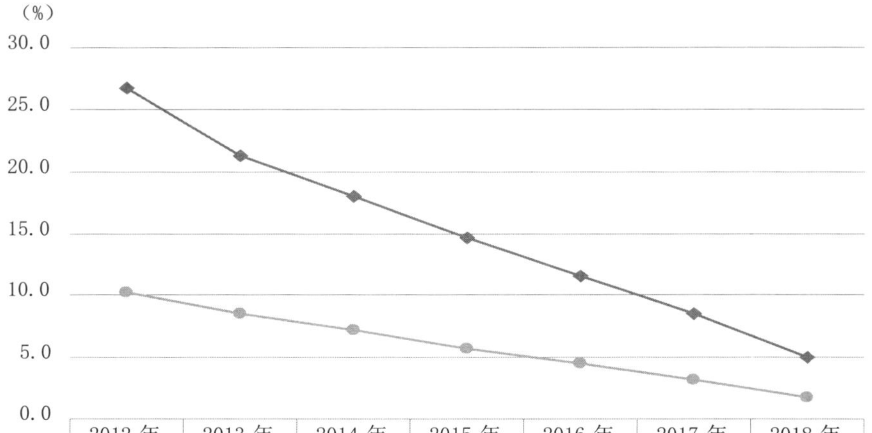

	2012 年	2013 年	2014 年	2015 年	2016 年	2017 年	2018 年
全国	10.2	8.5	7.2	5.7	4.5	3.1	1.7
贵州	26.8	21.3	18.0	14.7	11.6	8.5	5.0

二、贫困地区农村居民收入持续较快增长

2018 年，贵州贫困地区农村居民人均可支配收入 9528 元，比上年增加 851 元，增长 9.8%，继续呈现较快增长态势。

（一）贫困地区农村居民收入连续多年保持较快速度增长。

自 2013 年以来，贵州贫困地区农村居民人均可支配收入增速已连续 6 年高于全省平均水平，年均增长 12.0%，高于全省农村居民收入增长水平 0.9 个百分点。

（二）四大项收入呈现全面增长态势。

精准脱贫强力助推贵州贫困地区农村居民工资性、转移性和财产性收入增速均呈两位数快速增长，是贫困地区农村居民收入快速增长的三大亮点。2018 年，贵州贫困地区农村居民人均工资性收入、转移净收入、财产净收入分别达到 4000 元、1987 元、85 元，同比分别增长 11.6%、16.4%、19.6%。同时，贫困地区家庭经营收入稳定增加，也是确保贫困地区农民收入较快增长的重要因素。2018 年，全省贫困地区农村居民人均经营净收入达到 3457 元，比上年增加 142 元，同比增长 4.3%，拉动可支配收入增长 1.6 个百分点。

（三）三大集中连片特困地区农村居民收入增幅相对接近。

2018 年，贵州省滇桂黔石漠化片区农村居民人均可支配收入分别达到 9567 元，同比分别增长 9.7%，是贫困地区农民收入增长的主要助力。贵州省武陵山片区和乌蒙山片区农村居民人均可支配收入分别达到 9695 元、9333 元，同比分别增长 9.5% 和 9.3%，增幅均接近两位数增长。

三、贫困地区农民生活质量不断提高

贵州贫困地区农村居民生活消费结构加快优化升级，消费水平不断提高，生活品质持续改善，进而向发展型、享受型等更高层次转变。2018 年贫困地区人均消费支出 8895 元，同比增长 13.3%。

（一）基础刚性消费支出仍占主导地位，但比重较上年下降。

2018 年，贵州贫困地区人均食品烟酒、衣着、居住和生活用品等基础刚性消费累计支出 5479 元，同比增长 7.3%，占人均消费支出的比重为 61.6%，比重比上年下降 3.4 个百分点。近年来，贵州贫困地区农村家庭食品烟酒消费呈现出“保证需求量、追求高品质”的特点，食品消费支出结构中水果、蛋糕、牛奶等支出快速增长，消费更加注重绿色、生态、品质和健康。

（二）发展型、享受型消费支出持续快速增长。

2018 年，贵州贫困地区农村居民的交通通信、教育文化和娱乐、医疗保健以及其他用品及服务四类发展型、享受型消费支出增长较快，全年人均累计消费支出 3417 元，同比增长 24.3%。

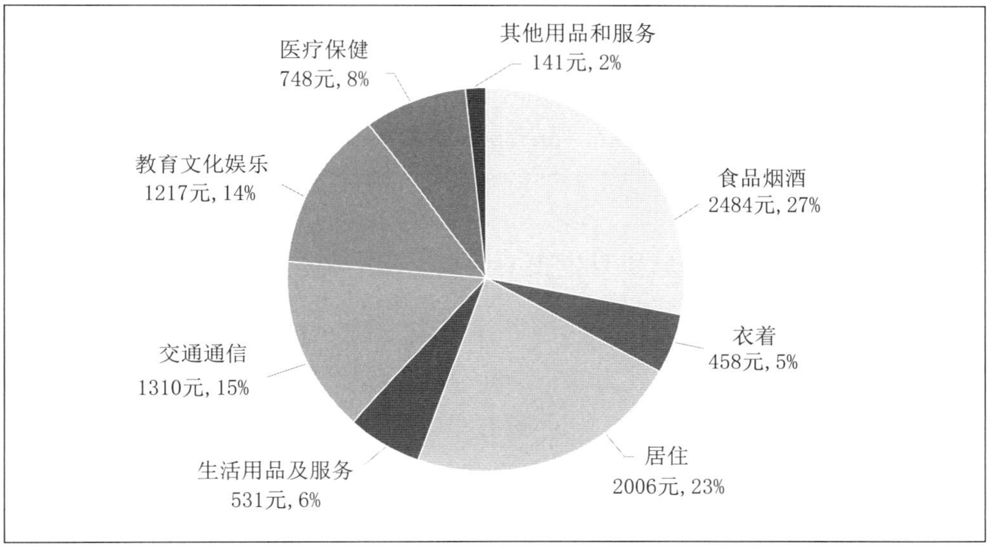

图 2　2018 年贵州贫困地区农村居民消费支出构成

四、贫困地区基础设施不断完善，农村社会发展较快

（一）基础公共服务能力不断提升。

2018 年，贵州贫困地区所在自然村通公路的农户比重和通电话的农户比重均为 100%；所在自然村进村主干道路硬化的农户比重为 98.5%。所在自然村垃圾能集中处理的农户比重为 71.9%；所在自然村有卫生站的农户比重为 96.3%。农户公共服务状况有明显改善，能够接收有线电视信号的农户比重为 98.1%；所在自然村通宽带的农户比重为 92.8%；所在自然村上幼儿园便利的农户比重为 90.9%；所在自然村上小学便利的农户比重为 92.2%。

（二）生活耐用消费品拥有量明显增加。

2018 年，贵州贫困地区每百户农民家庭拥有汽车 23.4 辆、洗衣机 94.5 台、电冰箱 86.7 台，移动电话 297.0 部、计算机 13.7 台，较 2013 年分别增加 13.8 辆、21.3 台、31.9 台、102.8 部、7.0 台，年均分别增长 20.2%、5.3%、9.7%、8.8%、15.3%（见图 3）。

图 3　2018 年与 2013 年贵州贫困地区居民耐用消费品拥有量增长情况

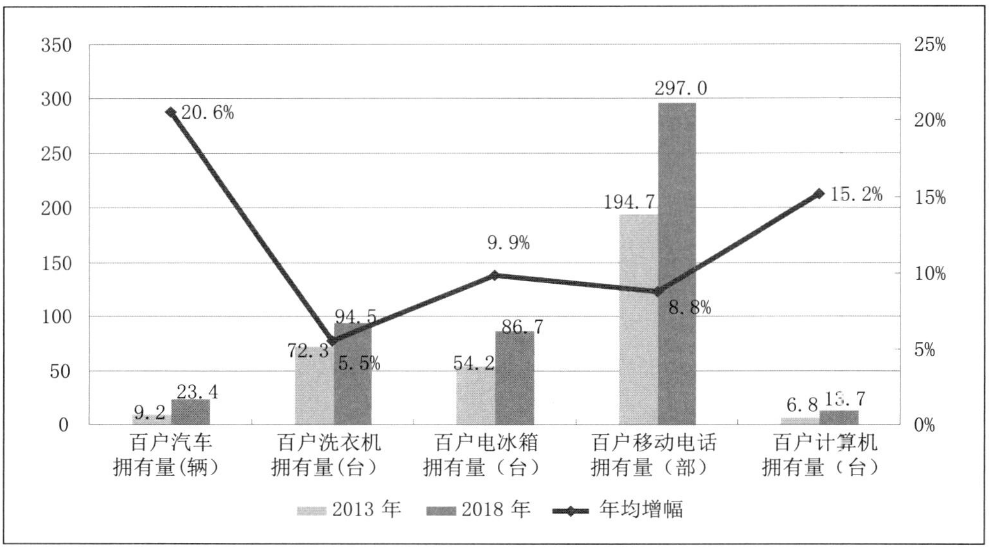

（三）基本生活安全和卫生更有保障。

2018 年，贵州贫困地区农户使用独用厕所的比重为 95.9%，比上年提高 0.6 个百分点；使用管道用水的农户比重为 90.8%，比上年提高 7.7 个百分点；使用经过净化处理自来水的农户为 58.5%，比上年提高 11.4 个百分点；饮水无困难的农户比重为 93.9%，比上年提高 3.6 个百分点。

五、当前贫困地区脱贫攻坚面临的主要困难

（一）省级贫困程度深，与民族八省区相比仍有不小差距。

贵州高原山地居多，是全国唯一没有平原支撑的省份，反贫困任务较为艰巨。2018 年，全省贫困人口 173 万人，贫困人口占民族八省区贫困人口比重为 28.7%、超过四分之一，贫困人口比重自 2015 年以来逐年升高，贫困人口占民族八省区比重连续多年均排在前 2 位（见下表 2），脱贫攻坚任务十分艰巨。

表 2　2012-2018 年全国与民族八省区贫困人口情况

单位：万人、%、位

地区	2013 年	2014 年	2015 年	2016 年	2017 年	2018 年
全国	8249	7017	5575	4335	3046	1660
民族八省区	2562	2205	1813	1411	1032	602
内蒙古	114	98	76	53	37	14
广西	634	540	452	341	246	140
贵州	745	623	507	402	295	173
云南	661	574	471	373	279	179
西藏	72	61	48	34	20	13
青海	63	52	42	31	23	10
宁夏	51	45	37	30	19	9
新疆	222	212	180	147	113	64
贵州占全国比重	9.0	8.9	9.1	9.3	9.7	10.4
贵州占民族八省区比重	29.1	28.3	28.0	28.5	28.6	28.7
贵州在八省区排位	1	1	1	1	1	2

（二）宏观经济下行压力加大，对抗风险能力较弱的贫困地区农村居民工资性收入增长面临不少困难。

2018 年，全省地区生产总值、固定资产投资、社会消费品零售总额、规模以上工业增加值、旅游总收入等指标增幅分别比 2017 年下降 1.1 个、4.3 个、3.8 个、0.5 个、8.5 个百分点，均呈现不同程度回落，保持稳定增长的不利因素逐渐增多。党的十八大以来，投资对贵州经济增长的贡献率仍然占据主导地位，尽管投资对贵州经济增长的贡献率有所下降，从 2012 年的 70.0% 下降到 2018 年为 67.3%，但是占贫困地区农民收入比重达 45% 的工资性收入与投资呈现高度正相关性，投资回落、经济下行压力加大，给贫困地区农村居民工资性收入增长带来较大压力。

（三）农业产业结构调整仍存在一些难题待破解，贫困地区农村家庭经营收入增收渠道有待进一步畅通。

据对贵州省 9 个市（州）44 个县 2374 户农户开展的专题调研显示，贵州省推进农业产业结构调整取得较大成效，但因农产品商品转化率不高、农产品销售市场不稳定等因素造成农民“增产不增收”的现象依然存在。据对 2374 户农户的专题调研显示，36.4% 的农户反映种植蔬菜、水果等经济作物遇到销售困难，认为“种的人太多，卖不出价”“运输困难，产品损坏”是销售困难主要原因（多选）的农户分别占 59.4%、45.7%。国家贫困监测数据显示，2018 年贵州贫困地区农村居民人均经营净收入 3457 元，同比增长 4.3%，增速较上年回落 4.5 个百分点。经营净收入占可支配收入比重较上年下降 1.9 个百分点。

（四）低收入群体自主增收能力较弱，文化素质和技能水平仍是增收短板。

贫困地区农村居民低收入群体中，人均工资性收入、经营净收入、财产净收入和转移净收入占可支配收入比重分别为 49.3%、14.9%、0.01%、35.8%，收入主要来源于务工和政府补助。据贵州省农民工监测数据显示，全省农民工受教育程度偏低，小学及以下文化程度的占 23.2%，初中文化程度占 57.6%，高中及以上文化程度占 13.4%。文化程度较低影响农民工个人竞争力，半数以上农民工仍从事制造业、建筑业为主的第二产业。

六、对策建议

（一）完善深度贫困地区扶持政策措施，进一步发挥政策催化作用。

要建立完善现有的深度贫困地区扶持政策措施的落实机制，推动特殊政策措施落地，释放政策红利，在财政保障、税收减免、项目安排、资金扶持等方面给深度贫困地区更多支持，发挥好政策催化作用。对参与支持深度贫困地区发展和社会建设的各类企业、社会机构及团体个人实行特殊优惠政策，激活深度贫困地区加快发展的活力。

（二）加大驻村扶贫干部队伍建设力度，增强发展内生动力。

一是要建立健全政策落实机制，推动现有驻村扶贫干部队伍建设的政策措施落地生根，让派驻的扶贫干部手里拥有更多的扶贫项目自主权，保持队伍基本稳定方面发挥作用。二是要加大对派驻扶贫干部扶贫政策理论和技能的培训，整合资源，在项目、资金方面加大倾斜力度，培养一支适应经济社会发展需要的高素质扶贫干部队伍。三是要进一步提高驻村扶贫干部的政治经济待遇，改善工作环境，在职务晋升、职称评聘、工资报酬等方面实行比其他干部更加倾斜的政策措施，让更多的有识青年涌向民族乡村，并安心稳定工作。

（三）深化农村产业革命，大力发展贫困地区特色优势产业。

一是加快农业产业结构调整，充分结合各民族乡村的土壤和气候条件，优化农业产业结构。重点发展山地特色高效农业，以培育高附加值的高原绿色特色产业为主，延长农副产品产业链，促进农业增效和农民增收。二是加速推进民族乡村旅游业发展，要重点针对生态环境打造民族地区特色旅游品牌，培育成为支柱产业。

（四）落实贫困地区生态补偿机制，加大生态建设力度。

深度贫困地区大多数属于生态功能区，一定程度上限制了资源开发利用。要落实好生态补偿机制，让贫困地区在生态保护中获得经济利益，保护合法权益，推动实现生态产业化。

（国家统计局贵州调查总队 涂锋 赵超）

云南农村减贫情况

2018 年云南深入学习贯彻习近平总书记关于扶贫工作重要论述，聚焦“两不愁三保障”，抓牢产业扶贫、易地搬迁、劳务输出等重点工作，补齐基础设施与公共服务短板，着力攻克深度贫困堡垒，推动从严从实打赢打好脱贫攻坚战。云南精准扶贫事业成效显著，脱贫攻坚有力推进，全年农村贫困人口大幅减少，贫困发生率持续下降；贫困地区农村居民收入增速高于全省平均，消费增速高于全国平均；基础设施和公共服务进一步提升，教育、医疗和住房“三保障”水平较快提高，生产生活条件有效改善。

一、农村贫困人口大幅减少，贫困发生率持续下降

（一）农村贫困人口大幅减少。

云南农村年均减贫人口占全国 7.6%。国家统计局住户调查和农村贫困监测显示，按照现行国家农村贫困标准，党的十八大以来，全国农村贫困人口规模从 2012 年 9899 万减少到 2018 年 1660 万人，累计减贫 8239 万人，年均减贫 1373 万人；云南农村贫困人口规模从 2012 年 804 万减少到 2018 年 179 万人，累计减贫 625 万人，年均减贫 104 万人，占全国年均减贫人口比例 7.6%。

农村贫困地区年均减贫人口占全省 92.3%。云南农村贫困地区贫困人口规模从 2012 年 744 万减少到 2018 年 166 万人，累计减贫 578 万人，年均减贫 96 万人，占全省农村年均减贫人口 92.3%。

表 1　2012-2018 年云南与全国农村贫困人口规模及减贫表

地区	年份	2012 年	2013 年	2014 年	2015 年	2016 年	2017 年	2018 年
全国农村	贫困人口（万人）	9899	8249	7017	5575	4335	3046	1660
	减贫人口（万人）	—	1650	1232	1442	1240	1289	1386
云南农村	贫困人口（万人）	804	661	574	471	373	279	179
	减贫人口（万人）	—	143	87	103	97	95	100
	减贫人口占全国农村比重（%）	—	8.7	7.1	7.1	7.9	7.3	7.2
云南贫困地区	贫困人口（万人）	744	607	536	448	352	264	166
	减贫人口（万人）	—	137	71	88	95	89	98

数据来源：全国农村住户调查和贫困监测调查。

（二）贫困发生率持续下降。

云南农村贫困发生率下降幅度快于全国平均。全国农村贫困发生率从2012年10.2%持续下降到2018年1.7%，累计下降8.5个百分点，年均下降1.4个百分点；云南农村贫困发生率从2012年21.7%持续下降到2018年4.8%，累计下降16.9个百分点，比全国平均快8.4个百分点，年均下降2.8个百分点，比全国平均快1.4个百分点。

云南贫困地区农村贫困发生率下降幅度快于全省农村平均。云南农村贫困地区贫困发生率从2012年26.7%持续下降到2018年6.4%，累计下降20.3个百分点，比全省农村平均快3.4个百分点，年均下降3.4个百分点，比全省平均快0.6个百分点。

表2　2012-2018年云南与全国农村贫困发生率表

年　份	全国农村		云南农村		云南贫困地区	
	贫困发生率（%）	下降（百分点）	贫困发生率（%）	下降（百分点）	贫困发生率（%）	下降（百分点）
2012年	10.2	—	21.7	—	26.7	—
2013年	8.5	1.7	17.8	3.9	21.9	4.8
2014年	7.2	1.3	15.5	2.3	20.3	1.6
2015年	5.7	1.5	12.7	2.8	17.4	2.9
2016年	4.5	1.2	10.1	2.6	13.7	3.7
2017年	3.1	1.4	7.5	2.6	10.2	3.5
2018年	1.7	1.4	4.8	2.7	6.4	3.8

数据来源：全国农村住户调查和贫困监测调查。

二、贫困地区农村居民收入较快增长，消费快速提升

（一）贫困地区农村居民收入增速高于全省平均。

2018年，云南贫困地区农村居民人均可支配收入9595元，比上年同期增长10.4%，增速比全省农村平均高1.2个百分点。贫困地区与全省农村平均收入相对差距（以贫困地区为1），从2017年的1.134:1缩小至2018年的1.122:1。其中，73个国家扶贫重点县农村居民人均可支配收入9568元，同比增长12.3%，增幅明显高于全省贫困地区平均水平。

1. 就业扶贫取得新成效，工资性收入增长对增收贡献最大。2018年，云南贫困地区农村居民人均获得工资性收入3059元，同比增长17.9%，对增收的贡献达51.5%，是贫困地区农村居民增收的最大动力。云南采取“定向招聘、定向培训、定向输出、定向服务”项目化推进方式，2018年完成培训贫困劳动力165万人次，新增转移就业贫困劳动力69.3万人；各村组道路硬化、水利基础设施建设、危房改造、易地搬迁等项目推进实施，对劳动力的需求明显增加，农村居民务工机会增加，

工资水平提升；2018 年全省新增乡村公共服务岗位 5.4 万个，新建扶贫车间 306 个，贫困劳动力就业空间扩大等有利因素叠加，促进贫困地区农村居民工资性收入增长。

表 3　2018 年云南贫困地区农村居民人均可支配收入及构成

指标名称	本年（元）	上年（元）	比上年（元）	增幅（%）	增收贡献（%）
人均可支配收入	9595	8695	900	10.4	—
1. 工资性收入	3059	2596	463	17.9	51.5
2. 经营净收入	4657	4485	172	3.8	19.1
3. 财产净收入	79	77	3	3.6	0.3
4. 转移净收入	1799	1537	262	17.1	29.1

数据来源：全国农村贫困监测调查。

2. 寄带回收入增长，保障性扶贫全面覆盖，促进转移净收入快速增长。2018 年，云南贫困地区农村居民人均转移净收入 1799 元，同比增长 17.1%，对增收的贡献达 29.1%。两大因素促进贫困地区人均转移净收入快速增长：一是贫困地区家庭外出从业人员寄回带回收入增加。2018 年云南贫困地区家庭外出从业人员人均寄回带回收入 843.6 元，同比增加 268.7 元，增长 46.7%，对转移性收入增长的贡献达 71.0%；二是住房保障、教育脱贫、健康扶贫全面落实。尤其是贫困人口参加城乡居民基本医疗保险实现全覆盖，2018 年平均住院报销比例达 90% 以上，贫困地区农村居民报销医疗费收入大幅增长 68.1%，拉升了转移净收入增长速度。

3. 产业扶贫、生态保护扶贫双推进，助力经营净收入平稳增长。2018 年，云南贫困地区农村居民人均经营净收入 4657 元，同比增长 3.8%。云南创新生态扶贫机制，积极推进退耕还林还草，以“绿色食品牌”为引领，加快形成“一村一品”、“一县一业”产业扶贫新格局，围绕蔬菜、水果、花卉、茶叶、中药材、坚果、肉牛、咖啡 8 大重点产业，建立新型经营主体、龙头企业带动建档立卡贫困户发展产业“双绑”利益联接机制，新型经营主体对贫困地区农户的覆盖率不断提升，产业减贫等作用得到发挥。2018 年，云南特色产业项目覆盖建档立卡贫困人口 411.3 万人，同比增长 33.1%；新型经营主体与 530.2 万建档立卡贫困人口建立利益联结机制；建档立卡贫困户户均拥有经济林果面积增加到 4.3 亩，有力抵减了贫困地区农户出售蔬菜、肉猪、核桃、咖啡等主要农产品价格下滑带来的不利影响，促进经营净收入平稳增长。

4. 利益联结机制不断完善，财产净收入平稳增长。2018 年，云南贫困地区农村居民人均财产净收入 79 元，同比增长 3.6%。新型经营主体、龙头企业、致富带头人培育推进，农业产业化、规模化发展进程的加快，推动了贫困地区农村居民人均财产性收入平稳增长。2018 年，云南贫困地区农村居民人均转让承包土地经营权租金收入 66 元，同比增长 29.2%；人均红利收入 18 元，同比增长 1.8 倍，是财产净收入增长的主要推动因素。

（二）贫困地区农村居民消费增速高于全国平均。

2018年云南贫困地区农村居民人均生活消费支出7677元，比上年增加868元，增长12.7%，增速比全国贫困地区平均（12.0%）高0.7个百分点。

从消费结构看，居住、医疗保健支出是促进贫困地区农村居民消费增长的两大拉动力量。2018年贫困地区农村居民居住和医疗保健支出分别是1608元、719元，比上年分别增长31.1%、35.0%，对消费的贡献分别达44.0%、21.5%，分别拉动消费增长5.61和2.73个百分点。

表4　2018年云南贫困地区农村居民人均生活消费支出及构成

指标名称	本年（元）	上年（元）	比上年（元）	增幅（%）	贡献率（%）
人均消费支出	7677	6809	868	12.7	—
1. 食品烟酒	2597	2563	34	1.3	3.9
2. 衣着	312	293	19	6.5	2.2
3. 居住	1608	1226	382	31.1	44.0
4. 生活用品及服务	404	383	21	5.5	2.4
5. 交通通信	1010	930	80	8.6	9.2
6. 教育文化娱乐	934	808	126	15.6	14.5
7. 医疗保健	719	533	186	35.0	21.5
8. 其他用品和服务	93	73	20	27.3	2.3

数据来源：全国农村贫困监测调查。

三、贫困地区基础设施和公共服务水平较快提高

（一）贫困地区“三保障”水平较快提高。

1. 教育扶贫覆盖面积扩大，控辍保学质量提高。2018年末云南农村贫困地区所在自然村上幼儿园不便利的农户比重17.4%，比2017年减少2.5个百分点；所在自然村上小学不便利的农户比重9.9%，比2017年减少3.7个百分点；7-15岁非在校儿童比重2.3%，比2017年减少0.2个百分点。

2. 健康扶贫受益人口增加，患者医疗负担减轻。2018年云南农村贫困地区参加医保人口比重99.7%，比2017年增加0.2个百分点；有病能及时就医人口比重97.4%，比2017年增加5.4个百分点；报销医疗费占医疗总支出比重29.7%，比2017年增加6.2个百分点。

3. 易地扶贫搬迁和危房改造助推住房安全巩固提升。2018年云南累计完成54.5万建档立卡贫困人口易地扶贫搬迁和40万户“4类重点对象”农村危房改造任务，贫困地区农村居民住房面积平稳增加，住房安全明显改善，竹草土坯房屋基本消除，人均住房建筑面积34.9平方米，比2017年增加0.8平方米；居住砖混、钢混结构住房的农户比重57.3%，比2017年增加14.9个百分点。

（二）贫困地区生产生活条件有效改善。

1. 交通、网络和人居环境稳步改善。2018 年云南农村贫困地区所在自然村进村主干道路硬化的农户比重 93.2%，比 2017 年增加 0.6 个百分点；所在自然村能便利乘坐公共汽车的农户比重 51.6%，比 2017 年增加 2.2 个百分点；所在自然村通宽带的农户比重 88.3%，比 2017 年增加 7.5 个百分点；所在自然村垃圾能集中处理的农户比重 65.8%，比 2017 年增加 21.0 个百分点。

2. 居住条件和家庭设施显著提升。2018 年云南农村贫困地区获取饮用水困难的农户比重 10.1%，比 2017 年减少 9.5 个百分点；无卫生厕所农户比重 70.4%，比 2017 年减少 8.3 个百分点；炊用清洁能源的农户比重 54.7%，比 2017 年增加 12.6 个百分点。

3. 耐用消费品拥有量快速提高。2018 年云南农村贫困地区每百户汽车拥有量 21.3 辆，比 2017 年增加 5.4 辆；百户电冰箱拥有量 73.2 台，比 2017 年增加 11.3 台；百户移动电话拥有量 274.8 部，比 2017 年增加 23.2 部； 百户计算机拥有量 8.4 台，比 2017 年增加 0.6 台。

四、存在的问题

（一）贫困人口规模居全国第一位，脱贫攻坚依然严峻。

2018 年末云南农村贫困人口规模 179 万人，居全国第一，占全国农村贫困人口 10.8%，贫困发生率 4.8%，比全国农村平均高 3.1 个百分点。云南农村贫困地区贫困人口规模 166 万人，占全国农村贫困地区贫困人口 14.9%，贫困发生率 6.4%，比全国农村贫困地区平均高 2.2 个百分点。

（二）贫困地区农村居民收入水平仍然较低，与全国和西南省份差距逐步扩大。

2018 年贫困地区农村居民人均可支配收入 9595 元，比全国平均水平低 776 元，较去年与全国平均水平差距扩大 94 元。西南五省相比，仅比贵州高 67 元，比广西、四川、重庆分别低 1166 元、1242 元、2875 元，较去年与上述四省差距分别扩大 142 元、178 元、297 元。

（三）贫困地区农村居民收入增速回落。

2018 年云南贫困地区农村居民人均可支配收入同比增长 10.4%，增速比 2016 年、2017 年分别回落 0.6、0.4 个百分点，比全国平均低 0.2 个百分点，西南五省相比，除比贵州高 0.6 个百分点外，比广西、四川、重庆分别低 0.3、0.2、0.6 个百分点。

从 2018 年各季度看，一季度、上半年、前三季度和全年云南贫困地区农村居民人均可支配收入分别同比增长 10.7%、10.5%、10.7% 和 10.4%，增速总体呈现回落态势。

（四）贫困地区消费潜力有待挖掘。

1. 贫困地区农村居民人均生活消费支出水平偏低。2018 年云南贫困地区农村居民人均生活消费支出 7677 元，比全国平均水平低 1279 元，与西南五省相比，比贵州、广西、四川、重庆分别低 1218 元、1675 元、1975 元、3381 元。

2. 贫困地区农村居民平均消费倾向较低，消费意愿较弱。从平均消费倾向（平均消费倾向指消费占收入之比率）看，2018 年云南贫困地区农村居民平均消费倾向是 80.0%，比全国平均水平低 6.4 个百分点，与西南五省相比，比贵州、广西、四川、重庆分别低 13.4、6.9、9.1、8.7 个百分点。

五、政策建议

习近平总书记指出：“行百里者半九十，脱贫攻坚越往后，剩下的越是难啃的硬骨头。”需要采取更加有效的举措促使贫困地区农村居民收入增加和消费提高，为攻克深度贫困和高质量脱贫立下坚实支撑。

（一）拓宽收入来源渠道，千方百计增加收入。

针对当前贫困地区农村居民收入水平较低，增幅回落，收入结构中的经营净收入和财产净收入增长缓慢，产业扶贫更需精准发力抓紧抓牢。建议完善“党支部+合作社+龙头企业+贫困户”组织机制、强化利益联结，响应“绿色食品牌”，打造“一村一业”，建设区域特色农产品品牌，防止盲目扩大规模及其带来较大的市场风险，增加经营净收入和土地等财产净收入，为贫困户实现稳定脱贫提供有效产业支撑。

（二）增强消费意愿，挖掘消费潜力。

建议加大对贫困地区交通、网络、物流等公共基础设施建设力度，为促进农村消费特别网购提供便利；打通教育、医疗、养老、民政等公共服务的最后一公里，使贫困户更顺畅更公平享受精准扶贫政策，缓解消费后顾之忧；进一步完善家电下乡等，提高贫困地区生活耐用品拥有数量，增强贫困地区消费意愿，进一步挖掘消费潜力。

（三）夯实扶贫数据基础，强化数据综合利用。

依靠数据决策是行政管理科学化、精细化的必然要求。要进一步研究强化贫困监测数据与建档立卡动态管理的数据衔接工作，加强职能部门数据审核；同时，探索与高校科研等机构合作的有效合作途径，加强对扶贫数据的综合利用和开发，依托数据决策，确保扶贫政策更加精准有效。

（国家统计局云南调查总队 沈建华 曾祥文）

西藏农村减贫情况

2018 年，全区各级各部门在区党委政府的领导下，坚持以习近平新时代中国特色社会主义思想和党的十九大精神为指导，全面贯彻党中央和区党委政府关于脱贫攻坚工作的统一部署，以极大的力量坚持精准扶贫精准脱贫基本方略，以处理好“十三对关系”为根本方法，全力打好“三大攻坚战”，推动全区农牧区基础设施不断完善、公共服务能力显著提升，农牧民收入持续增长、消费能力稳步提升、生活质量不断改善，贫困人口和发生率显著下降。全区农村和农牧民贫困面貌得到极大改变。

一、西藏农村贫困和减贫情况

2012 年以来，区党委政府切实把脱贫攻坚工作作为首要政治任务和第一民生工程来抓，聚焦打赢脱贫攻坚战采取了一系列措施，按照现行国家农村贫困标准测算，全区贫困人口从 2012 年的 85 万人减少到 2018 年的 13 万人，贫困发生率从 35.2% 下降到 5.1%，脱贫攻坚工作进展迅速，成绩斐然。

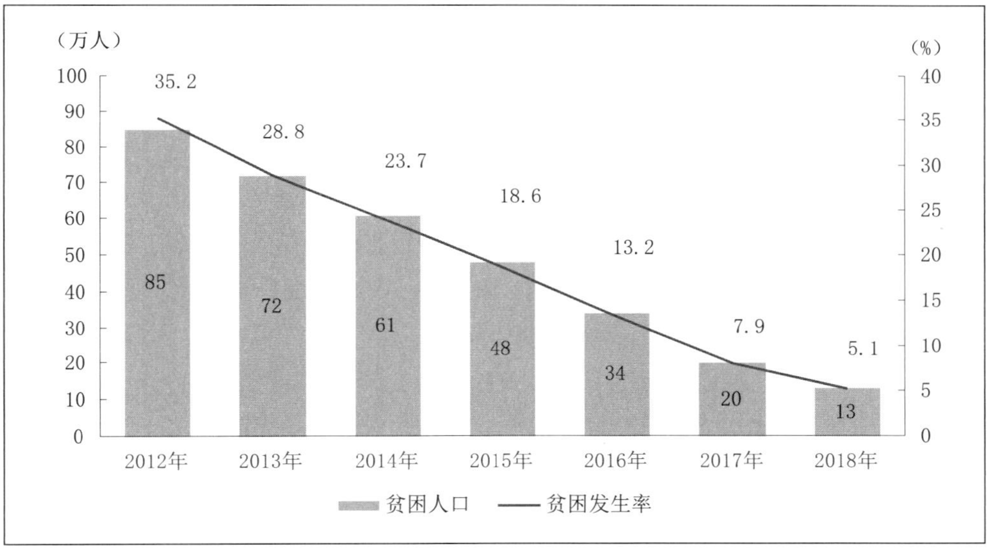

图 1　2012-2018 年西藏贫困人口及发生率

二、贫困地区农民收入提速增长

据贫困监测调查数据显示，2013-2018 年，西藏农村居民可支配收入一年跨越一个台阶，呈现稳步增长态势，并在 2017 年突破万元大关。2018 年，西藏农村居民可支配收入达到 11450 元，同比增长 10.8%（见图 2）。

图 2　2013-2018 年农村居民可支配收入

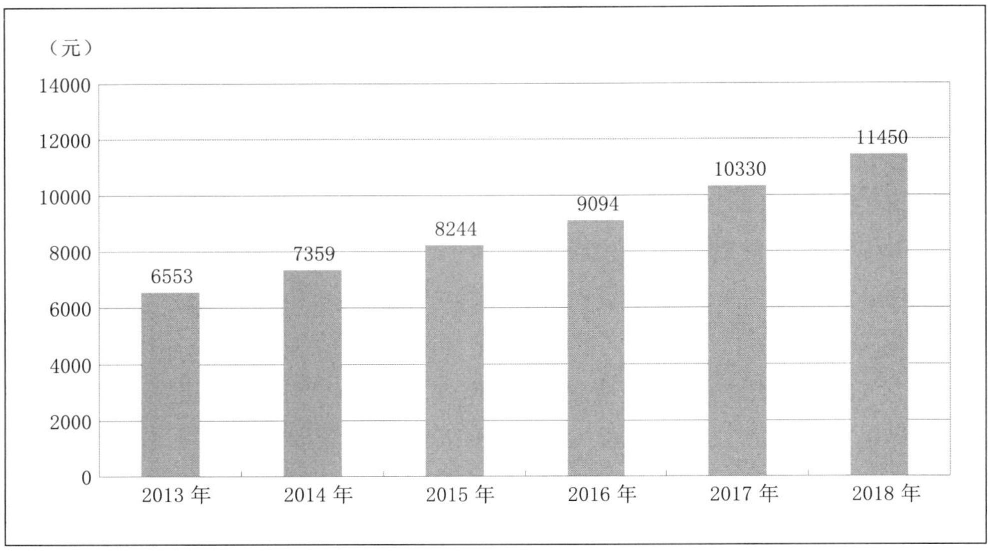

（一）工资性收入：2018 年，农村居民人均工资性收入 3037 元，同比增加 609 元，增长 25.1%。主要因素：一是全区农牧民生态补偿岗位从 2016 年的 50 万个提高到 66.7 万个，增加了 16.7 万个，岗位工资标准从 3000 元 / 年提高到 3500 元 / 年，增加 500 元 / 年。二是党的十九大以后，西藏边贸小康村建设全面启动，“水电路讯网、教科文卫报”等十项提升工程和特色优势产业链的不断推进对边境农村劳动力就近就便就业、提高收入发挥了重要作用。

（二）经营净收入：农村居民人均经营净收入 5889 元，同比增加 153 元，增长 2.7%。主要因素：一是“冬游西藏共享地球第三极”活动的实施，为农家乐、藏家乐、藏式家庭旅馆从“夏季”到“冬季”的“全天候”发展提供了极大便利，受活动翘尾因素影响，城乡居民收入较快增长。二是种植基地和养殖基地产业布局的不断优化，推动了产业结构调整和扶贫产业发展，带动农牧民增收。三是西藏净土健康产业的发展，从供给侧增加了消费者对本土绿色农畜产品需求，农村特色种养殖业不断扩大，农畜产品的价格也有所上涨，农村经营收入得到一定提升。

（三）财产净收入：农村居民人均财产净收入 427 元，同比增加 252 元，增长 1.44 倍。主要因素：一是农村土地流转带来的转让承包土地经营权收入迅速猛增长。二是产业脱贫的深入开展使农村居民入股乡村集体合作社或民族手工业加工厂获得的红利收入快速增长。

（四）转移净收入：农村居民人均转移净收入 2097 元，同比增加 105 元，增长 5.3%。主要因素：一是党中央和自治区党委政府为西藏制定的一系列强农、惠农政策措施，使农村居民最低生活保障、医疗保险、养老保险等覆盖面不断扩大，标准不断提高，各项政策性和生活性补贴足额发放到位，政策托底效用明显。二是近年来，随着国家“兴边富民行动十三五规划”的实施，边民补贴标准不断提高，约 16 万边民因此受益。

三、贫困地区农村居民消费稳步提升

随着交通运输、农村供销社等基础设施的不断完善和农村居民收入水平的不断提高，居民生活消费支出稳步提升，生活质量稳步提高。2018 年，西藏贫困地区农村居民年均生活消费 7452 元，同比增加 761 元，增长 11.4%（见图 3）。

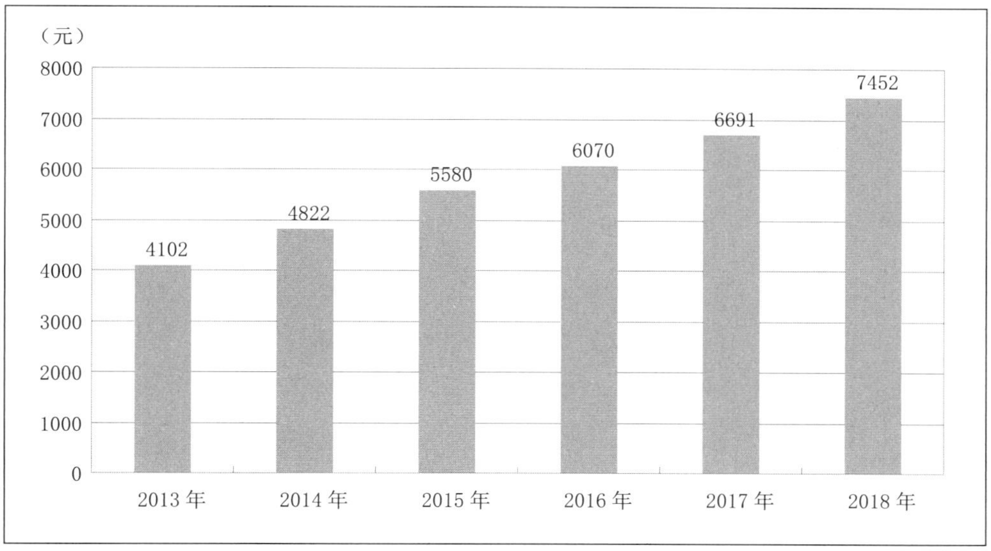

图 3　2013-2018 年西藏农村居民消费支出变化情况

西藏农村居民消费有以下几个方面的特点：一是西藏农村居民消费支出仍然较低，分别比全国农村和贫困地区农村平均水平低 4672 元和 1504 元。二是农村居民消费支出以食品烟酒、衣着、居住、交通通信等生活经常性支出为主，分别占比 35.9%、13.1%、15.8%、18.7%。其他用品及服务 143.6 元，仅占消费支出的 1.9%。三是食品消费结构单一，农村居民食品消费为 2081 元，其中谷物消费 614 元，占比 29.5%，肉类消费 643 元，占比 30.9%（见图 4）。四是消费结构趋好，农村居民对医疗保健和教育文化娱乐支出逐步上升，比去年同期分别增长 75.5%、47.6%（见图 4）。耐用消费品拥有量明显增加。2018 年西藏农村居民百户汽车拥有量 35 辆，比上年增加

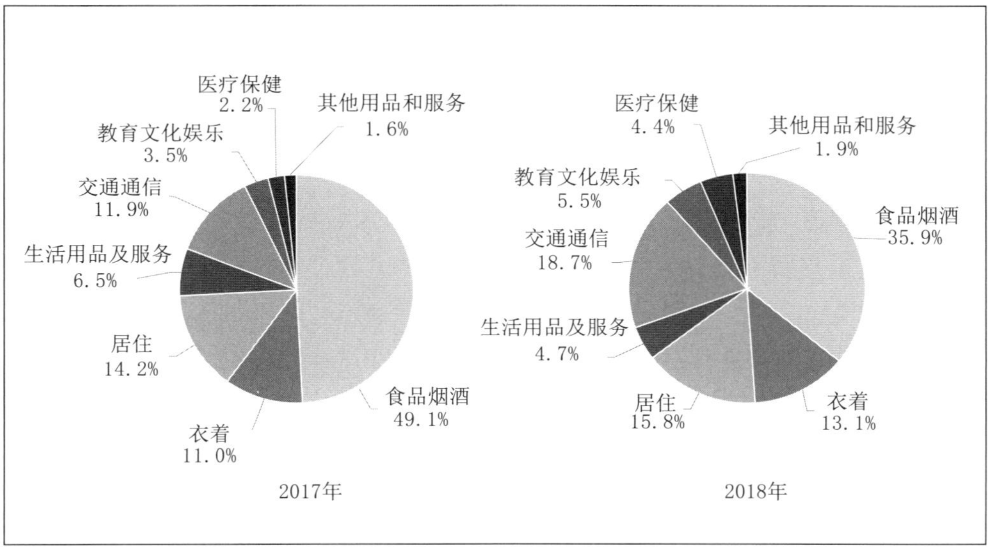

图 4　2017-2018 年西藏贫困地区农村居民各项消费支出占比

16.3 辆；百户洗衣机拥有量 77 台，比上年增加 12.1 台；百户电冰箱拥有量 71.5 台，比上年增加 16.7 台，百户移动电话拥有量 249.8 部，比上年增加 60.5 部，百户计算机拥有量 3.4 台，比上年增加 3.2 台（见图 5）。

图 5　2017-2018 年西藏农村居民每百户农户耐用消费品拥有量

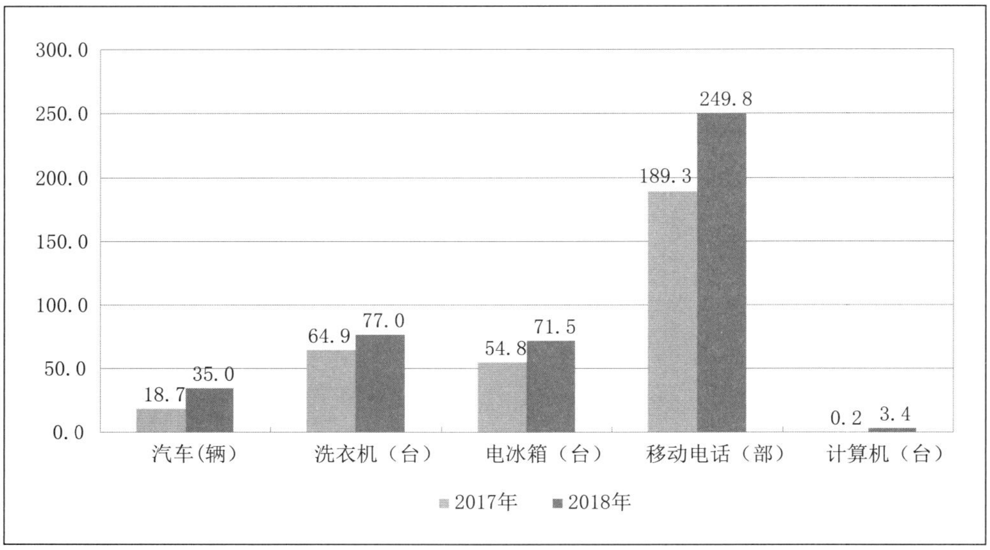

四、基础设施、公共服务状况大大改善

自治区党委、政府始终把提升农牧区特别是贫困农牧区的基础设施、公共服务供给、民生改善放在脱贫攻坚工作的重要位置，不断加大投入力度，重点实施了一批通路、通电、通水，农田草场水利和易地搬迁等项目，建设了一批关系农牧业发展和结构调整的基础性工程，大力改善了农牧区的公共服务状况，农牧民生活生产条件也不断改善。

（一）基础设施和公共服务明显改善。2018 年西藏农村所在自然村通公路的农户比重达 100.0%，所在自然村能接收有线电视信号、便利乘坐公共汽车、通宽带、垃圾能集中处理、上幼儿园便利的农户比重分别为 82.3%、66.4%、67.6%、78.3%、91.6%，分别比上年提高 5.3 个、15.4 个、40.5 个、15.6 个、1.4 个百分点。

（二）生活设施和卫生环境进一步改观。2018 年，西藏农村居住钢筋混凝土材料、砖混材料、砖瓦材料、竹草土坯材料、其他材料住房的农户比重分别为 18.5%、33.7%、45.7%、0.8%、1.3%；饮水无困难农户比重达 87.4%；使用管道供水和经过净化处理自来水的农户比重分别达到 53.1% 和 33.3%；独用厕所的农户比重达 71.1%。

（三）医疗服务能力不断提高。西藏自治区始终坚持新时期卫生与健康方针，以群众需求为出发点，继续深化公立医院改革，完善行业队伍和基层医疗卫生设施建设，推动全区基层医疗卫生服务能力不断提高，2018 年西藏农村所有行政村实现卫生站全覆盖，所在自然村有卫生站的农户比重达 72.5%，自然村没有卫生站的比重仅为 27.5%。

五、西藏减贫成效

（一）扶贫产业进展明显加快。全区累计实施产业扶持项目2263个，占“十三五”规划项目总数的75%，完成投资258.59亿元，直接或间接带动21.08万人脱贫；农牧业产业经营龙头企业达125家，农牧专业合作社8364家。

（二）扶贫搬迁建设任务接近收官。坚持易地搬迁侦测标准和规范要求，在充分尊重群众意愿的基础上，科学规划、合理建设，累计投入157.5亿元，建设易地扶贫搬迁安置点905个，已竣工829个，搬迁入住23.6万人，完成规划搬迁总规模的91%。昌都“三岩”片区跨市整体易地扶贫搬迁工程全面启动、进展顺利，到位资金5.04亿元，占所需资金总额的72.4%，拉萨、林芝已有38个安置点达到搬迁条件，占年度计划的79%，263和1639人入住拉萨安置点。

（三）生态补偿力度稳中有升。坚持保护生态和脱贫攻坚相结合，各类专兼职生态补偿岗位增加到66.7万个，年人均补助从3000元提高到3500元。100%完成城镇集中式饮用水水源地保护区划定，100%完成年度环境问题整治任务。综合实施退耕还林还草奖补、荒山绿化投工等项目，对完成禁牧任务的每亩每年给予6元补助，对未超载的每亩每年给予1.5元奖励，覆盖贫困群众22万人。大力实施国土绿化工程，积极开展消除“无树户”行动，目前已解决4.5万户。多点布局建成80个扶贫苗圃，带动4000名群众脱贫。

（四）教育脱贫久久为功，劳动者素质显著提高。坚持教育扶贫作为阻断贫困代际传递的根本抓手，研究出台了《关于进一步加强控辍保学提高义务教育巩固水平的意见》，狠抓深度贫困地区控辍保学工作，全区义务教育巩固率达93.9%。学龄前至高中阶段15年公费教育“三包”标准由年生均3480元提高到3720元，全区累计有62个县（区）通过了国家均衡发展验收；脱贫攻坚中职教育专项计划招生“两后生”1874人；开展公益性职业技能培训，中职学校和其他途径培训农牧民4.69万人次；高等院校录取建档立卡贫困家庭学生6812人，“三免一补”政策惠及建档立卡和农村低保大学生9815人；全面启动实施推普脱贫攻坚行动计划，建设村级双语幼儿园达到1405个，构建起了学前双语教育体系。

（五）社会保障底牢网密，兜底功能日趋完善。立足保基本、兜底线、促长远，聚焦特殊贫困群体，健全了以最低生活保障、残疾人两项补贴、特困人员和孤儿集中供养为主、慈善帮扶、社工助力铺筑的综合保障体系。农村居民最低生活保障每人每年3840元提高到4450元，年人均增610元，农村特困人员集中供养、分散供养标准分别提高到11700元、6675元；完成了建档立卡贫困残疾人的鉴定工作，残疾人两项补贴提高到每人每月100元、200元，12.38万人次受益；地市、县区创新模式，组建残疾人就业合作社、残疾小微企业等，为1200余名贫困残疾人有尊严地稳定脱贫创建了平台。推行贫困地区“先诊疗、后付费”“一站式”及时结报，有效解决了贫困患者交押金难、现金垫付难等问题，建立起“基本医保+大病保险+医疗救助+地方政府兜底保障”多种医疗保险体系。

六、西藏打赢脱贫攻坚战的几点建议

习总书记指出“要充分认识打赢脱贫攻坚战的艰巨性，越往后脱贫难度越大，因为剩下的大都是条件较差、基础较弱、贫困程度较深的地区和群众”。在这方面，西藏是典型代表。2019 年是西藏打赢脱贫攻坚战的关键一年，要实现全部县区脱贫摘帽，如期跟全国一道在 2020 年全面建成小康社会，需要更精准的措施，更大的决心去啃硬骨头，打攻坚战。

（一）集中优势力量，持续决战深度贫困地区。要把规划、项目、资金、政策、人才、驻村、帮扶等优势资源优先向深度贫困地区倾斜，充分整合社会、援藏、金融等力量，紧盯“两不愁三保障”目标，确保目标集中、资源集中、人力集中，政策精准、帮扶精准、措施精准，使深度贫困地区跟全区一道如期打赢脱贫攻坚战。

（二）完善易地搬迁后续扶持，防止返贫现象出现。要持续跟进易地搬迁小区的管理和服务，以产业项目扶持为抓手，重点做好搬迁户的就业培训、就业巩固、就业渠道拓展工作，继续重视易地搬迁社区的党建和精神文明建设工作，切实实现“搬得出、稳得住、能致富”目标。

（三）力度不减，责任不减，持续巩固脱贫成果。自治区相关部门应出台巩固全区脱贫攻坚成果的指导意见，以巩固脱贫成果和做好脱贫攻坚与乡村振兴战略有效衔接为目标，做好相关政策和配套措施的延续、调整工作，以抓脱贫攻坚的力度和决心做好脱贫成果巩固工作。

（四）加强督查考核，实现“真脱贫”“脱真贫”。脱贫攻坚工作越到后期，督查考核工作越要细致严格。要完善制度建设，围绕“两不愁三保障”的总体目标，把好脱贫标准关；对照年度目标，抓好日常跟踪调度，确保工作有规划、有执行、有落实；要完善考核制度，对脱贫攻坚成效作出客观准确评价，防止“数字脱贫”“虚假脱贫”，以经得起历史检验的脱贫成果向党中央和自治区党委交出一份满意的答卷。

（国家统计局西藏调查总队 洛桑卓玛）

陕西农村减贫情况

2018 年，陕西省委、省政府深入贯彻落实习近平总书记关于扶贫工作重要论述，紧盯“两个确保”目标和“两不愁三保障”标准，聚焦深度贫困地区，落实好精准扶贫方略，广泛凝聚各方合力，不断提高脱贫质量，实现了贫困地区经济的平稳发展，贫困地区居民收入的不断提升，贫困人口的持续减少，生活条件不断改善，为打赢脱贫攻坚战，全面建成小康社会奠定了坚实基础。

一、陕西农村减贫成效显著

（一）陕西全省农村贫困人口持续减少。

按照现行国家农村贫困标准测算，截至 2018 年底，陕西省仍有农村贫困人口 83 万人，贫困发生率为 3.1%，贫困人口规模占全国的 5%，贫困程度较深、扶贫任务较重。此标准下，2010-2018 年陕西贫困人口情况，如图 1 所示。

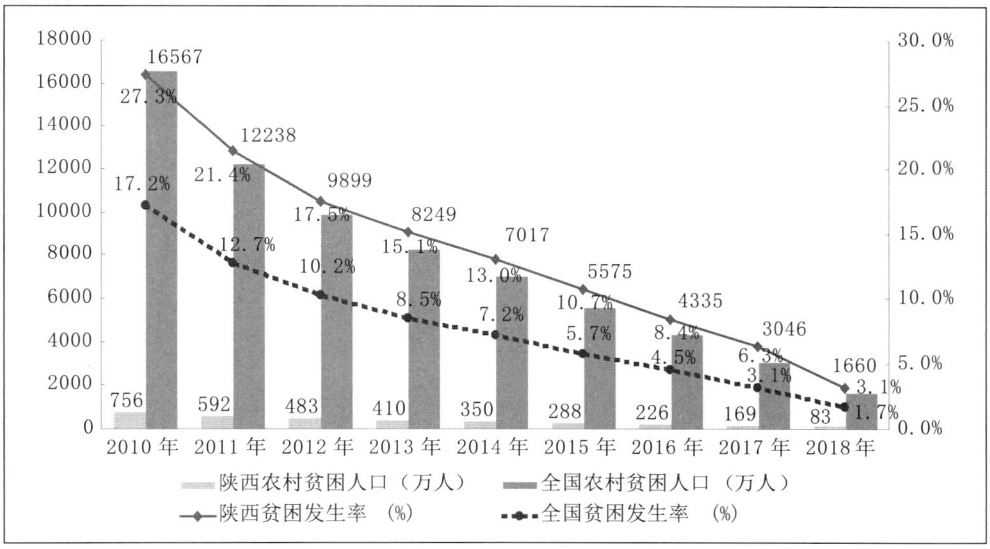

图 1　2010-2018 年陕西农村贫困人口变化情况

2010-2018 年末，陕西全省农村贫困人口由 2010 年的 756 万人降至 83 万人，累计减少 673 万人，占 2010 年农村贫困人口的 89%；贫困发生率由 27.3% 下降到 3.1%，累计下降了 24.2%。2018 年较 2017 年减贫 86 万人，降幅达到 50.9%，贫困发生率同比下降 3.2 个百分点。

从贫困人口整体规模和贫困发生率上看，陕西与全国扶贫开发工作基本同步，8 年间陕西农村贫困人口年均减少 84 万人，贫困发生率年均下降 3 个百分点，减贫效果十分显著。2018 年陕西农村贫困人口占全国贫困人口比为 5%，比 2017 年下降 0.5%。

（二）陕西贫困地区农村贫困人口规模持续下降。

按现行贫困标准测算，2018 年陕西贫困地区农村贫困人口为 56 万，较 2017 年减少 46 万，下降幅度达 45.1%；贫困地区农村贫困发生率为 4.2%，较 2017 年下降 3.5 个百分点，贫困发生率与全省农村差距进一步缩小到 1.1 个百分点。

表 1　2013-2018 年陕西贫困地区农村贫困人口变化情况

年　份	贫困人口			贫困发生率	
	数量（万人）	比上年下降（万人）	下降幅度（%）	水平（%）	比上年下降（百分点）
2013 年	271	41	13.1	19.4	2.7
2014 年	227	44	16.3	17.2	2.2
2015 年	180	47	20.7	13.6	3.6
2016 年	140	40	22.4	10.6	3.0
2017 年	102	38	27.3	7.7	2.9
2018 年	56	46	45.1	4.2	3.5

二、2018 年陕西贫困地区农村居民收支持续增长

全省上下全面推行精准扶贫战略，对贫困地区扶持力度加大，“一村一策”“一户一法”精准施策，全省贫困地区的贫困状况得到显著改善。

（一）贫困地区农村居民可支配收入突破万元。

2018 年，贫困地区农村居民人均可支配收入 10267 元，同比增长 10.4%，与上年增速持平，快于全省农村 1.2 个百分点，扣除价格因素影响，实际增长 7.9%。贫困地区农村居民人均可支配收入达到全省农村平均水平的 91.6%，占比较上年提高 1 个百分点，与全省农村平均水平的差距进一步缩小。

表 2　2018 年陕西不同区域农村居民人均可支配收入及构成

年　份	全省贫困地区农村		全省农村		扶贫重点县		连片特困地区	
	绝对值（元）	增幅（%）	绝对值（元）	增幅（%）	绝对值（元）	增幅（%）	绝对值（元）	增幅（%）
人均可支配收入	10267	10.4	11213	9.2	10347	12.4	10455	11.0
1. 工资性收入	4472	15.5	4621	8.2	4588	11.0	4552	11.5
2. 经营净收入	3079	2.4	3508	8.2	3224	13.2	2964	5.6
3. 财产净收入	144	4.8	197	6.2	147	0.0	141	-0.5
4. 转移净收入	2572	12.8	2887	12.5	2388	14.8	2799	17.3

从收入各项构成看，2018 年贫困地区农村居民人均工资性收入 4472 元，同比增长 15.5%；家庭经营净收入 3079 元，增长 2.4%；财产净收入 144 元，增长 4.8%；转移净收入 2572 元，增长 12.8%。

工资性收入仍然是贫困地区农民收入的主要来源，占可支配收入的 43%以上；随着产业扶贫措施的深入推进，贫困地区二、三产业加快发展，家庭经营净收入持续增长，占到可支配收入的 30%；扶贫搬迁、产业扶贫等补贴发放到位，医疗保障全面覆盖，人均转移净收入在收入各项来源中增幅较高，占比达到 25%，成为拉动陕西贫困地区农村居民收入增长的重要动力。

（二）集中连片特困地区农村居民收入水平高于全省贫困地区和扶贫开发工作重点县。

2018 年全省三个集中连片特困地区农村居民人均可支配收入达 10465 元，增长 11.0%。收入水平比全省贫困地区和扶贫开发重点县分别高出 198 元和 118 元。其中，人均工资性收入 4562 元，增长 11.5%；经营净收入 2964 元，增长 5.6%；财产净收入 141 元，下降 0.5%；转移净收入 2799 元，增长 17.3%。

2018 年陕西国家扶贫开发工作重点县农村居民人均可支配收入 10347 元，增长 12.4%。重点地区收入增速均高于全省贫困地区和连片特困地区，分别高出 2.0 和 1.4 个百分点。其中，人均工资性收入 4588 元，增长 11.0%；经营净收入 3224 元，增长 13.2%；财产净收入与上年持平；转移净收入 2388 元，增长 14.8%。

（三）贫困地区农村居民消费支出持续较快增长。

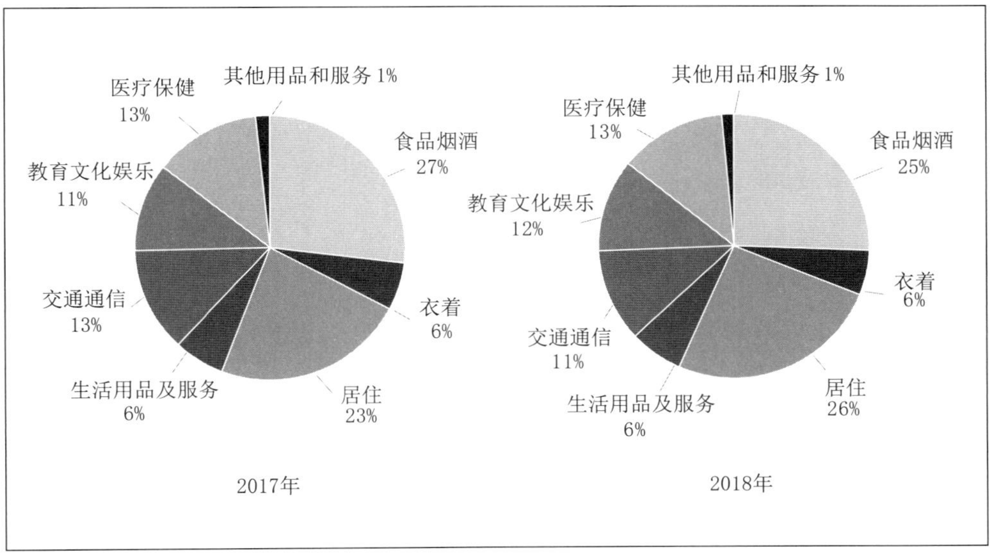

图 2　2017-2018 年陕西贫困地区农村居民各项消费支出占比

2018 年，陕西贫困地区农村居民人均消费支出 9250 元，较上年增长 12.8%，八大类消费呈“七升一降”态势。其中，交通通信类消费支出 1045 元，下降 0.6%。其余七项消费支出均呈现上涨，食品烟酒类消费支出 2360 元，增长 7.2%；衣着类消费支出 520 元，增长 6.8%；居住类消费支出 2365 元，增长 25.9%；生活用品及服务支出 595 元，增长 16.2%；教育文化娱乐类消费支出 1065 元，增长 21.6%；医疗保健类支出 1166 元，增长 9.6%；其他用品及服务类支出 133 元，增长 2.5%；扶贫重点县和集中连片特困地区农村居民人均消费支出分别为 9112 元和 9122 元，分别增长 13.6% 和 12.1%。

随着贫困地区农村居民收入水平的提升，居民用在食品、交通通信消费的支出比例有所下降，如图 2 所示，2018 年食品烟酒类占消费支出的比例由 2017 年的 27% 下降到 26%；随着国家“提速降费”等相关政策的实施，交通通信费用占消费支出比例下降 2 个百分点。而居民出行旅游、改善居住条件、关注子女教育等改善型消费支出的比例有一定提升。表明随着经济的发展，贫困地区农村消费水平也开始升级，消费结构有所改善。

（四）陕西贫困地区农村居民与全省农村及全国贫困地区农村收入情况比较。

陕西贫困地区农村收入水平基本达到全国平均水平，绝对值占比达到 99%，且收入实际增速高于全国平均水平 0.1 个百分点。从收入各项构成来看，陕西贫困农村工资性收入和财产净收入高于全国平均水平，经营净收入和转移净收入低于全国平均水平。

与全省农村地区相比，贫困地区农村居民的收入水平低于全省农村平均水平，绝对值占比由 2017 年的 90.6% 提升到了 91.6%，并且实际增速快于全省农村 1.1 个百分点，使得两者的收入差距进一步缩小。

表 3　陕西贫困地区收入与陕西农村及全国贫困地区的情况比较

指标名称		陕西贫困地区农村	陕西农村	全国贫困地区农村
人均可支配收入	收入水平（元）	10267	11213	10371
	名义增速（%）	10.4	9.2	10.6
	实际增速（%）	7.9	6.8	8.3
收入构成	工资性收入（元）	4472	4621	3627
	经营净收入（元）	3079	3508	3888
	财产净收入（元）	144	197	137
	转移净收入（元）	2572	2887	2719

三、贫困地区农村生活状况不断改善

（一）陕西贫困地区农村居民生活条件不断改善。

随着扶贫政策的有效落实，陕西贫困地区农村居民生活水平不断提高，消费结构开始升级，享受型消费品拥有量连年增长。每百户拥有量分别从 2012 年的家用汽车2.5辆、洗衣机63.9台、电冰箱35.8台、移动电话193.6部、计算机9.9台增加到2018年底的16.6辆、91.6台、79台、253.3部和15.4台（如图3所示）。

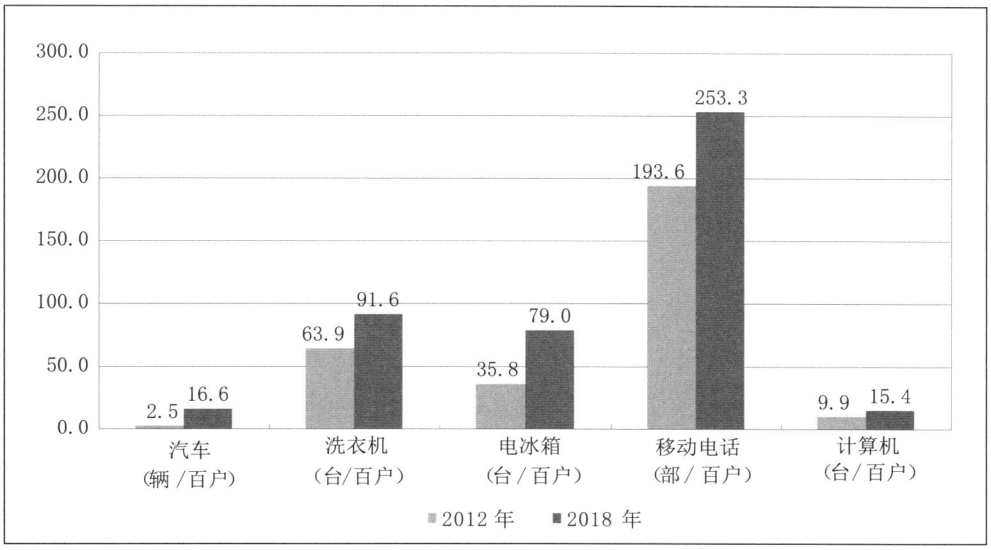

图3　2012年与2018年陕西贫困地区农村住户拥有耐用消费品情况

（二）贫困地区基础设施建设不断加强，公共服务极大改善。

近年，陕西强化脱贫攻坚责任，不断加大资金投入用于改善贫困地区居民生活和加强基础设施建设，夯实脱贫基础。贫困地区农村安全住房、安全饮水问题不断改善，通电、通路、通电话接近全覆盖。

一是农户居住条件不断改善。2018年，居住竹草土坯房的农户比重为4.7%，炊用柴草的农户比重为60.3%，分别比2017年下降了3.9个和0.9个百分点。使用管道供水的农户比重为84%，使用经过净化处理自来水的农户比重51.5%，独用厕所的农户比重为98%，分别比2017年提高了5.5个、1.4个、1.7个百分点。

二是交通、信息等条件越来越便利。2018年所在自然村通公路的农户比重达到100%；通电话的农户比重达到100%；能接收有线电视信号的农户比重达到99.2%；通宽带的农户比重达到91.8%；进村主干道路硬化的农户比重达99%；乘坐公共汽车便利的农户比重达73.2%。均比2017年有所提高。

表4　陕西2018年与2017年贫困地区农村基础设施状况

单位：%

基础设施状况	2018年	2017年
所在自然村通公路	100.0	99.7
所在自然村通电话的农户比重	100.0	99.3
所在自然村通宽带的农户比重	91.8	85.2
所在自然村能接收有线电视信号的农户比重	99.2	98.9
所在自然村进村主干道路硬化的农户比重	99.0	97.7

（三）贫困地区农村文化教育卫生情况得到改善。

贫困地区农村加强文化、卫生方面的基本建设，2018 年调查的农户中，所在自然村有卫生站的农户比重达到 97.2%，所在自然村上幼儿园便利的农户比重为 77.8%，上小学便利的农户比重为 80.9%，所在自然村垃圾能集中处理的农户比重达到 80.3%。

（国家统计局陕西调查总队 艾宁）

甘肃农村减贫情况

2018 年甘肃省委、省政府以习近平新时代中国特色社会主义思想为指导，深入贯彻落实习近平总书记关于扶贫工作的重要论述和习近平总书记视察甘肃时提出的和“八个着力”重要指示精神，坚持把脱贫攻坚作为全省头等大事和第一民生工程来抓，脱贫攻坚取得了决定性进展，贫困地区农村居民生活质量稳步提高，为如期全面打赢脱贫攻坚战、如期全面建成小康社会打下了坚实的基础。

一、甘肃贫困片区基本状况

（一）2018 年末甘肃减贫成效显著。

按照现行国家农村贫困标准测算，2018 年末，甘肃农村贫困人口为 121 万人，较上年减少 80 万人；贫困发生率为 5.8%，较上年下降 3.9 个百分点。

（二）十八大以来甘肃农村贫困人口持续减少。

甘肃农村贫困人口由 2012 年末的 596 万人减少至 121 万人，累计减少 475 万人，下降幅度为 79.8%，平均每年减少 79 万人；贫困发生率由 2012 年末的 28.5% 下降至 5.8%，累计下降 22.7 个百分点，平均每年下降 4 个百分点。

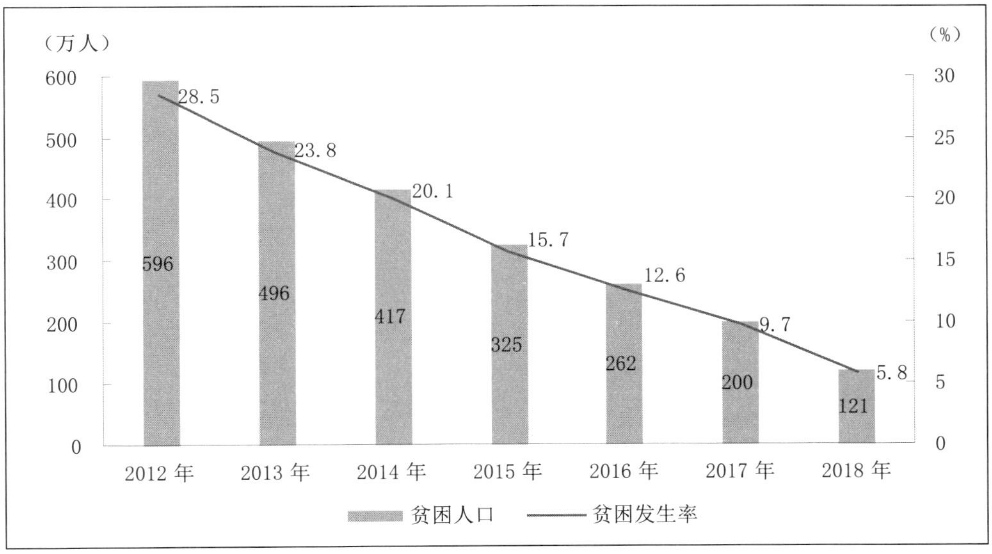

图 1 2012-2018 年甘肃贫困人口变化情况

（三）贫困发生率居全国第一，脱贫任务十分艰巨。

2018 年末，甘肃省农村贫困人口达 120 万人，贫困人口数量居全国第五，西北五省第一，贫困发生率居全国第一。脱贫攻坚越到最后难度越大，贫困程度较深，减贫难度更大，面临的任务仍然十分艰巨。

表1　2018年西北五省农村贫困人口变化情况

地　区	贫困人口		贫困发生率	
	数量（万人）	比上年下降（万人）	水平（%）	比上年下降（百分点）
甘　肃	121	80	5.8	3.9
陕　西	83	86	3.1	3.2
青　海	10	13	2.6	3.4
宁　夏	9	10	2.2	2.3
新　疆	64	48	5.7	4.2

二、贫困地区农民收入和消费稳步增长

（一）贫困地区农民收入增速快于全国、全省农村增长水平。

2018年，甘肃贫困地区农村居民人均可支配收入为7687元，比上年增长10.3%，较全国农村居民增速高1.5个百分点，较全省农村居民增速高1.3个百分点。国家扶贫开发工作重点县农村居民人均可支配收入7343元，增长11.7%，比贫困地区增速高1.4个百分点。

表2　2018年贫困地区与全省农村居民收入对比情况

指标名称	贫困地区			全省		
	绝对值（元）	构成（%）	增速（%）	绝对值（元）	构成（%）	增速（%）
人均可支配收入	7687	100.0	10.3	8804	100.0	9.0
1. 工资性收入	2396	31.2	10.4	2535	28.8	11.4
2. 经营净收入	3062	39.8	9.8	3824	43.4	7.5
3. 财产净收入	101	1.3	8.1	212	2.4	48.6
4. 转移净收入	2128	27.7	11.0	2234	25.4	6.3

1. 工资性收入成为农村居民收入的重要组成部分。随着各部门产业扶贫、就业扶贫等扶贫力度的不断加大，贫困地区农村居民在本地务工机会明显增多，务工人数持续增加，工资水平逐步提高，由此拉动了贫困地区农村居民务工收入的增加。2018年甘肃贫困地区农村居民人均工资性收入2396元，同比增长10.4%，占人均可支配收入的31.2%，成为贫困地区农村居民收入增长的重要来源。

2. 经营净收入保持稳定增长。甘肃积极推进“三变”改革与脱贫攻坚和乡村振兴战略结合起来，大力培育引进龙头企业，发展乡村旅游业、农村电商服务业等产

业扶贫项目，促进了贫困地区农民经营性收入的增长。2018 年甘肃贫困地区农村居民人均经营净收入 3062 元，同比增长 9.8%，占人均可支配收入的 39.8%，成为拉动贫困地区农村居民收入的主要动力。

3. 财产净收入稳中有升。2018 年甘肃贫困地区农村居民人均财产净收入 101 元，同比增长 8.1%，占人均可支配收入的 1.3%。

4. 转移净收入稳步增长。随着扶贫开发工作的不断深入，扶贫政策成效的逐步凸显，以及农村各项政策性补贴、社会保障等惠农政策的不断实施，贫困地区农村居民从中得到更多实惠。2018 年甘肃贫困地区农村居民人均转移净收入 2128 元，同比增长 11%，占人均可支配收入的 27.7%。

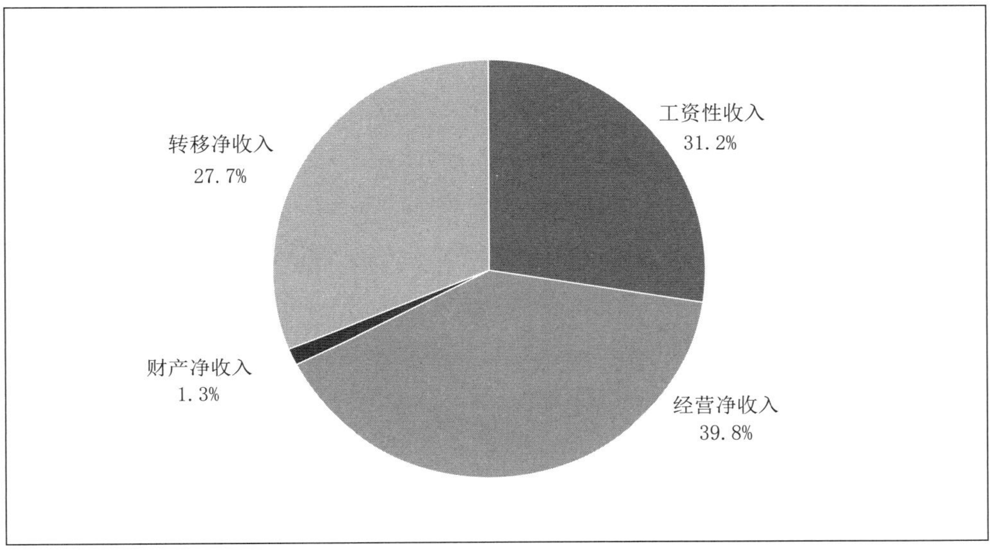

图 2　2018 年甘肃贫困地区可支配收入结构图

（二）贫困地区农民生活消费水平稳步提高。

2018 年甘肃贫困地区农村居民人均生活消费支出 7241 元，比上年增加 877 元，增幅为 13.8%。贫困地区农村居民人均消费支出达到全省农村居民人均消费支出的 79.8%，同比增加 0.5%。

近年来，甘肃不断加大对贫困地区农村基础设施、教育、医疗卫生等方面的扶持力度，在公共服务改革不断深化的助推下，农村居民在满足基本的吃穿住用后，发展型和享受型消费支出增长较快，贫困地区农村居民教育文化娱乐、医疗保健、交通通信、生活用品和服务人均支出均呈较快增长态势。“八大类”消费支出均呈增长态势。2018 年甘肃贫困地区农村居民人均生活消费支出 7240 元，比上年增加了 876 元，增幅为 13.8%。甘肃贫困地区农村居民消费中，人均食品烟酒支出 2172 元，增幅为 4.5%；衣着支出 457 元，增幅为 9.8%；居住支出 1484 元，增幅为 14.9%；生活用品及服务支出 458 元，增幅为 7%；交通通信支出 846 元，增幅为 19.6%；教育文化娱乐支出 850 元，增幅为 23.3%；医疗保健支出 856 元，增幅为 30.1%；其他用品和服务支出 118 元，增幅 24%。“八大类”消费支出占消费总支出的比重分别为：

30%、6.3%、20.5%、6.3%、11.7%、11.7%、11.8%、1.6%。

图3　2018年甘肃贫困地区消费结构图

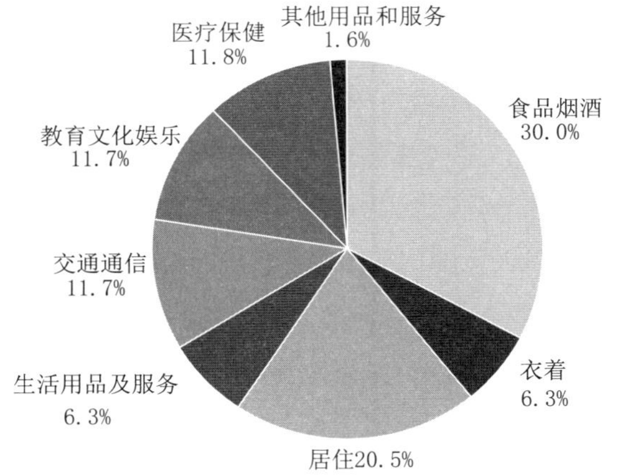

三、贫困地区农民生活质量进一步提升

随着收入水平的持续增长和社会保障体系的日趋完善，甘肃贫困地区农村居民住房及生活设施状况明显改善，生活质量稳步提升。

（一）居民居住条件持续改善。

甘肃贫困地区通过实施危房改造、易地搬迁，居民居住条件进一步改善。2018年居住竹草土坯房的农户比重降至3.3%，比2017年下降了4.6个百分点。

（二）生活环境持续优化。

2018年末，91.9%的农户获取饮用水不存在困难，比上年提高4.2个百分点。从供水设施看，81.6%的农户家庭管道供水入户，提高6.6个百分点；从饮水来源看，68.2%的农户使用经过净化处理的自来水，提高6个百分点；98.8%的农户使用独用厕所，提高0.1个百分点；炊用柴草的农户比重为39.8%，下降0.1个百分点。

（三）耐用消费品拥有量不断增加。

2018年末，甘肃贫困地区农村居民家庭主要耐用消费品拥有量比上年有所增加，新型耐用消费品需求较旺，中低端耐用消费品基本普及。一是交通类耐用消费品快速增加。每百户平均拥有汽车19.1辆，比上年增加7.1辆；二是移动电话、计算机等信息通讯工具成为农民的“新农具”。每百户平均拥有移动电话287.3部，增加34.5部；三是洗衣机和电冰箱的普及率明显提高。每百户平均拥有洗衣机93.6台、电冰箱77.7台，分别增加1.6台、11.4台。

表 3　2017-2018 年甘肃贫困地区农村耐用品每百户拥有量

指标名称	2017 年	2018 年	增加
汽车（辆）	12.0	19.1	7.1
洗衣机（台）	92.0	93.6	1.6
电冰箱（台）	66.3	77.7	11.4
移动电话（部）	252.8	287.3	34.5
计算机（台）	14.0	13.5	-0.5

四、贫困地区基础设施与公共服务不断完善

（一）基础设施不断完善。

2018 年末，调查村中全部通上了公路且基本实现进村主干道路硬化。通电话的自然村农户比重为 100%；通有线电视信号的自然村占 99.8%，比上年提高 0.7 个百分点；通宽带的自然村占 94.6%，比上年提高 13.9 个百分点。

（二）公共服务得到改善。

2018 年甘肃持续加大对公共服务领域投入，为贫困地区农村居民生活提供便利。2018 年末，调查村中所在自然村垃圾能集中处理的农户比重为 79%，比上年提高 15.7 个百分点；所在自然村上幼儿园便利的农户比重为 86.4%，比上年提高 6 个百分点；所在自然村上小学便利的农户比重为 90.1%，比上年提高 0.1 个百分点。

五、脱贫攻坚工作面临的问题和挑战

（一）深度贫困地区自然条件严酷，保护与发展之间矛盾突出。

深度贫困村主要分布在距离县、乡政府较远的高山和深沟峡谷地带，部分贫困村整体条件更差，贫困发生率更高，是脱贫攻坚中最难啃的“硬骨头”。当前甘肃省深度贫困地区自然环境恶劣，大部分在高寒的山地高原地区，气候干旱少雨，自然灾害频发。脆弱的生态环境面临着发展经济和环境保护的矛盾，境内水电、矿产等资源优势难以转化为经济优势，相关扶贫开发建设项目无法落地实施。

（二）劳动力文化程度低，从事产业单一，影响农民增收。

据监测数据显示，2018 年贫困地区常住劳动力中，未上过学的比重为 11.7%，小学文化程度占 38.8%，初中文化程度占 30.7%，高中文化程度占 10.2%，大学专科及以上文化程度占 8.6%，文化水平和职业技能欠缺成为制约脱贫的重要因素。据监测数据显示，贫困地区现有的农村劳动力中，从事第一产业的占比高达 73%，贫困地区农村居民生产仍以种、养殖业为主，其他产业相对较弱，非农产业发展缓慢，增

收能力有限。全省贫困地区农村劳动力素质有待提高。

（三）贫困地区扶贫产业培育难度大。

部分贫困村没有特色主导产业，有些贫困户缺乏持续增收的产业支撑。大部分贫困村脱贫产业单一、规模小，产业脱贫大多以种、养殖业为主，科技含量和附加值较低，加之受产品认证、市场波动等诸多因素的制约，农户持续增收、发展后劲不足的问题没有从根本上得到解决。一些贫困村地理条件差，土地瘠薄、资源匮乏、设施落后，传统农业模式根深蒂固，产业发展处于初始阶段，没有建立起市场前景好、辐射带动力强的支柱产业，从事产业的农户和从产业项目中受益的农户覆盖面还不够大。同时，龙头企业少，带动能力弱，产品结构单一、加工转化率低。

（四）科教文卫等社会事业滞后。

部分村级学校基础设施薄弱、人才匮乏、设备匮乏，尤其是贫困村学校教学设施缺口大，简陋的教学条件和落后的教学模式无法满足教育需求。农村边远学校教师普遍年龄老化、人员结构失衡，教学结构不合理。医疗服务设施和卫生人员分配存在较大差异，农村基层卫生组织资源不足，乡镇医疗机构规模小、设备简陋、药品种类少；医生专业水平不高，缺乏专业骨干人员，难以满足农村居民就医需要。

六、打赢打好甘肃脱贫攻坚战的几点建议

（一）进一步完善贫困地区基础设施建设。

以超常规举措打好基础设施建设“硬仗”，必须找准问题差距、精准发力抓落实。目前一些地方水、电、路、房、讯等基础设施建设滞后，工程性缺水问题突出，通信设施薄弱，深度贫困村基本不通宽带网络等等，这些都是现实存在的问题。针对存在的差距，要加快水、电、路、房、讯等基础设施建设，把资金和项目优先安排到贫困村，推进基础设施建设到村到户，改善贫困地区的基础设施环境。一是要依据“十三五”脱贫攻坚规划和年度减贫计划。围绕农村贫困人口实现脱贫、贫困县摘帽和解决区域整体性贫困，认真落实“十三五”脱贫攻坚规划，明确指导思想、目标任务和保障措施。发改、交通、国土、水务、电力等部门要对贫困地区的水、电、路及基本农田建设等项目进行深入督查，争取将“十三五”规划落到实处。二是全力认真实施易地扶贫搬迁工程。加快启动实施新一轮易地扶贫搬迁项目建设，加大投资支持力度，创新投融资模式和组织方式，建立健全监督考核办法，完善相关配套政策，确保“搬迁一批”实现脱贫。三是加快推进贫困地区重大基础设施建设。对贫困地区重大工程项目予以优先考虑和积极支持，推动启动一批“十三五”标志性工程项目建设，指导贫困地区加强项目储备，加大贫困地区基础设施和基本公共服务设施建设投资支持力度。继续加大以工代赈投入力度，大力改善贫困乡村生产生活条件。四是完善农村公路建、管、养机制。在乡（镇）成立交通运输管理所，制定村组公路建设和管养责任制，将村组公路管理养护纳入国家支持范围列入财政

预算，建立以政府财政投入为主、部分专项补助、乡镇村组筹资筹劳为辅、社会各界共同参与的乡村公路养护资金筹资机制，以村委会为主体配备专职或兼职养护人员，建立村组公路养护管理工作的有关协调、监管、考核机制。

（二）要激发群众脱贫致富内生动力。

坚持扶贫同扶智、扶志相结合，注重贫困人口的教育问题，加大教育培训力度；注重激发贫困地区和贫困群众脱贫致富的内在活力；注重提高贫困地区和贫困群众的自我发展能力。以思想引导为前提，注重扶贫同扶志、扶智相结合，积极发挥党员干部的引领作用和致富带头人的示范作用，激发贫困群众改变贫困面貌的干劲和决心，对有劳动能力的贫困群众，尽量采用生产奖补，劳务补助、以工代赈等激励政策和机制，教育和引导贫困群众通过自己的辛勤劳动脱贫致富，真正变“要我脱贫”为“我要脱贫”。同时，切实增强贫困群众的责任意识和市场意识，注重培育贫困群众发展生产和务工经商的基本技能，有针对性地开展职业教育和劳务培训，不断提高贫困群众参与市场竞争、就业创业的能力素质，推动扶贫开发模式由“输血”向“造血”转变。

（三）发挥产业扶贫关键作用，寻找新的增收点。

从实际出发，根据自身条件选择增收模式。一是在发展高效特色农业方面，贫困片区应大力发展粮食、水果、蔬菜、茶叶、中药材、生猪、家禽、肉牛、肉羊、肉兔等重点产业，促进产业标准化建设。二是在有条件的片区发展乡村旅游、农家乐旅游、休闲度假旅游、生态旅游、红色旅游等专题旅游项目，以及发展民族传统手工艺品、民族传统美食、农副土特产品开发项目。三是通过推广完善专业合作社、“合作社 + 基地 + 农户”等扶贫产业模式，把有特色、有优势、有市场的产业开发项目发展起来，积极培育新的经济增长点。建立农业龙头企业和专业合作社带动、产业基地和产业项目示范、入股分红和股份合作经营等产业扶贫发展机制。四是建立扶贫资金统筹和监管、扶贫项目建设和效益评价、到户精准扶贫等扶贫管理机制。五是因地选准扶贫项目，要分析贫困地区的比较优势，采取不同的帮扶措施、制定相应脱贫计划、实施相应的扶贫项目。在扶贫项目选择上，要坚持市场导向及利用贫困地区丰富自然资源，因地制宜，找准优势产业。六是对不同的贫困户，在帮扶措施上要因户施策、因人施策、因势利导，对贫困户“精确滴灌、精准施策”。要真正落实“一户一策”，扶真贫、真扶贫，确保如期稳定脱贫。

（四）加大科教文卫体等社会事业专业技术人员的配备力度。

由于历史欠账、地理环境等原因，深度贫困地区社会事业发展滞后，存在不少薄弱环节，特别是教育、卫生、养老等领域短板比较明显，基础设施和公共服务水平远远跟不上需求，建议加大对深度贫困地区公共服务领域人才的配备，使贫困地区人口便利地获得各种社会服务。

（国家统计局甘肃调查总队 赵之明 李东臻）

青海农村减贫情况

2018年，青海省委、省政府以习近平新时代中国特色社会主义思想为指导，全面落实党中央脱贫攻坚重大决策部署，把脱贫攻坚作为重大政治任务和第一民生工程，结合青海实际，制定出台了《关于打赢脱贫攻坚战三年行动计划的实施意见》和《责任分工方案》《关于打赢脱贫攻坚战提前实现整体脱贫的实施意见》《关于加快推进深度贫困地区脱贫攻坚实施方案》等，聚焦精准、综合施策、同向发力，着力围绕“两不愁三保障”突出问题，强化责任落实、政策落实、工作落实、督导检查、创新实践、推动发展，脱贫攻坚再战告捷，为2020年打赢脱贫攻坚战、全面建成小康社会打下了坚实基础。根据全省居民收支与生活状况调查及农村贫困监测调查显示，2018年青海农村贫困人口大幅减少，农村贫困发生率显著下降，农村居民收入增长加快，生活质量稳步提升，基础设施和公共服务持续改善。

一、青海农村贫困人口大幅减少，贫困发生率显著下降

（一）2018年末青海农村贫困人口10万人。

按照现行国家农村贫困标准测算，2018年末青海农村贫困人口10万人，比上年减少13万人；农村贫困发生率为2.6%，比上年下降3.4个百分点，降幅比全国平均水平高出2.0个百分点，是贫困发生率降至3%以下的23个省份之一。

（二）2018年末青海国家扶贫重点县农村贫困人口6万人。

2018年末青海15个国家扶贫重点县农村贫困人口6万人，比上年减少7万人，下降53.8%，占全省农村贫困人口的比重为60%，农村贫困发生率为3.6%，比上年下降4个百分点。

（三）十八大以来青海农村贫困人口大幅减少。

党的十八大以来，青海农村贫困人口从2012年的82万人减少到2018年的10万人，六年累计减少72万人，年均减少12万人；农村贫困发生率从2012年的21.6%下降到2018年的2.6%，六年累计下降19个百分点，年均下降3.2个百分点。其中：15个国家扶贫重点县农村贫困人口从2012年的53万人减少到2018年的6万人，六年累计减少47万人，年均减少7.8万人，减贫人口占全省农村减贫总人口的比重达65.3%；农村贫困发生率从2012年的24.5%下降到2018年的3.6%，六年累计下降20.9个百分点，年均下降近3.5个百分点，比全省农村平均水平快0.3个百分点，减贫速度比全省平均水平快于0.7个百分点。

表1 青海农村贫困人口变化情况

年 份	全省农村		国家扶贫重点县	
	贫困人口（万人）	贫困发生率（%）	贫困人口（万人）	贫困发生率（%）
2012年	82	21.6	53	24.5
2013年	63	16.4	46	21.3
2014年	52	13.4	36	16.8
2015年	42	10.9	27	15.6
2016年	31	8.1	18	10.3
2017年	23	6.0	13	7.6
2018年	10	2.6	6	3.6

二、青海农村居民收入增长加快

（一）2018年青海农村居民收入增长9.8%。

2018年青海农村居民人均可支配收入10393元，比上年增加931元，增长9.8%，增速比上年加快0.6个百分点，高于全国平均增速1个百分点。

1. 工资性收入增长加快。2018年青海农村居民人均工资性收入3047元，增长12.7%，增速比上年加快3个百分点。工资性收入占人均可支配收入的比重为29.3%，比上年提高0.7个百分点，对全年人均可支配收入增长的贡献率为36.9%，拉动收入增长3.6个百分点。工资性收入加快增长主要是得益于全省各地产业扶贫、就业扶贫力度持续加大，农村牧区贫困群体托底安置的生态管护、环境卫生整治、治安管理等各类公益性岗位大幅增加，工资及时足额发放到位，农村整体务工形势稳中向好，务工人数增加，工资水平提高，乡村教师生活补贴和村干部报酬上调等共同作用的结果。

2. 经营净收入增长明显放缓。2018年青海农村居民人均经营净收入3905元，增长3.7%，增速比上年回落14个百分点。经营净收入占人均可支配收入的比重为37.6%，比上年降低2.2个百分点，对收入增长的贡献率为15.1%，拉动收入增长1.5个百分点。经营净收入增长明显放缓主要是受部分种植业和林产品（虫草）产量下降、价格走低及农村二、三产业发展困难，收入降幅较大的影响，由于受非洲猪瘟疫情影响，牛、羊肉替代效应凸显，市场供需关系变化，牛羊肉价格涨幅大，出售量增加，拉动牧业收入高速增长，弥补了种植业收入和二、三产业收入下降所造成的下拉影响，也有力支撑了经营净收入保持缓慢增长的态势。

3. 财产净收入高速增长。2018年青海农村居民人均财产净收入463元，增长41.9%。财产净收入占人均可支配收入的比重为4.4%，比上年提高1个百分点，对收入增长的贡献率为14.7%，拉动收入增长1.4个百分点。虽然利息收入、其他红利收入、出租房屋收入均出现下降，但由于集体分配的红利收入、转让土地承包经营权租金收入、出租机械等资产收入增长加快，促使财产净收入高速增长。

4. 转移净收入增长明显加快。2018 年青海农村居民人均转移净收入 2978 元，增长 11.6%，增速比上年加快 12 个百分点。转移净收入占人均可支配收入的比重为 28.7%，比上年提高 0.5 个百分点，对收入增长的贡献率为 33.3%，拉动收入增长 3.3 个百分点。主要是随着全省脱贫攻坚工作的强力推进，精准扶贫力度持续加大，农村居民政策性生活补贴、惠农补贴、社会救济和补助、报销医疗费收入等均呈不同程度增长，使转移净收入增长明显加快。

十八大以来，青海农村居民人均可支配收入年均增长 10.9%。青海农村居民人均可支配收入由 2012 年的 5594 元增加到 2018 年的 10393 元，六年间累计增加 4799 元，年均增加 799.8 元，累计增长 85.8%，年均增长 10.9%，年均增速高于全国平均水平 1.2 个百分点。2018 年青海农村居民人均可支配收入占全国农村居民人均可支配收入的比重由 2012 年的 66.7% 上升到 71.1%，六年间上升 4.4 个百分点，与全国农村居民收入水平差距逐步缩小。

（二）2018 年青海集中连片特困地区农村居民人均可支配收入增长 13.8%。

2018 年，青海集中连片特困地区农村居民人均可支配收入 9483 元，比上年增加 1150 元，增长 13.8%，增速比上年加快 9.2 个百分点，高于全省平均水平 4 个百分点。从收入来源看，人均工资性收入 3272 元，增长 23.7%，比上年加快 13.3 个百分点，对人均可支配收入增长的贡献率为 54.5%，拉动收入增长 7.5 个百分点；人均转移净收入 2745 元，增长 14.2%，比上年加快 12.5 个百分点，对收入增长的贡献率为 29.7%，拉动收入增长 4.1 个百分点；人均经营净收入 3207 元，增长 7.1%，比上年加快 3.9 个百分点，对收入增长的贡献率为 18.5%，拉动收入增长 2.5 个百分点；人均财产净收入 259 元，下降 10.8%，拉低收入增长 0.3 个百分点。

十八大以来青海集中连片特困地区农村居民人均可支配收入年均增长 12%。青海集中连片特困地区农村居民人均可支配收入由 2013 年的 5369 元增加到 2018 年的 9483 元，五年间累计增加 4114 元，年均增加 823 元，累计增长 76.6%，年均增长 12%，年均增速高于全省平均水平 1.1 个百分点。2018 年青海集中连片特困地区农村居民人均可支配收入占全省农村居民人均可支配收入的比重由 2013 年的 83.1% 提升到 91.2%，五年间上升 8.1 个百分点，与全省农村居民收入水平差距明显缩小。

（三）2018 年青海国家扶贫重点县农村居民人均可支配收入增长 10.9%。

2018 年，青海 15 个国家扶贫重点县农村居民人均可支配收入 9238 元，比上年增加 908 元，增长 10.9%，比上年加快 2.4 个百分点，高于全省农村平均水平 1.1 个百分点。

十八大以来，青海 15 个国家扶贫重点县农村居民人均可支配收入年均增长 12.3%。2013-2018 年，青海国家扶贫重点县农村居民人均可支配收入六年间累计增加 4657 元，年均增加 776 元，累计增长 1.02 倍，年均增长 12.4%，年均增速高于全省农村平均水平 1.5 个百分点。2018 年 15 个扶贫重点县农村居民人均可支配收入占全省农村居民人均可支配收入的比重由 2012 年的 81.9% 提升到 88.9%，六年间上升 7 个百分点，与全省农村居民收入水平差距持续缩小。

表 2　2018 年青海农村居民收入与全国比较

指标名称	人均可支配收入		
	收入水平（元）	增加（元）	增长（%）
全国农村	14617	1185	8.8
青海农村	10393	931	9.8
集中连片特困地区	9483	1150	13.8
国家扶贫重点县	9238	908	10.6

三、青海农村居民消费水平稳步提高

2018 年，青海农村居民人均消费支出 10352 元，增长 4.5%。其中，食品烟酒支出人均 3053 元，增长 3.7%，占消费支出的比重为 29.5%，恩格尔系数比上年下降 0.2 个百分点；衣着支出人均 721 元，增长 7.6%，占比为 7%；居住支出人均 1790 元，增长 2.9%，占比为 17.3%；生活用品及服务支出人均 495 元，增长 1.4%，占比为 4.8%；交通通信支出人均 1765 元，增长 8.3%，占比为 17.1%；教育文化娱乐支出人均 945 元，增长 5.3%，占比为 9.1%；医疗保健支出人均 1332 元，增长 4.9%，占比为 12.8%；其他用品和服务支出人均 251 元，下降 4.9%，占比为 2.4%。

表 3　2018 年青海农村居民生活消费情况

指标名称	全省农村		集中连片特困地区		国家扶贫重点县	
	支出额（元）	构成（%）	支出额（元）	构成（%）	支出额（元）	构成（%）
人均消费支出	10352	100	9484	100	8299	100
1. 食品烟酒	3053	29.5	2772	29.2	2477	29.9
2. 衣着	721	7.0	638	6.7	542	6.5
3. 居住	1790	17.3	1710	18.0	1478	17.8
4. 生活用品及服务	495	4.8	488	5.2	460	5.5
5. 交通通信	1765	17.1	1525	16.1	1336	16.1
6. 教育文化娱乐	945	9.1	888	9.4	748	9.0
7. 医疗保健	1332	12.8	1243	13.1	1137	13.7
8. 其他用品和服务	251	2.4	220	2.3	121	1.5

十八大以来青海农村居民消费支出年均增长 7.8%。2013-2018 年，青海农村居民人均消费支出六年累计增加 3739 元，年均增加 623 元，累计增长 56.5%，年均增长 7.8%。恩格尔系数（食品消费支出占消费支出比重）由 2012 年的 37.2% 下降到 2018 年的 29.5%，六年间下降 7.7 个百分点；生活消费支出中生存型消费（食品、衣着、居住）占比由 2012 年的 60.2% 下降到 2018 年的 53.7%，六年间下降 6.5 个百分点， 而发展及享受型消费（生活用品及服务、交通通信、教育文化娱乐、医疗保健、其他用品及服务）占比则由 2012 年的 39.8% 提高到 2018 年的 46.3%。数据表明青海农村居民消费结构持续优化升级，生活质量不断提高。

四、青海贫困地区农村居民生产生活环境持续改善

2018 年，随着乡村振兴战略实施，农村人居环境整治力度不断加大，青海贫困地区特别是深度贫困地区基础设施、特色产业和社会事业全面发力，农村社区基础设施和公共服务能力不断加强，农村居增收能力明显增强，生产生活条件得到切实改善。

（一）居住条件和卫生环境明显改善。

1. 住房质量提高。2018 年，青海贫困地区农村居民居住在钢筋混凝土、砖混材料和砖木结构住房的农户达比重 95.5%，比上年提升 5.7 个百分点；居住在土坯房和其他住房的农户比重为 4.5%，比上年下降 5.7 个百分点。

十八大以来青海贫困地区农村居民住房条件极大改善。2018 年人均住房建筑面积比 2012 年增加 7.2 平方米，增长 31.6%；居住在土坯房或其他住房的农户比重比 2012 年下降 28.7 个百分点；居住在钢筋混凝土、砖混材料和砖木结构住户的农户比重比 2012 年提高 28.6 个百分点。

表 4　2012 年与 2018 年青海贫困地区农村居民住房和生活设施情况

指标名称	2012 年	2018 年	增加
人均住房建筑面积（平方米 / 人）	22.8	30	7.2
居住在钢筋混凝土结构的农户比重（%）	7.4	9.2	1.8
居住在砖混材料结构的农户比重（%）	12.4	43.9	31.5
使用管道供水的农户比重（%）	48.6	83.4	34.8
使用经过净化处理自来水的农户比重（%）	27.5	56.1	28.6
饮水无困难的农户比重（%）	84.1	93.4	9.3
有洗澡设施的农户比重（%）	4.7	35.5	30.8
炊用清洁能源的农户比重（%）	5.5	23.5	18.0

2. 生活设施和卫生环境进一步改善。2018 年，青海贫困地区农村使用照明电的农户比重为 96.9%，比上年提高 1.1 个百分点；使用净化处理自来水的农户比重为 56.1%，比上年提高 4 个百分点；饮水无困难的农户比重为 93.4%，比上年提高 0.6 个百分点；独用厕所的农户比重为 92.8%，比上年提高 0.3 个百分点， 其中，使用水冲式卫生厕所和卫生旱厕占比分别比上年提高 5 和 4.3 个百分点；炊用柴草的农户比重为 10.3%，比上年下降 9.5 个百分点；炊用清洁能源的农户比重为 23.5%，比上年提高 4.5 个百分点。

十八大以来，青海贫困地区农村居民生活设施和卫生环境明显改善。2018 年青海贫困地区农村居民饮水无困难、使用净化处理自来水的农户比重比 2012 年分别提高 9.3 和 28.6 个百分点；独用厕所的农户比重比 2012 年提高 1.8 个百分点；炊用清洁能源的农户比重比 2012 年提高 18 个百分点；炊用柴草的农户比重比 2012 年下降 18.1 个百分点；家中有洗澡设施的农户比重比 2012 年提高 30.8 个百分点。

（二）家庭耐用消费品拥有量增加，互联网使用率大幅提高。

2018 年，青海贫困地区农村居民家庭耐用消费品拥有量继续增加，每百户拥有家用汽车 40.4 辆，比上年增加 4.6 辆，比 2012 年增加 34.5 辆；每百户拥有洗衣机 95 台，比上年增加 0.9 台，比 2012 年增加 37.3 台；每百户拥有电冰箱（柜）95.9 台，比上年增加 2.3 台，比 2012 年增加 45.2 台；每百户拥有移动电话 282.4 部，比上年减少 0.6 部，比 2012 年增加 110.9 部，其中，接入互联网的 197.7 部，比上年增加 48.9 部，比 2012 年增加 183.9 部；每百户拥有计算机 19.4 台，比上年增加 4.2 台，比 2012 年增加 15.5 台，其中，接入互联网的 13.1 台，比上年增加 5.9 台，比 2012 年增加 11.7 台。

表 5　2012 年与 2018 年青海贫困地区农村居民耐用消费品拥有情况

指标名称	2012 年	2018 年	增加
百户汽车拥有量（辆）	5.9	40.4	34.5
百户洗衣机拥有量（台）	57.7	95	37.3
百户电冰箱拥有量（台）	50.7	95.9	45.2
百户移动电话拥有量（部）	171.5	282.4	110.9
百户计算机拥有量（台）	3.9	19.4	15.5

（三）基础设施建设加速推进。

2018 年，随着全省精准扶贫进入攻坚期，贫困地区基础设施和公共服务建设投入力度不断加大，农村道路、通讯设施、环境治理有了进一步提升。据调查，通电自然村比重 95.1%，比上年提高 0.5 个百分点；通公路自然村比重 98.6%，比上年提高 1.3 个百分点；通电话自然村比重 95.2%，比上年提高 1.4 个百分点；通有线电视和宽带自然村比重分别为 86.1% 和 87.9%，分别比上年提高 9.9 和 16.8 个百分点。

十八大以来，青海贫困地区农村道路通达情况和电力通讯设施状况显著改善。2018 年通电自然村、通电话自然村、通有线电视信号和通宽带的自然村比重比 2012 年分别提高 19.7、21.2、30.1 和 47.4 个百分点。

表 6　2012 年与 2018 年青海贫困地区农村基础设施状况

指标名称	2012 年	2018 年	增加
通电的自然村比重（%）	75.4	95.1	19.7
通电话的自然村比重（%）	74	95.2	21.2
通有线电视信号的自然村比重（%）	56	86.1	30.1
通宽带的自然村比重（%）	40.5	87.9	47.4
主干道路面经过硬化处理的自然村比重（%）	66.6	90.5	23.9
通客运班车的自然村比重（%）	61.4	74.9	13.5

（四）教育文化卫生事业扶贫效果明显。

近年来，随着扶贫攻坚深入推进，青海贫困地区教育文化卫生事业稳步发展。2018 年 87.7% 的村有文化活动室， 比上年提高 2.2 个百分点；7-15 岁非在校儿童比重为 5.1%，比上年下降 2.5 个百分点；未参加医保人口比重仅为 0.5%，比上年下降 0.5 个百分点；有病能及时就医人口比重为 94.1%，比上年提高 1.4 个百分点；报销医疗费占医疗总支出比重为 22.1%，比上年提高 2.5 个百分点；所在自然村垃圾能集中处理的农户比重为 69.9%，比上年提高 9.8 个百分点。

表 7　2013 年与 2018 年青海贫困地区农村居民教育和卫生状况

指标名称	2013 年	2018 年	增加
1、文化教育情况	—	—	—
所在自然村上幼儿园便利的农户比重（%）	77.9	81.2	3.3
所在自然村上小学便利的农户比重（%）	82.1	83.6	1.5
劳动力平均受教育年限（年）	6.0	6.4	0.4
有文化活动室的村比重（%）	74.5	87.7	13.2
2、医疗卫生情况	—	—	—
所在自然村有卫生站的农户比重（%）	84.5	90.6	6.1
拥有合法行医证医生 / 卫生员的村比重（%）	83.1	84.8	1.7
所在自然村垃圾能集中处理的农户比重（%）	13.9	69.9	56.0

十八大以来，青海贫困地区教育文化卫生事业得到长足发展。2018 年青海贫困地区农村居民所在自然村上幼儿园便利和所在自然村上小学便利的农户比重分别比 2013 年提高 3.3 个和 1.5 个百分点；农村劳动力平均受教育年限比 2013 年提高 0.4 年；所在行政村有文化活动室的村比重比 2013 年提高 13.2 个百分点；所在自然村有卫生站的农户比重比 2013 年提高 6.1 个百分点；拥有合法行医证医生或者卫生员的村比重比 2013 年提高 1.7 个个百分点；所在自然村垃圾能集中处理的农户比重比 2013 年提高 56 个百分点。

五、青海深度贫困地区脱贫攻坚存在的主要困难和问题

2018 年，青海省脱贫攻坚扎实有序推进，成为投入资金最多、攻坚力度最大、脱贫攻坚工作成效最显著的一年。年内全省 12 个贫困县实现摘帽、526 个贫困村退出、13 万农村贫困人口脱贫，农村贫困发生率由上年的 6% 下降到 2.6%，农村贫困人口减少到 10 万人。虽然全省剩余农村贫困人口基数不大，但尚未实现脱贫摘帽的 17 个县中有 12 个是深度贫困县，深度贫困县的农村贫困人口占全省剩余农村贫困人口总数的 83%，这些农村贫困人口基本上集聚在省内东部干旱山区和青南高寒牧区。这些地区自然条件差，生存环境恶劣，自然灾害频发，防灾、抗灾能力弱，基础设施建设滞后、公共服务欠缺、人才支撑不足、经济发展与生态保护共赢难，物质贫困和精神贫困并存，不少贫困户家庭收入来源主要依赖国家政策性转移支付，农牧民增收难度大、脱贫质量不高和巩固脱贫成果难的情况较为突出，是今后两年全省决胜脱贫攻坚工作的重中之重。

（一）青海贫困地区农村居民收入水平偏低，与全国及全省平均水平差距大。

2018 年，青海农村居民人均可支配收入为 10393 元，收入水平比全国平均水平 14617 元低 4224 元。其中，青海集中连片特困地区农村居民收入 9483 元，分别比全国平均水平和全省平均水平低 5134 元和 910 元；青海国家扶贫重点县农村居民收入 9238 元，分别比全国平均水平和全省平均水平低 5379 元和 1155 元；深度贫困人口集聚区青南藏区三州（玉树州、果洛州和黄南州）农村居民收入 8163 元，仅为全国和全省平均水平的 55.8% 和 78.5%。深度贫困地区农牧民收入结构单一，第一产业收入占比大，二、三产业收入相对较少且不稳定，草原生态奖补和针对贫困家庭托底安置的各类生态管护公益岗位等政策性收入已成为不少贫困户家庭的主要收入来源，而农牧业、虫草收入增长稳定性不强，易受价格波动的影响。

（二）青海贫困地区农村劳动力综合素质偏低，融入社会能力弱。

2018 年，青海贫困地区农村劳动力平均受教育年限为 6.4 年，全部劳动力中，文盲半文盲率达 61.2%，初中及以上文化程度的劳动力占比仅为 38.8%，特别是深度贫困人口集聚区青南藏区三州（玉树州、果洛州和黄南州）农村劳动力平均受教育年限仅为 3.9 年，文盲半文盲率高达 87.1%，初中及以上文化程度的劳动力仅占

12.9%，不懂汉语、不识汉字的青壮年比例高，与外界沟通交流不畅，接受职业技能培训能力不足，融入社会能力弱成为影响脱贫的重要因素。

（三）青海贫困地区地理和气候等自然条件差，产业发展难度较大。

青海深度贫困地区地处东部干旱山区和高寒牧区，产业结构单一，仍以传统种养业为主，生产经营方式落后，“靠天吃饭”的状况十分突出，特色优势资源转化为产业经济优势的能力不强。产业链条短，大多数农畜产品仍以初级产品出售为主，附加值低，经济效益不高。农业产业体系还不完善，产业布局同构化、产业结构趋同化、农畜产品同质化现象突出。农牧业的服务产业、“互联网+”等新型产业发展不足，产业融合度、农牧区流通市场发育程度低，产业融合基础设施及现代运输、仓储、冷链等专业设施匮乏，产业培育难，增长后劲不足。

（四）青海贫困地区贫困群众思想观念陈旧落后，内生发展动力不足。

一些贫困群众观念陈旧、觉悟不高，“等靠要”的思想严重，长期以来过度依赖外力，“输血式”扶贫一定程度上助长了贫困群体的懒惰思想，剩余劳动力转移就业、主动寻求脱贫的意识不强；藏区属全民信教地区，受藏传佛教“重来世、轻今生”的观念影响很深，“薄养厚葬、死不起、高额彩礼、娶不起”等陋习普遍存在，因宗教信仰“惜宰”“惜售”盛行，商品率不高，部分农牧民宗教信仰支出高昂，思想转变难。这些“精神”贫困，成为脱贫攻坚路上的“硬骨头”。

六、打赢深度贫困地区脱贫攻坚战的几点建议

（一）发展特色经济，大力推进产业就业扶贫。

立足不同区域的资源优势和生态优势，因地制宜，科学合理精准制定产业发展规划，大力发展牦牛、青稞、光伏、民族手工艺和乡村旅游为重点的五大扶贫产业，加快形成稳定增收和可持续发展的长效机制，同时积极融入“三变”改革，努力探索“三变+精准扶贫”的改革模式，将贫困群众与企业、合作社、家庭农场等经营主体有机结合起来，在资产入股和股权量化中，重点向贫困人口倾斜，推动贫困户“家家有产业、人人变股东”，打牢增收基础。切实抓好劳动力职业技能培训，积极扶持建立集约发展有民族文化、地域特色的手工业品及农畜产品加工等扶贫车间，为农牧区劳动力转移就近就地就业、脱贫创造条件。持续推进村集体经济“破零”工程，依托地域资源优势发展村级产业，为增强贫困地区自我发展能力、促进农牧业提质增效、农牧民增收提供物质基础。着眼深度贫困地区大部分县地处“三江源”核心保护区，生态保护与民生改善共赢难的问题较为突出的现实，积极争取国家财政支持，大力开发各类公益性岗位，以政策托底巩固脱贫成果。

（二）聚焦精神扶贫，狠抓扶志扶智移风易俗。

一要把扶贫同扶志、扶智结合起来。采取群众喜闻乐见的方式，深入农村牧区

宣讲脱贫政策、讲述脱贫故事、强化感恩教育，引导贫困群众克服“等靠要”思想，逐步消除精神贫困，把救急纾困和内生脱贫结合起来，提升贫困群众发展生产和务工经商的基本技能，推动贫困群众通过自己的辛勤劳动脱贫致富，激发他们自主脱贫的内生动力，充分发挥主体作用。二要从思想入手革陋习、除顽疾、树新风、养民风。加强薄养厚葬、高额彩礼等问题专项治理，强化村民自治，通过制定村规民约，引导群众转变思想观念， 破除陈规陋习、宗教迷信，养成健康向上生活习惯、形成良好社会风气。三要健全完善社会风险防控救助体系，统筹各类保障措施，加大临时救助力度，防止因病致贫、因灾致贫等现象的发生。

（三）完善监管机制，动态监测扶贫脱贫情况。

完善扶贫资金的动态监管机制，按月、按季检查通报，不定期入户抽查，保证扶贫资金使用质量。健全贫困户动态化分类信息管理系统，定期对不同程度贫困保障对象的收入情况、就业及生活情况核查，及时更新调整建档立卡贫困户信息，确保“进出”关口通畅。以“回头看”“回头帮”为抓手，跟踪监测已脱贫人口，科学评估脱贫成效，强化相对脱贫户、贫困边缘户后续帮扶，防止“刚越线，又返贫”现象发生。

（国家统计局青海调查总队 郭增福 王亚宁）

宁夏农村减贫情况

2018年是我国“十三五”脱贫攻坚的关键一年，在这一年中，宁夏坚决落实精准扶贫精准脱贫基本方略，以实施乡村振兴战略为契机，以深度贫困地区脱贫攻坚为重点，以产业扶贫和就业扶贫为抓手，以补齐基础设施和公共服务短板为突破，精准扶贫工作取得显著成绩贫困地区农民收入持续快速增长。

一、贫困人口明显减少

根据国家统计局全国农村贫困监测调查，按照现行国家农村贫困标准测算，2018年末，宁夏贫困地区农村净脱贫人口达6万人，农村贫困人口降至7万人，农村贫困发生率从2017年的6.5%下降至3.4%，下降3.1个百分点，宁夏比六盘山集中连片特困地区农村贫困发生率低2.2个百分点，比全国贫困地区农村贫困发生率低0.8个百分点。

二、贫困地区农民收入持续稳定增长

（一）贫困地区农村居民人均可支配收入增速继续高于农村。

2016年起，脱贫攻坚工作大力推进，贫困地区农民收入与全区农民收入差距明显缩小，2018年，宁夏贫困地区农村居民人均可支配收入9744元，比上年增加935元，名义增长10.6%，扣除价格因素，实际增长7.7%，实际增速高于全区农村增速1.6个百分点，与全国贫困地区农村居民人均可支配收入增幅持平。

（二）脱贫攻坚成效显著，四项收入全面增长。

随着精准扶贫工作的深入推进，2018年宁夏贫困地区农村居民四大项收入同比全面增长，其中，经营净收入增长最快，工资性收入、经营净收入、转移净收入对可支配收入的贡献率分别44.0%、27.9%、27.9%。

1. 务工渠道多元化，工资性收入稳步提升。2018年，宁夏贫困地区农村居民人均工资性收入达到3505元，比上年增加261元，同比增长8.0%，对可支配收入增长的贡献率为27.9%，拉动可支配收入增长3.0个百分点。工资性收入增长的主要原因：一是现代化农业在农村迅速发展，农业经营大户、农业发展公司大量涌现，以及小城镇建设、美丽村庄建设、农村危房改造等工程的实施，农民在家门口务工成为趋势。二是恰逢宁夏回自治区成立60周年，部分建筑工程为大庆献礼赶工期，集中时间段用工，建筑工地技工工资水平比上年同期增长9.5%-23.1%左右。三是就业扶贫政策落实到位，针对贫困地区建档立卡户招工企业增多，9个贫困县区购买公益性岗位3500个安排贫困户就业。

2. 经营净收入快速增长，对收入增长贡献最大。2018 年宁夏贫困地区农村居民人均经营净收入为 3540 元，同比增长 13.2%，对可支配收入增长的贡献率为 44.0%，拉动可支配收入增长 4.7 个百分点。从产业看，第一产业经营净收入同比增长 11.9%，其中，受气候条件适宜、雨水充沛等自然因素影响，玉米、蔬菜量价齐增，农业经营净收入同比增长 17.4%；受畜禽产品价格明显上涨影响，牧业经营净收入同比增长 7.5%；一二三产业融合助力农村经济较快发展，农民获得的二三产净收入同比增长 16.8%。

3. 惠农政策落实到位，转移净收入持续快速增长。2018 年宁夏贫困地区农村居民人均转移净收入为 2597 元，同比增长 11.2%，对可支配收入增长的贡献率为 27.9%，拉动可支配收入增长 3.0 个百分点。主要增长原因：一是农村低保、农村养老金标准持续增加。二是养殖业、种植业、危房改造工程、技能培训、教育扶贫等政策带动农村居民转移性收入快速增加。

4. 财产净收入稳重略增，增收贡献较小。2018 年宁夏贫困地区农村居民人均财产净收入为 102 元，同比增长 1.7%，对可支配收入增长的贡献率仅为 0.2%。财产净收入增长得益于农村集体经济效益显现，部分农民红利收入相应增加。

（三）宁夏贫困地区农民收入与全国平均水平保持同步增速。

2018 年全国贫困地区农村居民人均可支配收入 10371 元，同比增长 10.6%，宁夏贫困地区农村居民收入水平比全国平均水平低 627 元，增速与全国平均水平一致，位列全国第十二位。

三、贫困地区农民生活水平持续改善

2018 年宁夏贫困地区农村居民人均生活消费支出 8904 元，比上年增加 825 元，增长 10.2%。从消费结构来看，八大类支出均有不同程度上涨，其中涨幅最大的为交通通信和医疗保健支出，人均分别为 1507 元和 1067 元，均增长 14.4%。其次为食品烟酒支出，人均 2423 元，增长 13.8%；人均生活用品及服务支出 495 元，增长 11.8%；人均居住、衣着、教育文化娱乐支出分别为 1640 元、569 元、1113 元，分别增长 4.9%、4.8%、3.7%。随着贫困地区农民收入水平的提高，生存型消费已不再是主要改善目标，在外饮食、医疗保健等服务型消费成为其消费“新宠”。

（一）在外饮食支出大幅增长。

由于外出农民工增多，贫困地区农村居民在外饮食支出呈现强劲增长。2018 年，贫困地区农村居民人均在外饮食消费支出 159 元，比上年增加 48 元，增幅 42.5%，对食品消费支出增加额的贡献率为 16.2%，成为食品消费增加额中的亮点。

（二）医疗保健消费突飞猛进。

随着农村居民生活观念的转变，在经济条件得到改善的情况下，就医意识不断提高。2018 年，贫困地区农村居民人均医疗保健支出 1068 元，增幅 14.5%，对生活消费支出增加额的贡献率为 16.4%。

（三）文化娱乐消费势头不减。

随着贫困地区农民文化素质的不断提升，精神文化生活向更高层次发展，选择休闲娱乐的人数不断增多。2018 年，贫困地区农村居民人均文化娱乐消费支出 162 元，同比增长 29.9%。

四、贫困地区农民增收中存在的问题

（一）扶贫产业规模化程度低。

受资金、技术、地理环境等因素限制，扶贫产业同质化、低端化、迷你化情况较普遍，部分扶贫产业项目规模化程度低、产业链短。具体表现：宁夏贫困地区产业扶贫多以草畜产业为主，产业扶贫项目具有高度同质化的特征，与此同时，现有的草畜产业经营模式仍停留在“张飞卖肉”阶段，加工发展滞后，畜产品精、深加工比重低，产业链延伸增值能力弱。

（二）贫困户“扶志”工作任重道远。

长期以来，部分贫困户一直受帮扶资助，但至今仍未脱离贫困，甚至有部分贫困户不想脱贫、不愿脱贫，这部分人缺乏穷则思变得内生动力和人穷志不穷的奋斗精神，如何让贫困群众思想“活起来”，使贫困群众脱贫有支撑、致富可持续的任务依然艰巨。

（三）教育卫生事业起步晚、基础差，“扶智”难度高。

一是师资力量薄弱，流动性太大。贫困地区条件艰苦、经济落后，当地大学毕业生回乡就业意愿低，师资水平普遍较低，尤其是乡镇学校更为突出。二是基层卫生人员力量薄弱，工资待遇较低，专业技术水平不高，医疗基础设施不完善。

（四）就业扶贫存在短板。

一是培训针对性不强。培训资源整合不到位，没有形成合力，部门联动的功能没有充分发挥出来，还未将岗位需求和群众需求有机统一起来，做到“订单式”培训、“菜单式”选修，培训与转移就业脱节。二是转移就业稳定性不够。一些农村贫困劳动力存在等、靠、要思想，常年生活在大山深处，缺乏知识和技能，习惯安于现状；部分贫困劳动力有外出务工意愿，但由于文化水平太低、环境不适应等原因，尚未实现转移就业；还有部分农村贫困劳动力不安心在外工作，不愿意从事劳动强度大、工作环境差的岗位。

（五）贫困“边缘户”易因病、因学返贫。

老弱病残缺乏劳动力、大中专学生花费高是“边缘户”致贫的主要原因，部分“边缘户”家庭有常年患病、残疾或老年人口，长期缺乏劳动力，加上自然条件差，生产生活条件落后，仅依靠新型农村养老金和低保收入难以维持生活，容易造成贫困；而就学人口较多的贫困家庭，虽然“雨露计划”“燕宝基金”大大缩减了贫困地区农户大中专学生费用支出，但教育支出仍然较多。

五、几点建议

（一）科学推进产业扶贫。

一是科学规划。根据市场需求变化，科学制定产业规划，避免产业扶贫项目低端化、功利化、福利化和同质化。二是加快种植结构调整，鼓励农户种植青饲料，激发草畜产业活力。三推进农产品产销衔接，推进“互联网+品牌”建设，大力培育标准化网销产品，拓宽特色优势农产品网络销售渠道；加强农产品质量追溯体系建设和农产品质量安全追溯体系，为特色农产品编制农产品二维码，确保农产品质量可追溯；优化农村物流配送，推进冷链物流建设，深化电商平台合作，打通市场销售端。

（二）内外结合激发内生动力。

一是加强思想扶贫力度，加快转变观念。治穷先治愚，扶贫先扶志。针对贫困户加强党和国家的政策法规宣传力度，帮助其分析致贫原因，引导其牢固树立自强自立、自力更生、不等不靠的信心，树立“勤劳致富光荣，坐等靠要可耻”的正确理念。二是实施政策奖励，激发进取动力。对自主就业创业和就地发展产业、自己动手积极改善住房条件、自立自强率先脱贫和按期脱贫的贫困户，制定相应奖励标准，给予一定的资金奖励，通过有效的政策奖励，让贫困群众主动脱贫的干劲更足、率先脱贫的意识更强。

（三）持续加强教育卫生保障。

一是将教育事业作为大事来抓，持续推进教育攻坚。相关部门要优先保障贫困地区学校教职工配备，落实完善教师待遇、教育经费投入，加强中小学校长教师培养培训，积极利用远程教育提高本地教育水平。二是持续推进卫生事业攻坚。加大卫生投入，深入开展地方病综合防治专项计划，推进基层医疗机构“提标创等”和标准化建设；全面推进县、乡、村医疗卫生服务一体化管理，加强医疗卫生人才培养力度，强化贫困人口医疗救助，切实解决因病致贫、因病返贫问题。

（四）开展就业精准培训。

一是要加大培训资源的整合力度，充分发挥技能培训专项资金的导向作用，结合用工企业岗位需求和劳动力转移就业意愿，广泛发动职业院校、职业培训机构和用工企业面向贫困劳动力量身订制有针对性的技能培训，做到人岗相适应，实现培训与转移就业精准对接。二是要发展本地区劳务品牌，利用本地区传统特色产业、支柱产业，开展建筑劳务、养殖等传统行业的技能培训，促进本地区劳动力就业。三是要狠抓职业教育发展，引导未能继续升学的初、高中毕业生就读前景好的职业院校，提高新生代农民工劳动力技能和就业竞争力。

（五）进一步做好救助工作。

建立和完善政府统一领导、社会力量广泛参与的长效救助机制，努力破解贫困户因病、因残致贫返贫问题，实施建档立卡贫困户家庭意外伤害、大病补充医疗保险全覆盖，探索实行“先诊疗，后付费”救助办法，扩大医疗救助范围，将患大病或重症慢性病的困难对象纳入救助范围，对低保、“五保”、优抚、孤儿等特困对象实施无门槛救助，对支出型贫困家庭的重大病患者，提高救助金额。加强残疾人技能培训，做好残疾人就业工作。

（国家统计局宁夏调查总队 宋晓捷）

新疆农村减贫情况

2018 年，自治区上下坚决贯彻落实习近平总书记关于扶贫工作的重要论述和重要指示批示精神，贯彻落实以习近平同志为核心的党中央治疆方略，聚焦社会稳定和长治久安总目标，坚决扛起脱贫攻坚政治责任，围绕"两不愁三保障"，落实"六个精准"，坚持"一个紧密结合"，推进"七个一批"，做到"三个加大力度"，新疆贫困地区贫困人口持续减少，贫困发生率明显下降，贫困地区农民收入快速增长，生活质量和环境稳步改善。

一、新疆农村减贫成效显著

（一）新疆农村贫困人口及贫困发生率降幅加速。

按照现行国家农村贫困标准测算，2018 年末，新疆农村贫困人口 64 万人，较 2017 年减少 48 万人；农村贫困发生率为 5.7%，较 2017 年下降 4.2 个百分点；新疆脱贫人口较 2017 年增加 14 万人，农村贫困发生率降幅较 2017 年扩大 1.3 个百分点。党的十八大以来，新疆农村贫困人口由 2012 年末的 273 万人减少至 2018 年末的 64 万人，累计脱贫 209 万人，农村贫困发生率由 2012 年末的 25.4% 下降至 2018 年末的 5.7%，累计下降 19.7 个百分点。

（二）贫困地区及南疆四地州农村贫困人口及贫困发生率稳步缩小。

2018 年末，新疆贫困地区农村贫困人口为 43 万人，较 2017 年减少 23 万人，下降幅度为 34.3%，农村贫困发生率为 5.8%。其中，南疆四地州农村贫困人口为 42 万人，较 2017 年减少 22 万人，下降幅度为 34.4%，农村贫困发生率为 5.9%。

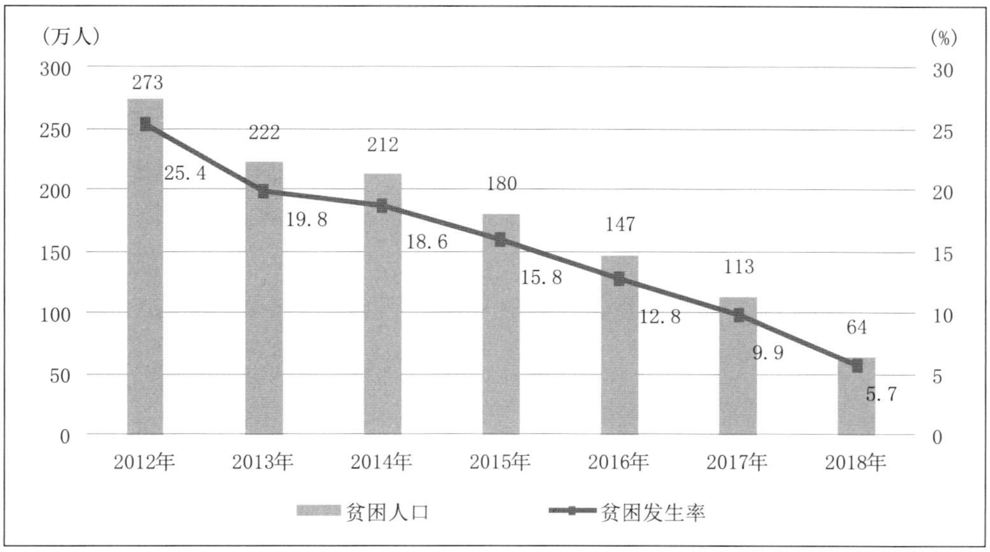

图 1　2012-2018 年新疆农村贫困人口及贫困发生率

二、贫困地区农村居民收入稳步增长，增幅高于新疆平均水平

2018 年，新疆贫困地区农村居民人均可支配收入 10907 元，首次突破万元大关，较 2017 年增加 992 元，同比增长 9.2%，增幅高于新疆农村居民平均水平 0.8 个百分点，新疆贫困地区农村居民收入稳步增长，收入在全国 22 个贫困监测省中排名第 8，与全区农民收入水平差距逐步缩小。2018 年，新疆贫困地区农民收入与全区平均水平的差距为 1068 元。

（一）从收入分项来看，工资性收入和转移净收入增速提高。

图 2　2015-2018 年新疆农村贫困地区收入增长变化图

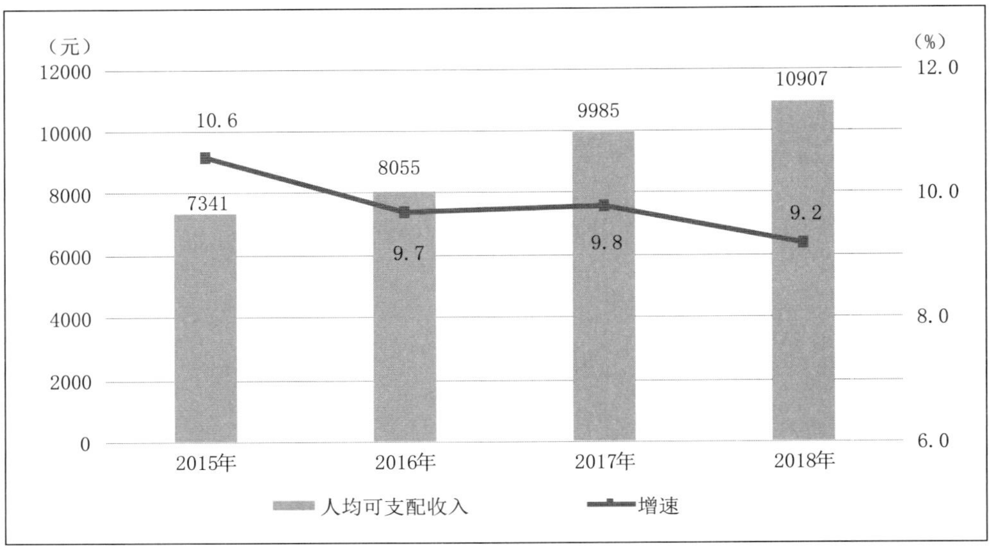

2018 年，新疆贫困地区农村居民人均工资性收入 2987 元，增加 306 元，增长 11.4%；经营净收入 5369 元，增加 257 元，增长 5.0%；财产净收入 91 元，增加 7 元，增长 8.6%；转移净收入 2461 元，增加 354 元，增长 16.8%。其中，经营净收入、转移净收入分别较 2017 年增加 49 元、117 元，两者增幅分别高于 2017 年 0.8 个百分点、4.1 个百分点。

（二）从收入构成来看，收入结构稳中向优。

2018 年，随着农村富余劳动力转移工作力度不断加大，新疆贫困地区农村居民工资性收入占贫困地区农村居民人均可支配收入的 27.4%，较 2017 年提高 0.5 个百分点；经营净收入比重由 51.2% 下降到 49.2%，缩小两个百分点，但经营净收入仍是农民收入的主要来源；财产净收入占比持平，保持在 0.8%；转移净收入比重继续增大，由 21.1% 提高到 22.6%。

（三）从地区来看，南疆四地州农村居民人均可支配收入增速高于新疆贫困地区。

2018 年，南疆四地州农村居民人均可支配收入 10762 元，较 2017 年增加 918 元，

增长 9.3%，高于新疆贫困地区农村居民平均水平 0.1 个百分点。其中，人均工资性收入 2901 元，增加 264 元，增长 10.0%；经营净收入 5271 元，增加 127 元，增长 2.5%；财产净收入 77 元，增加 25 元，增长 46.6%；转移净收入 2512 元，增加 503 元，增长 25.0%。

三、贫困地区农村居民生活消费明显提高，消费结构进一步优化

（一）生活消费明显提高。

2018 年，新疆贫困地区农村居民人均生活消费支出 7056 元，较 2017 年增加 834 元，同比增幅达 13.4%，较 2017 年增幅扩大 5.5 个百分点，较新疆农村居民平均水平增幅高出 5.3 个百分点，贫困地区农村居民生活消费支出明显提高。

（二）消费结构进一步优化。

1. 生存类消费占比降低，食品烟酒类占比下降是主因。2018 年，新疆贫困地区农村人均居民吃穿用等生存型消费支出共 3449 元，占生活消费支出比重的 48.9%，较 2017 年占比缩小 2.4 个百分点，说明贫困地区农村居民生活质量得到进一步提高。其中，人均食品烟酒消费支出 2254 元，同比下降 4.7%，占人均消费支出的 31.9%，较 2017 年占比缩小 6.1 个百分点；衣着、生活用品及服务消费支出分别为 684 元、511 元，同比分别增长 19.1%、102.8%，分别占人均生活消费支出的 9.7%、7.3%。

2. 居住、教育文化娱乐消费增加明显。随着易地搬迁及危房改造等工作进一步推进。2018 年，新疆贫困地区农村居民人均居住消费支出 1506 元，较 2017 年增加 372 元，同比增长 32.8%；教育文化娱乐消费支出 759 元，较 2017 年增加 354 元，同比增长 114.6%。

四、农村基础设施及公共服务不断改善，居民生活质量进一步提升

（一）基础设施建设成效明显。

2018 年，新疆贫困地区农村通公路、通电话、所在自然村接收有线电视信号及所在自然村进村主干道路硬化的农户比重均已达到 100% 的全面覆盖。所在自然村能便利乘坐公共汽车的农户比重占 78.4%，较 2017 年扩大 3.7 个百分点；所在自然村垃圾能集中处理的农户比重占 74.7%，较 2017 年扩大 8.4 个百分点；另外，所在自然村通宽带、有卫生站、上幼儿园及小学便利的农户比重均达到 96% 以上，分别为 98.6%、96.1%、97.4%、97.2%。

（二）居住环境持续改善。

2018 年，新疆贫困地区农村居民住房建筑面积户均 115.2 平方米，较 2017 年增加 11.5 平方米，同比增加 11.5%。住房主要以砖混材料、砖瓦砖木以及钢筋混凝土

材料比重为 99.6%，竹草土坯房比重为 0%。独用厕所的农户比重占 98.7%。

（三）饮水条件不断提升。

2018 年，新疆贫困地区农村居民中，饮水无困难的比重占 97.3%，较 2017 年提高 7.2 个百分点；使用管道供水的农户比重为 89.8%，较 2017 年提高 2.6 个百分点；使用经过净化处理自来水的农户比重为 88.3%，较 2017 年提高 6.3 个百分点。

五、对深入推进精准扶贫的对策建议

（一）坚持扶贫与扶智扶志深度融合原则。

党的十九大报告强调，“坚持大扶贫格局，注重扶贫同扶志、扶智相结合”。在新疆脱贫攻坚战中，要坚持用好以民族团结一家亲“结亲周”“四同四送”、农牧民夜校等为载体，采取加强思想教育、政策引导、典型引路以及农技准广等举措推进扶贫工作，强化脱贫光荣的导向，教育引导贫困群众克服“等靠要”思想，激发贫困群众内生动力，不断增强贫困群众自主脱贫和自我发展的能力。

（二）由“输血”向“造血”转变，发展产业扶贫是关键。

产业扶贫不同于单方面帮扶，只有以市场为导向，以双赢为目的，提高产业发展的抗市场风险能力，才能形成长效的扶贫机制。一是合理选择产业方向。根据各地不同资源禀赋以及贫困户的经营能力和脱贫需求，合理确定产业发展方向、重点和规模，提高产业发展的持续性和有效性，不能不顾实际，盲目上马，引进水土不服的产业。二是重视营销和保障体系建设。加大对贫困地区农产品品牌推介营销支持力度。大力推进电商扶贫，拓宽市场供需渠道。通过强化技术服务支持、建立质量保障体系、注重产业风险防控，完善产业保障体系。三是实现脱贫效果长效化。制定政策要引导企业产业扶贫健全长效扶贫机制，健全帮扶方案，制定和跟踪服务，“要搀起来，还要送一程”，要确保贫困户在致富增收的路上不掉队。

（三）加强职业技能培训，提升就业竞争力。

提升贫困居民的就业竞争力要以加强职业技能为抓手。一是要整合各类培训资源，优化培训体系。发挥各种就业培训中心、职业技术学校等培训机构在农村贫困人口劳务输出培训中的作用。引导企业扶贫与职业教育相结合，支持用人企业在贫困地区建立劳务培训基地，开展好订单定向培训，建立和完善输出地和输入地劳务对接机制。二是要强化实用型技能培训，提高输出质量。一门好的技能能够有效提高一个家庭的经济收入水平，职业技能培训要确保农村贫困家庭劳动力至少掌握一门实用型致富技能，实现靠技能脱贫。要以“培训一人，就业一人，脱贫一户”为目标，建立就业帮扶对象基础台账，提高就业服务、技能培训精准度。

（四）后续保障是易地扶贫搬迁的重中之重。

易地扶贫搬迁的关键在于脱贫，始终要围绕脱贫来考虑搬迁工作。要坚持这项工作的目标是脱贫，手段是搬迁，产业是路径，紧紧围绕搬迁群众脱贫的根本目标，制定后续产业扶持方案，建立健全帮扶机制。而易地搬迁方式、搬迁距离、安置地点等都会对扶贫移民的社会适应状况产生显著影响。因此，易地搬迁政策调整要以增强社会适应性为目标。第一，科学制定实施规划，完善搬迁安置点水、电、路、气、网等配套基础设施建设，加快建设教育、卫生、文化、体育以及商业网点等公共服务设施，全面解决好搬迁对象生产生活的“硬件”问题；第二，充分考虑扶贫移民原有的生产生活方式和自身特性，制定产业扶持、技能培训、劳务输出、资产收益、就业创业等扶持措施，确保每户都有稳定增收的途径，让贫困居民从内生动力与外部环境上增强扶贫移民的自我效能感和自我发展能力。

（国家统计局新疆调查总队 王鹏）

统计资料篇

资料使用说明

一、数据来源

本报告的数据主要有四个来源：

（一）全国住户收支与生活状况调查：该调查由国家统计局住户调查办公室负责组织实施，按照分层随机抽样方法在全国共抽取约16万调查户开展抽样调查。样本规模和分布经过科学测算，抽样结果经过严格评估，对全国、分省有代表性。统计资料第一部分全国农村统计资料主要来自该调查。

（二）国家农村贫困监测调查：该调查由国家统计局住户调查办公室负责组织实施。抽样方法同全国住户收支与生活状况调查，样本覆盖我国贫困地区的592个扶贫重点县及14个连片特困地区县，调查村委会5000多个，近6万户，抽样结果对全国贫困地区、连片特困地区和扶贫重点县有代表性。统计资料第二部分贫困地区统计资料、第三部分连片特困地区统计资料、第四部分扶贫重点县统计资料主要来自该调查。

（三）县（市）社会经济基本情况统计：该项统计由国家统计局农村司负责组织实施。统计资料第二部分贫困地区统计资料、第三部分连片特困地区统计资料、第四部分扶贫重点县统计资料中的综合资料来自该项统计。

（四）部门统计调查。

二、其他说明

（一）本报告中的全国数据未包括香港、澳门特别行政区和台湾省；

（二）空栏代表数据缺失，使用“--”表示；

（三）由于小数点原因，部分分项数据加总与汇总数据不完全一致，本报告未做调整。

一、全国农村

表 1-1 历年全国农村贫困状况

年份	1978 年标准		2008 年标准		2010 年标准	
	贫困人口（万人）	贫困发生率(%)	贫困人口（万人）	贫困发生率(%)	贫困人口（万人）	贫困发生率(%)
1978 年	25000	30.7			77039	97.5
1980 年	22000	26.8			76542	96.2
1981 年	15200	18.5				
1982 年	14500	17.5				
1983 年	13500	16.2				
1984 年	12800	15.1				
1985 年	12500	14.8			66101	78.3
1986 年	13100	15.5				
1987 年	12200	14.3				
1988 年	9600	11.1				
1989 年	10200	11.6				
1990 年	8500	9.4			65849	73.5
1991 年	9400	10.4				
1992 年	8000	8.8				
1994 年	7000	7.7				
1995 年	6540	7.1			55463	60.5
1997 年	4962	5.4				
1998 年	4210	4.6				
1999 年	3412	3.7				
2000 年	3209	3.5	9422	10.2	46224	49.8
2001 年	2927	3.2	9029	9.8		
2002 年	2820	3.0	8645	9.2		
2003 年	2900	3.1	8517	9.1		
2004 年	2610	2.8	7587	8.1		
2005 年	2365	2.5	6432	6.8	28662	30.2
2006 年	2148	2.3	5698	6.0		
2007 年	1479	1.6	4320	4.6		
2008 年			4007	4.2		
2009 年			3597	3.8		
2010 年			2688	2.8	16567	17.2
2011 年					12238	12.7
2012 年					9899	10.2
2013 年					8249	8.5
2014 年					7017	7.2
2015 年					5575	5.7
2016 年					4335	4.5
2017 年					3046	3.1
2018 年					1660	1.7

数据来源：国家统计局农村住户调查和住户收支与生活状况调查。

注：①1978 年标准：1978—1999 年称为农村贫困标准，2000—2007 年称为农村绝对贫困标准。

②2008 年标准：2000—2007 年称为农村低收入标准，2008—2010 年称为农村贫困标准。

③2010 年标准：即现行农村贫困标准，于 2011 年确定。

表 1-2 2010-2018 年全国分地区农村贫困人口规模

单位：万人

地 区	2010 年	2011 年	2012 年	2013 年	2014 年	2015 年	2016 年	2017 年	2018 年
全 国	16567	12238	9899	8249	7017	5575	4335	3046	1660
北 京	1	2	1	.	.	.	.	.	.
天 津	8	5	1	.	.	.	.	.	.
河 北	872	561	437	366	320	241	188	124	63
山 西	574	444	359	299	269	223	186	133	74
内蒙古	258	160	139	114	98	76	53	37	14
辽 宁	213	157	146	126	117	86	59	39	24
吉 林	216	140	103	89	81	69	57	41	26
黑龙江	239	155	130	111	96	86	69	50	27
上 海	.	.	.	.	.	.	.	.	.
江 苏	187	123	106	95	61	.	.	.	.
浙 江	148	94	83	72	45	.	.	.	.
安 徽	839	710	543	440	371	309	237	158	67
福 建	167	114	87	73	50	36	23	.	.
江 西	538	438	385	328	276	208	155	107	63
山 东	544	345	313	264	231	172	140	60	.
河 南	1461	955	764	639	565	463	371	277	168
湖 北	678	488	395	323	271	216	176	114	67
湖 南	1006	908	767	640	532	434	343	232	105
广 东	314	166	128	115	82	47	.	.	.
广 西	1012	950	755	634	540	452	341	246	140
海 南	133	88	65	60	50	41	32	23	7
重 庆	363	202	162	139	119	88	45	21	13
四 川	1409	912	724	602	509	400	306	212	98
贵 州	1521	1149	923	745	623	507	402	295	173
云 南	1468	1014	804	661	574	471	373	279	179
西 藏	117	106	85	72	61	48	34	20	13
陕 西	756	592	483	410	350	288	226	169	83
甘 肃	862	722	596	496	417	325	262	200	121
青 海	118	108	82	63	52	42	31	23	10
宁 夏	77	77	60	51	45	37	30	19	9
新 疆	469	353	273	222	212	180	147	113	64

数据来源：国家统计局住户收支与生活状况调查。

注："."表示数值较小，统计上不显著，下同。

表 1-3　2010-2018 年全国分地区农村贫困发生率

单位：%

地　区	2010 年	2011 年	2012 年	2013 年	2014 年	2015 年	2016 年	2017 年	2018 年
全　国	17.2	12.7	10.2	8.5	7.2	5.7	4.5	3.1	1.7
北　京	0.3	0.3	0.2	.	.	.	.	.	.
天　津	2.0	1.2	0.2	.	.	.	.	.	.
河　北	15.8	10.1	7.8	6.5	5.6	4.3	3.3	2.2	1.1
山　西	24.1	18.6	15.0	12.4	11.1	9.2	7.7	5.5	3.0
内蒙古	19.7	12.2	10.6	8.5	7.3	5.6	3.9	2.7	1.0
辽　宁	9.1	6.8	6.3	5.4	5.1	3.8	2.6	1.7	1.1
吉　林	14.7	9.5	7.0	5.9	5.4	4.6	3.8	2.7	1.8
黑龙江	12.7	8.3	6.9	5.9	5.1	4.6	3.7	2.7	1.4
上　海	.	.	.	.	.	.	.	.	.
江　苏	3.8	2.5	2.1	2.0	1.3	.	.	.	.
浙　江	3.9	2.5	2.2	1.9	1.1	.	.	.	.
安　徽	15.7	13.2	10.1	8.2	6.9	5.8	4.4	3.0	1.3
福　建	6.2	4.2	3.2	2.6	1.8	1.3	0.8	.	.
江　西	15.8	12.6	11.1	9.2	7.7	5.8	4.3	3.0	1.8
山　东	7.6	4.8	4.4	3.7	3.2	2.4	1.9	0.8	.
河　南	18.1	11.8	9.4	7.9	7.0	5.8	4.6	3.4	2.1
湖　北	16.9	12.1	9.8	8.0	6.6	5.3	4.3	2.8	1.6
湖　南	17.9	16.0	13.5	11.2	9.3	7.6	6.0	4.1	1.8
广　东	4.6	2.4	1.9	1.7	1.2	0.7	.	.	.
广　西	24.3	22.6	18.0	14.9	12.6	10.5	7.9	5.7	3.3
海　南	23.8	15.5	11.4	10.3	8.5	6.9	5.5	3.9	1.3
重　庆	15.1	8.5	6.8	6.0	5.3	3.9	2.0	0.9	0.6
四　川	20.2	13.0	10.3	8.6	7.3	5.7	4.4	3.1	1.4
贵　州	45.1	33.4	26.8	21.3	18.0	14.7	11.6	8.5	5.0
云　南	40.0	27.3	21.7	17.8	15.5	12.7	10.1	7.5	4.8
西　藏	49.2	43.9	35.2	28.8	23.7	18.6	13.2	7.9	5.1
陕　西	27.3	21.4	17.5	15.1	13.0	10.7	8.4	6.3	3.1
甘　肃	41.3	34.6	28.5	23.8	20.1	15.7	12.6	9.7	5.8
青　海	31.5	28.5	21.6	16.4	13.4	10.9	8.1	6.0	2.6
宁　夏	18.3	18.3	14.2	12.5	10.8	8.9	7.1	4.5	2.2
新　疆	44.6	32.9	25.4	19.8	18.6	15.8	12.8	9.9	5.7

数据来源：国家统计局住户收支与生活状况调查。

表 1-4　2013-2018 年全国分地区农村常住居民人均可支配收入

单位：元

地　区	2013 年	2014 年	2015 年	2016 年	2017 年	2018 年
全　国	9430	10489	11422	12363	13432	14617
北　京	17101	18867	20569	22310	24240	26490
天　津	15353	17014	18482	20076	21754	23065
河　北	9188	10186	11051	11919	12881	14031
山　西	7949	8809	9454	10082	10788	11750
内蒙古	8985	9976	10776	11609	12584	13803
辽　宁	10161	11191	12057	12881	13747	14656
吉　林	9781	10780	11326	12123	12950	13748
黑龙江	9369	10453	11095	11832	12665	13804
上　海	19208	21192	23205	25520	27825	30375
江　苏	13521	14958	16257	17606	19158	20845
浙　江	17494	19373	21125	22866	24956	27302
安　徽	8850	9916	10821	11720	12758	13996
福　建	11405	12650	13793	14999	16335	17821
江　西	9089	10117	11139	12138	13242	14460
山　东	10687	11882	12930	13954	15118	16297
河　南	8969	9966	10853	11697	12719	13831
湖　北	9692	10849	11844	12725	13812	14978
湖　南	9029	10060	10993	11930	12936	14093
广　东	11068	12246	13360	14512	15780	17168
广　西	7793	8683	9467	10359	11325	12435
海　南	8802	9913	10858	11843	12902	13989
重　庆	8493	9490	10505	11549	12638	13781
四　川	8381	9348	10247	11203	12227	13331
贵　州	5898	6671	7387	8090	8869	9716
云　南	6724	7456	8242	9020	9862	10768
西　藏	6553	7359	8244	9094	10330	11450
陕　西	7092	7932	8689	9396	10265	11213
甘　肃	5589	6277	6936	7457	8076	8804
青　海	6462	7283	7933	8664	9462	10393
宁　夏	7599	8410	9119	9852	10738	11708
新　疆	7847	8724	9425	10183	11045	11975

数据来源：国家统计局住户收支与生活状况调查。

表 1-5　2013-2018 年全国分地区农村常住居民人均消费支出

单位：元

地　区	2013 年	2014 年	2015 年	2016 年	2017 年	2018 年
全　国	7485	8383	9223	10130	10955	12124
北　京	13564	14535	15811	17329	18810	20195
天　津	12491	13739	14739	15912	16386	16863
河　北	7377	8248	9023	9798	10536	11383
山　西	6458	6992	7421	8029	8424	9172
内蒙古	9080	9972	10637	11463	12184	12661
辽　宁	7032	7801	8873	9953	10787	11455
吉　林	7523	8140	8783	9521	10279	10826
黑龙江	7192	7830	8391	9424	10524	11417
上　海	13016	14820	16152	17071	18090	19965
江　苏	10759	11820	12883	14428	15612	16567
浙　江	12803	14498	16108	17359	18093	19707
安　徽	7200	7981	8975	10287	11106	12748
福　建	9986	11056	11961	12911	14003	14943
江　西	6807	7548	8486	9128	9870	10885
山　东	6877	7962	8748	9519	10342	11270
河　南	6359	7277	7887	8587	9212	10392
湖　北	7850	8681	9803	10938	11633	13946
湖　南	7833	9025	9691	10630	11534	12721
广　东	8938	10043	11103	12415	13200	15411
广　西	6035	6675	7582	8351	9437	10617
海　南	6376	7029	8210	8921	9599	10956
重　庆	6971	7983	8938	9954	10936	11977
四　川	7365	8301	9251	10192	11397	12723
贵　州	5291	5970	6645	7533	8299	9170
云　南	5247	6030	6830	7331	8027	9123
西　藏	4102	4822	5580	6070	6691	7452
陕　西	6488	7252	7901	8568	9306	10071
甘　肃	5654	6148	6830	7487	8030	9065
青　海	7506	8235	8566	9222	9903	10352
宁　夏	6740	7676	8415	9138	9982	10790
新　疆	7103	7365	7698	8277	8713	9421

数据来源：国家统计局住户收支与生活状况调查。

表 1-6　2011-2018 年全国农村常住居民收入消费增长情况

单位：%

年　份	人均可支配收入名义增速	人均可支配收入实际增速	人均消费支出名义增速	人均消费支出实际增速
2011 年	17.9	11.4	19.2	12.6
2012 年	13.5	10.7	13.2	10.4
2013 年	12.4	9.3	12.1	9.0
2014 年	11.2	9.2	12.0	10.0
2015 年	8.9	7.5	10.0	8.6
2016 年	8.2	6.2	9.8	7.8
2017 年	8.6	7.3	8.1	6.8
2018 年	8.8	6.6	10.7	8.4

数据来源：国家统计局全国农村住户调查、住户收支与生活状况调查。

注：2012 年国家统计局开始实施城乡一体化住户调查改革。全国农村统计资料中 2011—2012 年数据来源于改革之前的全国农村住户调查，2013—2018 年数据来源于改革之后的全国住户收支与生活状况调查，下同。

表 1-7　2013-2018 年全国农村常住居民人均可支配收入及构成

指标名称	收入水平（元/人）						构成（%）					
	2013 年	2014 年	2015 年	2016 年	2017 年	2018 年	2013 年	2014 年	2015 年	2016 年	2017 年	2018 年
人均可支配收入	9430	10489	11422	12363	13432	14617	100.0	100.0	100.0	100.0	100.0	100.0
1. 工资性收入	3653	4152	4600	5022	5498	5996	38.7	39.6	40.3	40.6	40.9	41.0
2. 经营净收入	3935	4237	4504	4741	5028	5358	41.7	40.4	39.4	38.3	37.4	36.7
（一）第一产业经营净收入	2840	2999	3154	3270	3391	3489	30.1	28.6	27.6	26.4	25.2	23.9
1. 农业	2160	2307	2412	2440	2524	2608	22.9	22.0	21.1	19.7	18.8	17.8
2. 牧业	460	443	489	574	586	575	4.9	4.2	4.3	4.6	4.4	3.9
（二）第二产业经营净收入	253	259	276	288	319	378	2.7	2.5	2.4	2.3	2.4	2.6
（三）第三产业经营净收入	843	980	1074	1184	1318	1491	8.9	9.3	9.4	9.6	9.8	10.2
3. 财产净收入	195	222	252	272	303	342	2.1	2.1	2.2	2.2	2.3	2.3
4. 转移净收入	1648	1877	2066	2328	2603	2920	17.5	17.9	18.1	18.8	19.4	20.0

数据来源：国家统计局住户收支与生活状况调查。

表 1-8　2013-2018 年全国农村常住居民消费支出及构成

指标名称	水平（元/人）						构成（%）					
	2013年	2014年	2015年	2016年	2017年	2018年	2013年	2014年	2015年	2016年	2017年	2018年
人均消费支出	7485	8383	9223	10130	10955	12124	100.0	100.0	100.0	100.0	100.0	100.0
1. 食品烟酒	2554	2814	3048	3266	3415	3646	34.1	33.6	33.0	32.2	31.2	30.1
2. 衣着	454	510	550	575	612	648	6.1	6.1	6.0	5.7	5.6	5.3
3. 居住	1580	1763	1926	2147	2354	2661	21.1	21.0	20.9	21.2	21.5	21.9
4. 生活用品及服务	455	507	546	596	634	720	6.1	6.0	5.9	5.9	5.8	5.9
5. 交通通信	875	1013	1163	1360	1509	1690	11.7	12.1	12.6	13.4	13.8	13.9
6. 教育文化娱乐	755	860	969	1070	1171	1302	10.1	10.3	10.5	10.6	10.7	10.7
7. 医疗保健	668	754	846	929	1059	1240	8.9	9.0	9.2	9.2	9.7	10.2
8. 其他用品和服务	144	163	174	186	201	218	1.9	1.9	1.9	1.8	1.8	1.8

数据来源：国家统计局全国住户收支与生活状况调查。

表 1-9　2010-2018 年全国农村常住居民年末每百户主要耐用消费品拥有量

指标名称	单 位	2010 年	2013 年	2014 年	2015 年	2016 年	2017 年	2018 年
家用汽车	辆	2.8	9.9	11.0	13.3	17.4	19.3	22.3
摩托车	辆	--	61.1	67.6	67.5	65.1	64.1	57.4
洗衣机	台	57.3	71.2	74.8	78.8	84.0	86.3	88.5
电冰箱（柜）	台	45.2	72.9	77.6	82.6	89.5	91.7	95.9
彩色电视机	台	111.8	112.9	115.6	116.9	118.8	120.0	116.6
空调	台	16.0	29.8	34.2	38.8	47.6	52.6	65.2
热水器	台	28.3	43.6	48.2	52.5	59.7	62.5	68.7
移动电话	部	136.5	199.5	215.0	226.1	240.7	246.1	257.0
计算机	台	10.4	20.0	23.5	25.7	27.9	29.2	26.9

数据来源：国家统计局全国农村住户调查、全国住户收支与生活状况调查。

二、贫困地区①

（一）2011—2017 年贫困地区综合资料

表 2-1　贫困地区经济社会发展情况

指标名称	单位	2011 年	2012 年	2013 年	2014 年	2015 年	2016 年	2017 年
一、基本情况								
行政区域面积	万平方公里	--	--	--	--	464	452	450
乡个数	个	6917	6920	6796	6515	6046	5656	5484
镇个数	个	5271	5347	5554	5671	5729	5965	6130
户籍人口	万人	--	--	--	30469	30517	30590	30777
二、财政金融资料								
地区生产总值	亿元	36637	42491	47773	52357	55607	60214	64605
#第一产业增加值	亿元	8979	10197	11108	11910	12668	13347	13451
第二产业增加值	亿元	16019	18804	21082	22560	22463	23776	25256
第三产业增加值	亿元	11641	13490	15583	17887	20477	23091	25897
公共财政收入	亿元	1833	2345	2987	3348	3561	3897	4083
公共财政支出	亿元	10427	13023	14612	16172	18811	20529	22616

数据来源：国家统计局县（市）社会经济基本情况统计。

注：2011—2015 年贫困地区综合资料包括贫困地区共 812 个县（旗、县级市）数据，不包括 20 个县改区的区数据。

由于河北省宣化县被分割合并到了不同区，故 2016 年贫困地区综合资料包括贫困地区共 811 个县（旗、县级市）数据，不包括 21 个县改区的区数据。

①贫困地区，包括集中连片特困地区和片区外的国家扶贫开发工作重点县。2017 年贫困监测调查范围增加了新疆阿克苏地区。为使增速可比，对 2016 年基期数据按同范围进行计算。

表 2-2　贫困地区文化教育、医疗保健情况

指标名称	单位	2011年	2012年	2013年	2014年	2015年	2016年	2017年
一、文化教育情况								
普通中学在校学生数	万人	1660	1577	1474	1460	1440	1444	1453
小学在校学生数	万人	2512	2523	2222	2198	2194	2191	2226
二、医疗保健								
医疗卫生机构床位数	万床	67	76	86	96	104	111	121
各种社会福利收养性单位数	个	9239	9385	9372	10202	10421	10314	10169
各种社会福利收养性单位床位数	万床	58	60	69	78	81	82	80

数据来源：国家统计局县（市）社会经济基本情况统计。

（二）2018 年贫困地区贫困状况

表 2-3　2018 年贫困地区农村贫困人口变化情况

地　区	贫困人口		贫困发生率	
	数量（万人）	比上年下降（万人）	水平（%）	比上年下降（百分点）
合　计	1115	785	4.2	3.0
河　北	56	42	4.0	3.0
山　西	28	21	5.0	3.6
内蒙古	13	20	1.9	2.9
吉　林	4	3	4.1	2.8
黑龙江	22	16	4.1	3.0
安　徽	57	52	2.9	2.6
江　西	38	34	3.1	2.8
河　南	96	62	3.2	2.1
湖　北	48	31	4.0	2.5
湖　南	82	58	4.1	2.9
广　西	46	31	4.4	3.0
海　南	3	3	3.7	4.4
重　庆	11	6	1.3	0.7
四　川	56	47	3.3	2.8
贵　州	155	97	5.4	3.3
云　南	166	98	6.4	3.8
西　藏	13	7	5.1	2.8
陕　西	56	46	4.2	3.5
甘　肃	106	69	6.5	4.2
青　海	10	13	2.6	3.4
宁　夏	7	6	3.4	3.1
新　疆	43	23	5.8	3.1

数据来源：国家统计局农村贫困监测调查。

表 2-4　2018 年贫困地区农村常住居民收入情况

地　区	人均可支配收入（元）	名义增速（%）
合　计	10371	10.6
河　北	10393	11.4
山　西	8250	12.6
内蒙古	10965	11.3
吉　林	9330	11.6
黑龙江	9621	12.2
安　徽	12078	10.5
江　西	10635	10.8
河　南	11911	10.4
湖　北	11552	10.3
湖　南	9875	10.9
广　西	10761	10.7
海　南	11545	12.0
重　庆	12470	10.6
四　川	10837	11.0
贵　州	9528	9.8
云　南	9595	10.4
西　藏	11450	10.8
陕　西	10267	10.4
甘　肃	7687	10.3
青　海	10393	9.8
宁　夏	9744	10.6
新　疆	10907	9.2

数据来源：国家统计局农村贫困监测调查。

注：2012 年国家统计局实施了城乡住户调查一体化改革，贫困地区开始使用农村常住居民人均可支配收入。

表 2-5　2018 年贫困地区农村常住居民消费支出

地　区	人均消费支出（元）	名义增速（%）
合　计	8956	12.0
河　北	8913	13.6
山　西	7006	11.7
内蒙古	10206	12.0
吉　林	8652	13.2
黑龙江	8132	11.7
安　徽	11210	11.1
江　西	8984	11.3
河　南	8669	11.4
湖　北	10647	12.6
湖　南	9644	10.4
广　西	9352	13.0
海　南	9159	15.2
重　庆	11058	9.5
四　川	9652	10.4
贵　州	8895	13.3
云　南	7677	12.7
西　藏	7452	11.4
陕　西	9250	12.8
甘　肃	7241	13.8
青　海	10352	4.5
宁　夏	8904	10.2
新　疆	7056	13.4

数据来源：国家统计局农村贫困监测调查。

注：2012 年国家统计局实施了城乡住户调查一体化改革，贫困地区开始使用农村常住居民人均消费支出。

表 2-6　2018 年贫困地区农村常住居民收入消费结构

指标名称	水平（元）	构成（%）	增长（%）
一、人均可支配收入	10371	100.0	10.6
1. 工资性收入	3627	35.0	13.0
2. 经营净收入	3888	37.5	4.4
（1）一产净收入	2794	26.9	-1.1
# 农业	2008	19.4	-2.5
牧业	578	5.6	2.8
（2）二、三产净收入	1094	10.6	22.0
3. 财产净收入	137	1.3	14.8
4. 转移净收入	2719	26.2	17.0
二、人均消费支出	8956	100.0	12.0
1. 食品烟酒	2808	31.4	4.4
2. 衣着	488	5.4	7.8
3. 居住	1995	22.3	17.7
4. 生活用品及服务	537	6.0	10.8
5. 交通通信	1045	11.7	11.8
6. 教育文化娱乐	1017	11.4	15.2
7. 医疗保健	919	10.3	26.7
8. 其他用品和服务	147	1.6	10.3

表 2-7　2018 年贫困地区农户住房及家庭设施状况

单位：%

地　区	1. 居住竹草土坯房的农户比重	2. 使用管道供水的农户比重	3. 使用经过净化处理自来水的农户比重
合　计	1.9	79.8	56.4
河　北	1.9	71.9	55.6
山　西	2.0	83.5	68.3
内蒙古	4.8	51.8	46.2
吉　林	1.5	96.1	98.6
黑龙江	7.6	79.8	76.8
安　徽	0.1	75.7	75.2
江　西	0.5	64.8	47.9
河　南	0.2	77.5	69.2
湖　北	2.6	87.6	59.4
湖　南	0.5	75.3	40.3
广　西	0.2	86.0	38.6
海　南	0.0	89.8	60.8
重　庆	0.3	87.9	60.3
四　川	5.9	70.7	31.3
贵　州	1.1	90.8	58.5
云　南	1.5	86.9	42.2
西　藏	0.8	53.1	33.3
陕　西	4.7	84.0	51.5
甘　肃	3.3	81.6	68.2
青　海	0.8	83.4	56.1
宁　夏	3.1	86.9	80.9
新　疆	0.0	89.8	88.3

数据来源：国家统计局农村贫困监测调查。

表 2-7　2018 年贫困地区农户住房及家庭设施状况（续）

单位：%

地　区	4. 饮水无困难的农户比重	5. 独用厕所的农户比重	6. 炊用柴草的农户比重
合　计	93.6	95.9	39.2
河　北	95.5	99.0	26.9
山　西	91.7	93.4	17.0
内蒙古	96.5	89.4	54.3
吉　林	98.3	99.7	77.3
黑龙江	85.2	99.9	84.3
安　徽	96.4	97.1	33.7
江　西	96.8	98.4	42.7
河　南	94.9	98.5	28.3
湖　北	95.7	97.0	58.5
湖　南	93.1	98.1	34.9
广　西	92.0	98.1	43.7
海　南	91.7	81.7	36.6
重　庆	91.8	99.7	45.7
四　川	92.3	93.7	59.8
贵　州	93.9	95.9	15.6
云　南	89.9	86.2	39.5
西　藏	87.4	71.1	54.0
陕　西	94.8	98.0	60.3
甘　肃	91.9	98.8	39.8
青　海	93.4	92.8	10.3
宁　夏	97.8	98.1	13.6
新　疆	97.3	98.7	49.5

数据来源：国家统计局农村贫困监测调查。

表 2-8　2018 年贫困地区农村每百户耐用消费品拥有量

地　区	1. 汽车（辆）	2. 洗衣机（台）	3. 电冰箱（台）	4. 移动电话（部）	5. 计算机（台）
合　计	19.9	86.9	87.1	257.8	17.1
河　北	26.4	91.4	89.8	220.8	24.1
山　西	12.5	81.8	70.3	193.9	19.5
内蒙古	27.3	92.0	96.9	237.3	23.2
吉　林	19.1	91.5	89.5	201.2	31.2
黑龙江	15.5	87.3	87.5	199.2	10.9
安　徽	26.8	85.5	97.9	267.6	22.3
江　西	22.3	58.4	90.5	273.7	20.8
河　南	18.8	94.0	88.4	246.8	17.3
湖　北	20.0	85.0	96.5	255.9	26.3
湖　南	13.8	84.8	95.9	275.9	22.2
广　西	14.9	75.6	94.8	284.1	14.9
海　南	7.4	43.7	65.9	275.1	9.1
重　庆	14.6	91.8	101.1	266.3	22.6
四　川	14.0	81.8	82.2	244.7	14.1
贵　州	23.4	94.5	86.7	297.0	13.7
云　南	21.3	82.7	73.2	274.8	8.4
西　藏	35.0	77.0	71.5	249.8	3.4
陕　西	16.6	91.6	79.0	253.3	15.4
甘　肃	19.1	93.6	77.7	287.3	13.5
青　海	40.4	95.0	95.9	282.4	19.4
宁　夏	29.4	97.8	89.3	297.7	18.1
新　疆	10.5	89.6	90.4	181.2	3.1

数据来源：国家统计局农村贫困监测调查。

表 2-9　2018 年各省贫困地区农村基础设施和公共服务状况

单位：%

地　区	1. 所在自然村通公路的农户比重	2. 所在自然村通电话的农户比重	3. 所在自然村能接收有线电视信号的农户比重	4. 所在自然村进村主干道路硬化的农户比重	5. 所在自然村能便利乘坐公共汽车的农户比重
合　计	100.0	99.9	98.3	98.3	71.6
河　北	99.7	100.0	97.2	99.2	87.9
山　西	100.0	100.0	97.0	100.0	91.0
内蒙古	100.0	100.0	100.0	100.0	76.6
吉　林	100.0	100.0	100.0	100.0	88.5
黑龙江	100.0	100.0	100.0	100.0	90.9
安　徽	100.0	100.0	99.1	100.0	72.5
江　西	100.0	100.0	99.1	99.4	63.9
河　南	100.0	100.0	97.2	99.7	80.1
湖　北	100.0	100.0	98.8	99.3	80.6
湖　南	100.0	100.0	98.9	99.3	69.6
广　西	100.0	100.0	100.0	99.2	50.6
海　南	100.0	100.0	100.0	100.0	54.6
重　庆	100.0	100.0	99.0	100.0	62.1
四　川	100.0	100.0	100.0	97.7	61.8
贵　州	100.0	100.0	98.1	98.5	67.7
云　南	100.0	100.0	98.2	93.2	51.6
西　藏	100.0	98.8	82.3	98.0	66.4
陕　西	100.0	100.0	99.2	99.0	73.2
甘　肃	100.0	100.0	99.8	94.6	76.6
青　海	98.6	95.9	75.5	95.4	77.1
宁　夏	100.0	100.0	100.0	100.0	90.0
新　疆	100.0	100.0	100.0	100.0	78.4

数据来源：国家统计局农村贫困监测调查。

表 2-9　2018 年各省贫困地区农村基础设施和公共服务状况（续）

单位：%

地　区	6. 所在自然村通宽带的农户比重	7. 所在自然村垃圾能集中处理的农户比重	8. 所在自然村有卫生站的农户比重	9. 所在自然村上幼儿园便利的农户比重	10. 所在自然村上小学便利的农户比重
合　计	94.4	78.9	93.2	87.1	89.8
河　北	99.4	84.9	98.0	91.5	93.1
山　西	95.9	81.9	96.4	75.6	79.2
内蒙古	94.3	72.2	97.9	79.5	78.9
吉　林	98.2	69.0	99.0	83.5	90.7
黑龙江	97.7	35.8	88.4	77.9	81.8
安　徽	96.0	88.8	86.5	93.5	96.8
江　西	98.0	97.1	91.7	90.3	96.1
河　南	96.4	86.8	95.5	96.5	97.9
湖　北	99.0	87.3	95.3	88.9	89.0
湖　南	94.8	82.5	94.5	85.5	86.1
广　西	93.4	86.4	81.9	83.4	87.4
海　南	80.5	94.8	79.1	79.1	88.9
重　庆	95.6	85.2	98.6	81.3	87.7
四　川	93.3	69.0	93.7	87.5	84.7
贵　州	92.8	71.9	96.3	90.9	92.2
云　南	88.3	65.8	86.3	82.6	90.1
西　藏	67.6	78.3	72.5	91.6	90.4
陕　西	91.8	80.3	97.2	77.8	80.9
甘　肃	94.6	79.0	93.0	86.4	90.1
青　海	83.5	69.9	90.6	81.2	83.6
宁　夏	100.0	78.1	97.4	66.1	94.0
新　疆	98.6	74.7	96.1	97.4	97.2

数据来源：国家统计局农村贫困监测调查。

（三）2018 年贫困地区分组收入消费情况

表 2-10　按人均可支配收入五等份分组的贫困地区农村常住居民收入消费

单位：元

指标名称	合计	低收入组	中低收入组	中等收入组	中高收入组	高收入组
一、人均可支配收入	10371	2531	6345	8759	11942	22272
1. 工资性收入	3627	1433	2417	3493	4588	6204
2. 经营净收入	3888	-10	1903	2710	4001	10833
3. 财产净收入	137	32	65	97	140	349
4. 转移净收入	2719	1075	1961	2459	3213	4886
二、人均消费支出	8956	6900	7298	8299	9534	12745
1. 食品烟酒	2808	2206	2356	2613	3011	3853
2. 衣着	488	369	390	457	526	699
3. 居住	1995	1538	1657	1836	2109	2833
4. 生活用品及服务	537	405	406	494	581	799
5. 交通通信	1045	748	739	928	1097	1711
6. 教育文化娱乐	1017	813	900	1035	1105	1230
7. 医疗保健	919	706	742	804	949	1394
8. 其他用品和服务	147	115	108	133	156	225

数据来源：国家统计局农村贫困监测调查。

表 2-11　按家庭规模分组的贫困地区农村常住居民收入消费

单位：元

指标名称	合计	1 人户	2 人户	3 人户	4 人户	5 人户	6 人以上户
一、人均可支配收入	10371	16633	12810	11272	9806	8619	8000
1. 工资性收入	3627	3770	3597	3897	3732	3383	3310
2. 经营净收入	3888	5099	4367	4247	3788	3342	3371
3. 财产净收入	137	310	240	140	112	70	101
4. 转移净收入	2719	7454	4606	2988	2175	1823	1218
二、人均消费支出	8956	15006	10847	9929	8591	7453	6492
1. 食品烟酒	2808	5259	3797	3040	2535	2224	2002
2. 衣着	488	733	490	529	505	443	400
3. 居住	1995	4180	2654	2251	1823	1530	1268
4. 生活用品及服务	537	954	665	602	512	436	372
5. 交通通信	1045	1342	1095	1145	1052	940	885
6. 教育文化娱乐	1017	531	568	1210	1286	1045	800
7. 医疗保健	919	1711	1387	986	747	713	666
8. 其他用品和服务	147	298	190	166	131	122	99

数据来源：国家统计局农村贫困监测调查。

表 2-12　按照地势分组的贫困地区农村常住居民收入消费

单位：元

指标名称	合计	平原	丘陵	山地
一、人均可支配收入	10371	11176	10376	9934
1. 工资性收入	3627	3506	3807	3583
2. 经营净收入	3888	4489	3626	3723
3. 财产净收入	137	171	157	107
4. 转移净收入	2719	3010	2786	2521
二、人均消费支出	8956	8882	9268	8802
1. 食品烟酒	2808	2657	2934	2811
2. 衣着	488	571	466	457
3. 居住	1995	2053	2121	1884
4. 生活用品及服务	537	558	531	529
5. 交通通信	1045	943	1042	1101
6. 教育文化娱乐	1017	997	1040	1013
7. 医疗保健	919	943	982	868
8. 其他用品和服务	147	160	152	138

数据来源：国家统计局农村贫困监测调查。

表 2-13　按家庭成员最高文化程度分组的贫困地区农村常住居民收入消费

单位：元

指标名称	合计	未上学	小学	初中	高中	大学专科	本科及以上
一、人均可支配收入	10371	10853	9374	9888	10567	11669	11634
1. 工资性收入	3627	1837	2605	3387	3851	4420	4399
2. 经营净收入	3888	3800	3375	3706	3863	4563	4559
3. 财产净收入	137	319	200	117	130	132	184
4. 转移净收入	2719	4898	3193	2678	2723	2555	2492
二、人均消费支出	8956	8889	7871	8329	9180	10256	10947
1. 食品烟酒	2808	3512	2956	2790	2769	2851	2748
2. 衣着	488	525	387	480	508	541	518
3. 居住	1995	2108	1779	1921	2022	2261	2173
4. 生活用品及服务	537	404	438	530	543	611	577
5. 交通通信	1045	599	778	998	1099	1205	1233
6. 教育文化娱乐	1017	209	306	576	1218	1671	2606
7. 医疗保健	919	1414	1109	894	869	932	932
8. 其他用品和服务	147	118	117	140	151	184	161

数据来源：国家统计局农村贫困监测调查。

表 2-14　按照东中西分组的贫困地区农村常住居民收入消费

单位：元

指标名称	合计	东部	中部	西部
一、人均可支配收入	10371	10453	10966	9982
1. 工资性收入	3627	5130	3790	3356
2. 经营净收入	3888	2831	3730	4107
3. 财产净收入	137	154	138	134
4. 转移净收入	2719	2338	3307	2385
二、人均消费支出	8956	8926	9449	8643
1. 食品烟酒	2808	2802	2934	2727
2. 衣着	488	511	505	474
3. 居住	1995	1713	2307	1827
4. 生活用品及服务	537	515	570	518
5. 交通通信	1045	1042	945	1109
6. 教育文化娱乐	1017	953	1050	1003
7. 医疗保健	919	1238	971	850
8. 其他用品和服务	147	152	167	135

数据来源：国家统计局农村贫困监测调查。

注：东部贫困地区包括河北、海南的贫困地区；中部贫困地区包括山西、吉林、黑龙江、安徽、江西、河南、湖北、湖南的贫困地区；西部贫困地区包括内蒙古、广西、重庆、四川、贵州、云南、西藏、陕西、甘肃、青海、宁夏、新疆的贫困地区。

表 2-15　按不同类型县分组的贫困地区农村常住居民收入消费

单位：元

指标名称	合计	民族地区县	陆地边境县	沙漠化县	较少民族聚集村所在县
一、人均可支配收入	10371	10034	9620	10085	9333
1. 工资性收入	3627	3203	2884	3571	2762
2. 经营净收入	3888	4409	4591	4026	4482
3. 财产净收入	137	125	155	157	125
4. 转移净收入	2719	2297	1990	2331	1964
二、人均消费支出	8956	8535	7986	8267	7961
1. 食品烟酒	2808	2723	2638	2547	2457
2. 衣着	488	475	451	546	426
3. 居住	1995	1737	1635	1633	1713
4. 生活用品及服务	537	495	460	468	458
5. 交通通信	1045	1166	1180	1038	1132
6. 教育文化娱乐	1017	988	763	926	853
7. 医疗保健	919	817	733	972	801
8. 其他用品和服务	147	134	128	136	122

数据来源：国家统计局农村贫困监测调查。

表 2-16　2018 年贫困地区分地区收入结构

单位：元

地　区	人均可支配收入	1. 工资性收入	2. 经营净收入	3. 财产净收入	4. 转移净收入
合　计	10371	3627	3888	137	2719
河　北	10393	5140	2759	161	2332
山　西	8250	3156	2399	98	2596
内蒙古	10965	2095	5773	226	2871
吉　林	9330	1971	5226	390	1744
黑龙江	9621	983	5506	470	2663
安　徽	12078	3928	4457	147	3546
江　西	10635	4993	2936	74	2632
河　南	11911	3676	4179	137	3919
湖　北	11552	3813	3860	95	3785
湖　南	9875	4161	2707	99	2909
广　西	10761	3032	4582	136	3010
海　南	11545	4947	4127	32	2439
重　庆	12470	3752	4807	196	3715
四　川	10837	3630	4004	228	2976
贵　州	9528	4000	3457	85	1987
云　南	9595	3059	4657	79	1799
西　藏	11450	3037	5889	427	2097
陕　西	10267	4472	3079	144	2572
甘　肃	7687	2396	3062	101	2128
青　海	10393	3047	3905	463	2978
宁　夏	9744	3505	3540	102	2597
新　疆	10907	2987	5369	91	2461

数据来源：国家统计局农村贫困监测调查。

表 2-17　2018 年贫困地区分地区消费结构

单位：元／人

地　区	消费支出	1. 食品烟酒	2. 衣着	3. 居住	4. 生活用品及服务
合　计	8956	2808	488	1995	537
河　北	8913	2749	521	1719	520
山　西	7006	2284	406	1315	319
内蒙古	10206	2916	551	1676	433
吉　林	8652	2682	550	1614	354
黑龙江	8132	2304	495	1607	344
安　徽	11210	3481	507	3033	668
江　西	8984	2975	371	2536	557
河　南	8669	2572	653	2049	614
湖　北	10647	3247	570	2392	647
湖　南	9644	3107	384	2346	539
广　西	9352	2848	323	2089	557
海　南	9159	3764	328	1608	428
重　庆	11058	3843	624	2162	718
四　川	9652	3957	538	1891	677
贵　州	8895	2484	458	2006	531
云　南	7677	2597	312	1608	404
西　藏	7452	2676	973	1175	351
陕　西	9250	2360	520	2365	595
甘　肃	7241	2172	457	1484	458
青　海	10352	3053	721	1790	495
宁　夏	8904	2423	569	1640	495
新　疆	7056	2254	684	1506	511

数据来源：国家统计局农村贫困监测调查。

表 2-17　2018 年贫困地区分地区消费结构（续）

单位：元／人

地　区	5. 交通通信	6. 教育文化娱乐	7. 医疗保健	8. 其他用品和服务
合　计	1045	1017	919	147
河　北	1044	947	1257	156
山　西	837	783	967	95
内蒙古	1609	1337	1505	179
吉　林	1100	965	1261	126
黑龙江	1073	871	1293	144
安　徽	962	1241	1078	240
江　西	854	842	731	119
河　南	896	941	799	145
湖　北	1082	1091	1346	274
湖　南	956	1248	934	131
广　西	1248	1200	936	151
海　南	1004	1057	901	69
重　庆	1317	1306	930	158
四　川	940	712	737	201
贵　州	1310	1217	748	141
云　南	1010	934	719	93
西　藏	1397	409	328	144
陕　西	1045	1065	1166	133
甘　肃	846	851	856	118
青　海	1765	945	1332	251
宁　夏	1507	1113	1067	90
新　疆	693	759	553	95

数据来源：国家统计局农村贫困监测调查。

（四）2012—2018 年贫困地区发展情况

表 2-18　2012-2018 年贫困地区农村贫困人口变动情况

年　份	贫困人口（万人）	贫困发生率（%）	贫困人口下降（万人）	贫困人口下降幅度（%）
2012 年	6039	23.2	—	—
2013 年	5070	19.3	969	16.1
2014 年	4317	16.6	753	14.8
2015 年	3490	13.3	827	19.2
2016 年	2654	10.1	836	23.9
2017 年	1900	7.2	760	28.6
2018 年	1115	4.2	785	41.3

数据来源：国家统计局农村贫困监测调查。

表 2-19　2013-2018 年贫困地区农村居民收入增长情况

年　份	农村常住居民人均可支配收入（元）	名义增速（%）	实际增速（%）
2013 年	6079	16.6	13.4
2014 年	6852	12.7	10.7
2015 年	7653	11.7	10.3
2016 年	8452	10.4	8.4
2017 年	9377	10.5	9.1
2018 年	10371	10.6	8.3

数据来源：国家统计局农村贫困监测调查。
注：2012 年国家统计局实施了城乡住户调查一体化改革，贫困地区开始使用农村常住居民人均可支配收入。

表 2-20　2013-2018 年贫困地区农村居民消费增长情况

年　份	农村常住居民人均消费支出（元）	名义增速（%）	实际增速（%）
2013 年	5404	14.9	11.8
2014 年	6007	11.2	9.2
2015 年	6656	10.8	9.4
2016 年	7331	10.1	8.1
2017 年	7998	9.2	7.8
2018 年	8956	12.0	9.7

数据来源：国家统计局农村贫困监测调查。
注：2012 年国家统计局实施了城乡住户调查一体化改革，贫困地区开始使用农村居民人均消费支出。

表 2-21　2012-2018 年贫困地区分地区农村贫困人口

单位：万人

地　区	2012 年	2013 年	2014 年	2015 年	2016 年	2017 年	2018 年
合　计	6039	5070	4317	3490	2654	1900	1115
河　北	354	304	265	197	147	97	56
山　西	157	126	107	83	67	49	28
内蒙古	134	110	95	66	46	34	13
吉　林	16	15	14	12	10	8	4
黑龙江	104	89	82	68	53	38	22
安　徽	333	301	252	209	155	108	57
江　西	255	215	176	141	103	71	38
河　南	444	370	328	287	221	158	96
湖　北	286	216	180	148	117	79	48
湖　南	501	423	343	279	205	139	82
广　西	249	196	164	135	100	77	46
海　南	10	9	12	11	9	6	3
重　庆	103	97	83	68	35	17	11
四　川	399	331	273	203	150	103	56
贵　州	756	654	545	444	346	252	155
云　南	744	607	536	448	352	264	166
西　藏	85	72	61	48	34	20	13
陕　西	312	271	227	180	140	102	56
甘　肃	540	451	381	296	235	175	106
青　海	82	63	52	42	31	23	10
宁　夏	36	33	30	23	18	13	7
新　疆	138	117	111	101	80	67	43

数据来源：国家统计局农村贫困监测调查。

表 2-22　2012-2018 年贫困地区分地区农村贫困发生率

单位：%

地　区	2012 年	2013 年	2014 年	2015 年	2016 年	2017 年	2018 年
合　计	23.2	19.3	16.6	13.3	10.1	7.2	4.2
河　北	23.8	20.4	19.0	14.2	10.6	7.0	4.0
山　西	27.3	21.7	18.9	14.6	11.9	8.6	5.0
内蒙古	19.7	16.1	13.4	9.3	6.6	4.8	1.9
吉　林	14.6	13.6	12.9	10.8	9.0	6.8	4.1
黑龙江	20.4	17.3	15.5	12.7	10.0	7.0	4.1
安　徽	18.7	15.6	12.9	10.7	7.9	5.5	2.9
江　西	22.0	18.1	14.9	11.6	8.5	5.9	3.1
河　南	15.9	13.3	11.3	9.5	7.3	5.2	3.2
湖　北	23.5	17.7	14.9	12.2	9.6	6.5	4.0
湖　南	24.8	20.8	18.3	14.0	10.3	7.0	4.1
广　西	24.4	19.1	15.7	13.1	9.7	7.5	4.4
海　南	12.2	12.5	15.9	14.4	11.2	8.1	3.7
重　庆	12.3	10.3	9.7	7.9	4.0	2.0	1.3
四　川	22.5	19.7	16.3	12.1	9.0	6.1	3.3
贵　州	27.2	23.6	19.0	15.3	11.9	8.7	5.4
云　南	26.7	21.9	20.3	17.4	13.7	10.2	6.4
西　藏	35.2	28.8	23.7	18.6	13.2	7.9	5.1
陕　西	22.1	19.4	17.2	13.6	10.6	7.7	4.2
甘　肃	32.8	27.5	23.4	18.3	14.5	10.8	6.5
青　海	21.6	16.4	13.4	10.9	8.1	6.0	2.6
宁　夏	17.4	16.1	14.4	11.1	8.7	6.5	3.4
新　疆	24.5	20.0	18.7	15.8	12.8	8.7	5.8

数据来源：国家统计局农村贫困监测调查。

表 2-23　2013-2018 年贫困地区分地区农村常住居民人均可支配收入

单位：元

地　区	2013 年	2014 年	2015 年	2016 年	2017 年	2018 年
合　计	6079	6852	7653	8452	9377	10371
河　北	6150	6886	7575	8382	9331	10393
山　西	4875	5430	6078	6623	7330	8250
内蒙古	6545	7375	8201	9005	9852	10965
吉　林	5798	6414	7045	7669	8361	9330
黑龙江	5896	6450	7174	7828	8572	9621
安　徽	7119	8062	8952	9890	10931	12078
江　西	6053	6830	7759	8643	9602	10635
河　南	7070	7983	8865	9735	10789	11911
湖　北	6971	7831	8682	9502	10471	11552
湖　南	5715	6461	7222	8029	8908	9875
广　西	6252	7044	7927	8800	9719	10761
海　南	7145	7449	8284	9163	10312	11545
重　庆	7131	8044	9120	10244	11273	12470
四　川	6282	7091	7966	8799	9759	10837
贵　州	5557	6381	7171	7894	8677	9528
云　南	5616	6314	7070	7847	8695	9595
西　藏	6553	7359	8244	9094	10330	11450
陕　西	6162	6963	7692	8424	9297	10267
甘　肃	4487	5106	5782	6323	6968	7687
青　海	6462	7283	7933	8664	9462	10393
宁　夏	5840	6555	7255	7937	8809	9744
新　疆	5986	6635	7341	8055	9985	10907

数据来源：国家统计局农村贫困监测调查。

注：2012 年国家统计局实施了城乡住户调查一体化改革，贫困地区开始使用农村常住居民人均可支配收入。

表 2-24　2013-2018 年贫困地区分地区农村常住居民人均消费支出

单位：元

地区	2013 年	2014 年	2015 年	2016 年	2017 年	2018 年
合　计	5404	6007	6656	7331	7998	8956
河　北	5767	6210	6738	7171	7846	8913
山　西	4630	5080	5455	5841	6274	7006
内蒙古	6467	7232	7886	8377	9112	10206
吉　林	5344	5948	6607	7272	7647	8652
黑龙江	5005	5612	5930	6471	7283	8132
安　徽	6375	7159	8227	9178	10092	11210
江　西	5443	6035	6763	7330	8074	8984
河　南	5296	5845	6529	7157	7782	8669
湖　北	6507	7249	7798	8499	9457	10647
湖　南	5633	6355	7054	7825	8735	9644
广　西	5764	6517	6991	7755	8279	9352
海　南	6319	6626	7091	7697	7951	9159
重　庆	6442	7345	8170	9119	10098	11058
四　川	5527	6100	6903	7757	8746	9652
贵　州	5327	5897	6498	7327	7852	8895
云　南	4413	4958	5686	6275	6809	7677
西　藏	4102	4822	5580	6070	6691	7452
陕　西	5840	6406	6934	7615	8200	9250
甘　肃	4313	4912	5452	5857	6365	7241
青　海	7506	8235	8566	9222	9903	10352
宁　夏	5616	6132	7060	7728	8079	8904
新　疆	4925	5203	5434	5633	6222	7056

数据来源：国家统计局农村贫困监测调查。

注：2012 年国家统计局实施了城乡住户调查一体化改革，贫困地区开始使用农村居民人均消费支出。

表 2-25　2013-2018 年贫困地区农户生产生活条件改善情况

指标名称	单位	2013 年	2014 年	2015 年	2016 年	2017 年	2018 年
一、农户生产生活条件							
1. 居住竹草土坯房的农户比重	%	7.0	6.6	5.7	4.5	4.1	1.9
2. 使用管道供水的农户比重	%	53.6	55.9	61.5	67.4	70.1	79.8
3. 使用经过净化处理自来水的农户比重	%	30.6	33.1	36.4	40.8	43.7	56.4
4. 饮水无困难的农户比重	%	81.0	82.3	85.3	87.9	89.2	93.6
5. 独用厕所的农户比重	%	92.7	93.1	93.6	94.2	94.5	95.9
6. 炊用柴草的农户比重	%	58.6	57.8	54.9	51.4	49.7	39.2
二、农户耐用消费品拥有情况							
1. 百户汽车拥有量	辆	5.5	6.7	8.3	11.1	13.1	19.9
2. 百户洗衣机拥有量	台	65.8	71.1	75.6	80.7	83.5	86.9
3. 百户电冰箱拥有量	台	52.6	60.9	67.9	75.3	73.9	87.1
4. 百户移动电话拥有量	部	172.9	194.8	208.9	225.1	234.6	257.8
5. 百户计算机拥有量	台	7.9	11.1	13.2	15.1	16.8	17.1

数据来源：国家统计局农村贫困监测调查。

表 2-26　2013-2018 年贫困地区农村基础设施和公共服务情况

单位：%

指标名称	2013 年	2014 年	2015 年	2016 年	2017 年	2018 年
1. 所在自然村通公路的农户比重	97.8	99.1	99.7	99.8	99.9	100.0
2. 所在自然村通电话的农户比重	98.3	99.2	99.7	99.9	99.8	99.9
3. 所在自然村能接收有线电视信号的农户比重	79.6	88.7	92.2	94.2	96.9	98.3
4. 所在自然村进村主干道路硬化的农户比重	88.9	90.8	94.1	96.0	97.6	98.3
5. 所在自然村能便利乘坐公共汽车的农户比重	56.1	58.5	60.9	63.9	67.5	71.6
6. 所在自然村能通宽带的农户比重	--	--	71.8	79.8	87.4	94.4
7. 所在自然村垃圾能集中处理的农户比重	29.9	35.2	43.3	50.9	61.4	78.9
8. 所在自然村有卫生站的农户比重	84.4	86.8	90.4	91.4	92.2	93.2
9. 所在自然村上幼儿园便利的农户比重	71.4	74.5	76.1	79.7	84.7	87.1
10. 所在自然村上小学便利的农户比重	79.8	81.2	81.7	84.9	88.0	89.8

数据来源：国家统计局农村贫困监测调查。

三、连片特困地区

（一）2011—2017 年连片特困地区综合资料

表 3-1 连片特困地区经济社会发展情况

指标名称	单位	2011 年	2012 年	2013 年	2014 年	2015 年	2016 年	2017 年
一、连片特困地区基本情况								
行政区域面积	万平方公里	--	--	--	--	402	390	389
乡个数	个	5991	5996	5845	5622	5197	4835	4678
镇个数	个	4218	4279	4460	4557	4626	4852	4999
户籍人口	万人	--	--	--	24243	24287	24357	24503
二、财政金融资料								
地区生产总值	亿元	26763	31212	35300	38968	41808	45469	49431
#第一产业增加值	亿元	6757	7696	8403	9035	9664	10232	10331
第二产业增加值	亿元	11099	13142	14841	16077	16240	17304	18804
第三产业增加值	亿元	8908	10374	12056	13856	15904	17934	20295
公共财政收入	亿元	1399	1782	2302	2572	2759	3048	3225
公共财政支出	亿元	8312	10454	11769	13088	15326	16741	18381

数据来源：国家统计局县（市）社会经济基本情况统计。

表 3-2　连片特困地区文化教育、医疗保健情况

指标名称	单位	2011年	2012年	2013年	2014年	2015年	2016年	2017年
一、文化教育情况								
普通中学在校学生数	万人	1325	1264	1189	1185	1164	1176	1184
小学在校学生数	万人	2022	2053	1796	1772	1763	1764	1789
二、医疗保健								
医疗卫生机构床位数	万床	53	61	69	77	84	90	97
各种社会福利收养性单位数	个	7357	7402	7520	8233	8372	8335	8093
各种社会福利收养性单位床位数	万床	44	46	51	58	60	62	60

数据来源：国家统计局县（市）社会经济基本情况统计。

（二）2018年连片特困地区统计资料

表 3-3　2018 年连片特困地区农村贫困人口变动情况

片区名称	贫困人口		贫困发生率	
	数量（万人）	比上年下降（万人）	水平（%）	比上年下降（百分点）
全部片区	935	605	4.5	2.9
1. 六盘山区	96	56	5.6	3.2
2. 秦巴山区	101	71	3.6	2.5
3. 武陵山区	111	77	3.8	2.6
4. 乌蒙山区	124	75	6.2	3.7
5. 滇黔桂石漠化区	140	81	5.3	3.1
6. 滇西边境山区	72	43	5.8	3.5
7. 大兴安岭南麓山区	19	16	3.5	3.1
8. 燕山－太行山区	40	31	4.5	3.4
9. 吕梁山区	16	13	4.6	3.8
10. 大别山区	99	74	3.0	2.3
11. 罗霄山区	31	18	3.2	1.8
12. 西藏区	13	7	5.1	2.8
13. 四省藏区	30	21	5.6	3.8
14. 南疆四地州	42	22	5.9	3.1

数据来源：国家统计局农村贫困监测调查。

表 3-4　2018 年连片特困地区农村常住居民收入增长情况

片区名称	人均可支配收入（元）	名义增速（%）
全部片区	10260	10.7
1. 六盘山区	8429	11.0
2. 秦巴山区	10751	10.6
3. 武陵山区	10397	10.8
4. 乌蒙山区	9650	10.0
5. 滇黔桂石漠化区	10073	10.6
6. 滇西边境山区	9560	10.8
7. 大兴安岭南麓山区	10721	14.7
8. 燕山－太行山区	9701	12.9
9. 吕梁山区	8890	14.2
10. 大别山区	11974	11.1
11. 罗霄山区	10637	10.8
12. 西藏区	11450	10.8
13. 四省藏区	9160	14.3
14. 南疆四地州	10762	9.3

数据来源：国家统计局农村贫困监测调查。

注：2012 年国家统计局实施了城乡住户调查一体化改革，连片特困地区开始使用农村常住居民人均可支配收入。

表 3-5　2018 年连片特困地区农村常住居民消费支出增长情况

片区名称	人均消费支出（元）	名义增速（%）
全部片区	8854	11.9
1. 六盘山区	7623	10.7
2. 秦巴山区	9421	11.5
3. 武陵山区	10192	16.9
4. 乌蒙山区	8053	5.1
5. 滇黔桂石漠化区	8712	12.7
6. 滇西边境山区	7844	17.0
7. 大兴安岭南麓山区	8396	12.1
8. 燕山－太行山区	8540	12.8
9. 吕梁山区	7528	13.4
10. 大别山区	10169	9.2
11. 罗霄山区	9087	7.3
12. 西藏区	7452	11.4
13. 四省藏区	8246	25.2
14. 南疆四地州	6942	15.7

数据来源：国家统计局农村贫困监测调查。

注：2012 年国家统计局实施了城乡住户调查一体化改革，连片特困地区开始使用农村常住居民人均消费支出。

表 3-6　2018 年连片特困地区农村常住居民收入消费结构

指标名称	水平（元）	构成（%）	名义增速（%）
一、人均可支配收入	10260	100.0	10.7
1. 工资性收入	3550	34.6	12.2
2. 经营净收入	3915	38.2	5.4
（1）一产净收入	2767	27.0	-0.4
# 农业	1935	18.9	-2.3
牧业	590	5.8	2.9
（2）二、三产净收入	1148	11.2	22.3
3. 财产净收入	128	1.3	15.6
4. 转移净收入	2666	26.0	17.2
二、人均消费支出	8854	100.0	11.9
1. 食品烟酒	2790	31.5	3.6
2. 衣着	476	5.4	7.5
3. 居住	1985	22.4	19.0
4. 生活用品及服务	530	6.0	9.1
5. 交通通信	1033	11.7	12.6
6. 教育文化娱乐	1013	11.4	15.4
7. 医疗保健	879	9.9	26.4
8. 其他用品和服务	146	1.7	9.5

数据来源：国家统计局农村贫困监测调查。

表 3-7　2018 年连片特困地区农户住房及家庭设施状况

单位：%

片区名称	1. 居住竹草土坯房的农户比重	2. 使用管道供水的农户比重	3. 使用经过净化处理自来水的农户比重
全部片区	2.0	80.4	53.5
1. 六盘山区	3.2	84.9	71.5
2. 秦巴山区	4.7	77.2	41.5
3. 武陵山区	0.8	81.8	49.9
4. 乌蒙山区	3.7	89.0	35.7
5. 滇黔桂石漠化区	0.5	88.3	52.6
6. 滇西边境山区	1.2	88.1	45.7
7. 大兴安岭南麓山区	5.9	64.7	64.7
8. 燕山－太行山区	2.8	68.6	47.4
9. 吕梁山区	2.0	79.3	50.0
10. 大别山区	0.0	77.8	73.9
11. 罗霄山区	0.7	68.3	46.2
12. 西藏区	0.8	53.1	33.3
13. 四省藏区	3.6	70.2	34.7
14. 南疆四地州	0.0	90.6	89.3

数据来源：国家统计局农村贫困监测调查。

表 3-7　2018 年连片特困地区农户住房及家庭设施状况（续）

单位：%

片区名称	4. 饮水无困难的农户比重	5. 独用厕所的农户比重	6. 炊用柴草的农户比重
全部片区	93.6	95.5	40.7
1. 六盘山区	93.8	99.3	37.1
2. 秦巴山区	94.2	98.5	55.9
3. 武陵山区	93.1	98.6	42.9
4. 乌蒙山区	88.5	91.5	18.7
5. 滇黔桂石漠化区	92.7	95.9	30.7
6. 滇西边境山区	90.7	81.3	51.1
7. 大兴安岭南麓山区	93.3	99.3	79.6
8. 燕山－太行山区	98.7	97.3	26.4
9. 吕梁山区	88.7	90.0	22.4
10. 大别山区	96.1	96.8	38.4
11. 罗霄山区	97.2	98.0	40.3
12. 西藏区	87.4	71.1	54.0
13. 四省藏区	85.6	81.3	37.4
14. 南疆四地州	97.4	98.9	53.5

数据来源：国家统计局农村贫困监测调查。

表 3-8　2018 年连片特困地区每百户农户耐用消费品拥有量

片区名称	1. 汽车（辆）	2. 洗衣机（台）	3. 电冰箱（台）	4. 移动电话（部）	5. 计算机（台）
全部片区	18.9	87.0	86.2	261.6	15.9
1. 六盘山区	22.2	95.5	81.4	289.0	15.0
2. 秦巴山区	15.1	91.4	84.8	257.7	16.4
3. 武陵山区	17.1	89.8	96.5	275.8	21.2
4. 乌蒙山区	15.7	89.1	60.9	256.8	10.1
5. 滇黔桂石漠化区	22.9	88.4	93.3	305.0	15.2
6. 滇西边境山区	21.7	74.5	78.6	276.0	9.5
7. 大兴安岭南麓山区	20.1	90.5	88.2	206.1	15.6
8. 燕山－太行山区	18.5	87.9	86.3	208.1	18.5
9. 吕梁山区	13.2	82.8	74.0	205.9	13.8
10. 大别山区	20.3	85.2	94.2	257.2	19.5
11. 罗霄山区	20.3	64.0	92.3	275.0	21.9
12. 西藏区	35.0	77.0	71.5	249.8	3.4
13. 四省藏区	29.2	83.3	76.7	247.8	8.3
14. 南疆四地州	10.0	89.5	90.0	176.2	2.5

数据来源：国家统计局农村贫困监测调查。

表 3-9　2018 年连片特困地区农村基础设施和公共服务状况

单位：%

片区名称	1. 所在自然村通公路的农户比重	2. 所在自然村通电话的农户比重	3. 所在自然村能接收有线电视信号的农户比重	4. 所在自然村进村主干道路硬化的农户比重	5. 所在自然村能便利乘坐公共汽车的农户比重
全部片区	100.0	99.9	97.9	98.0	70.9
1. 六盘山区	100.0	100.0	97.9	97.2	82.7
2. 秦巴山区	100.0	100.0	98.7	98.1	69.7
3. 武陵山区	100.0	100.0	99.1	99.2	73.5
4. 乌蒙山区	100.0	100.0	97.6	95.4	60.0
5. 滇黔桂石漠化区	100.0	100.0	98.3	97.4	57.1
6. 滇西边境山区	100.0	100.0	99.1	94.5	51.3
7. 大兴安岭南麓山区	100.0	100.0	100.0	100.0	91.3
8. 燕山－太行山区	100.0	100.0	96.8	99.6	89.8
9. 吕梁山区	100.0	100.0	95.1	98.9	86.1
10. 大别山区	100.0	100.0	97.1	99.6	76.7
11. 罗霄山区	100.0	100.0	98.9	99.3	67.3
12. 西藏区	100.0	98.8	82.3	98.0	66.4
13. 四省藏区	98.3	95.4	85.3	92.3	53.4
14. 南疆四地州	100.0	100.0	100.0	100.0	78.5

数据来源：国家统计局农村贫困监测调查。

表 3-9　2018 年连片特困地区农村基础设施和公共服务状况（续）

单位：%

片区名称	6. 所在自然村通宽带的农户比重	7. 所在自然村垃圾能集中处理的农户比重	8. 所在自然村有卫生站的农户比重	9. 所在自然村上幼儿园便利的农户比重	10. 所在自然村上小学便利的农户比重
全部片区	93.8	76.9	92.7	86.9	90.1
1. 六盘山区	95.6	81.1	95.2	86.7	91.7
2. 秦巴山区	96.7	78.1	96.3	84.7	87.6
3. 武陵山区	94.8	77.5	95.8	85.1	87.1
4. 乌蒙山区	84.8	60.9	91.1	88.3	93.0
5. 滇黔桂石漠化区	92.1	78.2	88.4	86.1	89.3
6. 滇西边境山区	92.7	69.9	86.8	84.1	91.0
7. 大兴安岭南麓山区	97.4	46.4	94.5	85.8	87.1
8. 燕山－太行山区	97.3	78.4	98.1	86.6	88.6
9. 吕梁山区	88.9	66.3	91.8	65.5	67.6
10. 大别山区	96.4	88.7	90.0	93.5	96.2
11. 罗霄山区	97.6	95.8	94.6	91.3	95.5
12. 西藏区	67.6	78.3	72.5	91.6	90.4
13. 四省藏区	66.4	72.7	81.5	77.0	79.0
14. 南疆四地州	98.5	73.0	96.4	97.1	97.0

数据来源：国家统计局农村贫困监测调查。

（三）2011–2018 年连片特困地区统计资料

表 3-10　2011-2018 年连片特困地区农村贫困人口

单位：万人

片区名称	2011 年	2012 年	2013 年	2014 年	2015 年	2016 年	2017 年	2018 年
全部片区	6035	5067	4141	3518	2875	2182	1540	935
1. 六盘山区	642	532	439	349	280	215	152	96
2. 秦巴山区	815	684	559	444	346	256	172	101
3. 武陵山区	793	671	543	475	379	285	188	111
4. 乌蒙山区	765	664	507	442	373	272	199	124
5. 滇黔桂石漠化区	816	685	574	488	398	312	221	140
6. 滇西边境山区	424	335	274	240	192	152	115	72
7. 大兴安岭南麓山区	129	108	85	74	59	46	35	19
8. 燕山－太行山区	223	192	165	150	122	99	71	40
9. 吕梁山区	104	87	76	67	57	47	29	16
10. 大别山区	647	566	477	392	341	252	173	99
11. 罗霄山区	206	175	149	134	102	73	49	31
12. 西藏区	106	85	72	61	48	34	20	13
13. 四省藏区	206	161	117	103	88	68	51	30
14. 南疆四地州	159	122	104	99	90	73	64	42

数据来源：国家统计局农村贫困监测调查。

注：2016 年及以前为南疆三地州，下同。

表 3-11　2011-2018 年连片特困地区农村贫困发生率

单位：%

片区名称	2011 年	2012 年	2013 年	2014 年	2015 年	2016 年	2017 年	2018 年
全部片区	29.0	24.4	20.0	17.1	13.9	10.5	7.4	4.5
1. 六盘山区	35.0	28.9	24.1	19.2	16.2	12.4	8.8	5.6
2. 秦巴山区	27.6	23.1	19.5	16.4	12.3	9.1	6.1	3.6
3. 武陵山区	26.3	22.3	18.0	16.9	12.9	9.7	6.4	3.8
4. 乌蒙山区	38.2	33.0	25.2	21.5	18.5	13.5	9.9	6.2
5. 滇黔桂石漠化区	31.5	26.3	21.9	18.5	15.1	11.9	8.4	5.3
6. 滇西边境山区	31.6	24.8	20.5	19.1	15.5	12.2	9.3	5.8
7. 大兴安岭南麓山区	24.1	21.1	16.6	14.0	11.1	8.7	6.6	3.5
8. 燕山－太行山区	24.3	20.9	17.9	16.8	13.5	11.0	7.9	4.5
9. 吕梁山区	30.5	24.9	21.7	19.5	16.4	13.4	8.4	4.6
10. 大别山区	20.7	18.2	15.2	12.0	10.4	7.6	5.3	3.0
11. 罗霄山区	22.0	18.8	15.6	14.3	10.4	7.5	5.0	3.2
12. 西藏区	43.9	35.2	28.8	23.7	18.6	13.2	7.9	5.1
13. 四省藏区	42.8	38.6	27.6	24.2	16.5	12.7	9.5	5.6
14. 南疆四地州	38.7	33.6	20.0	18.8	15.7	12.7	9.1	5.9

数据来源：国家统计局农村贫困监测调查。

表 3-12　2012-2018 年连片特困地区农村常住居民人均可支配收入

片区名称	人均可支配收入（元）						名义增速（%）						
	2013年	2014年	2015年	2016年	2017年	2018年	2012年	2013年	2014年	2015年	2016年	2017年	2018年
全部片区	5956	6724	7525	8348	9264	10260	15.1	15.4	12.9	11.9	10.9	10.5	10.7
1. 六盘山区	4930	5616	6371	6915	7593	8429	16.6	11.8	13.9	13.4	8.5	9.8	11.0
2. 秦巴山区	6219	7055	7967	8769	9721	10751	15.7	15.9	13.4	12.9	10.1	10.8	10.6
3. 武陵山区	6084	6743	7579	8504	9384	10397	14.0	21.0	10.8	12.4	12.2	10.3	10.8
4. 乌蒙山区	5238	6114	6992	7994	8776	9650	9.5	13.5	16.7	14.4	14.3	9.8	10.0
5. 滇黔桂石漠化区	5907	6640	7485	8212	9109	10073	17.3	15.3	12.4	12.7	9.7	10.9	10.6
6. 滇西边境山区	5775	6471	6943	7754	8629	9560	25.8	18.4	12.1	7.3	11.7	11.3	10.8
7. 大兴安岭南麓山区	6244	6801	7484	8399	9346	10721	17.1	15.1	8.9	10.0	12.2	11.3	14.7
8. 燕山－太行山区	5680	6260	7164	7906	8593	9701	11.3	14.2	10.2	14.4	10.4	8.7	12.9
9. 吕梁山区	5259	5589	6317	6884	7782	8890	19.0	14.5	6.3	13.0	9.0	13.1	14.2
10. 大别山区	7201	8241	9029	9804	10776	11974	16.6	14.9	14.4	9.6	8.6	9.9	11.1
11. 罗霄山区	5987	6776	7700	8579	9598	10637	12.2	12.2	13.2	13.6	11.4	11.9	10.8
12. 西藏区	6553	7359	8244	9094	10330	11450	16.6	15.0	12.3	12.0	10.3	13.6	10.8
13. 四省藏区	4962	5726	6457	7288	8018	9160	18.9	12.9	15.4	12.8	12.9	10.0	14.3
14. 南疆四地州	5692	6403	7053	7868	9845	10762	21.4	14.5	12.5	10.2	11.6	9.7	9.3

数据来源：国家统计局农村贫困监测调查。

注：2012 年国家统计局实施了城乡住户调查一体化改革，连片特困地区开始使用农村常住居民人均可支配收入。

表 3-13　2012-2018 年连片特困地区农村常住居民人均消费支出

片区名称	人均消费支出（元）						名义增速（%）						
	2013年	2014年	2015年	2016年	2017年	2018年	2012年	2013年	2014年	2015年	2016年	2017年	2018年
全部片区	5327	5898	6573	7273	7915	8854	11.3	14.2	10.7	11.4	10.7	9.0	11.9
1. 六盘山区	4677	5362	5875	6395	6884	7623	15.2	8.7	14.6	9.6	8.9	7.6	10.7
2. 秦巴山区	5739	6229	7057	7678	8450	9421	12.5	12.4	8.5	13.3	8.8	10.0	11.5
3. 武陵山区	5701	6353	6994	7832	8721	10192	11.8	14.6	11.4	10.1	12.0	11.3	16.9
4. 乌蒙山区	4718	5298	6077	6795	7659	8053	9.1	17.6	12.3	14.7	11.8	12.7	5.1
5. 滇黔桂石漠化区	5186	5788	6508	7284	7730	8712	11.1	20.8	11.6	12.4	11.9	6.1	12.7
6. 滇西边境山区	4547	5131	5848	6385	6706	7844	16.2	15.5	12.8	14.0	9.2	5.0	17.0
7. 大兴安岭南麓山区	5191	5958	6373	7208	7492	8396	12.5	7.7	14.8	7.0	13.1	3.9	12.1
8. 燕山-太行山区	5895	6181	6538	6875	7572	8540	11.2	9.0	4.9	5.8	5.2	10.1	12.8
9. 吕梁山区	5537	5315	5800	6178	6637	7528	16.8	30.6	-4.0	9.1	6.5	7.4	13.4
10. 大别山区	6107	6799	7631	8518	9309	10169	12.4	14.9	11.3	12.2	11.6	9.3	9.2
11. 罗霄山区	5510	6140	6909	7642	8470	9087	10.0	14.5	11.4	12.5	10.6	10.8	7.3
12. 西藏区	4102	4822	5580	6070	6691	7452	8.2	20.4	17.6	15.7	8.3	10.2	11.4
13. 四省藏区	4691	5010	5437	6186	6586	8246	19.2	12.5	6.8	8.5	13.3	6.5	25.2
14. 南疆四地州	4803	5033	5207	5512	5999	6942	16.0	18.7	4.8	3.5	5.8	6.4	15.7

数据来源：国家统计局农村贫困监测调查。

注：2012 年国家统计局实施了城乡住户调查一体化改革，2013 年起连片特困地区开始使用农村居民人均消费支出。

表 3-14　2012-2018 年连片特困地区农户生产生活条件

片区名称	单位	2012年	2013年	2014年	2015年	2016年	2017年	2018年
一、农户生产生活条件								
1. 居住竹草土坯房的农户比重	%	8.1	7.5	7.0	6.1	4.8	4.4	2.0
2. 使用管道供水的农户比重	%	--	53.6	55.9	61.2	67.4	70.5	80.4
3. 使用经过净化处理自来水的农户比重	%	--	29.3	31.7	34.7	38.5	41.8	53.5
4. 饮水无困难的农户比重	%	--	80.0	80.9	84.0	86.9	88.6	93.6
5. 独用厕所的农户比重	%	89.9	92.0	92.5	93.0	93.9	94.1	95.5
6. 炊用柴草的农户比重	%	62.6	59.6	58.8	55.5	52.0	50.3	40.7
二、农户耐用消费品拥有情况								
1. 百户汽车拥有量	辆	2.7	5.3	6.2	7.9	10.6	12.4	18.9
2. 百户洗衣机拥有量	台	51.4	65.1	70.1	75.0	80.4	83.3	87.0
3. 百户电冰箱拥有量	台	46.1	52.3	58.5	65.8	73.8	77.6	86.2
4. 百户移动电话拥有量	部	162.8	175.3	196.0	210.5	226.1	235.6	261.6
5. 百户计算机拥有量	台	4.5	7.7	9.8	12.0	13.6	15.3	15.9

数据来源：国家统计局农村贫困监测调查。

表 3-15　2013-2018 年连片特困地区农村基础设施和公共服务情况

单位：%

指标名称	2013 年	2014 年	2015 年	2016 年	2017 年	2018 年
1. 所在自然村通公路的农户比重	98.0	98.9	99.7	99.8	99.9	100.0
2. 所在自然村通电话的农户比重	98.1	99.2	99.7	99.9	99.9	99.9
3. 所在自然村能接收有线电视信号的农户比重	76.8	86.5	90.4	93.4	96.3	97.9
4. 所在自然村进村主干道路硬化的农户比重	88.4	90.1	93.7	95.6	97.3	98.0
5. 所在自然村能便利乘坐公共汽车的农户比重	53.5	55.4	58.3	61.2	65.7	70.9
6. 所在自然村能通宽带的农户比重	--	--	70.0	77.4	85.6	93.8
7. 所在自然村垃圾能集中处理的农户比重	30.3	34.8	43.1	49.5	59.1	76.9
8. 所在自然村有卫生站的农户比重	83.6	86.2	89.2	90.6	91.3	92.7
9. 所在自然村上幼儿园便利的农户比重	70.8	74.2	75.3	79.6	84.7	86.9
10. 所在自然村上小学便利的农户比重	79.5	81.2	81.2	85.2	88.0	90.1

数据来源：国家统计局农村贫困监测调查。

四、扶贫重点县

（一）2011—2017 年扶贫重点县综合资料

表 4-1　扶贫重点县经济社会发展情况

指标名称	单位	2011年	2012年	2013年	2014年	2015年	2016年	2017年
一、贫困地区基本情况								
行政区域面积	万平方公里	250	250	249	251	251	251	250
乡个数	个	4964	4976	4869	4668	4347	4049	3897
镇个数	个	4165	4226	4410	4502	4524	4712	4860
户籍人口	万人	--	--	--	24505	24528	24642	24794
二、财政金融资料								
地区生产总值	亿元	28599	33095	37097	40702	43115	46733	50044
#第一产业增加值	亿元	7080	8036	8743	9354	9912	10469	10603
第二产业增加值	亿元	12550	14692	16410	17628	17493	18494	19560
第三产业增加值	亿元	8969	10366	11944	13720	15709	17770	19881
公共财政收入	亿元	1448	1847	2296	2618	2786	3037	3193
公共财政支出	亿元	8240	10282	11486	12610	14636	15838	17675

数据来源：国家统计局县（市）社会经济基本情况统计。

表 4-2　扶贫重点县文化教育、医疗保健情况

指标名称	单位	2011 年	2012 年	2013 年	2014 年	2015 年	2016 年	2017 年
一、文化教育情况								
普通中学在校学生数	万人	1344	1268	1182	1166	1152	1155	1163
小学在校学生数	万人	2028	2060	1787	1770	1768	1757	1789
二、医疗保健								
医疗卫生机构床位数	万床	52	60	67	74	80	86	94
各种社会福利收养性单位数	个	7536	7666	7557	8222	8526	8481	8376
各种社会福利收养性单位床位数	万床	48	50	58	66	69	68	65

数据来源：国家统计局县（市）社会经济基本情况统计。

（二）2018 年扶贫重点县统计资料

表 4-3　2018 年扶贫重点县农村贫困人口变化情况

地区	贫困人口		贫困发生率	
	数量（万人）	比上年下降（万人）	水平（%）	比上年下降（百分点）
合　计	915	688	4.3	3.3
河　北	46	41	3.9	3.5
山　西	26	18	4.7	3.2
内蒙古	13	20	1.9	2.9
吉　林	4	3	4.1	2.8
黑龙江	17	12	4.9	3.5
安　徽	57	52	3.0	2.7
江　西	34	33	3.2	3.1
河　南	78	60	3.4	2.6
湖　北	43	30	3.8	2.6
湖　南	51	43	5.0	4.3
广　西	41	25	4.6	2.8
海　南	3	3	3.7	4.4
重　庆	11	6	1.3	0.7
四　川	44	33	3.2	2.4
贵　州	124	76	5.6	3.4
云　南	136	96	6.7	4.7
陕　西	43	37	3.9	3.4
甘　肃	96	68	7.3	5.2
青　海	6	7	3.6	4.0
宁　夏	7	6	3.4	3.1
新　疆	35	17	6.6	3.2

数据来源：国家统计局农村贫困监测调查。

表 4-4 2018 年扶贫重点县农村常住居民收入增长情况

地 区	人均可支配收入（元）	名义增速（%）
合 计	10284	11.1
河 北	10414	13.3
山 西	8313	11.9
内蒙古	10965	11.3
吉 林	9330	11.6
黑龙江	9254	18.0
安 徽	12077	10.8
江 西	10572	10.8
河 南	11905	10.1
湖 北	11590	11.0
湖 南	9469	11.0
广 西	10632	9.6
海 南	11545	12.0
重 庆	12470	10.6
四 川	10645	11.0
贵 州	9332	9.9
云 南	9568	12.3
陕 西	10347	12.4
甘 肃	7343	11.7
青 海	9238	10.9
宁 夏	9744	10.6
新 疆	9509	7.3

数据来源：国家统计局农村贫困监测调查。

注：2012 年国家统计局实施了城乡住户调查一体化改革，扶贫重点县开始使用农村常住居民人均可支配收入。

表 4-5　2018 年扶贫重点县农村常住居民消费支出增长情况

地 区	人均消费支出（元）	名义增速（%）
合 计	8935	13.0
河 北	8893	13.6
山 西	7009	11.4
内蒙古	10206	12.0
吉 林	8652	13.2
黑龙江	7752	16.0
安 徽	11127	10.3
江 西	8866	10.6
河 南	8783	14.4
湖 北	10785	14.6
湖 南	9751	14.8
广 西	9443	14.5
海 南	9159	15.2
重 庆	11058	9.5
四 川	9372	10.5
贵 州	8839	15.3
云 南	7479	16.3
陕 西	9112	13.6
甘 肃	7135	15.3
青 海	8299	-5.3
宁 夏	8904	10.2
新 疆	6722	12.1

数据来源：国家统计局农村贫困监测调查。

注：2012 年国家统计局实施了城乡住户调查一体化改革，扶贫重点县开始使用农村常住居民人均消费支出。

表 4-6　2018 年扶贫重点县农村常住居民收入消费结构

指标名称	水平（元）	构成（%）	名义增速（%）
一、人均可支配收入	10284	100.0	11.1
1. 工资性收入	3595	35.0	14.7
2. 经营净收入	3782	36.8	4.1
（1）一产净收入	2732	26.6	-1.4
# 农业	1965	19.1	-1.7
牧业	570	5.5	-2.5
（2）二、三产净收入	1050	10.2	21.8
3. 财产净收入	131	1.3	12.9
4. 转移净收入	2776	27.0	17.1
二、人均消费支出	8935	100.0	13.0
1. 食品烟酒	2820	31.6	4.7
2. 衣着	482	5.4	9.2
3. 居住	1972	22.1	17.5
4. 生活用品及服务	539	6.0	13.8
5. 交通通信	1041	11.6	15.5
6. 教育文化娱乐	1019	11.4	17.4
7. 医疗保健	913	10.2	26.6
8. 其他用品和服务	149	1.7	17.1

数据来源：国家统计局农村贫困监测调查。

表 4-7　2018 年扶贫重点县农户住房及家庭设施状况

单位：%

地　区	1. 居住竹草土坯房的农户比重	2. 使用管道供水的农户比重	3. 使用经过净化处理自来水的农户比重
合　计	2.0	79.8	57.0
河　北	2.1	71.8	58.3
山　西	2.0	83.2	67.6
内蒙古	4.8	51.8	46.2
吉　林	1.5	96.1	98.6
黑龙江	8.5	81.9	80.7
安　徽	0.1	75.2	74.7
江　西	0.6	66.4	47.8
河　南	0.2	77.2	68.2
湖　北	2.3	86.8	61.0
湖　南	0.6	78.5	38.2
广　西	0.2	86.5	38.7
海　南	0.0	89.8	60.8
重　庆	0.3	87.9	60.3
四　川	6.7	68.2	28.6
贵　州	1.1	89.6	55.7
云　南	1.7	87.6	41.5
陕　西	5.0	82.2	52.8
甘　肃	3.4	80.7	67.1
青　海	0.1	84.1	65.0
宁　夏	3.1	86.9	80.9
新　疆	0.0	92.5	90.3

数据来源：国家统计局农村贫困监测调查。

表 4-7　2018 年扶贫重点县农户住房及家庭设施状况（续）

单位：%

地　区	4. 饮水无困难的农户比重	5. 独用厕所的农户比重	6. 炊用柴草的农户比重
合　计	93.4	95.9	39.7
河　北	94.6	99.4	28.0
山　西	91.5	93.3	17.3
内蒙古	96.5	89.4	54.3
吉　林	98.3	99.7	77.3
黑龙江	79.6	100.0	90.1
安　徽	96.3	97.0	32.0
江　西	96.5	98.2	41.6
河　南	94.3	98.3	26.6
湖　北	96.1	97.5	57.6
湖　南	91.2	98.2	36.5
广　西	91.1	98.1	44.8
海　南	91.7	81.7	36.6
重　庆	91.8	99.7	45.7
四　川	92.1	92.6	59.3
贵　州	94.1	95.1	17.7
云　南	90.2	86.5	41.8
陕　西	93.7	97.7	60.9
甘　肃	91.9	98.8	40.8
青　海	94.8	91.2	8.1
宁　夏	97.8	98.1	13.6
新　疆	96.9	98.5	49.5

数据来源：国家统计局农村贫困监测调查。

表 4-8 2018 年扶贫重点县农村每百户耐用消费品拥有量

地区	1. 汽车（辆）	2. 洗衣机（台）	3. 电冰箱（台）	4. 移动电话（部）	5. 计算机（台）
合计	19.8	86.6	86.4	256.6	17.4
河北	26.8	91.4	89.2	221.1	25.5
山西	12.6	81.9	70.3	195.3	19.5
内蒙古	27.3	92.0	96.9	237.3	23.2
吉林	19.1	91.5	89.5	201.2	31.2
黑龙江	14.5	85.2	87.2	197.8	11.3
安徽	26.0	86.4	97.9	266.0	22.5
江西	22.3	57.5	89.6	275.1	19.5
河南	20.0	93.2	87.9	245.7	17.4
湖北	20.5	84.9	96.3	255.2	26.1
湖南	13.4	90.4	95.9	276.1	24.1
广西	15.1	77.6	95.0	287.6	14.7
海南	7.4	43.7	65.9	275.1	9.1
重庆	14.6	91.8	101.1	266.3	22.6
四川	13.9	78.6	78.8	242.8	13.2
贵州	23.0	93.6	86.1	297.5	13.8
云南	19.3	81.2	71.5	273.0	7.5
陕西	17.8	91.6	78.4	254.7	15.4
甘肃	18.4	93.0	76.4	286.0	12.7
青海	38.1	94.6	93.0	276.4	18.7
宁夏	29.4	97.8	89.3	297.7	18.1
新疆	9.4	88.4	89.0	181.3	3.0

数据来源：国家统计局农村贫困监测调查。

表 4-9　2018 年各省扶贫重点县基础设施和公共服务状况

单位：%

地　区	1. 所在自然村通公路的农户比重	2. 所在自然村通电话的农户比重	3. 所在自然村能接收有线电视信号的农户比重	4. 所在自然村进村主干道路硬化的农户比重	5. 所在自然村能便利乘坐公共汽车的农户比重
合　计	100.0	100.0	98.6	98.1	71.0
河　北	99.7	100.0	97.8	99.1	88.5
山　西	100.0	100.0	97.0	100.0	91.0
内蒙古	100.0	100.0	100.0	100.0	76.6
吉　林	100.0	100.0	100.0	100.0	88.5
黑龙江	100.0	100.0	100.0	100.0	89.1
安　徽	100.0	100.0	99.1	100.0	72.5
江　西	100.0	100.0	99.0	99.3	64.1
河　南	100.0	100.0	97.2	99.8	77.9
湖　北	100.0	100.0	99.6	99.2	82.4
湖　南	100.0	100.0	97.9	98.6	69.0
广　西	100.0	100.0	100.0	99.3	49.4
海　南	100.0	100.0	100.0	100.0	54.6
重　庆	100.0	100.0	99.0	100.0	62.1
四　川	100.0	100.0	100.0	97.3	60.3
贵　州	100.0	100.0	97.5	98.1	65.5
云　南	100.0	100.0	99.2	92.2	48.6
陕　西	100.0	100.0	99.0	98.8	72.9
甘　肃	100.0	100.0	99.7	93.9	75.3
青　海	99.0	95.7	83.3	95.8	77.3
宁　夏	100.0	100.0	100.0	100.0	90.0
新　疆	100.0	100.0	100.0	100.0	78.8

表 4-9　2018 年各省扶贫重点县基础设施和公共服务状况（续）

单位：%

地　区	6. 所在自然村通宽带的农户比重	7. 所在自然村垃圾能集中处理的农户比重	8. 所在自然村有卫生站的农户比重	9. 所在自然村上幼儿园便利的农户比重	10. 所在自然村上小学便利的农户比重
合　计	94.4	78.7	92.9	86.7	89.5
河　北	99.3	86.9	97.6	91.3	93.2
山　西	95.9	81.9	96.4	75.6	79.2
内蒙古	94.3	72.2	97.9	79.5	78.9
吉　林	98.2	69.0	99.0	83.5	90.7
黑龙江	100.0	37.7	83.6	78.7	84.2
安　徽	96.0	88.8	86.5	93.5	96.8
江　西	97.9	98.1	91.4	90.4	95.8
河　南	96.3	89.0	94.6	96.6	97.9
湖　北	98.9	86.9	95.3	89.4	89.6
湖　南	93.4	84.3	93.1	85.2	83.9
广　西	93.5	85.6	80.3	84.7	87.8
海　南	80.5	94.8	79.1	79.1	88.9
重　庆	95.6	85.2	98.6	81.3	87.7
四　川	92.3	65.6	93.0	89.2	85.7
贵　州	93.0	67.3	95.5	89.1	90.3
云　南	87.2	62.0	86.5	81.0	88.9
陕　西	90.1	78.4	96.8	74.9	78.1
甘　肃	94.5	78.1	92.9	86.4	89.9
青　海	79.9	65.5	90.2	84.8	86.4
宁　夏	100.0	78.1	97.4	66.1	94.0
新　疆	98.2	75.3	97.0	96.7	96.5

（三）2011-2018 年扶贫重点县统计资料

表 4-10　2011-2018 年扶贫重点县分地区农村贫困人口

单位：万人

地区	2011 年	2012 年	2013 年	2014 年	2015 年	2016 年	2017 年	2018 年
合计	6112	5105	4279	3649	2893	2219	1603	915
河北	358	304	274	235	167	124	87	46
山西	160	134	123	104	79	61	44	26
内蒙古	153	134	110	95	66	46	34	13
吉林	22	16	15	14	12	10	8	4
黑龙江	93	79	70	73	61	42	28	17
安徽	395	311	296	248	205	155	108	57
江西	317	268	201	159	129	90	67	34
河南	488	391	324	264	218	181	138	78
湖北	326	278	203	169	137	110	73	43
湖南	379	299	232	208	168	124	94	51
广西	252	193	183	143	125	84	66	41
海南	15	10	9	12	11	9	6	3
重庆	116	103	97	83	68	35	17	11
四川	384	320	275	236	165	117	77	44
贵州	722	622	535	440	353	279	200	124
云南	782	672	543	469	380	316	232	136
陕西	312	266	231	188	151	116	80	43
甘肃	602	514	395	346	265	217	164	96
青海	61	53	46	36	27	18	13	6
宁夏	47	36	33	30	23	18	13	7
新疆	127	103	84	97	83	69	52	35

数据来源：国家统计局农村贫困监测调查。

表 4-11　2011-2018 年扶贫重点县分地区农村贫困发生率

单位：%

地　区	2011 年	2012 年	2013 年	2014 年	2015 年	2016 年	2017 年	2018 年
合　计	29.2	24.4	20.2	17.5	13.7	10.5	7.6	4.3
河　北	28.5	24.1	21.7	19.8	14.1	10.5	7.4	3.9
山　西	28.8	23.8	21.8	18.8	14.3	11.0	7.9	4.7
内蒙古	24.5	19.7	16.1	13.4	9.3	6.6	4.8	1.9
吉　林	20.4	14.6	13.6	12.9	10.8	9.0	6.8	4.1
黑龙江	28.1	23.3	20.7	21.7	17.9	12.4	8.3	4.9
安　徽	20.7	18.1	15.9	13.0	10.8	8.1	5.7	3.0
江　西	31.9	26.4	19.4	15.5	12.2	8.6	6.3	3.2
河　南	22.5	18.0	15.1	12.1	9.6	7.9	6.1	3.4
湖　北	28.7	24.3	17.7	14.8	12.0	9.6	6.4	3.8
湖　南	37.5	29.2	22.6	22.4	16.6	12.3	9.3	5.0
广　西	28.7	22.0	20.7	15.8	14.0	9.4	7.4	4.6
海　南	19.2	12.2	12.5	15.9	14.4	11.2	8.1	3.7
重　庆	13.5	12.3	10.3	9.7	7.9	4.0	2.0	1.3
四　川	27.9	23.1	19.9	17.0	11.9	8.5	5.6	3.2
贵　州	35.4	29.2	25.1	20.1	16.0	12.6	9.0	5.6
云　南	36.2	30.7	24.9	22.8	18.7	15.5	11.4	6.7
陕　西	26.2	22.3	19.6	17.1	13.7	10.5	7.2	3.9
甘　肃	45.1	38.6	29.9	26.3	20.1	16.4	12.5	7.3
青　海	30.8	24.5	21.3	16.8	15.6	10.3	7.6	3.6
宁　夏	22.4	17.4	16.1	14.4	11.1	8.7	6.5	3.4
新　疆	30.7	24.0	17.1	19.5	15.7	13.0	9.7	6.6

数据来源：国家统计局农村贫困监测调查。

表 4-12　2012-2018 年扶贫重点县农户生产生活条件

指标名称	单位	2012年	2013年	2014年	2015年	2016年	2017年	2018年
一、农户生产生活条件								
1. 居住竹草土坯房的农户比重	%	8.4	7.7	7.0	6.2	4.9	4.4	2.0
2. 使用管道供水的农户比重	%	--	53.1	55.5	61.2	67.4	69.9	79.8
3. 使用经过净化处理自来水的农户比重	%	--	30.9	33.4	36.5	41.3	44.1	57.0
4. 饮水无困难的农户比重	%	--	80.4	82.3	85.2	87.8	89.1	93.4
5. 独用厕所的农户比重	%	91.6	92.3	93.2	93.7	94.2	94.5	95.9
6. 炊用柴草的农户比重	%	63.3	61.1	59.4	56.5	52.8	51.3	39.7
二、农户耐用消费品拥有情况								
1. 百户汽车拥有量	辆	2.4	5.6	6.6	8.1	10.9	13.0	19.8
2. 百户洗衣机拥有量	台	52.8	65.8	70.6	75.3	80.5	83.3	86.6
3. 百户电冰箱拥有量	台	47.0	54.4	60.5	67.5	74.8	78.4	86.4
4. 百户移动电话拥有量	部	159.7	172.1	193.0	207.0	223.4	233.4	256.6
5. 百户计算机拥有量	台	5.5	8.9	11.4	13.3	15.0	16.8	17.4

数据来源：国家统计局农村贫困监测调查。

表 4-13　2013-2018 年扶贫重点县农村基础设施和公共服务情况

单位：%

指标名称	2013 年	2014 年	2015 年	2016 年	2017 年	2018 年
1. 所在自然村通公路的农户比重	97.8	99.1	99.7	99.9	99.9	100.0
2. 所在自然村通电话的农户比重	98.5	99.2	99.7	99.8	99.8	100.0
3. 所在自然村能接收有线电视信号的农户比重	80.0	89.1	92.4	94.6	97.3	98.6
4. 所在自然村进村主干道路硬化的农户比重	88.6	90.5	93.4	95.7	97.2	98.1
5. 所在自然村能便利乘坐公共汽车的农户比重	56.1	58.3	61.2	64.5	67.3	71.0
6. 所在自然村能通宽带的农户比重	--	--	73.4	80.3	87.8	94.4
7. 所在自然村垃圾能集中处理的农户比重	29.1	35.0	43.2	50.2	61.2	78.7
8. 所在自然村有卫生站的农户比重	84.3	86.8	89.7	91.7	92.2	92.9
9. 所在自然村上幼儿园便利的农户比重	70.6	73.5	75.1	78.9	83.7	86.7
10. 所在自然村上小学便利的农户比重	79.1	80.3	80.8	84.4	87.5	89.5

数据来源：国家统计局农村贫困监测调查。